Kohlhammer

Die Herausgeberinnen

Irmgard Döringer, Diplom-Psychologin, Studienabschluss an der TU Darmstadt mit den Studienschwerpunkten Entwicklungspsychologie, pädagogische Psychologie und klinische Psychologie. Weiterbildung in entwicklungsorientierter Familientherapie nach Virginia Satir. Approbation als Psychologische Psychotherapeutin und Kinder- und Jugendlichenpsychotherapeutin. Seit 1988 als Therapeutin im Autismus-Therapieinstitut Langen bei Frankfurt tätig, ab 2002 in Leitungsfunktion. Unter ihrer Leitung wurde das Frühtherapieprogramm des Autismus-Instituts Langen aufgebaut. Sie ist Gründungsmitglied der Fachgruppe Therapie beim Bundesverband *autismus* Deutschland und als Referentin von Vorträgen und Seminaren zum Thema Autismus, insbesondere in den Bereichen Früherkennung und Ausbildung/Beruf, tätig. Sie ist Autorin von Artikeln und Fachbüchern zum Thema Autismus.

Barbara Rittmann, Diplom-Psychologin, Abschluss an der Universität Hamburg, Studienschwerpunkte Gesprächspsychotherapie, Kinderpsychotherapie und Selbsthilfegruppen; Approbation als Psychologische Psychotherapeutin; Weiterbildung in integrativer Paar- und Familientherapie bei Martin Kirschenbaum; seit 1987 als Therapeutin am Hamburger Autismus Institut, seit 2009 als Leiterin und Geschäftsführerin. Sie hat das »Hamburger Multimodale Modell der Autismustherapie« entwickelt und ist Gründungsmitglied der Fachgruppe Therapie beim Bundesverband autismus Deutschland. Als freiberufliche Referentin von Vorträgen und Seminaren im In- und Ausland schult sie in allen Bereichen des Autismus und ist Autorin und Herausgeberin von Artikeln und Fachbüchern zum Thema Autismus.

Irmgard Döringer
Barbara Rittmann (Hrsg.)

Autismus: Frühe Diagnose, Beratung und Therapie

Das Praxisbuch

Verlag W. Kohlhammer

Dieses Werk einschließlich aller seiner Teile ist urheberrechtlich geschützt. Jede Verwendung außerhalb der engen Grenzen des Urheberrechts ist ohne Zustimmung des Verlags unzulässig und strafbar. Das gilt insbesondere für Vervielfältigungen, Übersetzungen, Mikroverfilmungen und für die Einspeicherung und Verarbeitung in elektronischen Systemen.

Pharmakologische Daten, d. h. u. a. Angaben von Medikamenten, ihren Dosierungen und Applikationen, verändern sich fortlaufend durch klinische Erfahrung, pharmakologische Forschung und Änderung von Produktionsverfahren. Verlag und Autoren haben große Sorgfalt darauf gelegt, dass alle in diesem Buch gemachten Angaben dem derzeitigen Wissensstand entsprechen. Da jedoch die Medizin als Wissenschaft ständig im Fluss ist, da menschliche Irrtümer und Druckfehler nie völlig auszuschließen sind, können Verlag und Autoren hierfür jedoch keine Gewähr und Haftung übernehmen. Jeder Benutzer ist daher dringend angehalten, die gemachten Angaben, insbesondere in Hinsicht auf Arzneimittelnamen, enthaltene Wirkstoffe, spezifische Anwendungsbereiche und Dosierungen anhand des Medikamentenbeipackzettels und der entsprechenden Fachinformationen zu überprüfen und in eigener Verantwortung im Bereich der Patientenversorgung zu handeln. Aufgrund der Auswahl häufig angewendeter Arzneimittel besteht kein Anspruch auf Vollständigkeit.

Die Wiedergabe von Warenbezeichnungen, Handelsnamen und sonstigen Kennzeichen in diesem Buch berechtigt nicht zu der Annahme, dass diese von jedermann frei benutzt werden dürfen. Vielmehr kann es sich auch dann um eingetragene Warenzeichen oder sonstige geschützte Kennzeichen handeln, wenn sie nicht eigens als solche gekennzeichnet sind.

Es konnten nicht alle Rechtsinhaber von Abbildungen ermittelt werden. Sollte dem Verlag gegenüber der Nachweis der Rechtsinhaberschaft geführt werden, wird das branchenübliche Honorar nachträglich gezahlt.

Dieses Werk enthält Hinweise/Links zu externen Websites Dritter, auf deren Inhalt der Verlag keinen Einfluss hat und die der Haftung der jeweiligen Seitenanbieter oder -betreiber unterliegen. Zum Zeitpunkt der Verlinkung wurden die externen Websites auf mögliche Rechtsverstöße überprüft und dabei keine Rechtsverletzung festgestellt. Ohne konkrete Hinweise auf eine solche Rechtsverletzung ist eine permanente inhaltliche Kontrolle der verlinkten Seiten nicht zumutbar. Sollten jedoch Rechtsverletzungen bekannt werden, werden die betroffenen externen Links soweit möglich unverzüglich entfernt.

1. Auflage 2020

Alle Rechte vorbehalten
© W. Kohlhammer GmbH, Stuttgart
Gesamtherstellung: W. Kohlhammer GmbH, Stuttgart

Print:
ISBN 978-3-17-035163-9

E-Book-Formate:
pdf: ISBN 978-3-17-035164-6
epub: ISBN 978-3-17-035165-3
mobi: ISBN 978-3-17-035166-0

Verzeichnis der Autorinnen und Autoren

Andiel-Herche, Martina, Heilpädagogin, Diplom-Sozialpädagogin, lizenzierte Marte-Meo-Supervisorin, Heilpädagogische Kindertagesstättenfachberatung für eine Frühberatungsstelle

Arden, Deborah, Freie Autorin und Mutter eines Sohnes mit Asperger-Syndrom

Aschermann, Magdalena, Sonderpädagogin, M. Ed., Arbeitsschwerpunkt Unterstützte Kommunikation, Therapeutin am Hamburger Autismus Institut

Conev, Swantje, Psychologin B. Sc., Therapeutische Leiterin Standort Hamburg – Altona, Hamburger Autismus Institut, Arbeitsschwerpunkt Autismus-Frühtherapie Hamburger START-Programm

Courant, Johannes, Asperger-Autist, Diagnose im 5. Lebensjahrzehnt, engagiert im Bereich Asperger-Autismus über SHG seit 2015

Döringer, Irmgard, Diplom-Psychologin und Psychologische Psychotherapeutin, Gesamtleitung Autismus-Therapieinstitut Langen und Mitglied der Fachgruppe Therapie des Bundesverbands Autismus Deutschland

Eberhardt, Oliver, Kinder- und Jugendlichenpsychotherapeut, Referent für Fortbildungstätigkeiten, Therapeut am Hamburger Autismus Institut und in eigener Praxis

Lamaye, Susanne, Diplom-Pädagogin, Systemische Therapeutin und Marte-Meo-Supervisorin, Regionalleitung Autismus-Therapieinstitut Langen

Preißmann, Christine, Dr., Ärztin für Allgemeinmedizin und Psychotherapie, Autismus-Sprechstunde für erwachsene Menschen mit Autismus, Vorträge und Seminare zum Thema Autismus im In- und Ausland, selbst betroffen vom Asperger-Syndrom

Rickert-Bolg, Wolfgang, Diplom-Psychologe, Psychologischer Psychotherapeut, Leiter des Autismus-Therapiezentrums Osnabrück, Ausbildung in Integrativer Therapie, Mitglied der Fachgruppe Therapie des Bundesverbands Autismus Deutschland, bundesweite Fortbildungtätigkeit

Rittmann, Barbara, Diplom-Psychologin, Psychologische Psychotherapeutin, Leiterin des Hamburger Autismus Instituts, Ausbildung in Gesprächstherapie und systemischer Paar- und Familientherapie, Mitglied der Fachgruppe Therapie des Bundesverbands Autismus Deutschland, Fortbildungstätigkeit im In- und Ausland

Teune, Christine, Diplom-Psychologin, Ergotherapeutin und Heilpraktikerin für Psychotherapie, bundesweite Vorträge, Workshops und Seminare zum Thema Autismus/Autismusdiagnostik

Trikojat-Klein, Stefanie, Heilpädagogin und Autismustherapeutin (DGVT) in einer Kinder- und Jugendpsychiatrischen Praxis, bundesweite Vorträge und Workshops zum Thema Autismus

Wohlleben, Bärbel, Dr. rer. medic., Diplom-Psychologin, Stellv. Vorsitzende von Autismus Deutschland, LV Berlin e. V., koordinierende Leiterin der Angebote des Landesverbandes, Fortbildungstätigkeit im In- und Ausland

Zacher, Lars, Diplom-Psychologe, Psychologischer Psychotherapeut, psychologische Begleitung und Beratung von Kindertageseinrichtungen zur Arbeit mit und Förderung der Teilhabe von Kindern des Personenkreises § 53 Absatz 1 Satz 1 SGB XII

Geleitwort

Das vorliegende Buch befasst sich mit der frühen Diagnostik und frühen Therapie von Kindern aus dem Autismusspektrum. Die Relevanz des Themas ist selbst im erwachsenenpsychiatrischen und -psychotherapeutischen Alltag, dem ich entstamme, ständig spürbar. »Inwiefern denn das?« mag man sich fragen, und das braucht zumindest eine kleine Erklärung:

Im erwachsenenpsychiatrischen Bereich bildet sich derzeit eine große diagnostische Lücke ab, die dadurch entstanden ist, dass sich die Autismusdiagnostik noch bis in die 1990er Jahre hinein weitgehend auf frühkindliche, schwer betroffene Formen von Autismus fokussiert hat. Insbesondere vor 1985 geborene, hochfunktionale Autisten wurden als Kinder häufig nicht als solche diagnostiziert und dementsprechend auch nicht spezifisch gefördert. Meist gestalten sich die Biographien nicht ganz so schwierig wie diejenige des 60-jährigen Hamburgers, der seit seiner Schulzeit das Haus nicht mehr verlassen hatte[1]; die Lebensherausforderungen für die spät- oder nicht-diagnostizierten Autisten sind dennoch oft immens und führen sehr häufig zu sekundären psychiatrischen Erkrankungen. Etwa die Hälfte der Betroffenen erleidet beispielsweise (mindestens) eine depressive Episode noch im jungen Erwachsenenalter[2]. In manchen Fällen scheint es aus meiner Sicht fast so, als sei der Autismus selbst das kleinere Problem, vergleicht man ihn mit den »Sekundärschäden«, die einige Autisten aus Familie, Schule, Ausbildung und Beruf aufgrund des unerkannten Autismus und der fehlenden frühen Förderung davongetragen haben. Insofern ist das Thema der frühen Diagnostizierung und Therapie – als Lücke – auch für den Erwachsenenpsychiater von großer Bedeutung.

Rückblickend kann man mit den Spätdiagnostizierten oft darüber sprechen, was sie als Kinder und Jugendliche gebraucht hätten, um besser ins Leben zu finden, und was die Ziele sind, an denen sich eine frühe Förderung orientieren kann. Ein paar Punkte werden dabei immer wieder genannt: Im Zentrum steht oft das Bedürfnis, besser verstanden zu werden in ihren Eigenheiten, Bedürfnissen, Schwächen und Stärken. Autistisches Verhalten wird beispielsweise oft als Angriff fehlinterpretiert und dementsprechend aggressiv beantwortet. Um in der Terminologie zu bleiben: Viele Menschen mit Autismus wünschen sich von ihrer Umgebung mehr »Theory of the (autistic) mind«. Auch ein besseres Verstehen von Reizüberflutungsphänomenen und dem Bedürfnis nach Vorhersehbarkeit wird oft genannt. Im Umgang mit spätdiagnostizierten Autisten begegnet einem sehr häufig eine Vorgeschichte von Schuldzuweisungen und in Aggression verwandelter Hilflosigkeit. Bei fehlender Diagnose und Unterstützung wird nicht selten den Eltern (auch von professioneller Seite) ein Erziehungsversagen unterstellt oder den Kindern selbst, dass sie sich »nur blöd anstellen«. Auch dass diese Schuldzuweisungen gar nicht erst aufkommen, kann durch frühe Psychoedukation gewährleistet werden. In Anbetracht der

---

1 Kurz & Ishorst-Witte; Hamburger Ärzteblatt 2018, 72.
2 Hofvander et al.; BMC Psychiatry 2009, 9.

langen Reihe von Negativerfahrungen mit Gleichaltrigen, die berichtet werden, ist auch ein effektiver Schutz vor Mobbing ein retrospektiv oft genanntes Ziel. Neben der Förderung autistischer Stärken und frühen Hilfen im Stressmanagement wird auch immer wieder der retrospektive Wunsch nach kleinschrittiger Heranführung an »neurotypisches Sozialverhalten« genannt. Vielleicht können die genannten Wünsche als »Leitstern« dienen, wohin eine frühe Therapie die Betroffenen bringen soll.

Für viele Spätdiagnostizierte ist ganz klar, dass sie sich eine frühe Diagnose und Förderung gewünscht hätten. Quintessenz aus Sicht des Erwachsenenpsychiaters ist damit: Frühe Diagnosen und frühe Förderung können das Leben von Menschen mit Autismus in tiefster Weise positiv beeinflussen. Und zwar gerade dann, wenn sie nicht nur im Sinne einer »Normalisierung« auf das Verhalten und Erscheinungsbild der Kinder abzielen, sondern sich vor allem in den Dienst der Tragfähigkeit ihrer Beziehungen, der Förderung ihrer Stärken und der Entwicklung eines gesunden Identitätsgefühls stellen. Aus diesem Grund wünsche ich dem Buch viele interessierte und geneigte Leserinnen und Leser.

Freiburg im November 2019

Priv.-Doz. Dr. med. Dr. phil. Andreas Riedel

Inhalt

Verzeichnis der Autorinnen und Autoren 5

Geleitwort 7

Vorwort und Vorbemerkungen der Herausgeberinnen 13

Teil I Frühe Diagnose – frühe Hilfe

1 Keine Zeit vergeuden: Früherkennung von Autismus-Spektrum-Störungen 19
Irmgard Döringer

2 »Das verwächst sich schon …!« Besonderheiten bei der Diagnosestellung 36
Christine Teune und Stefanie Trikojat-Klein

3 Komorbidität und Differenzialdiagnostik 49
Irmgard Döringer

4 Entwicklungspsychologische Aspekte in der Frühtherapie bei Kindern im Autismus-Spektrum 53
Bärbel Wohlleben

Teil II Theorie für die Praxis

5 Ethische Überlegungen zu autismusspezifischen therapeutischen Frühinterventionen 65
Wolfgang Rickert-Bolg

6 Vorkommen, Geschlechterverteilung und Ursachen 70
Barbara Rittmann

7 Systemische Aspekte in der Frühtherapie von Kindern mit Autismus 82
Susanne Lamaye

8 Bindung und Autismus 88
Irmgard Döringer

9	Kindliche Grundbedürfnisse und Autismus *Barbara Rittmann*	97
10	Motivation zum sozialen Lernen bei Autismus *Barbara Rittmann*	104
11	Besondere Entwicklungsaufgaben für autistische Kinder und ihre Eltern *Barbara Rittmann*	109
12	Beziehungsbedürfnisse der Eltern von Kindern mit Autismus-Spektrum-Störung *Oliver Eberhardt*	114

Teil III Grundlagen der Frühtherapie

13	Kind, Eltern, Umfeld – eine Einordnung der Frühtherapie in ein therapeutisches Gesamtkonzept *Barbara Rittmann*	127
14	Rahmenbedingungen der Autismus-Frühtherapie *Barbara Rittmann*	135

Teil IV Methodisches Vorgehen in der Frühtherapie beim Kind

15	Basismethoden *Barbara Rittmann*	147
16	Therapieplanung und Methoden der Evaluation *Barbara Rittmann*	154
17	Bedeutung des Behandlungsbeginns für eine gelingende Interaktion *Barbara Rittmann*	156
18	Entwicklungsbereiche und Interventionen *Barbara Rittmann*	160
19	Der TEACCH-Ansatz und Methoden der Unterstützten Kommunikation *Magdalena Aschermann*	173
20	»Es kostete Kraft, aber es hat sich sehr gelohnt!« Falldarstellung über einen gemeinsamen Wachstumsprozess von Vater und Sohn in der Frühtherapie *Swantje Conev*	184

Teil V Eltern- und Familienorientierte Interventionen

21	Elternberatung	201
	Barbara Rittmann	

22	Marte Meo – ein videogestütztes Beratungsangebot	210
	Martina Andiel-Herche und Susanne Lamaye	

23	Elterntraining in der Frühtherapie	217
	Susanne Lamaye	

24	Wehret den Anfängen – Umgang mit autistischem Kontrollverhalten im Kleinkindalter	227
	Wolfgang Rickert-Bolg	

25	Der Held und seine Kriegerin – Geschichte einer Mutter	237
	Deborah Arden	

26	Geschwister autistischer Kinder	241
	Oliver Eberhardt	

Teil VI Zusammenarbeit mit Kindergarten und Schule

27	»Wie sage ich es den Eltern?« Den Autismusverdacht in der Kita ansprechen	253
	Barbara Rittmann	

28	Gute Rahmenbedingungen in der Kita	257
	Lars Zacher	

29	Ein gelungener Übergang von der Kita in die Grundschule	267
	Barbara Rittmann	

Teil VII Perspektivwechsel – Autismus aus Sicht von Menschen im Spektrum

30	»Das kann ich nicht, aber dafür kann ich ganz viel anderes« – Rückblick auf eine Kindheit mit Autismus	277
	Christine Preißmann	

31	»Was wäre gewesen, wenn …?« – Rückblick eines Autismus-Betroffenen mit später Asperger-Diagnose	287
	Johannes Courant	

Anhang

Therapieraumausstattung 299

Therapiematerialien und Medien 300

Sammlung geeigneter Fingerspielreime und Kinderlieder 303

Hilfen durch Visualisierung 305

Nützliche Informationen und Web-Adressen 307

Gelerntes auf den Alltag übertragen – Therapiefortschritte in der Familie und in der Kita verankern 308

Empfehlenswerte Autismus-Literatur zum Thema 309

Anhang zu Kapitel 23 310

Stichwortverzeichnis 319

Vorwort und Vorbemerkungen der Herausgeberinnen

Die in diesem Buch geschilderten Konzepte, Vorgehensweisen und Methoden für die Autismus-Frühtherapie haben sich aus den Erfahrungen zweier großer Autismus-Therapiezentren (ATZ) in Deutschland entwickelt, die von uns beiden Herausgeberinnen seit vielen Jahren geleitet werden: dem Autismus-Therapie-Institut Langen in Hessen (Irmgard Döringer) und dem Hamburger Autismus Institut (Barbara Rittmann). Als Leiterinnen dieser zwei Autismus-Therapiezentren arbeiten wir wiederum vernetzt und eingebettet im Rahmen der bundesweiten Autismus-Therapiezentren und der *Fachgruppe Autismus-Therapie*[3] unter dem Dach des Bundesverbands *autismus* Deutschland e. V. mit vielen Kollegen zusammen. Auch diese Erfahrungen sind in die geschilderten Konzepte und ihre Einordnung eingeflossen.

Unser gemeinsames Ziel ist es, den Familien eine möglichst früh einsetzende und interaktionsbasierte Autismus-Frühtherapie anzubieten und dadurch die Entwicklungschancen der Kinder zu verbessern. Uns verbindet dabei eine ressourcenorientierte Grundhaltung, mit der wir in jedem Einzelfall versuchen, eine gute Balance zwischen der Veränderung des Autismus beim Kind und den Notwendigkeiten, die Umfeldbedingungen an die Bedarfe des Kindes mit Autismus anzupassen, zu finden (▶ Kap. 5). Als (Mit-)Entwicklerinnen der Frühtherapie-

konzepte der jeweiligen Einrichtung (Hamburg: START-Programm; Langen: Familienorientierte Frühtherapie – FOFT) sind wir bereits im jahrelangen angeregten Austausch miteinander. Die Konzepte beider Einrichtungen ähneln sich in vielem, aber es gibt auch unterschiedliche Schwerpunkte der frühtherapeutischen Arbeit. Sie sind zum Teil historisch gewachsen oder beispielsweise aufgrund regionaler behördlicher Bedingungen entstanden.

Aus diesen Gründen ist es uns einerseits möglich, sehr viele gemeinsame Konzepte, Vorgehensweisen und Methoden zu schildern, andererseits aber auch spezielle Herangehensweisen herauszustellen, die für interessierte Eltern und Fachkräfte anregend sein können. Zahlreiche Autoren haben uns durch Artikel über ihre Spezialgebiete unterstützt und bereichern das Buch durch sehr facettenreiche Darstellungen. Ausgehend von der Schilderung von Früherkennungszeichen (auch im Vergleich zur neurotypischen Entwicklung) und dem diagnostischen Vorgehen (▶ Teil I) beschreiben wir im Hauptteil des Buches Theorie, Grundlagen und Praxis der Autismus-Frühtherapie (▶ Teil II–IV). Eigene Kapitel haben wir der Darstellung eltern- und familienbezogener Interventionen – auch aus Elternsicht – und der Zusammenarbeit mit Kita und Schule (▶ Teil V und ▶ Teil VI) gewidmet. Wichtig waren uns darüber hinaus auch die Erinnerungen und Einschätzungen von jetzt erwachsenen Menschen im Spektrum in Bezug auf ihre Kindheit (▶ Teil VII).

Viele Eltern, die nach einer langen diagnostischen Odyssee zu einem ATZ kommen,

---

3 Steinhaus, M. (2014). Gründung einer »Fachgruppe Therapie« innerhalb des Bundesverbandes Autismus Deutschland e. V. Bundesverband *autismus* Deutschland, *autismus*, 78, 8–10.

sind dankbar dafür, dass sie dort mit ihren Sorgen und Ängsten, die sich doch von Eltern nicht autistischer Kinder unterscheiden, wahrgenommen werden und sie spezifische Hilfen einholen können (▶ Kap. 12). Eltern sagen uns oft: »Jetzt haben wir das Gefühl, angekommen zu sein«.

Für dieses Ankommen ist es jedoch erforderlich, dass die Anzeichen für eine Autismus-Spektrum-Störung früh erkannt werden und die Familien – auch bei einer begründeten Verdachtsdiagnose – Zugang zu spezifischen Hilfen erhalten.

Wir möchten dazu ermutigen, die Diagnose da, wo es möglich ist, früher als derzeit vielerorts in Deutschland üblich zu stellen. Und wir möchten mit diesem Buch alle an einem solchen Prozess Beteiligten (Erzieherinnen, Frühförderer, Ärzte und andere im Rahmen der frühen Hilfen Tätigen) dazu motivieren, Familien auf diesem Weg zu begleiten.

Vorbemerkungen zu Begriffsklärungen

Genderbezeichnung: Wegen der besseren Lesbarkeit verwenden wir bei allgemeinen Aussagen die männliche Form, gehen aber davon aus, dass sich alle Genderidentitäten genauso angesprochen fühlen.

Fallbeispiele anonymisiert: Die Namen der Kinder oder Personen wie auch einige für die Darstellung nicht relevante Daten sind wegen der notwendigen Anonymisierung verändert worden.

Autismusbegriff: In der Gemeinschaft der Fachleute und Community der Personen im Autismus-Spektrum gibt es zum Teil unterschiedliche Auffassungen, wie die angemessene Bezeichnung für Menschen mit Autismus wäre. Verwendung finden die Bezeichnungen: autistische Personen, Personen mit Autismus, Autisten, Personen im Autismus-Spektrum, Personen mit ASS, vom Autismus betroffen etc. Welche Bezeichnung einem selbst am passendsten erscheint, hängt einerseits vom eigenen Sprachgefühl und andererseits vom Blickwinkel (z. B. Fachkraft oder Selbstbetroffener) ab. Wir plädieren an dieser Stelle für Vielfalt und haben jedem Autor die Wahlfreiheit gelassen.

Autistisch – neurotypisch: In der Autismus-Community hat sich der Begriff »neurotypisch«, als Bezeichnung für die Menschen, die nicht autistisch sind, zunehmend durchgesetzt. Es sei dahingestellt, ob nichtautistische Menschen alle im Wortsinn neurotypisch sind, aber wir fanden den Begriff ausreichend anerkannt und praktikabel als Abgrenzung der autistischen Entwicklung zur üblichen, regelhaften, altersgemäß zu erwartender Entwicklung von Kindern.

Junge Kinder: Vom Rechtsanspruch auf eine Autismus-Therapie her sind alle Kinder vor der Einschulung Vorschulkinder, auch die Babys und Kleinkinder. Da der Begriff Vorschulkinder in dieser Weise aber nicht im allgemeinen Sprachgebrauch verwendet wird, sprechen wir in der Regel von jungen Kindern. Dabei meinen wir in der Regel Kinder zwischen dem zweiten und sechsten Lebensjahr. Wenn wir speziell Vorschulkinder meinen, werden diese natürlich auch so benannt.

Diskussion um Hans Asperger: Seit einigen Jahren wird vermehrt über die Rolle von Hans Asperger, dem Namensgeber des »Asperger-Syndroms«, im Dritten Reich diskutiert[4].

---

4 Wikipedia. Hans Asperger. Zugriff am 26.07.2019 unter https://de.wikipedia.org/wiki/Hans_Asperger.

Entgegen früherer Einschätzungen scheint er eine aktive Rolle bei der Überweisung von Kindern in die berüchtigte Euthanasieanstalt »Am Spiegelgrund« in Wien gespielt zu haben. Als Herausgeberinnen verwenden wir deshalb den Begriff »Asperger-Syndrom« sehr zurückhaltend und geben dafür dem in den letzten Jahren synonym verwendeten Begriff »hochfunktionaler Autismus« den Vorrang.

Irmgard Döringer

Barbara Rittmann

Teil I Frühe Diagnose – frühe Hilfe

1 Keine Zeit vergeuden: Früherkennung von Autismus-Spektrum-Störungen

Irmgard Döringer

1.1	Einleitung	19
1.2	Früherkennung – oft spät	20
1.3	Erste Früherkennungszeichen	21
1.4	Neue Wege in der Forschung zur Früherkennung	22
1.5	Was macht Früherkennung so schwierig?	23
1.6	Einige Ergebnisse neuerer Studien für das erste Lebensjahr	24
	1.6.1 Blickverhalten I: Soziale Orientierung	24
	1.6.2 Blickverhalten II: Visuelle Wahrnehmung	25
	1.6.3 Das andere Gehirn	25
1.7	Warum ist Früherkennung so wichtig?	26
1.8	Aktuelle Empfehlungen zur Früherkennung: S3-Leitlinien	27
	1.8.1 Autismus nach ICD und Autismus-Spektrum-Störung: Begriffsklärung	27
	1.8.2 Ab wann ist eine Autismusdiagnose sicher zu stellen?	28
	1.8.3 Früherkennung: Verbesserungsbedarf	29
	1.8.4 Früherkennungszeichen in den ersten 12 Monaten	30
	1.8.5 Früherkennungszeichen: 12–18 Monate	30
	1.8.6 Früherkennungszeichen 18–24 Monate	31
	1.8.7 Früherkennungszeichen ab 24 Monaten	31
	1.8.8 Frühsymptome des hochfunktionalen Autismus	32
1.9	Screening-Instrumente	32
1.10	Fazit	33
Literatur		34

1.1 Einleitung

Viele Eltern autistischer Kinder nehmen schon im ersten Lebensjahr Auffälligkeiten in der Entwicklung ihrer Kinder wahr. Bereits im Säuglingsalter scheinen autistische Kinder anders als andere Babys zu sein. Während Babys normalerweise mit wenigen Wochen lächeln, wenn sie in ein Gesicht sehen und sich so ihre Umwelt erobern, stellt sich dieses »soziale Lächeln« bei autistischen Babys spät bzw. gar nicht oder nur in deutlich verminderter Form ein. Autistische Kleinkinder zeigen wenig Interesse an sozialen Spielen, brabbeln weniger und die verbale und nonverbale Kommunikation entwickelt sich nicht altersgerecht. Sie nehmen von sich aus kaum Blickkontakt auf, wirken manchmal mit sich selbst zufrieden. Sie scheinen gleichgültig gegenüber körperlicher Zuwendung oder machen sich steif, wenn sie auf den Arm genommen werden.

Manche Eltern beschreiben ihre Kinder als autonom und anspruchslos, sie haben das Gefühl, dass ihre Kinder sie nicht brauchen. Andere Eltern wiederum beschreiben ihre Kinder im ersten Lebensjahr als besonders reizbar, sie scheinen empfindlich gegenüber manchen Geräuschen oder essen nur Speisen die eine bestimmte Konsistenz haben. Auch das Schreien der Babys scheint anders, ein typischer Signalcharakter wie z. B. »Hunger«, »Durst« etc. ist für ihre Eltern oft nicht erkennbar. Viele autistische Babys haben darüber hinaus einen ungewöhnlichen Schlaf-Wach-Rhythmus. Eltern autistischer Kinder stehen also von Anfang an vor besonderen Herausforderungen, auch wenn zu diesem Zeitpunkt noch nicht klar ist, dass diese vor dem Hintergrund einer autistischen Entwicklung bestehen.

Nicht bei allen autistischen Kindern sind die oben beschriebenen Auffälligkeiten jedoch im ersten Lebensjahr sehr ausgeprägt und auch nicht autistische Kinder zeigen die eine oder andere der oben beschriebenen Verhaltensweisen. Gerade bei den eher als ruhig beschriebenen Kindern werden Kinderärzte erst durch das Ausbleiben bestimmter Meilensteine der Entwicklung im Laufe des dritten Lebensjahres aufmerksam, dazu gehören z. B. eine nicht altersgerechte Sprach- und Spielentwicklung, Auffälligkeiten in der sozialen Bezugnahme (reagieren nicht, wenn sie gerufen werden, lenken die Aufmerksamkeit anderer Personen nicht auf sich oder Gegenstände, die für sie interessant sind) oder das nicht mehr altersgemäße Festhalten an Ritualen. Und erst dann beginnt ein meist langwieriger Prozess der Abklärung der Ursachen dieser Entwicklungsabweichungen. Von den ersten Beobachtungen der Eltern bis zur Diagnose »Autismus« vergehen nicht selten mehrere Jahre, die für eine autismusspezifische Frühtherapie verloren gehen.

1.2 Früherkennung – oft spät

In Deutschland hinkte die Früherkennung von Autismus lange Zeit im Vergleich zu anderen westlichen Staaten hinterher. Eine im Jahr 2010 veröffentlichte Studie zur Früherkennung und Frühdiagnostik zeigte in Deutschland folgende Situation: Kinder mit der Diagnose »frühkindlicher Autismus« waren bei der Diagnosestellung im Durchschnitt sechs Jahre alt, Kinder mit der späteren Diagnose »Asperger-Autismus« erhielten diese im Durchschnitt im Alter von neun Jahren. In Ländern wie England oder den USA wurden zu dieser Zeit Autismusdiagnosen schon ein bis zwei Jahre früher gestellt (Noterdaeme, 2010). Zur gleichen Zeit wurden z. B. in den USA und Israel spezielle Frühtherapieprogramme für autistische Kinder« im Alter von ein bis drei Jahren entwickelt (z. B. MIFNE in Israel[5], ESDM in den USA[6]). In den Autismuszentren in Deutschland tauchten damals Kinder in diesem Alter gar nicht oder nur äußerst selten auf.

Werden Eltern befragt, wann sie sich zum ersten Mal Sorgen um die Entwicklung ihrer Kinder gemacht haben, so geben diese an, dass dies schon sehr früh der Fall gewesen sei:

---

5 Im MIFNE-Center in Israel bekommen Kinder mit Frühanzeichen für eine Autismus-Spektrum-Störung und deren Familien schon im ersten Lebensjahr eine spezifische Förderung und Begleitung (reziproke Spieltherapie)
6 Das ESDM-Programm von Rogers und Dawson (USA) wurde für Kinder ab 12 Monate entwickelt (▶ Kap. 15.2.1.)

Eltern von Kindern mit der Diagnose »frühkindlicher Autismus« (Kanner) haben sich in der Regel in den ersten beiden Lebensjahren Sorgen gemacht, Eltern von Kindern mit der späteren Diagnose »Asperger-Autismus« in knapp der Hälfte der Fälle bereits vor dem Alter von drei Jahren (Kamp-Becker, 2010). Viele Auffälligkeiten der Kleinkinder werden von Eltern und Kinderärzten jedoch zunächst körperlichen Krankheiten, dem kindlichen Temperament, Entwicklungsvarianten oder anderen Entwicklungsstörungen zugeordnet (Noterdaeme, 2011).

Trotz der besseren Ausgangslage in England hat eine im Zeitraum von 2004 bis 2014 durchgeführte Studie aufgezeigt, dass das Alter der Kinder, in dem die Diagnose gestellt wurde, innerhalb dieser 10 Jahre nicht gesunken ist. Auch bei den 2014 erfassten Kinder mit einer Autismusdiagnose lag der Prozentsatz der Kinder, bei denen diese Diagnose vor dem 3. Lebensjahr gestellt wurde fast unverändert bei nur knapp 12 % (Brett et. al., 2016). Eine Diagnostikrate von 12 % im Altersbereich von unter drei Jahren wäre in diesem Zeitraum für unsere deutschen Verhältnisse als sehr gut zu bezeichnen gewesen. Für englische Verhältnisse ist diese Quote – bzw. deren Nicht-Veränderung über die Jahre – insofern erstaunlich, als in diesem Zeitraum das Wissen um und die Aufmerksamkeit für das Phänomen Autismus ja enorm zugenommen und auch das Verständnis der frühen Entwicklung von Kindern mit Autismus beachtliche Fortschritte gemacht hat. Diese Erkenntnisse haben aber offensichtlich nicht Eingang in die Praxis des Gesundheitswesens gefunden und konnten sich nicht in der Verbesserung der Früherkennung niederschlagen. Das macht deutlich, dass der Prozess der Sensibilisierung und Wissensverbreitung Zeit und entsprechende Anstrengungen und Maßnahmen auf verschiedenen Ebenen (Ausbildung von Ärzten und Diagnostikern, Entwicklung und Umsetzung von geeigneten Screeningverfahren im Gesundheitswesen) erfordert.

Im Rahmen einer aktuellen Evaluationsstudie zur Arbeit der Autismuszentren in Deutschland (Tröster & Lange, 2019) wurde auch das Alter der Klienten bei Diagnosestellung erhoben: Bei Kindern mit der Diagnose »frühkindlicher Autismus« lag diese im Durchschnitt bei 6 Jahren und 2 Monaten, beim Asperger-Syndrom bei 9 Jahren und 8 Monaten – also auch hier keine gravierenden Veränderung im Vergleich zu den Zahlen von vor knapp 10 Jahren.

In den Autismuszentren in Deutschland ist in den letzten Jahren auch dank der guten Zusammenarbeit mit Kinderärzten, Diagnostikstellen, Frühförderstellen und Kitas die Anzahl der Kinder, die im Vorschulalter vorgestellt werden, zwar erfreulich gestiegen, immer noch viel zu selten sind es aber Kinder im Altersbereich der Zwei bis Vierjährigen.

1.3 Erste Früherkennungszeichen

In den letzten 10 bis 15 Jahren ist das Interesse stark gewachsen, mehr über die Entwicklung autistischer Kinder im Baby- und Kleinkindalter zu erfahren und diese zu erforschen. Das hängt sicherlich auch damit zusammen, dass die Anzahl der Autismusdiagnosen in diesem Zeitraum enorm zugenommen hat. Ging man im Jahr 2000 davon aus, dass ungefähr 1 Kind von 250 Kindern von Autismus betroffen ist, so wird heute international von einer Zahl von 1 von 100 Kindern ausgegangen.

Autismus ist also längst keine so seltene Diagnose mehr und es besteht heute Übereinstimmung darüber, dass sich die Früherkennung – und damit einhergehend eine autismusspezifische Förderung und Unterstützung für das Kind und die Familie – positiv auf die weitere Entwicklung der Kinder auswirkt.

In Studien zur frühen Entwicklung autistischer Kinder bestand lange Zeit die wichtigste Informationsquelle – neben Berichten von Eltern – in der Auswertung von Filmaufnahmen, welche die Eltern in den ersten Lebensjahren zu Hause von ihren später als autistisch diagnostizierten Kinder gemacht haben. Durch die systematische Auswertung von Informationen der Eltern und des Filmmaterials konnten wichtige Erkenntnisse über die frühe Entwicklung der Kinder gewonnen werden. Markante Besonderheiten (sog. »Red flags) in der sozialen Interaktion zeigten sich in diesen Analysen jedoch erst im zweiten Lebensjahr:

- mangelndes Blickfolgeverhalten/Augenkontakt,
- seltener freudige Gesichtsausdrücke mit Augenkontakt,
- weniger Teilen von Freude/Interesse,
- keine Reaktion auf Rufen des Namens,
- mangelnde Koordination von Blick, Gesichtsausdruck, Geste und Sprache,
- keine Zeigegesten,
- ungewöhnliche Prosodie (Sprachmelodie),
- repetitive Bewegungen/Haltungen von Körper, Armen, Händen, Fingern,
- repetitive Handlungen mit Objekten.

(Wetherby et al, 2004)

Keine dieser Auffälligkeiten kann jedoch eine spätere Autismusdiagnose eindeutig und verlässlich vorhersagen.

Ziel jeder Früherkennung und Diagnostik ist jedoch, möglichst viele autistische Kinder zu erfassen und gleichzeitig die Zahl derer gering zu halten, die fälschlicherweise die Diagnose erhalten.

1.4 Neue Wege in der Forschung zur Früherkennung

In den USA und England wird seit einigen Jahren eine neue Forschungsstrategie verfolgt. Statt rückblickend Unterschiede in der Entwicklung autistischer Kinder zu identifizieren, wird versucht, »Risikokinder« schon früh zu erfassen und in ihrer Entwicklung systematisch zu beobachten. Als Risikokinder gelten z. B. Neugeborene, die ein älteres autistisches Geschwisterkind haben. Derzeit wird davon ausgegangen, dass Geschwisterkinder eine höhere Wahrscheinlichkeit (12 %–20 % Risiko) haben, ebenfalls eine Autismusdiagnose zu erhalten, als Kinder, die in keinem verwandtschaftlichen Verhältnis zu einem autistischen Kind (1,2 %–1,5 % Risiko) stehen (Cheung, 2016, Sandin, 2014). Diese Geschwisterkinder werden von Geburt an über die ersten Lebensjahre in ihrer Entwicklung systematisch beobachtet und untersucht. Anhand der erhobenen Daten wird die Entwicklung der Kinder, die im weiteren Verlauf die Diagnose erhalten, mit der Entwicklung derjenigen Kinder verglichen, die später keine Diagnose im Autismus-Spektrum erhalten haben.

Anhand dieser Studien erhofft man sich Informationen darüber, in welchen Entwicklungsstadien autistische Kinder eine grundlegend andere Entwicklung nehmen als die nicht autistischen Kinder und welche Entwicklungsmerkmale oder Anzeichen eine autistische Entwicklung in den ersten beiden Lebensjahren zuverlässig voraussagen können und zur Früherkennung geeignet sind.

Insgesamt konnten bisher in diesen Studien erkennbare Unterschiede insbesondere im frühen Kommunikationsverhalten (z. B. Reaktion auf den Namen oder soziales Lächeln), Schwierigkeiten bei der Aufmerksamkeitssteuerung und der motorischen Entwicklung gefunden werden. Diese waren jedoch oft erst um den ersten Geburtstag herum ausreichend auffällig. Für das erste Lebensjahr konnten bislang in wissenschaftlichen Studien immer noch keine konsistenten Unterschiede in der Entwicklung autistischer und nicht autistischer Kinder identifiziert werden, die eine eindeutige Unterscheidung ermöglichen. Nur in sehr wenigen Studien wird z. B. über eindeutig auffälliges Blickverhalten (z. B. Aufmerksamkeit auf Personen in Videos mit sozialem Aufforderungscharakter richten) oder Auffälligkeiten in der Vokalisation (z. B. weniger brabbeln) im ersten Lebensjahr der später als autistisch diagnostizierten Kinder berichtet.

Insgesamt beruhen die Ergebnisse dieser Studien bisher nur auf sehr kleinen Stichproben und die Bedeutung der dort gewonnenen Ergebnisse werden noch kontrovers diskutiert.

Auch wenn es bisher nicht möglich scheint, eine Diagnose vor dem ersten Lebensjahr zu stellen, gehen die Forschungsbemühungen dennoch dahingehend, verlässliche Früherkennungszeichen für das erste Lebensjahr zu finden (Charman, 2017).

1.5 Was macht Früherkennung so schwierig?

Die Entwicklungsvarianz von Kindern allgemein und auch die der autistischen Kinder im frühen Kleinkindalter ist sehr breit. Das macht es schwierig, Früherkennungsmerkmale zu finden, die autistische Kinder von nicht autistischen Kindern oder von Kindern mit anderen Entwicklungsproblemen oder Behinderungen im ersten Lebensjahr zuverlässig unterscheiden. Auch sind die Überlappungen zwischen den Gruppen oft sehr groß, sodass es schwierig ist, im Einzelfall eine Vorhersage darüber treffen zu können, ob ein spezielles Kind eine Autismusdiagnose erhalten wird. Wenn aus solchen Studien hervorgeht, dass z. B. 70 % der später als autistisch diagnostizierten Kinder ein bestimmtes Verhaltensmerkmal aufweisen und dagegen nur 30 % der Kinder, die später keine Autismusdiagnose erhalten, so ist das schon überzufällig. Für das einzelne Kind ist aber aufgrund dieses Merkmals keine eindeutige Zuweisung möglich. Es kann jedoch als Warnsignal dienen und eine weitere sorgfältige Beobachtung der Entwicklung des Kindes und erste Frühfördermaßnahmen einleiten.

Gegenwärtig wird davon ausgegangen, dass es kein alleiniges Verhaltens- oder Entwicklungsmerkmal geben wird, welches im frühen Alter für sich gesehen eine Autismus-Spektrum-Störung wird vorhersagen können. Vielmehr wird auch hier eine Kombination mehrerer Merkmale erforderlich sein, anhand derer eine autistische Entwicklung künftig zuverlässig diagnostiziert werden kann.

1.6 Einige Ergebnisse neuerer Studien für das erste Lebensjahr

An dieser Stelle sollen einige ausgewählte Ergebnisse aus der neueren Forschung mit Hochrisikokindern beschrieben werden. Teils weil sie überraschende Ergebnisse hervorgebracht haben, die Fragen aufwerfen oder als Beispiel für derzeit als relevant erachtete Fragestellungen und Forschungsbemühungen stehen.

1.6.1 Blickverhalten I: Soziale Orientierung

Eine Studie mit überraschendem Ergebnis wurde 2017 veröffentlicht. Diese hatte unter anderem folgendes Resultat: Später als autistische diagnostizierte Kinder zeigten im ersten Lebensjahr – allerdings unter Laborbedingungen – keine Auffälligkeiten im Blickverhalten. Vor die Wahl gestellt, haben diese Kinder, wie andere Kinder auch, bevorzugt ihren Blick auf soziale Reize (Gesichter) gerichtet, statt sich unbelebten Objekten zuzuwenden (Vernetti, 2017). Im Vergleich zu nicht autistischen Kindern zeigen sie die Vorliebe für menschliche Gesichter auch über eine längere Entwicklungsphase als nicht autistische Kinder. Ein zunächst überraschendes Ergebnis, da ein auffälliges Blickkontaktverhalten als ein doch wesentliches Merkmal bei autistischen Kindern gilt und man erwartet hatte, dass sie eine Präferenz für Objekte gegenüber Gesichtern auch in der Versuchssituation zeigen würden. Dass dies nicht der Fall war, macht deutlich, dass das Thema Blickverhalten autistischer Kinder einer differenzierten Betrachtung bedarf: Unter den oben beschriebenen Laborbedingungen konnten die Kinder zwischen Alternativen frei wählen, im Alltag begegnen Kinder dem menschlichen Gesicht in der Regel in Rahmen von komplexen sozialen Situationen mit deutlichem Aufforderungscharakter. Daher scheint es nicht verwunderlich, wenn unter diesen komplexen realen Bedingungen autistische Kinder anders als unter Laborbedingungen reagieren.

Die Diskussion um das Ergebnis dieser Studie zeigt noch eine andere Fragestellung auf: Wir dürfen nicht allein das Blickverhalten autistischer Kinder bewerten, sondern müssen die Frage stellen: Wie verarbeiten die Kinder das, was sie sehen, welche Bedeutung oder welchen Informationsgehalt hat das menschliche Gesicht für die autistischen Kinder im sozialen Kontext? Es passiert leider noch oft, dass bei Kindern ein Autismusverdacht nicht bestätigt oder eine bestehende Diagnose angezweifelt wird, wenn ein Kind Blickkontakt oder andere sozial relevante Verhaltensweisen zeigt. Es wird dann nicht hinterfragt, ob mit diesem Verhalten ein kommunikativer Signalcharakter bzw. eine kommunikative Absicht verbunden ist. Wir erleben in der Praxis, dass Blickkontakt bei autistischen Kindern nicht unbedingt im Rahmen sozialer Bezugnahme erfolgt, sondern vielfältige andere Funktionen erfüllen kann. Ein autistisches Kind kann z. B. auch gelernt haben, dass das Zeigen auf einen Gegenstand in der Interaktion mit anderen lohnend sein kann, ohne dass damit der innere Prozess der geteilten Aufmerksamkeit (gemeinsames Fokussieren, Interessen Teilen) stattfindet. Bei solchen Bewertungen allein auf der Verhaltensebene kann leicht übersehen werden, dass auch schon kleine (autistische) Kinder in der Lage sein können, sich Verhaltensweisen durch Imitation anzueignen, ohne die dahinterliegende komplexe soziale Bedeutung zu verstehen.

1.6.2 Blickverhalten II: Visuelle Wahrnehmung

Ein weiteres interessantes Ergebnis brachte eine Untersuchung zur visuellen Wahrnehmung (Cheung et al., 2016). Erwachsene autistische Menschen verfügen im Vergleich zu nicht autistischen Menschen über ausgeprägte Fähigkeiten zur Detailwahrnehmung. In der hier beschriebenen Studie von Cheung et al. wurde der Frage nachgegangen, ob diese Fähigkeiten schon im Kleinkindalter vorliegen. Den Kindern wurden Bilder gezeigt, in denen jeweils 8 Buchstaben in Kreisanordnung angebracht waren, wobei jeweils 1 Buchstabe von den anderen abwich. Tatsächlich zeigte sich, dass Kinder, die später eine eindeutige Autismusdiagnose erhalten haben schon im Alter von neun Monaten im Vergleich zu den anderen Kindern auffällig häufiger den abweichenden Buchstaben beachten. Diese Tendenz zeigte sich nicht bei Kindern, deren spätere Entwicklungsabweichung nicht den vollständigen Kriterien einer ASS entsprachen. Erst im Alter von 2 Jahren scheinen die nicht autistischen Kinder ein ähnliches Interesse an Details entwickelt zu haben.

Dieses Ergebnis könnte nicht nur im Hinblick auf eine frühe Diagnose von Bedeutung sein. Abweichungen in der Wahrnehmung autistischer Menschen stehen seit Jahren im Fokus von Betroffenen, der Forschung und der klinischen Praxis. Dabei geht es zunehmend darum, Besonderheiten in der autistischen Wahrnehmung als Stärken zu sehen, anzuerkennen und in der beruflichen Praxis zu nutzen. Kenntnisse über Wahrnehmungsbesonderheiten autistischer Menschen schon im Kleinkindalter könnten auch in eine ressourcen- und stärkenorientierte Frühintervention einfließen.

1.6.3 Das andere Gehirn

Die bisher beschriebenen Forschungen zur Früherkennung beruhen auf Verhaltensmerkmalen der Kinder. Im Gegensatz dazu wird über Untersuchungen des Gehirns (MRT, EEG) versucht, frühe körperliche Abweichung in der Gehirnentwicklung zu identifizieren. In der aktuellen Ursachentheorie geht man davon aus, dass dem Autismus eine andere (neuronale) Gehirnentwicklung zugrunde liegt, die schon in der frühen pränatalen Entwicklung angelegt ist (▶ Kap. 6.3). Die aktuelle Forschung beschäftigt sich nun damit, ob und welche Unterschiede in der (neuronalen) Gehirnentwicklung autistischer Menschen im Vergleich zu nicht autistischen (»neurotypischen«) Menschen schon früh erfasst werden können. Derzeit finden Untersuchungen mittels Messung der Hirnaktivität, EEG, MRT oder sog. Eye-Tracking statt.

Auch hier steht die Forschung noch in den Anfängen. Einzelne Studien ergaben Hinweise darauf, dass schon bei kleinen autistischen Kindern

- das Hirnwachstum vergrößert,
- die neuronale Erregbarkeit (bei sozialen Stimuli werden andere Hirnareale aktiviert) verschieden,
- die Konnektivität (Vernetzung von Hirnarealen) verändert

sein kann.

Für einen routinemäßigen Einsatz zur Diagnose einer Autismus-Spektrum-Störung reichen die Erkenntnisse jedoch noch nicht aus. Auch ist die Art der Diagnostik sehr aufwändig und kann für die Kinder stressbeladen sein, sodass sie auch aus diesem Grund derzeit kaum für eine regelhafte Autismusdiagnostik geeignet scheint.

1.7 Warum ist Früherkennung so wichtig?

Heute besteht Übereinstimmung darin, dass sich eine frühe Diagnose und damit einhergehend eine frühe Förderung günstig auf die Entwicklungsprognose autistischer Kinder auswirkt. In den nächsten Jahren ist eine Anstrengung dahingehend zu erwarten, Indikatoren zu finden, die eine spätere autistische Entwicklung zu einem sehr frühen Zeitpunkt vorhersagen können. Studien zur frühen Entwicklung autistischer Kinder können darüber hinaus zu einem besseren Verständnis von Entwicklungsverläufen führen und uns Hinweise über geeignete Ziele geben und zur Verbesserung von Frühinterventionen beitragen. Ziel sollte dabei immer sein, die Lebensqualität von Kindern mit Autismus und ihrer Familien zu verbessern.

Wir gehen heute davon aus, dass autistische Kinder schon von Geburt an mit einer anderen Wahrnehmung ausgestattet sind und anders auf Signale ihrer Umgebung reagieren als nicht autistische Kinder. Von erwachsenen autistischen Menschen wissen wir, dass ihre Wahrnehmung anders organisiert ist. Sie haben beispielsweise andere Aspekte ihrer Umgebung im Fokus als nicht autistische Menschen, sie nehmen z. B. Details mehr im Vordergrund wahr (s. o. Untersuchung zur visuellen Wahrnehmung) oder verarbeiten Informationen aus der Umwelt anders. Viele autistische Menschen berichten darüber hinaus über Über- und Unterempfindlichkeiten gegenüber sensorischen Reizen und/oder dass sie Reize aus der Umgebung nur schwer filtern oder ausblenden können. So kommt es fast permanent zu Reizüberflutungen und Überforderungen, Erfahrungen, die mit starken Angstgefühlen einhergehen (▶ Kap. 18.6) und denen das kleine Kind mit seinen ihm zur Verfügung stehenden Möglichkeiten reagiert: sich abwenden, Rückzug, Sicherheit und positive Gefühle in Stereotypien und Ritualen suchen, Schreien sind nur einige davon. Und Eltern – insbesondere dann, wenn sie keine Erklärung für das Verhalten des Kindes haben – reagieren ihrerseits häufig mit Schuldgefühlen, Hilflosigkeit, Resignation und Verzweiflung. Nicht selten kommen ungünstige Kreisläufe in Gang (▶ Kap. 25).

Eine frühe Diagnose kann dazu beitragen, dass wir (die Eltern, Therapeuten, Pädagogen) diesen Kindern ein geeignetes Umfeld zur Verfügung stellen in dem sie sich gut entwickeln können (z. B. Vermeidung von permanenter Über- oder Unterforderung, Berücksichtigung von Ressourcen). Wir könnten schon früh Eltern darin unterstützen, eine sichere Bindung mit ihrem Kind herzustellen (▶ Kap. 8). In vielen Fällen ist es möglich, sekundäre Folgen wie z. B. Verhaltens- und emotionale Probleme weitgehend zu vermeiden oder zumindest zu reduzieren (▶ Kap. 25). Auch wenn davon auszugehen ist, dass Autismus auch bei einer frühen Förderung nicht geheilt werden kann, ist es unsere Erfahrung, dass wir Entwicklungsverläufe günstig beeinflussen, die Folgen des Autismus mildern und die Teilhabe am gesellschaftlichen Leben langfristig positiv unterstützen können.

Im Zusammenhang mit den oben erwähnten Hochrisikostudien gab es auch schon erste kleine Interventionsstudien: Ein Teil der Eltern mit einem autistischen Kind bekamen bei Geburt eines Geschwisterkindes ab dem 9. Lebensmonat über 5 Monate lang eine videogestützte Interaktionsberatung für das Geschwisterkind. Ziel war, die Eltern darin zu unterstützen, die dyadische Interaktion mit ihrem (Risiko-)Kind synchron zu gestalten, d. h., in zeitlich abgestimmter und rhythmisch passender Weise auf die Signale ihres Kindes zu reagieren. Im Vergleich zu Eltern, die eine solche Unterstützung nicht bekamen, ist diesen Eltern die Synchronisierung besser gelungen und es konnten positive Effekte auf das Interaktionsverhalten der Kinder gefunden werden. Die Kinder waren insgesamt aktiver (in der Interaktion) und initiierten von sich aus mehr soziale Interaktionen. Auch zeigte sich ein positiver Einfluss auf den Verlauf der autistischen Symptomatik, wenn das Kind später mit Autismus diagnostiziert wurde. Diese positive Tendenz zeigte sich bei den Kindern noch im Alter von 3 Jahren, also auch gut 1½ Jahre nach Beendigung der Interaktionsberatung (Green, 2016).

Auch hier steht die Forschung noch in ihren Anfängen und solche Ergebnisse müssen in weiteren Studien geprüft werden. Sie unterstützen jedoch z. B. schon frühere Studien von Sigman et. al, in denen positive Langzeiteffekte von früher synchroner Interaktion der Eltern mit ihrem autistischen Kind und Sprachfähigkeiten der Kinder im Alter von 12 Jahren aufgezeigt werden konnten (Mundy, P., Sigman, M. & Kasari, C., 1990).

Aus Sicht der Autorin sind solche Studien auch relevant, weil sie deutliche Hinweise darauf geben, dass entwicklungspsychologisch längst anerkannte relevante Zusammenhänge (hier: Bedeutung der Synchronizität in der frühen Eltern-Kind-Interaktion) auch für autistische Kinder gelten und deren Relevanz gerade in der Frühtherapie daher nicht unterschätzt werden darf (Döringer, 2017) (▶ Kap. 21, 22, 23). Die aktive Teilnahme von Kindern an sozialen Interaktionsprozessen ist eine notwendige Voraussetzung für eine regelgerechte sozial-kommunikative und neurobiologische Entwicklung und hat Einfluss auf die sozial-kognitive Entwicklung im späteren Lebensalter der Kinder (Mundy, 2005)

1.8 Aktuelle Empfehlungen zur Früherkennung: S3-Leitlinien[7]

2016 wurden von der AWMF (Arbeitsgemeinschaft der Wissenschaftlichen Medizinischen Fachgesellschaften e. V.) in Deutschland neue Leitlinien zur Diagnostik von Autismus-Spektrum-Störung herausgegeben (Autismus-Spektrum-Störungen im Kindes-, Jugend- und Erwachsenenalter, Teil 1: Diagnostik). Federführend war die Deutsche Gesellschaft für Kinder- und Jugendpsychiatrie, Psychosomatik und Psychotherapie (DGKJP) unter Leitung von Frau Prof. Dr. Freitag und Prof. Dr. Kai Vogeley. Mehrere Fachgesellschaften waren einbezogen (u. a. autismus deutschland e. V., aspies e. V., Wissenschaftliche Gesellschaft Autismus-Spektrum-Störung). Ziel dieser Leitlinien ist in erster Linie, Handreichungen bzw. Empfehlungen zur Diagnostik bereitzustellen, die weitgehend evidenzbasiert sind bzw. auf breitem Konsens der am Prozess beteiligten Fachverbände basiert, dort wo noch keine evidenzbasierten Erkenntnisse vorliegen. Bestehende englischsprachige Leitlinien (NICE England, SIGN Schottland) wurden einbezogen.

1.8.1 Autismus nach ICD und Autismus-Spektrum-Störung: Begriffsklärung

Autismus wurde in der Vergangenheit in den Klassifikationssystemen für (psychische) Erkrankungen (ICD-10, DSM-4) unter den tief-

---

[7] Die S3-Leitlinien zur Diagnostik und Behandlung psychischer Störungen werden von der AWMF herausgegeben und regelmäßig aktualisiert. Die neuen S3-Leitlinien zur Therapie bei Autismus-Spektrum-Störungen werden derzeit erarbeitet.

greifenden Entwicklungsstörungen eingeordnet. Dabei wurden drei Formen von Autismus unterschieden:

- der frühkindliche Autismus/autistische Störung/Kannerautismus,
- das Asperger-Sydrom
- der atypische Autismus (nur ICD-10)

Diese Unterscheidung geht auf die Erstbeschreibungen des Autismus durch Leo Kanner (USA) und Hans Asperger (Österreich)[8] Anfang der 40er Jahre des letzten Jahrhunderts zurück. Die Unterschiede dieser beiden Formen des Autismus liegen im Wesentlichen darin, dass autistische Kinder mit frühkindlichem Autismus keine bzw. nur eine rudimentäre Sprache mit auffälligen Sprachbesonderheiten entwickeln (z. B. Echolalie) oder dass ihre Sprachentwicklung deutlich verzögert verläuft. Meist liegt auch eine Intelligenzminderung oder deutliche Funktionsbeeinträchtigung vor. Beides sind Ausschlusskriterien beim Asperger-Syndrom. Menschen mit dieser Diagnose verfügen über gute sprachliche Fähigkeiten und eine mindestens durchschnittliche Intelligenz. Beim atypischen Autismus ist die Symptomatik nicht voll ausgeprägt oder nicht alle diagnostischen Kriterien werden erfüllt. Die Kernsymptomatik bei allen Formen des Autismus besteht jedoch einheitlich in Schwierigkeiten bei der sozialen Interaktion und Kommunikation sowie in repetitiven Verhaltensweisen bzw. fixierten Interessen und Verhaltensweisen. Die Übergänge zwischen den verschiedenen Formen sind fließend, die Ausprägung kann jeweils sehr unterschiedlich sein (Spektrum).

Da es mehr Verbindendes als Trennendes zwischen den unterschiedlichen Autismuskategorien gibt, machte es aus Sicht der Forschung keinen Sinn mehr, Autismus weiterhin in verschiedene Kategorien einzuteilen. In den neuen Klassifikationssystemen des DSM-5 und künftig auch in der voraussichtlich 2019 erscheinenden ICD-11, die in Europa Anwendung findet, werden alle Formen des Autismus in der Diagnose Autismus-Spektrum-Störung (ASS zusammengefasst und der Kategorie der »Neurodevelopmental Disorders« bzw. »Störungen der neuronalen und mentalen Entwicklung« zugeordnet. In der ICD-11 wird darüber hinaus unterschieden, ob und in welchem Ausmaß die kognitive Entwicklung und die Entwicklung der funktionalen Sprache beeinträchtigt ist.[9] Das Asperger-Syndrom kann in dieser Systematik beschrieben werden als Autismus-Spektrum-Störung ohne Störung der kognitiven Entwicklung und mit milder oder ohne sprachliche Beeinträchtigung der funktionalen Sprache bzw. abgekürzt als »hochfunktionaler Autismus«, eine Bezeichnung, die wir als Herausgeberinnen und als Autorinnen nachfolgend vorrangig benutzen werden. Formen des frühkindlichen Autismus werden als Autismus-Spektrum-Störung mit Störung der kognitiven Entwicklung und mit beeinträchtigter funktionaler Sprache bzw. dem Fehlen von funktionaler Sprache beschrieben.

1.8.2 Ab wann ist eine Autismusdiagnose sicher zu stellen?

Ein richtungsweisendes Ergebnis der Auswertung von Studien zur Frage der frühen Diagnose war, dass eine Diagnose, die im Alter von 18 bis 24 Monaten gestellt wurde, stabil

---

8 Zur Kritik an der Rolle von Hans Asperger im nationalsozialistischen Euthanasieprogramm des Dritten Reiches siehe Vorbemerkungen in diesem Buch
9 Die ICD-11 wurde im Mai 2019 von der WHO verabschiedet. Über den Zeitpunkt der Einführung in Deutschland gibt es noch keine Aussagen.

bleibt. Das bedeutet, dass Kinder, die bis zu diesem Alter die Diagnose erhalten, diese auch im späteren Alter beibehalten haben. Dies betrifft Kinder mit einer recht eindeutigen Symptomatik, zumeist einhergehend mit einer deutlichen Sprachentwicklungsstörung. Heute können wir daher davon ausgehen, dass die Diagnose »frühkindlicher Autismus« im Alter von 18 Monaten gestellt werden kann (Noterdaeme, 2018).

In Bezug auf die Schlüsselfrage »Ab wann lassen sich ASS frühestens sicher diagnostizieren?« kommt die Leitlinie zu folgender Empfehlung:

> »Da sich die Diagnose einer Autismus-Spektrum-Störung vor dem Alter von zwei Jahren als stabil erwiesen hat, soll sie bei eindeutiger Symptomatik gestellt und benannt werden« (S. 181).

Wenn die Autismus-Diagnose dagegen erst im Alter zwischen zwei und sechs Jahren gestellt wird, ist die Stabilität etwas niedriger. Knapp 10 % der Kinder erfüllen die Diagnosekriterien nach zwei Jahren nicht mehr. Dies ist vor allem auf die Kinder mit der Ursprungsdiagnose eines hochfunktionalen Autismus (Asperger) oder atypischen Autismus zurückzuführen, die nach zwei Jahren die Diagnosekriterien nicht mehr erfüllen. Es gibt allerdings einen relativ hohen prozentualen Anteil von Kindern mit Entwicklungsauffälligkeiten, die nach zwei Jahren Verlauf die Diagnose einer Autismus-Spektrum-Störung erhalten.

Die Leitlinien enthalten daher folgende Empfehlung:

> »Bei Kindern mit der Erstdiagnose eines Asperger-Syndroms oder atypischen Autismus im Vorschulalter soll spätestens im Jahr vor der Einschulung die Diagnose nochmals überprüft werden.«
> »Kinder mit Entwicklungsstörungen sollen über das gesamte Vorschulalter auch auf die Entwicklung einer Autismus-Spektrum-Störung hin beobachtet werden« (S. 181).

1.8.3 Früherkennung: Verbesserungsbedarf

In den S3-Leitlinien wird die bereits eingangs erwähnte späte Autismusdiagnostik in Deutschland im Vergleich zu anderen westlichen Ländern bestätigt und ein »dringender Verbesserungsbedarf bezüglich der frühzeitigen, zeitnahen und korrekten Diagnose von Autismus-Spektrum-Störungen in Deutschland« (S. 70) mit folgender Empfehlung formuliert.

> »Zur Verbesserung der Versorgung und mit dem Ziel, die zeitnahe und korrekte Diagnostik zu erleichtern, soll nach Stufenkonzept vorgegangen werden:
>
> (1) Bei Verdacht auf eine Autismus-Spektrum-Störung soll zunächst eine zeitnahe, orientierende Abklärung unter Verwendung von validen, altersspezifischen Screening-Instrumenten sowie der Durchführung einer orientierenden klinischen Evaluation vorgenommen werden.
> (2) Bei Erhärtung des Verdachts soll die Person an eine auf Autismus-Spektrum-Störungen spezialisierte Stelle überwiesen werden, die eine vollständige Diagnostik und Differentialdiagnostik gewährleisten kann« (S. 70).

Die Autismus-Therapiezentren wollen und können aufgrund der dort gebündelten klinischen Erfahrung und der inzwischen über das ganze Bundesgebiet verteilten guten Versorgungsstruktur einen wesentlichen Beitrag zur Verbesserung der Früherkennung leisten und sind in einigen Bundesländern (z. B. Hessen) im Rahmen ihrer Tätigkeit als spezialisierte Frühförderstellen in Rahmen der Früherkennung in vielfacher Weise tätig.

Ein wichtiges Eingangstor zu einer frühen Diagnostik kann die vorhandene Sensibilität bei Eltern und Sorgeberechtigten für autismusspezifische Frühzeichen darstellen, auf der anderen Seite müssen diese jedoch auf Resonanz bei Fachleuten im Versorgungssystem (Kinder- und Jugendärzte, Kitas, SPZs, Frühförderstellen etc.) stoßen oder da, wo

Eltern die Zeichen nicht erkennen können, durch den fachlichen Blick ersetzt werden (▶ Kap. 27). Eine gute Vernetzung der Akteure in den vorhandenen Versorgungsstrukturen und ein barrierefreier Zugang (wohnortnah, niedrigschwellig) zu spezifischen Hilfen sind weitere wesentliche Voraussetzungen dafür, dass Faktoren, die mit einer späten Diagnose verbunden sind (wie z. B. sozioökonomischer Status, Minderheitenstatus, fehlende Ressourcen in der Umgebung, größere Zahl konsultierter Stellen vor Diagnose-Stellung, Leitlinien S. 69), an Bedeutung verlieren.

1.8.4 Früherkennungszeichen in den ersten 12 Monaten

Aufgrund der oben schon erwähnten noch sehr unklaren Forschungslage zur frühen Entwicklung autistischer Kinder werden in den S3-Leitlinien zur Früherkennung keine spezifischen Früherkennungsmerkmale im ersten Lebensjahr beschrieben, sondern es wird dort folgende Empfehlung formuliert:

> »Bei Kindern, die zwischen dem 10. und 12. Lebensmonat (bei der Krankheits-Früherkennungsuntersuchung U6) Entwicklungsauffälligkeiten aufweisen, sollte eine zusätzliche Untersuchung im Alter zwischen 16 und 18 Monaten erfolgen, um zu überprüfen, ob die Auffälligkeiten zu diesem Zeitpunkt deutlicher geworden sind oder sich zurückgebildet haben. Dies wird auch empfohlen bei Kindern, deren Eltern zu diesem Zeitpunkt (U6) Sorgen über die Entwicklung ihres Kindes äußern«[10] (S 81).

Hier wie auch in allen weiter unten aufgeführten Empfehlungen zur Früherkennung wird die Rolle der Eltern deutlich hervorgehoben und somit der Tatsache Rechnung getragen, dass Eltern oft schon sehr früh Besonderheiten in der Entwicklung ihrer Kinder auffallen, die ernst genommen werden und sorgfältig begleitet werden sollen.

1.8.5 Früherkennungszeichen: 12–18 Monate

In diesem Alter zeigen sich bei vielen autistischen Kindern schon erste Auffälligkeiten insbesondere in der sozialen Bezugnahme (z. B. geteilte Aufmerksamkeit, Zeigegesten, soziales Lächeln) der Kommunikation (Blickkontakt) und/oder auch eine ungewöhnliche Erkundung von Objekten. Aber auch wenn Kinder in diesem Alter keine dieser Auffälligkeiten zeigen, heißt das nicht, dass eine Autismus-Spektrum-Störung ausgeschlossen werden kann.

Empfehlung in den S3 Leitlinien:

> »Bei Kleinkindern, bei denen die Eltern berichten oder in der Untersuchung zu beobachten ist, dass sie eines oder mehrere der folgenden Merkmale aufweisen:
>
> - fehlendes oder verringertes Verfolgen der Blickrichtung einer anderen Person,
> - mangelnder oder fehlender Blickkontakt,
> - seltenes oder fehlendes Zeigen mit dem Finger, um eine andere Person auf etwas aufmerksam zu machen,-
> - abgeschwächte oder fehlende Reaktion auf das Gerufen-Werden mit dem eigenen Namen,-
> - Rückschritt oder Verlust bereits erworbener Fähigkeiten in der Sprache oder sozialen Interaktion,
> - oder
> - bei denen die Eltern zu diesem Zeitpunkt zunehmend Sorgen äußern hinsichtlich der Entwicklung ihres Kindes
>
> sollte die Differenzialdiagnose einer Autismus-Spektrum-Störung in Erwägung gezogen und anhand eines passenden Screening-Instrumentes überprüft werden.
> Sofern sich dabei der Verdacht erhärtet, sollte das Kind umgehend an eine auf Autismus-Spektrum-Störungen-Diagnostik spezialisierte Stelle überwiesen werden« (S 86).

---

10 Auf der Seite des ATI Langen sind Früherkennungsmerkmale bei U-Untersuchungen in Checklisten aufgeführt und können heruntergeladen werden: www.autismus-langen.de

1.8.6 Früherkennungszeichen 18–24 Monate

In diesem Altersbereich gewinnen Merkmale, die sich auf komplexere kommunikative Fähigkeiten beziehen sowie Besonderheiten in der Spielentwicklung an Bedeutung für die Früherkennung.

Empfehlung in den S3-Leitlinien:

»Bei Kleinkindern, bei denen die Eltern berichten oder in der Früherkennungsuntersuchung (U7) zu beobachten ist, dass sie eines der folgenden Merkmale aufweisen:

- fehlendes oder verringertes Verfolgen der Blickrichtung einer anderen Person[11],
- geringes oder fehlendes »Als-ob«-Spiel[12]

sollte der Verdacht anhand eines passenden Screening Instrumentes überprüft werden.
Zusätzlich kann man bei folgenden Symptomen ebenfalls an eine diagnostische Abklärung denken:

- mangelnder oder fehlender Blickkontakt,
- fehlendes Bringen, um Gegenstände zu zeigen,[13]
- seltenes oder fehlendes Zeigen mit dem Finger, um eine andere Person auf etwas aufmerksam zu machen,
- abgeschwächte oder fehlende Reaktion auf das Gerufen-Werden mit dem eigenen Namen,
- fehlende mimische Reaktion oder fehlender Blickkontakt auf Schmerzäußerungen anderer Menschen,
- Rückschritt oder Verlust bereits erworbener Fähigkeiten in der Sprache oder sozialen Interaktion,
- bei denen die Eltern zu diesem Zeitpunkt zunehmend Sorgen äußern hinsichtlich der Entwicklung ihres Kindes.

Sofern sich dabei der Verdacht erhärtet, sollte das Kind umgehend an eine auf die Diagnostik von Autismus-Spektrum-Störungen spezialisierte Stelle überwiesen werden« (S. 89).

1.8.7 Früherkennungszeichen ab 24 Monaten

In dieser Altersgruppe gewinnt der Blickkontakt wieder mehr an diagnostischer Bedeutung. Dies gilt insbesondere für Kinder mit frühkindlichem Autismus, bei Kindern mit anderen Diagnosen aus dem Autismus-Spektrum (hochfunktionaler bzw. atypischer Autismus) sind diese Merkmale weniger auffällig. Ähnliches gilt für das Merkmal »Bringen und Zeigen«. Für den hochfunktionalen Autismus fehlen insgesamt aussagekräftige prospektive Studien zur Früherkennung. Viele Merkmale, die für die Kinder mit frühkindlichem Autismus gelten, sind bei Kindern mit hochfunktionalem Autismus deutlich geringer ausgeprägt oder gar nicht vorhanden. Damit geht einher, dass diese Diagnose deutlich später gestellt wird, selten unter einem Alter von vier Jahren.

Empfehlung der S3-Leitlinien:

»Bei Klein- und Vorschulkindern, bei denen die Eltern berichten oder in einer der Krankheits-Früherkennungsuntersuchungen (U7–U9) zu beobachten ist, dass sie eines oder mehrere der folgenden Merkmale aufweisen:

- mangelnder oder fehlender Blickkontakt,
- fehlendes Bringen, um etwas zu zeigen,

---

11 Im Alter von 15 Monaten beginnen nicht autistische Kinder die Absichten ihres Gegenübers zu erkennen.
12 Um das zweite Lebensjahr entwickeln Kinder die ersten »So-tun-als-ob-Spiele«, d. h., das Kind erfindet Personen und Gegenstände, verleiht ihnen nach Belieben nach eigener Vorstellung neue Eigenschaften.
13 Kinder mit Autismus lenken die Aufmerksamkeit ihrer Umgebung meist eher auf Dinge, die sie haben möchten, aber nicht, um diese den anderen zu zeigen. »Diese Besonderheit grenzt sehr gut gegenüber anderen Störungen ab und findet sich bei allen untersuchten Kindern mit frühkindlichem Autismus, aber nur einem Teil der Kinder mit einer Autismus-Spektrum-Diagnose« (S3-Leitlinien, S. 87).

- geringes oder fehlendes »Als-ob« Spiel,
- keine Zeigegeste, um Interesse zu zeigen,
- Rückschritt oder Verlust bereits erworbener Fähigkeiten in der Sprache oder sozialen Interaktion.

Zusätzlich kann man bei folgendem Symptom ebenfalls an eine diagnostische Abklärung denken:

- bei denen die Eltern zu diesem Zeitpunkt zunehmend Sorgen äußern hinsichtlich der Entwicklung ihres Kindes.

Sofern sich dabei der Verdacht erhärtet, sollte das Kind umgehend an eine auf die Diagnostik von Autismus-Spektrum-Störungen spezialisierte Stelle überwiesen werden« (S3-Leitlinien, S. 89).

1.8.8 Frühsymptome des hochfunktionalen Autismus

Wie oben erwähnt, sind Frühsymptome bei dieser Form des Autismus weniger spezifisch und es liegen noch kaum aussagekräftige Studien vor. Derzeit kann diese Diagnose zwischen dem 36. und 48. Monat gestellt werden (Noterdaeme, 2011). Eltern berichten jedoch schon in den ersten drei Lebensjahren über Besonderheiten in der Entwicklung ihrer Kinder. In einer 2010 veröffentlichten Studie der Uniklinik Marburg (Kamp-Becker, 2010) wurden diese rückblickend ausgewertet und folgende Frühsymptome aus den Angaben der Eltern identifiziert, die Hinweise für das Vorliegen eines hochfunktionalen Autismus sein können[14]:

- kein, wenig oder inadäquater Kontakt,
- stereotype Verhaltensweisen,
- Veränderungsängste,
- sensorische Auffälligkeiten,
- auffällige Reaktion auf Annäherung anderer Kinder,
- eingeschränktes Fantasiespiel,
- macht kaum Angebote, etwas (Nahrung, Spielzeug etc.) zu teilen,
- benutzt selten die Zeigegeste mit begleitendem Blickkontakt.
- spricht selten, nur um freundlich oder gesellig zu sein, sondern meist, um Bedürfnisse mitzuteilen oder Informationen zu geben,
- stereotyper Sprachgebrauch,
- zwanghafte und ritualisierte Verhaltensweisen.

1.9 Screening-Instrumente

Screening-Instrumente können eingesetzt werden, um einen Verdacht bezüglich einer Autismus-Störung zu erhärten. Eine Diagnose allein auf der Grundlage von Screening-Instrumenten kann jedoch weder gestellt noch ausgeschlossen werden.

Für Kleinkinder ab dem zweiten Lebensjahr kann der 2-stufige M-CHAT (Modified Checklist for Autism in Toddlers) eingesetzt werden, um einen Verdacht bezüglich einer Autismus-Spektrum-Störung zu erhärten. Für den M-Chat liegt eine deut-

---

14 Hierzu kann ein Flyer des Hamburger Autismus Instituts heruntergeladen werden unter: https://autismus-institut.de/wp-content/uploads/2017/07/Flyer-Asperger-Fr%C3%BCherkennung-Fr%C3%BChtherapie-1.pdf

sche Version vor. Er besteht aus einem Fragebogen mit 23 Items, die von den Eltern mit ja oder nein beantwortet werden. Die Durchführung dauert ca. 10 bis 15 Minuten.

> **Beispielfragen des M-Chat:**
>
> - Zeigt Ihr Kind Interesse an anderen Kindern?
> - Hat Ihr Kind jemals den Zeigefinger benutzt, um auf etwas zu zeigen oder um Interesse
> - für etwas zu bekunden?
> - Bringt Ihr Kind Ihnen Dinge, um sie Ihnen zu zeigen?
> - Imitiert Sie Ihr Kind? (z. B. wenn Sie eine Grimasse schneiden)
> - Reagiert Ihr Kind auf seinen Namen, wenn Sie es rufen?
> - Wenn Sie auf ein Spielzeug am anderen Ende des Zimmers zeigen, schaut Ihr Kind es dann an?

Der M-Chat hat eine hohe Sensitivität, d. h., Kinder, die später eine Autismusdiagnose erhalten, werden mit dem Test gut erfasst. Allerdings ist die Spezifität vergleichsweise niedrig, d. h., es wird auch eine hohe Anzahl von Kindern fälschlicherweise mit einem hohen »Autismuswert« bewertet. Die Ergebnisse des M-Chat müssen deshalb sorgfältig interpretiert werden, der Screeningfragebogen kann keine Autismusdiagnostik ersetzen.[15]

Der FSK (Fragebogen zur Sozialen Kommunikation) kann bei Vorschul- und Grundschulkindern ab einem Alter von 4 Jahren eingesetzt werden. Er ist ein aus dem ADI-R (▶ Kap. 2.2.2) abgeleiteter Elternfragebogen mit 40 Items.

> **Beispielfragen des FSK**
>
> - Deutete er/sie jemals spontan auf Gegenstände in seiner/ihrer Umgebung, nur um Ihnen etwas zu zeigen (nicht nur wenn er/sie etwas wollte)?
> - Lächelte sie/er im Alter von 4–5 Jahren zurück, wenn jemand sie/ihn anlächelte?
> - Gab es jemals Dinge, die er/sie in einer ganz besonderen Weise oder Abfolge machen zu müssen schien, oder gab es Rituale, die Sie für sie/ihn ausführen mussten?

Durchführung und Auswertung dauern ca. 15 bis 20 Minuten.

Die S3-Leitlinien empfehlen den FSK insbesondere auch dann, wenn es um eine Differenzialdiagnose ADHS geht.

1.10 Fazit

Die Diagnose Autismus kann heute schon vor dem zweiten Lebensjahr bei Kindern mit eindeutiger Symptomatik sicher gestellt werden. Dennoch wird sie in diesem frühen Alter nur zögerlich ausgesprochen. Da es sich bei Autismus nicht um eine Entwicklungsverzögerung, sondern um eine tiefgreifende Entwicklungsstörung handelt, ist die Diagnose schwerwie-

---

15 Kostenloser Download des M-Chat unter: http://www.kgu.de/zpsy/kinderpsychiatrie/Downloads/M-CHAT_dt.pdf

gend. Die Angst, sie fälschlicherweise zu stellen und damit die Kinder zu stigmatisieren, ist sicherlich darin begründet. Manche Diagnostiker vergeben dann im frühen Alter zunächst eine »Verdachtsdiagnose Autismus« und erst nach dem 4. Lebensjahr die endgütige Diagnose. Aufgrund des heutigen Wissensstandes um Früherkennungsmerkmale und einer damit verbundenen verbesserten Diagnostik sind die Befürchtungen einer Falschdiagnose in der Regel unbegründet, wenn die Diagnosestellung durch hierfür spezialisierte Fachkräfte erfolgt.

Eine frühe Diagnose ist für die Entwicklung des autistischen Kindes und seiner Familie jedoch von großer Bedeutung. Eine frühe Förderung wirkt sich prognostisch günstig auf die gesamte Lebensspanne aus. Die Frühtherapie sollte dem Kind und seinen autistischen Besonderheiten mit Verständnis beggenen (▶ Kap. 13.3 und 13.4) und auch autistisch begründete Stärken als Ressourcen sehen und fördern. In der Regel können sekundäre Probleme und Verhaltensschwierigkeiten, die meist aus der Unkenntnis bzw. aus einer unangemessenen Antwort auf autismusspezifische Besonderheiten entstehen, vermieden oder zumindest vermindert werden.

Literatur

AWMF online (2016). *Langfassung der Leitlinie Autismus-Spektrum-Störungen im Kindes-, Jugend- und Erwachsenenalter, Teil 1: Diagnostik.* Zugriff am 01.08.2018 unter www.awmf.org/leitlinien/detail/ll/028-018.html

Brett, D., Warnell, F., McConachie, H. & Parr, J. R. (2016). Factors Affecting Age at ASD Diagnosis in UK: No Evidence that Diagnosis Age has Decreased Between 2004 and 2014. *Journal of Autism and Developmental Disorders, 46,* 1974–1984.

Charman, T. (2017). ESCAP 2017 – Leitvortrag über Autismusforschung: »Studien über die frühzeitige Behandlung von Autismus zeigen erst vor Kurzem klinischen Nutzen«, Zugriff am 23.9.2018 unter https://www.escap.eu/research/clinical-value-charman/charman-deutsch

Cheung, C. H. M., Bedford, R., Johnson, M. H., Charman, T., Gliga, T., the BASIS team (2016). Visual search performance in infants associates with later ASD diagnosis. *Developmental Cognitive Neuroscience, 29,* 4–10. Zugriff am 15.6.2018 unter http://dx.doi.org/10.1016/j.dcn.2016.09.003

Döringer, I. (2017). Zur Diskussion der Wirksamkeit von Autismus-Therapien. In Rittmann, B. & W. Rickert-Bolg (Hrsg.), *Autismus-Therapie in der Praxis. Methoden, Vorgehensweisen, Falldarstellungen* (S. 285–294). Stuttgart: Kohlhammer.

Green, J. et al. (2017). Randomised trial of a parent-mediated intervention for infants at high risk for autism: longitudinal outcomes to age 3 years. *Journal of Child Psychology and Psychiatry, 58*(12), 1330–1340. Zugriff am 23.10.2017 unter http://onlinelibrary.wiley.com/doi/10.1111/jcpp.12728/full 23.10.17

Kamp-Becker, I. et al. (2010). Frühsymptome des Asperger-Autismus im Kindesalter. *Kindheit und Entwicklung, 19*(3), 168–176.

Mundy, P., Sigman, M. & Kasari, C. (1990). A longitudinal study of joint attention and language disorders in autistic children. *Journal of Autism and Developmental Disorders, 20*(1),115–128.

Mundy, P. (2005). *Autism and Its Impact on Child Development: Comments on Charman, Stone and Turner, and Sigman and Spence.* Zugriff am 5.1.2019 unter http://www.child-encyclopedia.com/autism/according-experts/autism-and-its-impact-child-development-comments-charman-stone-and-turner

Noterdaeme, M. (2010). Früherkennung und Frühdiagnostik tiefgreifender Entwicklungsstörungen: Wo ist das Problem? *Frühförderung interdisziplinär 29,* 13–21.

Noterdaeme, M. (o. J.). *Früherkennung autistischer Störungen,* Zugriff am 2.10.2018: https://www.autismus-oberbayern.de/.../Frueherkennung_autistischer_Stoerungen.pdf

Noterdame, M. & Enders, A. (2011). Früherkennung und Frühdiagnostik von Autismus-Spektrum-Störungen. *Kinder- und Jugendarzt, 42*(6), 342–351.

Sandin, S., Lichtenstein, P., Kuja-Halkola, R. et al. (2014). The Familial Risk of Autism. *Jama, 311,* 1770–1777.

Tröster, H. & Lange, S. (2019). *Eltern von Kindern mit Autismus-Spektrum-Störungen: Anforderungen, Belastungen und Ressourcen.* Springer: Wiesbaden.

Vernetti, A., Senju, A., Charman, T., Johnson, M. H. & Glia, T. (2017). Simulating interactions: using gaze-contingent eye-tracking to measure the reward value of social signals in toddlers with and without autism. *Developmental Cognitive Neuroscience, 29,* 21–29. Zugriff am 18.12.2018 unter https://doi.org/10.1016/j.dcn.2017.08.004

Wetherby AM, Woods J, Allen L, Cleary J, Dickinson H. & Lord C. (2004). Early indicators of autism spectrum disorders in the second year of life. *Journal of Autism and Developmental Disorders, 34*(5), 473–493.

2 »Das verwächst sich schon …!« Besonderheiten bei der Diagnosestellung

Christine Teune und Stefanie Trikojat-Klein

2.1	Einführung	36
2.2	Wege in die Praxis	37
2.3	Ablauf der Diagnostik	39
	2.3.1 ADOS	40
	2.3.2 ADI-R	41
	2.3.3 Entwicklungsdiagnostik und kognitive Leistungsdiagnostik	42
2.4	Interpretation (Orientierung am verhaltens- und entwicklungsunauffälligen Kind)	44
2.5	Exkurs: Die Beziehung zu den Eltern – das Arbeitsbündnis	45
2.6	Schwierigkeiten und Grenzen früher Diagnosestellung	46
2.7	Fazit	47
Literatur		48

2.1 Einführung

> *Der 6-jährige Kuno[16] steht vor dem Eintritt in die Schule. Bei der anstehenden Schuluntersuchung läuft er im Klassenzimmer herum und klopft an den Heizkörpern. Dabei scheint er sich sehr für den dabei entstehenden Klang zu interessieren. Er nimmt von sich aus keinen Kontakt zu den anderen Kindern oder den Lehrern auf und wendet sich nur nach mehrfachen Hinweisen den angebotenen Aufgaben zu. Hier sortiert er die Puzzleformen nach Größen und weigert sich energisch, sie in die vorliegenden Formen einzufügen. Als ein anderes Kind ihm näherkommt, beißt er rasch in den Arm des Kindes. Kuno wird in die erste Klasse eingeschult. Man hofft, dass er sich bei guter Erziehung eingewöhnen werde.*
>
> *Im Verlauf der ersten Klasse werden Kunos Eltern fast täglich von der Schule informiert, dass Kuno in der Klasse kaum zu halten sei, häufig werden sie gebeten, das Kind abzuholen. Die Mutter hört auf zu arbeiten, da nur so gewährleistet werden kann, dass sie stets in der Lage ist, ihren Sohn zu holen und zu betreuen. Häufig ist er nach dem Schulmorgen sehr unruhig und kaum zu beruhigen. Er ist nicht bereit, mit der Mutter oder dem Vater die schulischen Aufgaben zu Hause nachzuarbeiten.*

Dieser nur skizzenhaft beschriebene Weg ist unserer Erfahrung nach häufig zu beobachten und lässt die Frage aufkommen, ob der Familie und dem Kind durch frühe Diagnos-

---

16 Alle Namen und Hinweise auf Personen der Fallbeispiele wurden geändert und anonymisiert

tik und Einschätzung seiner Problematik und den darauffolgenden entsprechenden Hilfestellungen so geholfen werden könnte, dass das Kind bei vermindertem Leidensdruck von allen Seiten seinen individuellen Platz in der Gesellschaft findet (▶ Kap. 24). In der Rückschau erscheint es so, dass eine frühere Diagnose und die damit verbundenen Maßnahmen dem betroffenen Kind und der Familie einerseits Entlastung geboten hätten. Andererseits hätten so auch im Schulumfeld adäquate individuelle pädagogische Unterstützungsangebote entwickelt werden können, und damit wäre für das Kind ein gelungener Schulbeginn möglich gewesen.

Wir, die Autorinnen, arbeiten seit vielen Jahren in einer Hamburger Gemeinschaftspraxis für Kinder- und Jugendpsychiatrie und -psychotherapie als Autismustherapeutin, Musiktherapeutin und Heilpädagogin bzw. Ergotherapeutin, Diplompsychologin und Heilpraktikerin für Psychotherapie in den Bereichen Diagnostik, Beratung und Gruppenbehandlungen. Im Laufe unserer dortigen Tätigkeit haben wir viele Kinder und ihre Familien begleitet und sind der Meinung, dass eine frühe, fundierte Diagnosestellung sich sehr günstig auf die weitere Entwicklung der von Autismus-Spektrum-Störungen betroffenen Kinder auswirkt, da nur so eine frühe, spezifische Förderung installiert werden kann.

Eine gesicherte Diagnosestellung ist ab 2 Jahren möglich, je nach Schwere der Symptomatik. Dies betrifft vor allem Kinder mit einer ausgeprägten Symptomatik des sogenannten frühkindlichen Autismus. Hier ist eine frühe Diagnosestellung aus unserer Sicht möglich und unbedingt zu befürworten (▶ Kap. 1). Kinder mit Asperger-Syndrom oder weniger stark von Symptomen betroffene Kinder lassen sich unserer Einschätzung nach durchaus schon ab dem dritten Lebensjahr diagnostizieren. Frühdiagnostik bedeutet nach unserer Definition eine Diagnosestellung bis zum 5. Geburtstag des betroffenen Kindes.

2.2 Wege in die Praxis

Eltern, die ihr Kind schließlich in der Kinder- und Jugendpsychiatrischen Praxis zur Autismusdiagnostik vorstellen, haben meist einen langen Weg hinter sich. Hier zeigt sich eine individuelle Toleranz für unterschiedliche Entwicklungsgeschwindigkeiten und für Verhaltensvariationen: nicht nur der Eltern, sondern auch der des sozialen Umfeldes, der Freunde und Familie, der Pädiater und der Mitarbeiterinnen betreuender Einrichtungen wie Krippe oder Kindergarten. Familien werden aus unterschiedlichsten Gründen unruhig über die Entwicklung ihres Kindes und suchen, meist nach Gesprächen oder Hinweisen von Freunden und Verwandten, Fachleute zur Diagnostik auf.

Fallen Verhaltensauffälligkeiten oder Entwicklungsverzögerungen auf, ist es stets eine Gratwanderung zwischen Akzeptanz und Zuversicht oder der Sorge, das Kind zu pathologisieren. So kann es sein, dass das Umfeld des Kindes mit Besonderheiten denkt: »Das wird sich schon verwachsen ...«.

Frühe Hinweise, die auf eine Autismus-Spektrum-Störung hindeuten können, werden von Bezugspersonen, wie Eltern, anderen Angehörigen oder Erzieherinnen und Erziehern in der Kindertageseinrichtung, häufig bemerkt, ohne dass an eine tiefgreifende Entwicklungsstörung wie Autismus gedacht wird. Diese Auffälligkeiten können u. a. sein:

- Verminderter modulierter Blickkontakt,
- starre Mimik,
- stereotypes Spiel/stereotype Interessen/Bewegungen/Verhaltensweisen,
- reduziertes Imitieren,
- Kontakt- und Interaktionsprobleme mit Gleichaltrigen,
- Auffälligkeiten in der taktilen Verarbeitung,
- kein prodeklaratives Zeigen,
- wenig Interesse, Aufmerksamkeit zu teilen,
- fehlendes soziales Lächeln,
- Regulationsstörungen (z. B. Schlaf-, Fütterstörungen),
- Auffälligkeiten in der Sprachentwicklung (Sprachentwicklungsknick),
- kein Reagieren, wenn der Name des Kindes gerufen wird.

Auch wenn das Kind in der Entwicklung Auffälligkeiten zeigt und z. B. dem Kinderarzt vorgestellt wird, werden teilweise unspezifischere Diagnosen wie z. B. Entwicklungsstörungen (ICD-10 F83) vergeben, da aus Sorge vor Fehldiagnosen der Mut oder die Expertise fehlt, den Verdacht auf eine Autismus-Spektrum-Störung zu äußern. Aus unserer Sicht stellt jedoch eine falsch positive Diagnose ein geringeres Entwicklungsrisiko dar als eine unerkannte Autismus-Spektrum-Störung (▶ Kap. 1).

> *Familie Klarno kommt mit ihrem fast dreijährigen Sohn in die Praxis, da die Eltern sich Sorgen machen, weil die Sprachentwicklung nicht altersentsprechend erscheint. Zudem haben sie beobachtet, dass er sich auf dem Tablet geschickt mit den Zahlen und Buchstaben beschäftigen kann, allerdings reagierte er bisher auf andere Angebote kaum positiv. Besonders auffallend sei, dass er andere Kinder ignoriere und auch nicht mit ihnen zusammen sein wolle. Die gemeinsamen Mahlzeiten gestalteten sich schwierig, da er nicht am Tisch sitzen bleiben und nur ausgewählte Nahrungsmittel zu sich nehmen wolle, alles andere verweigere er laut schreiend. Die Familie hat die Frage, ob ihr Kind hochbegabt sei und ausreichend gefördert werde.*

> *Ein kleines Mädchen, die 2,5-jährige Sonja, wird von ihren Eltern vorgestellt, da sie kein Interesse an anderen Kindern zeige und sich kaum von der Mutter trennen könne. Sie sei hochgradig irritierbar und gerate dann in Erregungszustände, die über Stunden anhielten, schreie sehr viel, komme kaum zur Ruhe und sei schon bei kleinsten Änderungen des gewohnten Ablaufes nicht mehr zu beruhigen. Es habe noch keine erkennbare Sprachentwicklung begonnen. Die Eltern sind sehr erschöpft und wissen sich keinen Rat mehr.*

> *Der 4-jährige Friedrich wird von seinen Eltern mit unterschiedlichen Entwicklungsverzögerungen vorgestellt, so sind die sprachlichen und motorischen Entwicklungen deutlich verzögert. Wenn er Sprache nutzte, dann war sie häufig von vielen Wiederholungen geprägt, die merkwürdig intoniert erschienen und wenig sozialen Charakter hatten. Den Eltern war zudem aufgefallen, dass er sich nicht für andere Kinder interessierte, auch bei Ansprache keinen Blickkontakt herstellte. In seinem Spielverhalten schilderten die Eltern ihn eigentümlich rigide, so mussten die immer wieder gleichen Abläufe ausgeführt werden, Störungen führten zu großer Unruhe und Aufregung.*

Eine häufige Fragestellung und Haltung bei Besonderheiten im kleinen Kindesalter ist die Hoffnung auf ein »Sich-Verwachsen« der Probleme. Hier stellt sich die Frage, was eine angemessene Haltung demgegenüber sein kann. Wie gelingt es, eine offene Haltung den Entwicklungsmöglichkeiten des Kindes gegenüber zu entwickeln, wie kann man das Kind wirklich individuell betrachten und seine Potenziale einschätzen? Zum einen erscheint es wichtig, sich möglichst viele unauffällige Entwicklungen immer wieder vor Augen zu führen und zu beobachten, zum anderen ein wirkliches Gefühl für individuelle Entwicklung in sich wachzurufen. Das bedeutet, dass man das Kind und seine Familie über eine intensivere Phase hin betrachten und begleiten muss, um ein inneres/möglichst reales Verständnis und Gefühl für das Tempo und die Eigenheiten dieser Familie zu bekommen. Welche Faktoren unterstützen oder beeinträchtigen die Entwicklung, inwieweit ist Entwicklung erwünscht und auch »erlaubt«? Welche Ideen bringen die Familien, auch unter Berücksichtigung ihres kulturellen Hintergrundes, in Bezug auf Entwicklung und Zukunftsentwürfe für ihre Kinder und Familien mit? (▶ Kap. 7, ▶ Kap. 13).

Frau Sicher ist heute wieder mit dem 3-jährigen Frank auf dem Spielplatz, er sitzt im Sandkasten und betrachtet seine kleine Sandmühle, immer wieder dreht er das Schaufelrad hin und her. Frau Sicher möchte ihn dazu anregen, oben Sand und dann auch mal Steine einzufüllen, aber er schiebt energisch ihre Hand beiseite und begutachtet weiter das Drehen des Rades. Ein anderes Kind kommt hinzu und betrachtet ihn interessiert und versucht, Kontakt aufzunehmen, sich in sein Spiel mit einzubringen. Frank dreht sich weg und beschäftigt sich weiter mit seinem Spielzeug. Als der andere Junge mit einem kleinen Gießkännchen dazukommt und versucht Wasser hineinzugießen, beginnt Frank laut und schrill zu schreien und zu weinen. Seine Abwehr wird immer lauter und verzweifelter. Frau Sicher geht mit dem schreienden und verzweifelten Frank nach Hause, da er sich nicht mehr beruhigen lässt. Sie überlegt, ob für Frank andere Kinder noch eine Überforderung darstellen könnten und daher noch keine geeigneten Spielpartner seien, da er hochsensibel sei. Nach einem erneuten und wieder schwierig endenden Versuch, mit Frank einen Spielplatzbesuch zu wagen, beschließt sie dem Tipp einer Freundin zu folgen und Frank in einer kinderpsychiatrischen Praxis vorzustellen.

2.3 Ablauf der Diagnostik

Wird ein Kind zur Autismusdiagnostik vorgestellt und deutet sich im Erstkontakt der Verdacht auf das Vorliegen einer Autismus-Spektrum-Störung an, stehen den Diagnostikern eine Reihe standardisierter (Screening-)Fragebögen zur Verfügung[17].

Neben der freien Verhaltensbeobachtung können sich auch Home-Videos, die von den Eltern mitgebracht werden, oder Eltern-Kind-Interaktionsbeobachtungen erhellend auf den Diagnostikprozess auswirken. Hierbei hat es sich bewährt, das Kind und seine Eltern in einer freien Spielsituation, aber auch in einer Anforderungssituation für das Kind zu beobachten. Die ausführliche anamnestische Erhebung der frühen Entwicklung stellt ebenfalls eine wichtige Säule der Diagnostik dar.

---

17 Modified Checklist for Autism in Toddlers M-Chat (ab 18. LM), Fragebogen zur sozialen Kommunikation FSK (ab 36 LM), Marburger Beurteilungsskala zum Asperger-Syndrom MBAS (ab 6. Lebensjahr), Diagnostiksystem zur Erfassung psychischer Störungen im Kindesalter DISYPS-III ASKS, Childhood Autism Spectrum Test CAST (4.–11. LJ) und z. B. das standardisierte Interview ADI-R (Autism Diagnostic Interview revised)

2.3.1 ADOS

Ein wichtiger, unerlässlicher Baustein in der Autismusdiagnostik stellt aus unserer Sicht die Diagnostische Beobachtungsskala für Autistische Störungen ADOS-2 dar[18]. Hierbei handelt es sich um ein standardisiertes Beobachtungsverfahren, in dem das Kind in einer möglichst angenehmen, entspannten Atmosphäre mit einer Anzahl Situationen und Materialien konfrontiert wird und der Untersucher/die Untersucherin die präsentierten Verhaltensweisen qualitativ in Relation zum erwarteten Verhalten entwicklungsunauffälliger Kinder beobachtet. Hierbei stehen je nach Sprachentwicklungsstand und Alter fünf verschiedene Module zur Verfügung. Autismustypische Symptome, die auf das Vorliegen eines solchen Störungsbildes mit hoher Wahrscheinlichkeit hinweisen, werden in ihrem Schweregrad eingeschätzt und kodiert. Die dabei entstandenen Gesamtergebnisse werden nach einem festen Algorithmus berechnet und ergeben durch die bestehenden Cut-off-Werte[19] deutliche Hinweise darauf, ob eine autismustypische Symptomatik vorliegen kann.

Die Validität der ADOS-2-Ergebnisse steigt mit der Erfahrung des Untersuchers/der Untersucherin mit diesem Verfahren. Es ist jedoch wichtig, darauf hinzuweisen, dass das jeweilige Ergebnis des Verfahrens nur ein Baustein der Diagnostik ist und dieses stets nur im Gesamtkontext aller erhobenen Befunde interpretiert werden kann. Ausschlaggebend sollte letztendlich der klinische Eindruck des erfahrenen Diagnostikers im Dialog mit der Familie sein.

In der revidierten Fassung des ADOS wurde die Frühdiagnostik im besonderen Maße berücksichtigt. Hier steht nun ein Modul zur Verfügung, das speziell für sehr junge Kinder entwickelt wurde. Es kann schon ab 12 Monaten (bis 30 Monaten) Verwendung finden, sobald das betroffene Kind in der Lage ist, sich selbständig im Raum zu bewegen. Der erzielte Gesamtwert kann hier nicht klinischen Cut-off-Werten zugeordnet werden, wie es in den übrigen Modulen der Fall ist. Beim Kleinkindmodul findet eine Einstufung in Verdachtsbereiche statt, da aufgrund des jungen Alters nur Verdachtsdiagnosen gestellt werden können. Unsere Erfahrung zeigt, dass dieses Modul eine lange offene Lücke schließt. Dadurch, dass es jetzt ein Instrument gibt, auch im frühen Kindesalter differenzierte, normierte Autismusdiagnostik durchzuführen, schärft sich auch der Blick für dieses Störungsbild in diesem Alter. Hierdurch ergibt sich die Möglichkeit, früher gezielt therapeutisch zu arbeiten.

Die Untersucherin hat das Zimmer für die Mutter und den fast dreijährigen Fred vorbereitet, so liegen einige Spielangebote auf dem Boden und einige Objekte auf dem Kindertisch bereit, als die beiden den Raum betreten Die Untersucherin lädt Fred und seine Mutter dazu ein, sich umzuschauen und sich mit etwas für sie Interessantem zu beschäftigen. Fred interessiert sich schnell für die Glitzerscheibe, die er in die Hand nimmt und vor seinen Augen hin- und herbewegt. Hierbei nimmt er keinerlei Kontakt zu seiner Mutter oder der Untersucherin auf. Auf Spielangebote mit dem auf ihn zugerollten kleinen Ball reagiert er kaum, schließlich greift er danach und beginnt hineinzubeißen. Immer wieder betrachtet er die Lichtreflexe der Plissees im Zimmer oder der

---

18 Deutschsprachige Fassung der Autism Diagnostic Observation Schedule (ADOS-2) von C. Lord, M. Rutter, P. C. DiLavore, S. Risi, K. Gotham und S. L. Bishop (Module 1–4) und C. Lord, R. J. Luyster, K. Gotham und W. Guthrie (Kleinkind-Modul) und von Luise Poustka, Dorothea Rühl, Sabine Feineis-Matthews, Fritz Poustka, Martin Hartung, Sven Bölte 2015

19 Cut-off-Werte sind Grenzwerte, die eine einfache diagnostische Unterscheidung z. B. auffällig versus unauffällig ermöglichen.

Lampen an der Decke. Dies Interesse ist so präsent, dass Fred dafür immer wieder seine Aktivitäten unterbricht bzw. seine Aufmerksamkeit nur schwer auf anderes lenken kann. Fred wird das Aufspringspielzeug angeboten und er betrachtet es mit ein wenig Interesse, lacht, als der Kasper durch Knopfdruck nach oben springt. Als die Untersucherin ein erneutes Aufspringen durch ihre Hand verhindert, zieht Fred an der Hand, nimmt aber keinen Blickkontakt auf, auch wendet er sich nicht hilfesuchend an die Mutter. Bei einer erneuten Wiederholung unternimmt er einen weiteren Versuch, die Hand wegzuziehen, kann aber nicht den Schritt vollziehen, sich an die Mutter zu wenden, er beginnt unwillig zu jammern. Eine ähnliche Szene zeigt sich beim Pusten der Seifenblasen, die ihm Freude bereiten, er lacht und zeigt zum ersten Mal so etwas wie gespannte Aufmerksamkeit. Als die Aktivität kurz unterbrochen wird, nutzt er keinen Blickkontakt oder gerichtete Lautäußerungen, um zu zeigen, dass er sich wünscht, es möge neue Seifenblasen geben. Fred scheint aufzugeben und wendet sich den Schranktüren zu, die er von diesem Moment an ausdauernd öffnet und mit einem kräftigen Geräusch wieder schließen lässt. Versuche der Mutter oder der Untersucherin, ihn wieder für eine Aktivität zu interessieren, scheitern und Fred beginnt zunehmend unwilliger zu lautieren. Angebote, die seine Imitationsfähigkeit erfragen, erweisen sich als zu schwierig für ihn, den Frosch, der er hüpfen lasen soll, betrachtet er ausgiebig, ebenso die kleinen Autos, die er umdreht, um ihre Räder zu drehen. Die anschließende freie Spielsituation mit der Puppe, die gebadet werden soll bzw. Geburtstag feiern darf, überfordert ihn merklich, er öffnet und schließt lediglich die Augen der Babypuppe und kann das Spielskript baden bzw. Geburtstag nicht vollziehen. Hier wird zum einen deutlich, dass er Interesse an Teilobjekten hat, zum anderen, dass er den Schritt zum Fantasiespiel noch nicht vollziehen konnte und Objekte nicht als Platzhalter nutzen kann. In dieser Beispielsituation der Untersuchung lassen sich bereits wesentliche Anzeichen einer Störung aus dem autistischen Formenkreis erkennen, wie beispielsweise Fehlen des Blickkontaktes, so nimmt Fred beispielsweise keinen Blickkontakt auf, sein mimischer Ausdruck ist reduziert, er zeigt sensorische Vorlieben, eine gemeinsame Aufmerksamkeit ist nur schwer bis nicht herstellbar. Dies sind nur einige Anzeichen, die hier beispielhaft genannt werden sollen.

2.3.2 ADI-R

Ein weiterer wichtiger Baustein der Autismusdiagnostik stellt das ADI-R-Interview mit den engsten Bezugspersonen dar. Das diagnostische Elterninterview ist ein halb strukturiertes vom Untersucher geleitetes Interview, in dem die Entwicklung und die Schwierigkeiten des Kindes möglichst genau erfasst werden sollen. Es beinhaltet 93 Items zur frühkindlichen Entwicklung, zu Spracherwerb und möglichem Verlust von sprachlichen Fertigkeiten, verbalen und non-verbalen kommunikativen Fähigkeiten, Spiel- und sozialem Interaktionsverhalten, stereotypen Interessen und Aktivitäten sowie komorbiden Symptomen (Aggression, Selbstverletzung, Epilepsie). Die Auswertung und Interpretation der Ergebnisse erfolgt über die Verrechnung einer Auswahl von Items in einem empirisch generierten diagnostischen Algorithmus, der sich streng an den Richtlinien zur klinischen Klassifikation nach ICD-10 und DSM-IV-TR orientiert.

Die Mutter berichtete, dass Fred nach unauffälliger Schwangerschaft bereits von Anfang an eine etwas verspätete Entwicklung gezeigt habe. Er habe spät laufen gelernt, die Sprachentwicklung habe kurz danach eingesetzt, habe dann aber stagniert. In einzelnen Situationen könne er zu vertrauten Menschen Blickkontakt herstellen, zeige aber nur sehr selten soziales Lächeln zur Kontaktanbahnung. Besonders die im Ausdruck reduzierte Mimik war der Umgebung aufgefallen. Im Kontakt mit Gleichaltrigen ziehe er sich meist zurück und sei überwiegend an den Spielobjekten der anderen Kinder interessiert, schaffe es aber nicht in eine Kontaktaufnahme mit ihnen zu kommen. Die Eltern beschrieben, dass er nicht tröste und in der Qualität der sozialen Kontaktaufnahmen sehr unbeholfen sei. Seine Sprachentwicklung habe stagniert und sie beobachteten, dass er auch keine Gestik zur Kompensation einsetzte, so schüttle er nicht den Kopf bei Verneinung oder nicke bejahend. Auch hätten sie keine zielgerichtete Gestik oder konventionelle Gestik wie Winken oder Kusshändchen werfen beobachten können. Er imitiere nur sehr verzögert und auf deutliche Hinweise hin. Spontane Imitation im Sinne eines Kommunikationsversuches sei nicht zu beobachten gewesen. In seinem Spielverhalten nutze er bekannte Skripte, die er aber nicht abwandle, sondern immer gleich ausführen wolle. Fred sei besonders an Glockentürmen interessiert und habe immer Objekte in dieser Richtung bei sich. Wege in seinem Alltag müssten immer der gleichen Route folgen und er kenne alle Glockentürme samt Geläute in seinem Umkreis. Die Eltern berichteten, dass Fred ohne ersichtlichen Grund mit beiden Händen schüttele und sie drehend betrachte. Optische Reize übten eine hohe Anziehungskraft auf Fred aus, so schaue er immer wieder mitten in einer Aktivität zu Lichtquellen, neige den Kopf in bestimmtem Winkel und sei sehr ungehalten, wenn er dabei unterbrochen werde. Dies könne sich bis zu heftigem Geschrei steigern. Eine weitere Schwierigkeit im Alltag zeige sich beim Essen, so sei er sehr wählerisch, es müsse stets alles fein püriert sein, kleine Stückchen würden sofort bemerkt und ausgespuckt. Zudem sei er sehr geruchsempfindlich und bevorzuge ein bestimmtes Waschmittel. Sei dieser Geruch nicht in der Wäsche, weigere er sich, diese anzuziehen. An für ihn neuen Personen schnuppere er stets und es komme vor, dass er jemanden aufgrund seines Geruches nicht akzeptiere und er sich dann ebenfalls in heftige Ausbrüche hineinsteigern könne.

In diesem Interview zeigten sich Auffälligkeiten in allen relevanten Bereichen, zudem begannen hier die Probleme bereits vor dem dritten Lebensjahr und waren nicht nur als vorübergehende Entwicklungsphase zu betrachten. Eine andere Erklärung für die Entwicklungsstörung konnte in diesem Fall ausgeschlossen werden, da alle körperlichen Untersuchungen bereits ohne Ergebnis erfolgt waren. Eine weitere Herausforderung in dem Elterninterview stellt sich dadurch, dass die Eltern mit großer Besorgnis oder Betroffenheit über ihr Kind berichten und die Untersucherin versuchen muss, den Grad der Schwierigkeiten des Kindes einzuschätzen. Aber auch die andere Möglichkeit zeigt sich häufig: Eltern schätzen die Auffälligkeiten ihres Kindes als individuelle Besonderheit ein oder sie erkennen sich selber in ihrem Verhalten wieder und bewerten es deshalb als nicht ungewöhnlich. Für die Untersucherin bedeutet es in jedem Falle, ein möglichst vertrauensvolles Verhältnis zu den Eltern zu gestalten. So kann ein authentischer, unverfälschter Bericht über das Verhalten des Kindes ermöglich werden. Dieser Bericht sollte möglichst ohne jegliche eigene Wertung der Untersucherin dokumentiert und eingeschätzt werden.

2.3.3 Entwicklungsdiagnostik und kognitive Leistungsdiagnostik

Um Verhaltensweisen diagnostisch einordnen zu können und Aussagen über Differenzialdiagnosen und eventuelle weitere vorliegende Störungsbilder (Komorbiditäten) machen zu können, ist eine Erhebung des allgemeinen und kognitiven Entwicklungsstandes aus unserer Sicht unerlässlich.

Anton kam in die Praxis und konnte nur wenige Worte sprechen, die er jedoch sehr selten kommunikativ einsetzte. Anton war ein von seinen Eltern gut geförderter 4-jähriger Junge, der sich energisch jeglichen Übungsversuchen widersetzte, wenn er mit der Aufgabe nicht einverstanden war oder diese nicht seiner aktuellen Motivationslage entsprach. Zusätzlich kam erschwerend hinzu, dass individualisierte Erklärungen oder zusätzliche Hilfestellungen bei standardisierten Verfahren nicht vorgesehen und zulässig sind und der normierten Durchführung entgegenstehen. Anton wurde mit dem WPPSI-III[20] getestet.

Möchte man einen Eindruck über den allgemeinen oder kognitiven Entwicklungsstand eines Kindes gewinnen, stehen der Diagnostikerin/dem Diagnostiker eine Reihe normierter Verfahren zur Verfügung, die je nach diagnostischer Fragestellung und individueller Symptomatik des betroffenen Kindes gewählt werden können[21]. Bei Kindern, die autismusspezifische Symptome zeigen, ist eine standardisierte Leistungseinschätzung schwierig. Zum einen agieren diese Kinder meist sehr auf ihre aktuellen Bedürfnisse bezogen und lassen sich nur schwer extern für Anforderungen motivieren, die gerade nicht ihrer aktuellen Motivationslage entsprechen. Die autismusspezifische Reizverarbeitung erschwert die Lösung von Testaufgaben, die Kategorienbildung, Flexibilität oder zentrale Kohärenz erfordern. Zudem ist die Durchführung von Untertests erschwert, die Imitationsverhalten oder Rollenspiel beinhalten.

Die Wahl fiel in unserem Fallbeispiel bei Anton auf den WPPSI-III, da er eine differenzierte Aussage über verschiedene Entwicklungsbereiche und intraindividuelle Differenzen zwischen den einzelnen Skalen ermöglicht und gleichzeitig eine standardisierte Aussage über die Arbeitshaltung/die Verarbeitungsgeschwindigkeit zulässt. Außerdem lassen sich die WPPSI-III-Ergebnisse leichter mit Ergebnissen des kognitiven Entwicklungstests WISC-IV/WISC-V vergleichen, deren Skalenwerte hoch mit Fähigkeiten korrelieren, die in der Schule benötigt werden.

Anton erreichte im Sinne abrufbarer Leistungen bei stark wechselnder Compliance einen unterdurchschnittlichen Gesamtindexwert, der nur eine ungenaue Einschätzung des kognitiven Entwicklungsstandes zuließ. Die Untertests des Verbalteils erfassen die sprachliche Begriffsbildung, das sprachliche Schlussfolgern und Verständnis, das erworbene Wissen, die Fähigkeit zur Lenkung der Aufmerksamkeit auf verbale Stimuli. Hier lag Antons Resultat auf grenzwertig unterdurchschnittlichem Niveau. Aber auch an dieser Stelle muss einschränkend erwähnt werden, dass die Validität der gemessenen Werte aufgrund der autistischen Symptomatik stark eingeschränkt war. Die allgemeine Sprachskala dient als Indikator für den Sprachentwicklungsstand des Kindes im Bereich der rezeptiven und expressiven Sprachkompetenz. Anton erreichte hier

---

20 Beim WPPSI-III handelt es sich um die deutsche Version der Wechsler Preschool and Primary Scale of Intelligence-III (WPPSI-III). Mit der aktuellen Normierung von 2009 umfasst sie die kognitiven Fähigkeiten von Kindern im Alter von 3,0 bis 7,2 Jahren. Diese werden in einem Gesamtintelligenzquotienten sowie in einem Verbal- und einem Handlungsteil angegeben. Zusätzlich können spezifische Werte für die Verarbeitungsgeschwindigkeit und die Allgemeine Sprachskala berechnet werden. Die jeweiligen Rohwerte werden in Wertpunkte umgewandelt, die die Leistungen des Kindes in Relation zu den Leistungen Gleichaltriger bringen.
21 Alternative Verfahren wären z. B. SON-R oder WNV (hier ist jedoch keine Aussage über die sprachliche Entwicklung möglich) oder die KABC-2 gewesen. Der ET 6-6R ermöglicht nur eine orientierende Aussage über das kognitive und sprachliche Entwicklungsniveau. Die Bayley-Scales-III, die ebenfalls Aussagen über verschiedene Entwicklungsbereiche ermöglichen, können nur bis zu einem Alter von 42 Monaten durchgeführt werden. Außerdem sind hier in vielen Untertests Imitation und Rollenspiel erforderlich, die Kinder mit Autismus-Spektrum-Störungen vor große Herausforderungen stellen, wenngleich sie auch für das Entwicklungsalter differenzierte Aussagen machen können.

einen durchschnittlichen Indexwert, was dem klinischen Eindruck widersprach. Hier kam Anton zugute, dass die Konstruktion des Untertests »Bildbenennung« erlaubt, die Aufgabe zu bearbeiten, ohne dass soziale Interaktion erforderlich ist, d. h. ohne mit der Untersucherin in Beziehung zu treten. Auch werden nur einzelne Worte erfragt. Dies kommt autistischen Kindern häufig entgegen.

Im Handlungsteil werden fluides Denken, räumliche Verarbeitung, die Aufmerksamkeit für Details und die visuell motorische Integration gemessen. Hier lag das Ergebnis von Anton unter der Altersnorm. (Diese Untertests erfordern Flexibilität und das Bilden von Kategorien, was für Menschen mit Autismus-Spektrum-Störungen eine besondere Herausforderung darstellt.) Der Mosaiktest, der räumlich-konstruktives Denken erfasst, fällt hingegen oft leichter. Die Leistungsdiagnostik ergab bei Anton ein für Kinder mit Autismus-Spektrum-Störungen typisches Profil.

In unserem Fallbeispiel wurde bei dem knapp vierjährigen Anton nach erfolgter Diagnostik unter Berücksichtigung aller erhobenen Befunde und des klinischen Eindrucks ein frühkindlicher Autismus festgestellt. Im ausführlichen Elterninterview ADI-R sowie in der Verhaltensbeobachtung ADOS zeigten sich in allen relevanten Bereich Auffälligkeiten, die dem autistischen Formenkreis zuzuordnen sind. In der orientierenden Entwicklungsdiagnostik zeigte sich, dass Anton deutliche Rückstände in seiner Sprachentwicklung sowie in seinen kognitiven Möglichkeiten zeigte. Die kognitive Entwicklungsdiagnostik ergab bei nur eingeschränkter externaler Motivierbarkeit und stark wechselnder Compliance ein Ergebnis unter der Altersnorm.

2.4 Interpretation (Orientierung am verhaltens- und entwicklungsunauffälligen Kind)

Im Diagnostikprozess und in der weiteren Verlaufsbeobachtung ist es wichtig, differenzialdiagnostische Aspekte und Komorbiditäten im Auge zu behalten. Eine Reihe Auffälligkeiten, Erkrankungen und Entwicklungsstörungen können klinisch einer Autismus-Spektrum-Störung ähneln, so z. B. die Symptomatik einer Aufmerksamkeitsstörung, ein Anfallsleiden, Sprachentwicklungsstörungen u. a. aufgrund chronischer Paukenergüsse oder eine Intelligenzminderung. Auch z. B. frühe Traumatisierungen und Deprivationszustände oder ausgeprägte Sprachentwicklungsverzögerungen oder Bindungsstörungen können symptomatisch einer Autismus-Spektrum-Störung entsprechen (▶ Kap. 3). Selbst frühgeborene Kinder können unter bestimmten Voraussetzungen autistische Symptome zeigen. Auch Mutismus, soziale Ängstlichkeit, grundlegende Störungen der Sinnesfunktionen, Anfallsleiden oder organische Ursachen (z. B. Tumore) können von den Symptomen her einer Autismus-Spektrum-Störung gleichen (▶ Kap. 3).

Nach wie vor sind ätiologische Aussagen in Bezug auf Autismus-Spektrum-Störungen schwierig (▶ Kap. 6.3). Noxen wie schwere Traumata oder schwere Deprivation erzeugen ein Symptombild, das nur schwer von einer Autismusstörung abgegrenzt werden kann. Hier gilt, je früher der schädigende Faktor wirkte, desto »körperlicher« und substanzieller wird die Schädigung. Dies erschwert eine Differenzierung zwischen einem »idiopatischen« und einem »sekundären« oder »symptomatischen« Autismus. Hier ist neben einer peniblen Anamneseerhebung hilfreich zu beobachten, ob, wie bei einer Autismus-Spektrum-Störung unerlässlich, alle Bereiche soziale Interaktion, soziale Kommunikation und stereotype, repetitive und restriktive Verhaltensweisen betroffen sind.

An dieser Stelle ist sicherlich zu diskutieren, ob eine Differenzierung zwischen den Folgen eines Syndroms im Verhalten und ursächlich unbekannten Ursachen für autistisches Verhalten für den Betroffenen und seine Familie und Umgebung einen Unterschied macht. Häufig erscheint aus unserer Sicht diese Diskussion von akademischem Interesse, aber nicht in der Art der Hilfestellungen im Sinne einer entsprechenden Therapie als relevant.

Familie Ausla kommt mit ihrem dreijährigen Sohn Istvan, der sich bisher nur schwer von der Mutter trennt und kaum etwas spricht. Besonders auffallend im Kindergarten sei, dass er dort komplett den Blickkontakt vermeide und sich auch anderen Kindern nicht von sich aus zuwende. Die Erzieherinnen berichten, dass ihn jede Änderung des Tagesablaufes völlig aus dem Konzept bringe und er dann laut und nicht zu beruhigen zu weinen beginnt. Auch zu Hause beobachtet die Mutter immer gleiche Spielabläufe, die kaum Veränderung erfahren dürfen. Auf Nachfrage berichtet sie, dass der kleine Istvan mit der Mutter in deren Muttersprache Ungarisch spreche, mit dem Vater russisch und im Kindergarten deutsch. Manierismen oder Zwänge habe sie nicht beobachten können. Im Laufe der Untersuchungsphase wurde Istvan zunehmend sicherer im Kontakt und traute sich auch in Gegenwart der Untersucherin mit der Mutter leise zu sprechen. Da die Diagnose nicht sicher zu stellen war, wurde Istvan mit seiner Mutter in eine Gruppe mit Gleichaltrigen zur Stärkung seiner Kommunikationsmöglichkeiten aufgenommen. Hier zeigte sich nach einigen Sitzungen, in denen besonders auf kommunikative Aspekte, die Beziehung zwischen Bezugsperson und Kind und die Reaktion auf sensomotorische Angebote geachtet wurde, dass er immer sicherer im Kontakt, aber auch in seinen Ausdrucksmöglichkeiten nonverbaler Art wurde. Parallel dazu begann eine logopädische Behandlung. Bei einer erneuten Wiedervorstellung und Untersuchung konnte eine Störung aus dem autistischen Spektrum ausgeschlossen werden. Besonders eindrucksvoll an dieser Situation war auch die Erkenntnis der Mutter, dass auch in ihrer Biographie Sprache mit Angst belegt war, sie durften zu Hause nur heimlich in ihrer Muttersprache sprechen, auch hier in Deutschland hatte dieses Gefühl und diese Haltung die Einstellung zum Sprechen in der Öffentlichkeit beherrscht. Diese Information konnte erst nach entsprechendem Aufbau einer vertrauensvollen Beziehung gegeben werden.

2.5 Exkurs: Die Beziehung zu den Eltern – das Arbeitsbündnis

In der Arbeit mit sehr kleinen Kindern ist die Schaffung einer annehmenden Atmosphäre umso wichtiger, da Sprache und damit verbunden Abstraktion von den eigenen Gefühlen für das Kind noch nicht möglich sind. Das kleine Kind ist noch fast vollständig mit den Eindrücken seiner Umgebung verbunden, aber auch davon abhängig. So können aus Sicht der Erwachsenen Kleinigkeiten für das kleine Kind eine große Bedeutung erlangen. Dabei kann es sich beispielsweise um Spielzeuge, Geräusche, aber auch Gerüche oder

Farben im Raum handeln. Hier sind es die Eltern, die durch ihre »Übersetzungsarbeit« die Situation für das Kind verständlich und erträglich machen. Im Falle autistischer kleiner Kinder gelingt dies nur sehr mühsam, da diese Kinder gerade wenig auf soziale Reize der Bezugspersonen eingestellt sind und sich in vielen Fällen vollständig an der Umwelt orientieren. An dieser Stelle wird die Bedeutung der Eltern in der Untersuchung nochmals bedeutsam, da sie für das Kind die fremde und vielleicht bedrohlich erscheinende Situation übersetzen und handhabbar machen. Auf der anderen Seite muss sich der Untersucher ganz auf das Kind einlassen können, parallel dazu aber der Familie Sicherheit in der Untersuchungssituation vermitteln.

In der Autismusdiagnostik sind viele Fragestellungen auf die Qualität von Interaktion und Kommunikation ausgerichtet, was für den Untersucher bedeutet, ein möglichst klares inneres Bild von der jeweils erfragten Qualität zu bekommen. In diesem Spannungsfeld von gesunder sich in allen Varianten vollziehender Entwicklung und der Feststellung von Entwicklungsverzögerung und damit verbunden Hilfebedarf liegt die Fragestellung der frühen Diagnostik. Eine oft gestellte Frage ist die nach der Stigmatisierung und Übertherapie bei Diagnosestellung: Sollte man nicht lieber zuwarten und Varianten zulassen?

Häufig werden standardisierte Testverfahren von Eltern sehr kritisch hinterfragt, da das Kind und auch die Eltern einer kühl erscheinenden Beobachtungssituation ausgesetzt sind, die sich sicherlich nicht so intensiv liebevoll wie in der Familie gestalten kann. An dieser Stelle muss der Doppelschritt gemacht werden, einerseits eine möglichst objektive am Durchschnitt orientierte Beobachtung zu vollziehen und gleichermaßen in hohem Maße individuell und zukunftsorientiert zu bewerten/zu schauen. Vorteile einer standardisierten Untersuchung liegen auf der Hand, hier ergeben sich im besten Falle Ergebnisse, die nicht durch Empfindungen, sondern durch nachvollziehbare Beobachtungen entstanden sind. Anhand dieser Ergebnisse können sich gezielt geplante Hilfestellungen anknüpfen, die daran arbeiten, womit das Kind und seine Familie unterstützt werden können. Aus unserer Erfahrung lässt sich sagen, dass frühe und gezielte Unterstützung davor bewahrt, zunächst unspezifische Förderangebote auszuprobieren und dann anschließend schwer wieder aufholbare Fehlentwicklungen zu korrigieren. Gerade im Umgang mit Kindern aus dem autistischen Spektrum hat sich gezeigt, dass Gewohnheiten und Erlebnisse – negativ wie positiv – sich um vieles schneller verankern und schwerer zu verändern sind als bei anderen Kindern (▶ Kap. 24).

2.6 Schwierigkeiten und Grenzen früher Diagnosestellung

Derzeit ist eine spezifische Förderung fast ohne Ausnahme nur mit einer gesicherten Diagnose möglich. Den Kostenträgern reicht eine Verdachtsdiagnose nicht aus. Gerade beim Störungsbild Autismusspektrum ist eine früh einsetzende, spezifische, individualisierte Therapie jedoch unerlässlich, um vorhandene Ressourcen adäquat fördern zu können (▶ Kap. 1.7, ▶ Kap. 13). Hier beginnen bereits die Schwierigkeiten, da die Kinder schnell und gezielt Hilfestellungen benötigen, in diesem frühen Alter die Diagnosen aber nicht immer schon ganz sicher zu stellen sind, da es eine große Bandbreite von Entwicklungsgeschwindigkeiten gibt.

Im Bereich der Frühdiagnostik betrachten wir einen relativ kurzen Zeitraum, in dem unterschiedliche Faktoren die Entwicklung beeinflussen. So können Mehrsprachigkeit, Migration, die Geschwisterreihenfolge, Late-Talker, soziobiographische Belastungsfaktoren wie z. B. eigene schwere Erkrankungen oder Erkrankungen im familiären System (z. B. Postpartale Depression) oder Trennung der Eltern massiven Einfluss auf das Entwicklungstempo und das Verhalten haben. Wichtig ist, die phänotypische Variabilität der Entwicklung im Blick zu behalten. (Noterdaeme, 2011). Nicht jede Verzögerung muss eine therapeutische Intervention nach sich ziehen. Hier ist eine aufmerksame Toleranz von verschiedenen Entwicklungstempi unerlässlich.

Risiko einer falsch positiven Diagnosestellung: Sicherlich kann man sich die Frage stellen, was eine falsch positive Diagnosestellung bedeuten könnte, die die Familie und das Kind in eine Schleife der Therapie befördern würde, die ein hohes Maß an zeitlicher familiärer Ressource bindet und so eine entspannte Kindheit verwehrt. Auf der anderen Seite stellen auch die vorhandenen Auffälligkeiten, ohne dass eine Autismus-Spektrum-Störung diagnostiziert wurde, eine massive Belastung für das Kind und das familiäre System dar.

Standardisierte Testverfahren verunsichern häufig gerade Eltern jüngerer Kinder mit der Fragestellung, ob ihr Kind in individuell angemessener Weise damit richtig eingeschätzt werden kann. Aus unserer Sicht erscheint es wie in jeder Diagnostik wichtig, wirklich das zu dokumentieren, was sichtbar, wiederholbar und nachvollziehbar ist. Gerade im Kontakt mit kleinen Kindern gibt es Situationen, in denen die Störung sich noch nicht ganz deutlich abbildet. In der Interpretation der Gesamtergebnisse ist es unbedingt nötig, die Beobachtung deutlich von der Interpretation zu trennen und auch die klinische Einschätzung kritisch zu hinterfragen, ob sie tatsächlich ausreichend belegbar ist.

Grenzen der Diagnosestellung ergeben sich, wenn keine anamnestischen Daten erhoben werden können, z. B. weil das betroffene Kind nach einer Inobhutnahme nicht mehr bei leiblichen Eltern lebt und auch kein Kontakt mehr besteht.

Wenn es um den Bereich kindliche Compliance geht (»Warum macht das Kind nicht mit?«) ist das Arbeitsbündnis mit den Eltern wichtig. Auch die Eltern stehen in der Testsituation unter Leistungsdruck, was die Gefahr des Bias beinhaltet. Auch kulturelle Aspekte sollten aufmerksam einbezogen werden.

2.7 Fazit

Frühdiagnostik ist aus unserer Sicht unbedingt erforderlich und sinnvoll, denn je früher eine fundierte Autismusdiagnostik durchgeführt werden kann, desto günstiger wirkt sich dies auf die weitere Entwicklung des betroffenen Kindes aus. Das Risiko einer falsch positiven Diagnosestellung steht hierbei in keinem Verhältnis zu den Risiken einer verpassten Diagnosestellung und damit verbunden einer gezielten Förderung. Im Diagnostikprozess ist eine Offenheit für individuelle Interpretationen und Erwartungen der Eltern notwendig und ermöglicht erst ein Verständnis der familiären Situation. Ebenso wichtig erscheint eine liebevolle und zuversichtliche Annahme von individuellen Entwicklungsverläufen. Nur ein wirkliches Erkennen bietet die Möglichkeit für ein Verständnis des Kindes und ist eine aus unserer Sicht anstrengende und anspruchsvolle Aufgabe für die Untersucherin, da sich vieles beim kleinen Kind schnell und manchmal nur wie angedeutet zeigt.

Zu einer fundierten Diagnostik gehört aus unserer Sicht eine standardisierte Entwicklungsdiagnostik, die jedoch anspruchsvoll in der Durchführung ist und unter Berücksichtigung autismusspezifischer Reizverarbeitung interpretiert werden muss. Leider liegt nach unserer Kenntnis noch kein Verfahren vor, das unter Rücksichtnahme auf autismusspezifische Verhaltensweisen Leistung und Entwicklung normiert messen lässt; diese Lücke sollte unbedingt gefüllt werden! In der normierten Beobachtung der Autismussymptomatik mithilfe des ADOS-2 stellt das Kleinkind-Modul in der revidierten Fassung eine wichtige Ergänzung dar.

Das verwächst sich schon? Mit gärtnerischer Aufmerksamkeit, Wissen um die jeweiligen Standortansprüche, Sorgfalt und gutem Dünger kann aus jedem Pflänzchen eine einmalige, schöne Pflanze werden!

Literatur

Attwood, T. (2012). *Ein Leben mit dem Asperger Syndrom.* (2. Auflage). Stuttgart: Thieme, Trias.

Bernard-Opitz, V. (2007). *Kinder mit Autismus-Spektrum-Störungen* (2. Auflage 2007). Stuttgart: Kohlhammer.

Bölte, S.(Hrsg.) (2009). *Autismus. Spektrum, Ursachen, Diagnostik, Intervention, Perspektiven.* Bern: Huber.

Bölte, S., Poustka, F., Rühl, D. & Schmötzer, G. (2006). *ADI-R. Diagnostisches Interview für Autismus - Revidiert.* Deutsche Fassung des Autism Diagnostic Interview - Revised von Michael Rutter, Ann Le Couteur und Catherine Lord. Göttingen: Hogrefe.

Fröhlich, U., Noterdame, M., Jooss, B. & Buschmann, A. (2013). *Elterntraining zur Anbahnung sozialer Kommunikation bei Kindern mit Autismus-Spektrum-Störungen: Training Autismus Sprache Kommunikation (TASK).* München: Urban & Fischer Verlag/Elsevier GmbH.

Janert, S. (2003) *Autistischen Kindern Brücken bauen.* München: Ernst Reinhardt Verlag.

Kamp-Becker, I. (et. al.) (2010). Frühsymptome des Asperger-Syndroms im Kindesalter. Eine retrospektive Untersuchung. *Kindheit und Entwicklung, 19,* 168–176.

Poustka, L., Rühl, D., Feineis-Matthews, S., Poustka, F., Hartung, M. & Bölte, S. (2015). *ADOS-2. Diagnostische Beobachtungsskala für Autistische Störungen - 2.* Deutschsprachige Fassung der Autism Diagnostic Observation Schedule - 2 von C. Lord, M. Rutter, P.C. DiLavore, S. Risi, K. Gotham und S.L. Bishop (Module 1–4) und C. Lord, R.J. Luyster, K. Gotham und W. Guthrie (Kleinkind-Modul). Göttingen: Hogrefe.

Poustka, F. & Bölte, S. (2009). *Ratgeber Autistische Störungen: Informationen für Betroffene, Eltern, Lehrer und Erzieher.* Göttingen: Hogrefe.

Rogers, S. J. & Dawson, G. (2014). *Frühintervention für Kinder mit Autismus: Das Early Start Denver Model.* Göttingen: Hogrefe

3 Komorbidität und Differenzialdiagnostik

Irmgard Döringer

3.1	Komorbidität	49
	3.1.1 Psychische Begleiterkrankungen	49
	3.1.2 Neurologische Begleiterkrankungen	50
	3.1.3 Intelligenzminderung	50
3.2	Differenzialdiagnostik	51
	3.2.1 Störungen der neuronalen und mentalen Entwicklung	51
	3.2.2 Mentale und Verhaltensstörungen	51
	3.2.3 Sonstige	52
Literatur		52

3.1 Komorbidität

3.1.1 Psychische Begleiterkrankungen

Menschen mit Autismus zeigen sehr häufig weitere – meist psychische – Begleiterkrankungen, die nicht zur Kernsymptomatik des Autismus gehören. Im Vorschul- und Schulalter geht man davon aus, dass 70 bis 90 % der autistischen Kinder zusätzliche komorbide Erkrankungen aufweisen (Freitag, 2017), sie zeigen somit deutlich mehr psychische Begleitsymptome als z. B. Kinder mit Sprachenwicklungsstörungen (Noterdaeme, 2017). Zu den häufigsten Störungen zählen Aktivitäts- und Aufmerksamkeitsstörungen (ADHS), Angststörungen, oppositionelles Verhalten, selektiver Mutismus sowie aggressives und autoaggressives Verhalten. Im Kleinkindalter sind darüber hinaus Schlaf- und Essstörungen und Regulationsstörungen recht häufig. Meist liegt mehr als eine komorbide Symptomatik vor, im Mittel sind es zwei bis drei (Kamp-Becker & Bölte, 2014).

Diese Begleiterkrankungen haben in der Regel einen Einfluss auf den Entwicklungsverlauf, beeinträchtigen den Alltag der Kinder und ihrer Familien in nicht unerheblichem Maße und müssen bei der Frühtherapie autistischer Kinder mit in die Behandlung einbezogen werden. Eine angemessene Frühtherapie kann hier auch einen Beitrag zur Vermeidung und/oder Linderung psychischer Folgeerkrankungen beitragen (▶ Kap. 1.7).

Nicht immer ist jedoch eine Begleitsymptomatik als solche eindeutig von der Grundsymptomatik des Autismus abgrenzbar. Angstreaktionen können z. B. eine Reaktion auf eine Überempfindlichkeit im Wahrnehmungsbereich sein, Hyperaktivität ein Versuch, erlebte Spannungen/Erregungen motorisch abzureagieren. Die Weigerung, bestimmte Speisen zu sich zu nehmen, ist bei autistischen Kindern meist eine Folge von Überempfindlichkeiten im Geschmackssinn bzw. Mundbereich. Autoaggressives und aggressives Verhalten sollte stets im Kontext sensorischer und sozialer Wahrnehmungs- und Kommunikationsschwierigkeiten autistischer Menschen gesehen und nicht isoliert als Störung bzw. Verhaltensauffälligkeit betrachtet werden. Bei der Betrachtung psychischer Auffälligkeiten bei Kindern mit Autismus stellt sich daher zunächst die Frage, ob es sich bei den beobachteten Verhaltensweisen tatsächlich um abgrenzbare komorbide Psychopathologien handelt oder diese vielmehr als Folge autistischer Wahrnehmungsbesonderheiten bzw. Kompensationsversuche zu bewerten und zu erklären sind bzw. zur autistischen Symptomatik gehören. Noterdaeme geht z. B. davon aus, dass auch Schlafstörungen keine komorbide Störung darstellen, sondern zu den Kernsymptomen des Autismus gehören (Noterdaeme, 2017).

Eine psychische Begleitsymptomatik und ihre Behandlung sollte daher also immer im Kontext des Autismus betrachtet und bewertet und nicht losgelöst von der autistischen Symptomatik behandelt werden. Gerade bei jungen Kindern ist es sinnvoll, deren Behandlung in die Autismustherapie bei gut ausgebildeten Therapeuten einzubinden. Bei Vorliegen einer schweren komorbiden Symptomatik oder wenn sich diese auch unter der Autismustherapie nicht bessert, sind zusätzliche medizinisch-therapeutische Hilfen einzuleiten. Generell sollte die Frühtherapie autistischer Kinder in enger Kooperation mit allen beteiligten medizinisch-therapeutischen und pädagogischen Professionen erfolgen.

3.1.2 Neurologische Begleiterkrankungen

Epilepsie gehört zur häufigsten neurologischen Komorbidität bei Autismus. Sie tritt häufig im Kleinkindalter zwischen dem dritten und fünften Lebensjahr auf, eine weitere Häufung liegt in der Adoleszenz. Eine große Studie an autistischen Kindern unter 17 Jahren mit ASS ergab eine Rate von 12,5 %. Autistische Menschen mit einer Intelligenzminderung zeigen ein deutlich höheres Epilepsierisiko. Es kommen sowohl gut behandelbare als auch schwer verlaufende Epilepsieformen vor, die Formen der Epilepsie bei autistischen Kindern unterscheiden sich nicht von denen anderer Kinder mit Epilepsie. Die Ansprechbarkeit auf Medikamente wird allgemein als gut beschrieben, meist ist die Epilepsiebehandlung eine Langzeitbehandlung (Ensslen & Enders, 2017).

3.1.3 Intelligenzminderung

Autismus tritt häufig zusammen mit einer Intelligenzminderung auf. Früher ging man davon aus, dass bei ca. 75 % der Menschen mit Autismus eine Intelligenzminderung vorliegt. Neuere Studien gehen von 50 % aus (Enders, 2017). Beim Asperger-Syndrom ist eine Intelligenzminderung per Definition ausgeschlossen.

Bei Vorschulkindern im Autismusspektrum lässt sich das Intelligenzniveau nicht zuverlässig ermitteln. Zum einen ist dies darin begründet, dass die Einschätzung der Intelligenz allgemein erst etwa ab dem sechsten Lebensjahr relativ stabil zu ermitteln ist (Enders, 2017). Zum anderen fordern gängige Intelligenztests die aktive Mitarbeit und kommunikative Fähigkeiten auf Seiten des Kindes. Nicht selten sind solche Tests aufgrund der unzureichenden Mitwirkung der autistischen Kinder nicht durchführbar oder es werden Ergebnisse unterhalb der tatsächlichen Fähigkeiten der Kinder ermittelt (▶ Kap. 2.2.3). Verlaufsdokumentationen zeigen gerade bei jungen Kindern nicht selten eine Verbesserung des getesteten Intelligenzniveaus. Daher sollten durch Testung erhobene IQ-Werte differenziert beurteilt und nicht als über die Zeit gegeben betrachtet werden.

3.2 Differenzialdiagnostik

Die Autismusdiagnose beruht auf der *spezifischen Kombination* von Auffälligkeiten in den drei Kernbereichen: Beeinträchtigung der wechselseitigen sozialen Interaktion und Kommunikation sowie stereotyp-repetitive Interessen. Einzelne Symptome der Autismus-Spektrum-Störung (z. B. reduzierter Blickkontakt, gestischer und mimischer Ausdruck) kommen jedoch bei vielen emotionalen Störungen und auch bei ADHS vor. Beeinträchtigungen der Empathiefähigkeit, der Fähigkeiten, Emotionen zuzuordnen, Auffälligkeiten in der gegenseitigen sozialen Interaktion sowie stereotype Verhaltensweisen sind auch im Verlauf von anderen Störungsbildern vorzufinden (S3-Leitlinien, 2016). Aufgrund solcher Überschneidungen ist im diagnostischen Prozess zu klären, ob eine einzelne beobachtete Symptomatik nicht einem anderen Störungsbild besser zuzuordnen ist.

Gemäß NICE-Leitlinien[22] sollten im Kleinkind- und Vorschulalter folgende Differenzialdiagnosen in Betracht gezogen werden.

3.2.1 Störungen der neuronalen und mentalen Entwicklung

Sprachentwicklungsverzögerung oder *Sprachentwicklungsstörung*: Bei Kindern mit Sprachentwicklungsstörungen ist das Kontaktverhalten anders als bei autistischen Kindern. Sie versuchen meist, ihre sprachlichen Defizite durch nonverbale Kommunikation (Gestik, Mimik etc.) zu kompensieren.

Intelligenzminderung oder globale Entwicklungsverzögerung: Hier ist die Abgrenzung im Vorschulalter schwierig. In der Regel zeigen Kinder mit Intelligenzminderung jedoch nicht die klassischen Symptome des Autismus (Kamp-Becker & Bölte, 2014). Bei schwerer Intelligenzminderung ist eine Abgrenzung schwierig.

3.2.2 Mentale und Verhaltensstörungen

Aufmerksamkeitsdefizit-/Hyperaktivitätsstörung (ADHS): Die typischen Kernsymptome (Aufmerksamkeitsdefizite, motorische Unruhe, Impulsivität) gehören zu den häufigsten Begleiterscheinungen einer autistischen Störung (Noterdaeme, 2017). Im Gegensatz zu einer reinen ADHS stehen bei Autismus-Spektrum-Störungen jedoch die sozialen Interaktionsprobleme (Schwierigkeiten in der wechselseitigen sozialen Interaktion, mimischer und gestischer Ausdruck, soziale Annäherung) im Vordergrund. Seit einigen Jahren kann die Doppeldiagnose ADHS und Autismus vergeben werden.

Affektive Störungen, Angststörungen: Kinder mit einer Angststörung zeigen meist keine grundlegende Störung im Bereich der Kommunikation und der Fantasiefähigkeit, die Ängste sind meist situationsgebunden (Kamp-Becker, 2018).

Bindungsstörungen: Kleinkinder mit reaktiven Bindungsstörungen zeigen eine bedeutsame Störung der sozialen Bezogenheit. Eine Bindungsstörung als Differenzialdiagnose sollte dann in Betracht gezogen werden, wenn Hinweise auf pathologische Umgebung bzw. Fürsorge vorliegen. Die Symptomatik der Bindungsstörung ändert sich unter Therapie bzw. bei Änderung der Umgebung deutlich.

Oppositionelle Störungen, Störung des Sozialverhaltens: Kinder mit dieser Störung zei-

---

[22] Leitlinie des britischen National Institute for Health and Care Excellence (NICE)

gen meist Probleme in der sozialen Interaktion mit Gleichaltrigen und wenig prosoziales Verhalten, sie haben Probleme bei der Emotionserkennung und der Empathiefähigkeit. Sie zeigen jedoch keine grundlegende Beeinträchtigung in der sozialen Kommunikation und keine ausgeprägten stereotypen Verhaltensmuster (Kamp-Becker, 2018).

Zwangsstörungen: Rituale und zwanghaft anmutende Verhaltensweisen gehören zu den Kernsymptomen des Autismus. Im Gegensatz zu Zwangshandlungen werden diese von autistischen Menschen nicht als quälend oder ich-fremd erlebt.

Psychosen, Schizophrenie: Kinder mit einer Schizophrenie weisen im Gegensatz zu autistischen Kindern häufig Wahnsymptome oder Halluzinationen auf. Bis zum Ausbruch der Erkrankung haben diese Kinder eine eher unauffällige Vorgeschichte (Remschmidt, 2008).

3.2.3 Sonstige

Selektiver Mutismus: Kinder mit dieser Störung verfügen über eine angemessene Sprachkompetenz, schweigen jedoch konsequent in verschiedenen sozialen Situationen (z. B. insbesondere in fremden, öffentlichen Situationen wie in der Schule, Kindergarten usw.). In der Folge kommt es oft zu Schwierigkeiten bei der sozialen Interaktion und Kommunikation. Im Unterschied zu Kindern mit Autismus-Spektrum-Störung sind diese Auffälligkeiten situationsgebunden.

Der Vollständigkeit halber erwähnt, aber nicht näher ausgeführt:

- schwerwiegende Hör- oder Sehbeeinträchtigung,
- Störungen, die mit einer Regression in der Entwicklung einhergehen: Rett-Syndrom; epileptische Enzephalopathie.

Literatur

Autismus-Spektrum-Störungen im Kindes, Jugend und Erwachsenenalter. Teil 1: Diagnostik. Interdisziplinäre S3-Leitlinie der DGKJP und der DGPPN sowie der beteiligten Fachgesellschaften, Berufsverbände und Patientenorganisationen. Zugriff am 29.12.2018 unter https://www.awmf.org/uploads/tx_szleitlinien/028-018l_S3_Autismus-Spektrum-Stoerungen_ASS-Diagnostik_2016-05.pdf

Enders, A. (2017). Intelligenzminderung. In M. Noterdaeme, K. Ulrich & A. Enders (Hrsg.), *Autismus-Spektrum-Störungen. Ein integratives Lehrbuch für die Praxis* (2. Auflage). Stuttgart: Kohlhammer.

Ensslen, E. & Enders, A. (2017). Neurologische Komorbiditäten. In M. Noterdaeme, K. Ulrich & A. Enders (Hrsg.), *Autismus-Spektrum-Störungen. Ein integratives Lehrbuch für die Praxis* (2. Auflage). Stuttgart: Kohlhammer

Freitag, C. (2017). Komorbide Erkrankungen bei Autismus-Spektrum-Störungen. In K. Teufel, C. Wilker, J. Valerian & M. Freitag (Hrsg.), *A-Fipp: Autismusspezifische Therapie im Vorschulalter*. Heidelberg: Springer.

Kamp-Becker, I. & Bölte, S. (2014). *Autismus*. München: Reinhardt.

Kamp-Becker, I. (2018). *Update zu Diagnose und Differentialdiagnosen der Autismus-Spektrum-Störung*. 12. Fachtag Autismus, 27.01.2018, Liebenau Berufsbildungswerk. Zugriff am 28.12.2018 unter www.stiftung-liebenau.de/fileadmin/benutzerdaten/bildung/pdf/04_Mediathek/Autismus/bildung-autismus-kamp-becker-2018.pdf

Noterdaeme, M. (2017). Psychiatrische Komorbiditäten. In M. Noterdaeme, K. Ulrich & A. Enders (Hrsg.): *Autismus-Spektrum-Störungen. Ein integratives Lehrbuch für die Praxis* (2. Auflage). Stuttgart: Kohlhammer

Remschmidt, H. (2008). Autismus. In B. Herpertz-Dahlmanmn, F. Resch, M. Schulte-Markwort & A. Warnke (Hrsg.). *Entwicklungspsychiatrie* (2. Auflage). Stuttgart: Schattauer.

4 Entwicklungspsychologische Aspekte in der Frühtherapie bei Kindern im Autismus-Spektrum

Bärbel Wohlleben

4.1	Einleitung	53
4.2	Motorische Entwicklung	54
4.3	Wahrnehmungsentwicklung	55
4.4	Kognitive Entwicklung	58
4.5	Sprach- und Sprechentwicklung	59
4.6	Sozial-emotionale Entwicklung	61
Literatur		62

4.1 Einleitung

Pädagogische und therapeutische Frühförderung von Kindern aus dem Autismus-Spektrum erfordert spezifische Kenntnisse über die Besonderheiten der autistischen Persönlichkeit in Bezug auf Motorik, Wahrnehmung, kognitive Entwicklung, Sprache und Kommunikation sowie über das sozial-emotionale Verhalten. Es bedeutet aber auch, ein umfangreiches Wissen über die ungestörte Entwicklung eines Kindes in diesen Bereichen zu haben, um die Verzögerungen, aber auch Abweichungen in der Entwicklung des autistischen Kindes besser zu verstehen und Förderungsangebote entlang des regulären Entwicklungsverlaufes gestalten zu können. Auch die sogenannte »normale« Entwicklung ist durch eine große Variabilität gekennzeichnet; das betrifft die intraindividuelle als auch die interindividuelle Entwicklung und hat darüber hinaus auch interkulturelle Unterschiede zu verzeichnen. Zur Orientierung, wann Entwicklungsschritte vollzogen werden sollten bzw. überhaupt erst erreicht werden können, lassen sich für die einzelnen Entwicklungsbereiche Zeiträume als sogenannte »essenzielle Grenzsteine« oder »Meilensteine« beschreiben. In diesen Zeiträumen haben 90 bis 95 % aller gesunden Kinder einer definierten Population den jeweiligen Entwicklungsschritt erreicht (Michaelis, 1999; Michaelis, 2012; Laewen, 2008).

Im folgenden Kapitel werden die wesentlichen Bereiche der kindlichen Entwicklung bis zum Vorschulalter skizziert und zu der Entwicklung des Kindes aus dem Autismus-Spektrum in Beziehung gesetzt.

4.2 Motorische Entwicklung

Das erste Lebensjahr eines Kindes ist durch eine rasante motorische Entwicklung gekennzeichnet. Mit Beendigung der angeborenen Reflexe entwickelt der Säugling immer zielgerichtetere Bewegungsmuster und lernt von Monat zu Monat zunehmend, diese willentlich zu steuern. Mit drei Monaten hebt das Kind aus der Bauchlage sicher den Kopf, indem es sich auf die Unterarme stützt. Diese Kopfkontrolle und damit auch die Steuerung der Kopfbewegungen sind wesentlich für die Wahrnehmung und für die Orientierung im Raum. Befindet sich das Kind in der Rückenlage werden die Hände und Finger in der Körpermitte zusammengebracht, gedreht und betrachtet. Mit einem halben Jahr stützt sich der Säugling stabil auf die Unterarme, kann sich bewegende Dinge aus der Bauchlage verfolgen und sich auch schon nur mit einem Arm abstützen, um mit dem anderen nach einem Gegenstand zu greifen. Die Hände werden intensiver wahrgenommen, in Rückenlage werden Gegenstände von einer Hand in die andere gegeben und mit verschiedenen Sinnen taktil, visuell und oral exploriert.

In den folgenden Monaten verbessert sich die Auge-Hand-Koordination und ein gezieltes Greifen ist möglich. Nachdem das Kind im Alter von acht bis neun Monaten ein sicheres freies Sitzen erworben hat, beginnt es sich robbend fortzubewegen. Das Krabbeln und Kriechen ermöglicht die Erkundung des Raumes und liefert zahlreiche Sinneseindrücke, welche die Wahrnehmung anregen (Ayres, 2013). In dieser Phase werden Handlungen häufig wiederholt und der Säugling beginnt sich intensiv mit interessanten Gegenständen zu beschäftigen. *Diese Verhaltensweisen lassen sich auch bei Kindern beobachten, die später dem Autismus-Spektrum zugeordnet werden. Auch wenn in dieser Phase die Gegenstände häufig in einer bestimmten immer gleichen Art und Weise benutzt werden, z. B. Klötzchen gegeneinanderschlagen, sind die Abweichungen von der ungestörten Entwicklung nur schwer auszumachen.*

Am Ende des ersten Lebensjahres können die meisten Kinder sich aufrichten und an Möbeln hochziehen, was einen neuen Abschnitt in Bezug auf Körperkontrolle und Wahrnehmungsperspektive bedeutet. Gleichzeitig erfolgt die Aufnahme von Gegenständen schon im Pinzettengriff also zwischen Daumen und Zeigefinger. Bis zur Hälfte des zweiten Lebensjahres lernt das Kind erst mit Festhalten, dann frei, wenn auch noch etwas breitbeinig, mit abgespreizten Armen allein zu gehen.

Im Laufe der zweiten Hälfte verbessert sich die Körperkoordination. Nach dem sicheren freihändigen Laufen erwirbt das Kind die Fähigkeit zum Treppensteigen, zuerst an der Hand oder am Geländer im Nachstellschritt aufwärts, dann auch abwärts. Es kann Dinge vom Boden aufheben, ohne das Gleichgewicht zu verlieren. Klettern auf hüfthohe Gegenstände ermöglicht ihm eine neue Perspektive. Feinmotorisch haben Kinder in diesem Alter einen sicheren Pinzettengriff und halten einen Stift zum Malen mit den ersten drei Fingern, wobei der Stift noch in der Handinnenfläche liegt. Das Kind reiht Gegenstände auf oder stapelt z. B. Bauklötze. *Bei autistischen Kindern zeigen sich hier häufig schon Auffälligkeiten in dem Sinne, dass Handlungen wenig variiert und immer in derselben Weise ausgeführt werden, wie z. B. das Öffnen und Schließen von Verschlüssen, Kreiseln von Gegenständen jeglicher Art, Drehen von Rädern an Spielzeugautos etc.*

Mit dem dritten Lebensjahr kann das Kind beidbeinig von einer Treppenstufe hüpfen, umsteuert Hindernisse und kann im Bewegungsablauf abrupt anhalten. Auch die Feinmotorik verändert sich. Das Kind kann Buchseiten einzeln umblättern und Daumen, Zeige- und Mittelfinger isoliert benutzen, um kleine Objekte zu manipulieren.

Mit vier Jahren werden kleine Fahrzeuge wie Dreirad oder Tretauto beherrscht und damit Gegenstände sicher umfahren. Beidbeiniges Vorwärtshüpfen ist mit stabiler Kontrolle des Gleichgewichts möglich. Beim Zeichnen besteht eine korrekte Stifthaltung und das Kind beginnt, gegenständlich zu gestalten und seine Bilder zu kommentieren (malt Kopffüßler). Bereits in diesem Alter haben die Kinder eine gute Wahrnehmung über ihren Körper, haben ein Körperschema entwickelt und eine Orientierung über die Lage im Raum. Sie können die Informationen, die sie von ihren Muskeln erhalten, in Form von Kraftdosierung und einem, der erforderlichen Handlung angepassten Muskeltonus regulieren und koordinieren. *In Bezug auf diese Fähigkeiten fallen Kinder aus dem Autismus-Spektrum schon häufig auf. Manche verharren in zeitweiliger Bewegungslosigkeit und/oder bewegen einzelne Körperteile oder den gesamten Körper in wiederholenden Bewegungen. Zu beobachten ist oft auch ein Zehenspitzengang oder bei vielen Kindern mit Asperger-Syndrom ein unharmonischer steifer oder ungelenker Gang. Beim Hantieren mit Objekten wirken sie manchmal unbeholfen oder »tollpatschig«.*

Im fünften Lebensjahr differenzieren sich Körperkontrolle und Gleichgewicht immer weiter aus. Das Kind geht Treppen auf und ab im Wechselschritt und freihändig. Es kann größere Bälle aus einem Abstand von zwei Metern mit Händen, Armen und Körper auffangen.

4.3 Wahrnehmungsentwicklung

Im Unterschied zu den Entwicklungsbereichen Motorik, Sprache, kognitive und emotionale Entwicklung gibt es in Bezug auf die Wahrnehmung keine definierten »Meilensteine«, die aussagen, was ein Kind zu einem bestimmten Lebensalter erreicht haben sollte. Aber auch die Wahrnehmungsentwicklung oder sensorische Entwicklung folgt gewissen Gesetzmäßigkeiten und ist eng verknüpft mit der motorischen, kognitiven, emotionalen und kommunikativen Entwicklung. Sie umfasst die Reizaufnahme, die Weiterleitung und Verarbeitung der Sinnesreize im Gehirn. Zu dieser Verarbeitung gehört die Auswahl bzw. Selektion der Reize, die Verknüpfung mit anderen bereits vorhandenen Informationen und die Einordnung und Deutung des Reizes. Diese sogenannten »Top-down«- oder »Bottom-up«-Prozesse betreffen die Sinnesverarbeitung auf allen Sinneskanälen. Als »Top-down«-Prozess wird die Aufnahme von symbolischen oder assoziativen Informationen, wie Lesen, Bild-Betrachten, Musik-Hören und Sprache-Verstehen bezeichnet, bei der die Struktur eines entsprechenden Ereignisses entschlüsselt werden muss. Bei der Aufnahme derartiger Informationen handelt es sich um einen »Top-down«-Prozess, da mentale Funktionen, die »von oben« geleitet werden, wie Wissen, Erwartungen oder Motivation, die Reizverarbeitung und damit das Wahrnehmungsergebnis beeinflussen. Umgekehrt geht beim »Bottom-up«-Prozess die Informationsverarbeitung von einem »von unten« kommenden niederstufigen Input aus. Beide Prozesse ermöglichen zusammen die Interpretation eines Wahrnehmungsreizes (Wohlleben, 2004).

Die Wahrnehmung als solche ist nicht messbar, aber die Auswirkungen gelungener oder misslungener Wahrnehmungsentwicklung lassen sich in Bezug auf das Verhalten und auf die Qualität von Bewegungen beobachten (Borchardt et al. 2005). Die sogenannte normale Wahrnehmungsverarbeitung unterliegt gewissen Schwankungen und ist durch

Tagesform, Müdigkeit, Stress etc. beeinflusst und befindet sich zwischen den Extrembereichen »Überempfindlichkeit« (Hypersensibilität) und »Unterempfindlichkeit« (Hyposensibilität). Auch wenn im Folgenden zum besseren Verständnis versucht wird, die Wahrnehmung in den einzelnen Sinnesbereichen isoliert zu betrachten, so ist es wichtig, darauf hinzuweisen, dass sich kein Sinn isoliert entwickelt und jeder Sinn die Wahrnehmung im anderen Sinnesbereich beeinflusst und verändert.

Neugeborene Kinder können hören, sehen und fühlen, aber diese Eindrücke noch nicht sinnvoll deuten. Erst die wiederholte Erfahrung ermöglicht, diese Eindrücke im zentralen Nervensystem sinnvoll zu verarbeiten. Nach Ayres (2013) benötigt ein Kind die ersten sieben Lebensjahre, um sich und seine Umwelt geordnet wahrzunehmen und Handlungen sinnvoll ausführen zu können. Im Entwicklungsverlauf nutzt das Kind jede Aktivität, um die Sinnesentwicklung zu schulen und immer komplexere und reifere Entwicklungsschritte zu vollziehen. Die Forschungsarbeit von Ayres (2013) zeigte, dass sich die Sinnessysteme, die Informationen über den Körper liefern, zuerst und zwar schon intrauterin entwickeln. Sie beschrieb diese Sinne als Nahsinne. Zu diesen gehören das vestibuläre System (Gleichgewichtssystem), das taktile System (Oberflächenwahrnehmung der Haut) und das propriozeptive System (Tiefen- oder Eigenwahrnehmung). Darauf aufbauend entwickeln sich die Sinne, die Informationen von körperfernen Reizen empfangen und verarbeiten. Sie werden als Fernsinne bezeichnet. Zu diesen gehören das auditive System (Hören), das visuelle System (Sehen), das olfaktorische System (Riechen) und das gustatorische System (Schmecken). All diese Systeme arbeiten nicht isoliert voneinander, sondern sind so miteinander verknüpft, dass sie gleichzeitig Informationen liefern und verarbeiten.

Das vestibuläre System, das sog. Gleichgewichtssystem, ist für die menschliche Entwicklung von elementarer Bedeutung. Es befindet sich im Innenohr im sogenannten Labyrinth, den Bogengängen, einer knöchernen Struktur am Ende des Gehörganges. Hier liegen die Rezeptoren für das Hören, aber auch die Rezeptoren, die das Gleichgewicht steuern. Sie reagieren auf die Schwerkraft, aber vor allem auch auf jede Lageveränderung des Körpers. Sie liefern Informationen, wo wir uns im Raum befinden, welche Bewegung wir machen, wie schnell oder langsam, in welche Richtung etc. Das vestibuläre System hat Verbindungen zu den verschiedenen Teilen des Gehirns und beeinflusst damit auch die Funktion von Muskeln, Gelenken, Augen und Ohren. Einen großen Einfluss hat das Gleichgewichtssystem auf den Muskeltonus bzw. jegliche Muskelaktivität. Wenn das Gleichgewichtssystem bei dem Kind eine angemessene Muskelspannung erzeugen kann, ist es möglich, sich gegen die Schwerkraft aufzurichten und aufrechtzuerhalten bzw. einen flüssigen und zielgerichteten Bewegungsablauf durchzuführen. Störungen im Gleichgewichtssystem können unterschiedlich ausfallen. Entweder werden zu wenige Gleichgewichtsreize an das Gehirn weitergeleitet, was einer Unterempfindlichkeit im Gleichgewichtssinn entspricht. Kinder mit diesen Problemen sind ständig in Bewegung, um das Gleichgewicht zu stimulieren, suchen sich starke Reize, um das Gleichgewicht zu stimulieren, wie hüpfen, drehen, springen laufen etc. Sie haben oft Schwierigkeiten, ihre Bewegungen unter Kontrolle zu halten, und stolpern oder fallen öfter, da sie Probleme mit dem Gleichgewicht haben. Im Unterschied dazu vermeiden Kinder mit einem überempfindlichen Gleichgewichtssystem Bewegungen wie schaukeln, wippen, hüpfen, springen und sind insgesamt wenig in Bewegung. Sie haben auch Schwierigkeiten mit der räumlichen Wahrnehmung.

Kinder aus dem Autismus-Spektrum können sowohl zu der einen als auch zu der anderen Gruppe gehören und eine Frühförderung erfordert auch in diesem Bereich eine sorgfältige Beobachtung.

Als weiteres System der Nahsinne ist das propriozeptive System von Bedeutung, worunter die Tiefensensibilität oder Tiefenwahrnehmung (Kinästhesie) verstanden wird. Dies sind alle Informationen, die Muskeln, Sehnen und Gelenke liefern, um das zentrale Nervensystem über die Position, aber auch die Bewegung zu informieren (Saetre, 2000). Das propriozeptive System beeinflusst den Spannungszustand der Muskeln, die Kraftdosierung und die Körperkoordination und ermöglicht die Entwicklung eines Körperschemas. Treten in diesem Bereich Störungen auf, so zeigen sie sich z. B. durch Schwierigkeiten in der Kraftdosierung. Die Kinder wirken grob in der Aufnahme von Körperkontakt, weil ihnen die Dosierung der Bewegung misslingt. Sie zeigen ein geringes Schmerzempfinden, ein unzureichend entwickeltes Körperschema, Schwierigkeiten bei der Einschätzung von Gefahren, gestörte Bewegungskoordination, um nur einige zu nennen.

Ein weiteres wichtiges System der Nahsinne ist das taktile System, was Informationen über die Haut vermittelt, die das größte Organ des Menschen ist. Diese liefert durch die unter ihr liegenden Sinnesrezeptoren Informationen über Berührung, Druck, Temperatur etc. Die über die Haut aufgenommenen Reize können unspezifisch wahrgenommen werden in Bezug auf Lokalisation, d. h., wo die Berührung stattfindet und in Bezug auf die Art des Reizes. Bei einem gut funktionierenden taktilen System ist eine Einschätzung, wo der Reiz gegeben wurde, möglich, und dies erlaubt dem Kind auch eine Beurteilung der Berührung und damit eine Verhaltensreaktion, ob der Reiz unangenehm, schmerzhaft oder angenehm wohlig ist. Gerade in sehr jungem Alter spielt die Reizaufnahme über die Haut durch streicheln und Körperpflege eine zentrale Rolle. Auch in diesem Bereich gibt es unter- und überempfindliche Kinder, die in ihren Reaktionen sehr unterschiedliche Verhaltensweisen zeigen. Kinder, die taktil unterempfindlich sind,
haben u. a. eine sehr niedrige Körperspannung, nehmen Schmerzen, Kälte oder Hitze eingeschränkt wahr, haben Schwierigkeiten sich abzugrenzen, fallen häufiger durch unsanfte Kontaktaufnahme auf oder lieben es, Kräfte zu messen durch sportliche Betätigung wie Ringen, Boxen etc. Sie matschen und schmieren gern und genießen die verschiedenen Materialien. Kinder, die taktil überempfindlich sind, lassen u. a. kaum Berührungen zu, haben Probleme mit Kleidungsstücken auf der Haut (alles scheuert oder kratzt), gehen nicht gern barfuß über verschiedene Materialien, mögen keinen Schmutz auf der Haut, haben eine sehr niedrige Schmerzschwelle. Sie erhalten zu viele Reize, auch unabsichtliche über die Haut, wie ein Windzug oder eine unabsichtliche leichte Berührung im Vorbeigehen, die das Kind in »Alarmbereitschaft« versetzt, obwohl objektiv keine Gefahr droht. Sie haben keine Freude am Ausprobieren, Ertasten oder Explorieren von Gegenständen (Eich, 2015).

Kinder aus dem Autismus-Spektrum zeigen häufig den einen oder anderen Wahrnehmungsstil, der gut beobachtet werden muss, um durch Förderungsangebote nicht zu einer Überreizung der Sinnesempfindungen zu kommen.

Ein weiteres System für die entwicklungspsychologischen Aspekte von Wahrnehmung wurde von Félicie Affolter entwickelt. Nach ihrer Beobachtung und Forschung entwickelt sich Wahrnehmung nach einem hierarchischen Strukturmodell, bei dem die einzelnen Stufen aufeinander aufbauen und sich gegenseitig beeinflussen (Affolter, 1995). Ihr Modell ist entwicklungspsychologisch bedeutsam, da es sich eng an Piagets Stufen der kindlichen Entwicklung orientiert. Die drei Stufen werden als »intramodal« (sinnesspezifisch), »intermodal« (Verbindung zwischen zwei oder mehreren Reizen) und »serial« (zeitliche und räumliche Ordnung wird eingehalten) unterteilt. Besonders für die Sprachentwicklung spielt die intermodale Wahrnehmung eine bedeutende Rolle.

4.4 Kognitive Entwicklung

Die kognitive Entwicklung ist eng mit der Wahrnehmungsentwicklung verbunden. Mit drei Monaten ist das Kind in der Lage, ein interessantes Objekt, das sich langsam vor seinen Augen bewegt, zu verfolgen. Mit sechs Monaten werden Dinge von der einen Hand in die andere gegeben, in den Mund gesteckt und auch Aktivitäten in der unmittelbaren Umgebung aufmerksam verfolgt. Diese Aktivitäten nehmen kontinuierlich zu. Das Kind exploriert Objekte intensiv in Hinblick auf ihre Struktur und Beschaffenheit, taktil, visuell und oral. Am Ende des ersten Lebensjahres beginnt sich die sogenannte Objektpermanenz (Piaget & Inhelder, 2004) herauszubilden, d. h., das Kind findet einen vor seinen Augen mit einem Tuch oder Blatt Papier versteckten Gegenstand wieder, in dem es die Abdeckung wegzieht. Das Konzept der Objektpermanenz gibt dem Kind Sicherheit, dass auch, wenn Personen oder Gegenstände für kurze Zeit außer Sichtweite sind, sie doch noch existieren. *Auch autistische Kinder entwickeln eine gewisse Objektpermanenz, besonders für Gegenstände, die ihnen eine Sicherheit geben und die ständig mitgeführt werden müssen. Das kann ein Kochlöffel, ein Bauklotz oder Ring sein. Verschwindet solch ein Objekt vor ihrem Auge, wird der Gegenstand, der es bedeckt, weggezogen. Für Dinge, die nicht von Interesse sind, oder auch für Personen entwickelt sich dieses Konzept deutlich später als in der ungestörten Entwicklung.* Das bedeutet, wenn sich bei altersgemäß entwickelten Kindern die Objektpermanenz ausgebildet hat, dann wissen sie, dass die Welt um sie herum weiterexistiert und dass auch Dinge weiterhin Bestand haben, auch wenn diese im Moment nicht im Blickfeld liegen. *Bei autistischen Kindern besteht diese stark ausgebildete Form der Objektpermanenz nicht. Dies ist unter anderem ein Grund für die Angst vor Veränderungen, die bei ihnen oft sehr stark ausgeprägt ist. Für sie ist die Beständigkeit gewisser Dinge nicht begreiflich, und sie sind der Auffassung, dass einmal Verändertes nicht mehr rückgängig gemacht werden könne* (Rollet & Kastner-Koller, 2001).

Im Laufe des zweiten Lebensjahres beginnt das Kind, Gegenstände auf seine einfachste Verwendbarkeit zu prüfen, aneinanderzuschlagen, ineinanderzustecken, Dinge rein- und rauszuholen. Es ist noch kein strukturierter Spielablauf vorhanden, aber mit 18 Monaten ist das Kind in der Lage, sich über 10 bis 20 Minuten selbst zu beschäftigen. Das Kind beginnt alltägliche Abläufe nachzuahmen, indem es z. B. versucht, sich zu kämmen, einen Telefonhörer ans Ohr zu halten etc. Es entwickelt Interesse an Bilderbüchern und kann zwei oder drei Klötzchen aufeinanderstapeln. Am Ende des zweiten Lebensjahres wird das Spiel zunehmend konzentrierter, Gegenstände werden aus Behältern ein und ausgeräumt und intensiv betrachtet. *Es entwickeln sich erste »Tu-als-ob«-Spiele, d. h., das Kind füttert seine Puppe oder den Teddy mit einer imaginären Nudelsuppe, nimmt einen Baustein als Auto oder eine Banane als Telefonhörer etc. Das Fehlen dieser Verhaltensweisen dient in der Frühdiagnostik autistischer Kinder als ein erster Hinweis auf eine entsprechende Entwicklungsstörung.* Dieses Spielverhalten differenziert sich im Laufe des dritten Lebensjahres weiter aus. Imaginatives Spiel mit Puppen, Autos, Legosteinen, Playmobil u. a. nimmt einen großen Raum ein. Das Kind beginnt zu malen, auch wenn es noch wenig gegenständlich ist, werden die Bilder kommentiert. Im Laufe des vierten Lebensjahres spielt in der kognitiven Entwicklung die Sprache eine immer größere Rolle. Das Kind stellt die sogenannten »W«-Fragen (warum, wann, wo). Konzepte wie Größe, Form, Unterschied entwickeln sich. Im Laufe des fünften Lebensjahres erkennt das Kind Grundfarben und kann sie benennen. Es spielt intensiv Rollenspiele, verkleidet sich gern und entwickelt eine Vorstellung von

Vorbildern »Prinzessin, Superman« u. Ä. auch gemeinsam mit anderen Kindern. Der soziale Kontakt spielt eine immer bedeutendere Rolle, was sich in der Entwicklung von einem Kind aus dem Autismus-Spektrum deutlich unterscheidet.

4.5 Sprach- und Sprechentwicklung

Die Sprach- und Sprechentwicklung ist ein wesentlicher Bestandteil der sogenannten »kommunikativen Kompetenz«. Hierunter werden die sprachlichen und nichtsprachlichen Fähigkeiten verstanden, die das Kind einsetzt, um sich seiner Umwelt mitzuteilen. Hier bestehen bei Kindern aus dem Autismus-Spektrum vielfältige Schwierigkeiten sowohl in Bezug auf den Spracherwerb als auch hinsichtlich der nonverbalen Kommunikation.

Zur Sprachentwicklung eines Kindes gehört in gleichem Maße die Sprechentwicklung. Letztere zeigt bereits an den Lall- und Lautäußerungen im ersten Lebensjahr, wie ein Kind versucht, sich mit Hilfe seiner »Sprechwerkzeuge« wie Lippen, Zunge, Gaumen oder Kehlkopf mitzuteilen. Durch die Interaktion mit der Umwelt erhalten diese Sprechversuche zunehmend Bedeutung, d. h., sie werden mit »sprachlichem« Inhalt gefüllt. Die Sprach- und Sprechentwicklung umfasst die rezeptive Ebene, also das Verstehen von Sprache, und die expressive Ebene, d. h. die Sprachproduktion. Die Sprachentwicklung bezieht sich auf den Erwerb von Regeln des Lautsystems, des Wortschatzes, der Grammatik und der Textkompetenz wie Erzählen und Beschreiben von Ereignissen. Die Entwicklung des Sprechens bezieht sich auf die Bildung von Lauten, die Sprechgeschwindigkeit (-flüssigkeit), die Betonung und Stimmmelodie (Prosodie).

Die Meilensteine nach Grimm und Doil (2000) umfassen rezeptiv in den ersten fünf Lebensmonaten die Lautwahrnehmung. Bereits früh entwickelt sich eine Präferenz für die Muttersprache und der Säugling erkennt Silben sowie verschiedene Intonationsmuster. In der zweiten Hälfte des ersten Lebensjahres beginnt durch die intermodale Wahrnehmung ein erstes Wortverständnis, einfache Satzstrukturen werden erkannt, wo ein Satz beginnt und endet. Am Ende des ersten Lebensjahres werden Lautstrukturen (Oma, Auto, Wauwau für Hund etc.) erkannt und das Wortverständnis erweitert sich, sodass mit 12 bis 16 Lebensmonaten ca. 100 bis 150 Wörter und einfache Sätze verstanden werden. Am Ende des zweiten Lebensjahres versteht das Kind sprachliche Beziehungen (Mama ist in der Küche. Der Ball rollt weg etc.) sowie die Anordnung von Wörtern in einem Satz (Klaus isst Brot bedeutet nicht Brot isst Klaus).

Parallel dazu entwickelt sich die sprachliche Ausdrucksfähigkeit, schon in den ersten Monaten beginnt das Kind auf unterschiedliche Weise zu schreien, weil es entweder Hunger, eine nasse Windel hat oder auf den Arm möchte. Daneben drückt es sein Befinden aber auch durch seine Körpersprache aus. Ist es satt und zufrieden, fühlt sich der Körper entspannt und nachgiebig an. Unwohlsein dagegen drückt sich durch Anspannung des ganzen Körpers aus. Im Verlauf des ersten Halbjahres wird das Schreien ergänzt durch Laute wie Gurren, Lachen oder Nachahmung von Vokalen. Zum Ende des zweiten Halbjahres vokalisiert das Kind spontan für sich und im Dialog mit längeren Silbenreihungen, das sogenannte kanonische Lallen.

Mit 18 Monaten kann das Kind schon »Mama, Papa« sinngemäß verwenden und benutzt die sogenannte Babysprache »wau wau«, »ham ham«, »ga ga« usw., weitere Wörter werden oft noch vereinfacht ausgesprochen und der »Wortschatz« ist je nach Umfeld individuell entwickelt, da Bezeichnungen für das Lieblingsspielzeug oder den Schnuller sehr unterschiedlich sind. Am Ende des zweiten Lebensjahres nimmt der Wortschatz erheblich zu und es gibt vereinzelt erste Mehrwortäußerungen. Das Kind versteht jetzt immer mehr, weil sein Wortschatz stark wächst und weil die Wörter und Äußerungen, die es hört, nicht mehr so sehr an bestimmte Handlungen gebunden sind. Der passive Wortschatz ermöglicht eine gedankliche Vorstellung, ohne dass die Handlung in die Tat umgesetzt werden muss.

Im dritten Lebensjahr ist das Kind in der Lage, Drei- bis Fünfwortsätze zu bilden, es kann Regeln anwenden, auch wenn die grammatikalische Form nicht immer korrekt ist »gelügt« (gelogen) »gehte« (ging), »2 Hünde« etc. Es kommt auch zu Wortschöpfungen wie, das Auto »lichtet« (blinkt). In der Artikulation (Aussprache) bestehen noch Probleme bei Doppelkonsonanten wie »Kr, Bl, Gl« etc. Da wird aus »Blume → Bume« oder »Kreis → Keis«. Das Sprachverständnis wird ebenfalls komplexer. Das Kind kann Geschichten verfolgen, wenn sie durch passende Bilder unterstützt werden. Am besten wird das verstanden, was sich auf die Gegenwart und die Wirklichkeit bezieht. Die Verwendung von Fragewörtern nimmt zu (vgl. kognitive Entwicklung).

Im vierten Lebensjahr benutzt das Kind sehr sicher die »Ich«-Form, wenn es sich selbst bezeichnet. Ereignisse und Geschichten können in richtiger Reihenfolge erzählt werden, wenn auch noch häufig mit »… und dann«. Das Verständnis erweitert sich auch auf Passivformen, d.h., das Kind entwickelt ein Verständnis dafür, dass der Satz »Der Hund wird von dem Kind gestreichelt« die gleiche Bedeutung hat wie »Das Kind streichelt den Hund.« Es kann immer noch Fehler in der Lautbildung geben, besonders Zischlaute wie »sch« oder »ss« werden möglicherweise noch nicht korrekt gebildet.

Dies verfeinert sich im fünften Lebensjahr, die Schilderungen von Ereignissen werden immer komplexer und in zeitlicher und logischer Reihenfolge wiedergegeben, wenn auch noch mit einfacher syntaktischer Struktur. Auch das Sprachverständnis erweitert sich kontinuierlich auch für Begriffe und Wörter, die nicht unbedingt zum alltäglichen Ablauf gehören. Ironie oder Doppelbedeutungen werden noch nicht verstanden, auch die Bedeutung unterschiedlicher Betonungen wird noch nicht erfasst. Die Perfektionierung der Sprache erfolgt, auch in Abhängigkeit vom sprachlichen Angebot und Umfeld, bis weit in das Schulalter hinein.

Besonderheiten in der Sprach- und Sprechentwicklung von Kindern aus dem Autismus-Spektrum, oft weit über das Schuleintrittsalter hinaus, liegen im Verstehen von sprachlichen Inhalten besonders in der Schwierigkeit, implizite Bedeutungen zu erkennen. Außerdem wird vieles häufig wortwörtlich genommen, d. h. Redensarten oder Metaphern (»aus allen Wolken fallen«, »Tomaten auf den Augen haben«) oder idiosynkratrische Begriffe mit übertragener Bedeutung (»Langfinger«, »Löwenzahn«) werden nicht verstanden. In der sachlich inhaltlichen Verwendung von Sprache bestehen Schwierigkeiten im sozialen Kontext, in der starken Fixierung auf eigene Interessen und dem Fehlen von nonverbalen Ausdrucksformen wie Gestik und Mimik. Häufig betroffen ist auch der prosodische Aspekt von sprachlichen Äußerungen, d. h., Lautstärke, Betonung, Tonhöhe und Rhythmus sind auffällig. Auch die Verwendung von prosodischen Aspekten durch andere kann oft nicht richtig entschlüsselt werden.

4.6 Sozial-emotionale Entwicklung

Bereits im Alter von drei Monaten versucht der Säugling durch aktive Drehung des Kopfes oder Änderung der Körperlage, Blickkontakt zu halten, und reagiert mit Lächeln auf bekannte und fremde Gesichter. Am Ende des ersten Halbjahres versucht er, durch Lächeln auch von sich aus Kontakt aufzunehmen, wenn sich Personen ihm nähern. Er lacht, lautiert und zeigt aktive motorische Reaktionen mit Armen und Beinen, wenn vertraute Personen ihn ansprechen. Mit neun Monaten kann der Säugling sicher zwischen fremden und vertrauten Personen unterscheiden. Er antizipiert und erfasst bekannte Abläufe, wie z. B. Windelwechseln und reagiert darauf mit unterschiedlichen Emotionen. Am Ende des ersten Lebensjahres kann das Kind von sich aus Kontakt initiieren oder beenden. Emotional laufen viele Rückversicherungsprozesse ab, wie Küsschen geben. Verbale und nonverbale Dialoge zwischen Bezugsperson und Kind werden immer bedeutsamer als Rückversicherung für den langsam beginnenden Ablösungsprozess. In diesem Zusammenhang erhalten auch Übergangsobjekte wie Plüschmaus, Teddy, Schmuse- oder Schnuffeltuch eine immer größere Bedeutung. Das Kind liebt zunehmend Kinderreime, Fingerspiele und beteiligt sich emotional und anhaltend bei solchen Aktivitäten. In der zweiten Hälfte des zweiten Lebensjahres winkt das Kind auf Aufforderung bei Begrüßung oder Abschied, einfache Verbote wie »nein« werden beachtet, indem das Kind kurz innehält. Emotionale Zustände wie ein Wutanfall können durch Zuwendung innerhalb kurzer Zeit abgebaut werden. Das Kind reagiert auf Zuspruch und entwickelt ein Konzept, dass es als eigenständiges Individuum eigene Erfahrungen machen kann.

Mit zwei Jahren kann das Kind »parallel« mit Gleichaltrigen spielen und freut sich über Kontakt mit anderen Kindern. Es kann sich jetzt für ca. 15 bis 30 Minuten allein beschäftigen, wenn es weiß, dass die Bezugsperson in räumlicher Nähe, aber nicht sichtbar ist. Bei kleinen Ärgernissen lässt es sich meist nach ein paar Minuten beruhigen. Im dritten Lebensjahr spielt das Kind mit anderen Kindern über eine kurze Zeit, tritt in Interaktion, tauscht Gegenstände. Es möchte bei Tätigkeiten im Alltag helfen und ahmt diese im Rollenspiel nach. Es kann auch längere Zeit bei vertrauten Personen außerhalb der gewohnten Umgebung bleiben. Zu Beginn der magischen Phase werden z. B. Heftpflaster und Pusten bei kleinen Verletzungen wichtig. Mit vier Jahren ist das »Ich«-Verständnis zunehmend stabil. Das Kind weiß, ob es Junge oder Mädchen ist. Es beteiligt sich an Gruppen-, Regel- oder Kreisspielen und ist bereit, abzuwechseln und zu teilen. Es kann seine Emotionen im Tagesablauf selbst regulieren und hat eine gewisse Toleranz gegen Enttäuschungen, Ängste, Freude oder Stress. Im fünften Lebensjahr nehmen soziale und emotionale Kompetenz erheblich zu. Das Kind kann Süßigkeiten oder Spielzeug zwischen sich und anderen gerecht aufteilen, es befolgt Spielregeln und kooperiert im Spiel mit anderen Kindern. Emotionale Äußerungen anderer Kinder werden verstanden und es geht darauf ein, indem es tröstet oder hilft. Bei Stresssituationen, wie Erschöpfung, Müdigkeit oder Krankheit, wird noch enger Körperkontakt benötigt. Es kann über erfreuliche, aber auch über beschämende oder frustrierende Erlebnisse berichten.

Im Bereich der sozial-emotionalen Entwicklung werden Abweichungen von der ungestörten Entwicklung sehr früh deutlich. Bestimmte Verhaltensweisen, wie fehlendes Symbolspiel, Folgen der Blickrichtung oder Gestik des Gegenübers, mangelndes Interesse an anderen Menschen, besonders an anderen Kindern und am gemeinsamen Spiel, lassen sich schon früh feststellen und betreffen die mangelnde Kernkompetenz des autistischen Kindes.

Die autistische Störung lässt sich nur im Rahmen eines entwicklungspsychologischen Kontexts wirklich verstehen. Für die Förderung müssen sämtliche Aspekte der physischen, motorischen, kognitiven und emotionalen Entwicklung des Kindes in die Interventionen einbezogen werden (Sigman & Capps, 2000).

Literatur

Affolter, F. (1995). *Wahrnehmung, Wirklichkeit und Sprache – Wissenschaftliche Beiträge aus Forschung, Lehre und Praxis zur Rehabilitation behinderter Kinder und Jugendlicher.* 7. Aufl. Villingen-Schwenningen: Neckar-Verlag.

Ayres, A. J. (2013). *Bausteine der kindlichen Entwicklung – Sensorische Integration verstehen und anwenden.* 5. Aufl. Heidelberg: Springer.

Borchardt, K., Borchardt, D., Kohler, J. & Kradolfer, F. (2005). *Sensorische Verarbeitungsstörung – Theorie und Therapie der Sensorischen Integration.* Idstein: Schulz-Kirchner Verlag.

Eich, L. (2015). *Wahrnehmungsentwicklung und Sensorische Integration.* Verfügbar unter: https://www.kita-fachtexte.de/uploads/media/KiTaFT_Eich_2015.pdf. Zugriff am 15.02.2018.

Grimm, H. & Doil, H. (2000). *Elternfragebögen für die Früherkennung von Risikokindern.* Göttingen: Hogrefe.

Laewen, H.-J. (2008). Grenzsteine der Entwicklung als Grundlage eines Frühwarnsystems für Risikolagen in Kindertageseinrichtungen. Verfügbar unter: www.frueherziehung.ch/uploads/1/7/9/4/17948117/grenzsteine_der_entwicklung.pdf. Zugriff am 10.02.2018.

Michaelis, R. & Niemann, G. (1999). *Entwicklungsneurologie und Pädiatrie. Das Prinzip der essentiellen Grenzsteine.* S. 62 ff. Stuttgart: Thieme.

Michaelis, R. (2012). *Die ersten fünf Jahre – Wie sich Ihr Kind entwickelt.* Stuttgart: TRIAS.

Piaget, J. & Inhelder, B. (2004). Die Psychologie des Kindes. 9. Aufl. München: Klett-Cotta, Deutscher Taschenbuchverlag.

Rollett, B. & Kastner-Koller, U. (2001). *Praxisbuch Autismus. Ein Leitfaden für Eltern, Erzieher, Lehrer und Therapeuten.* 2. Aufl. München/Jena: Urban & Fischer.

Saetre, A. M. (2000). *Peter und Nadine – zwei »normale« Kinder? – Erkennen und Behandeln Sensorischer Integrationsstörungen.* 3. Aufl. Dortmund: Verlag modernes lernen.

Sigman, M. & Capps, L. (2000). *Autismus bei Kindern. Ursachen, Erscheinungsformen und Behandlung.* Bern: Huber.

Wohlleben, B. (2004). Untersuchung der auditiven Verarbeitung und Wahrnehmung bei Schulkindern der 2. und 3. Klassenstufe. www.diss.fu-berlin.de/diss/receive/FUDISS_thesis_000000001341

Teil II Theorie für die Praxis

5 Ethische Überlegungen zu autismusspezifischen therapeutischen Frühinterventionen

Wolfgang Rickert-Bolg

5.1	Grundüberlegungen	65
5.2	Ethik und Methode	66
5.3	Ethische Grundprinzipien der Autismus-Therapiezentren des Bundesverbands Autismus-Deutschland	67
5.4	Zusammenfassung	69
	Literatur	69

5.1 Grundüberlegungen

Im Bereich des Autismus stehen wir vor der Situation, dass es keine eindeutig umrissene spezifische Autismus-Therapie gibt. Eine Vielzahl unterschiedlicher therapeutischer Herangehensweisen sind möglich, meist wird nicht eine einzelne Methode ausschließlich angewandt, sondern Elemente verschiedener Methoden werden kombiniert. Gemeinsam ist allen therapeutischen Ansätzen nur die Überzeugung, dass die therapeutische Förderung bei Autismus so früh und intensiv wie möglich einsetzen sollte und dass das Umfeld notwendigerweise in die Therapie einbezogen werden muss.

Ebenso breit gefächert wie die Therapiemethoden sind die Ziele, die man verfolgen kann: Bei einem Kleinkind mit ausgeprägtem frühkindlichem Autismus[23] welches keinerlei Kontakt zulässt und sich ausschließlich stereotyp beschäftigt, mag es etwa das Therapieziel sein, überhaupt in Kontakt zu kommen und dem Kind Sicherheit in Bezug auf die Annäherung zu anderen Menschen zu vermitteln. Bei einem anderen Kind mit ähnlicher Problematik, das demnächst in die Schule kommt, steht vielleicht das Lernen von grundlegenden schulischen Fähigkeiten im Vordergrund. Ein drittes Kind mit der Diagnose Asperger-Autismus, welches sich im Kindergarten immer nur mit sich selbst beschäftigt, soll vielleicht lernen, mit den anderen gemeinsam zu spielen. Ein anderes Kind zeigt vielleicht massive Verhaltensprobleme in Form von selbstverletzendem Verhalten, für das vordringlich eine Lösung gefunden werden muss. Diese Aufzählung kann nicht erschöpfend sein, denn die Symptomatik betroffener Kinder ist so vielfältig, dass unmittelbar einleuchtend sein dürfte, dass sowohl Ziele als auch Therapiemethoden spezifisch auf das einzelne Kind und sein Umfeld ausgewählt werden müssen (▶ Kap. 15, ▶ Kap. 18).

---

23 Auch nach der Einführung der Bezeichnung Autismus-Spektrum-Störung (ASS) für alle Betroffenen erschient die Verwendung der alten Bezeichnungen sinnvoll, um den Bereich innerhalb des Spektrums zu kennzeichnen, in welchem die Symptomatik einer Person angesiedelt ist.

Für den Laien, und das sind die meisten Eltern ja zumindest zum Zeitpunkt der Diagnosestellung bei ihrem Kind, ist es nicht leicht, sich in dieser verwirrenden Situation zurechtzufinden und darüber zu entscheiden, was mit ihrem Kind geschehen soll, welche Therapie- und Beratungsangebote in Anspruch genommen werden sollen. Das wird nicht eben leichter dadurch, dass es in der Vergangenheit und zum Teil auch jetzt noch immer wieder Heilsversprechen der Verfechter einzelner Verfahren gegeben hat bzw. gibt, die sogar bei den Fachleuten Streit und Diskussionen auslösen.

In dieser Situation ist es einerseits wichtig, die Wirkkomponenten von Therapie differenziert zu betrachten (vgl. dazu Döringer, 2014) und sich ausführlich mit den vorliegenden Forschungsergebnissen auseinanderzusetzen, als auch, sich andererseits mit den jeweiligen ethischen Standpunkten und den grundlegenden Zielen der Therapiemethoden zu befassen, was im Folgenden geschehen soll.

5.2 Ethik und Methode

Viele psychologische Theorien und therapeutische Methoden sind mit einem bestimmten Bild des Menschen und davon abgeleiteten grundlegenden Zielen verbunden. Die Methoden der Humanistischen Psychologie wie z. B. die Gesprächstherapie gehen davon aus, dass Menschen über die sogenannte Selbstaktualisierungstendenz verfügen, nämlich das grundlegende Motiv haben, sich weiterzuentwickeln und Selbstständigkeit zu erlangen.[24] Daraus abgeleitet ist es die Aufgabe der Therapie, den Klienten durch möglichst wenig invasive Impulse in seiner Entwicklung zu unterstützen, indem Entwicklungsprozesse in Gang gesetzt und begleitet werden.

Andere Theorien und therapeutische Methoden sind zunächst nicht mit einer bestimmten ethischen Haltung verknüpft. Sie sind per se weder gut noch schlecht, vergleichbar einem Teich, in dem ich schwimmen, aber auch ertrinken kann. Dazu gehören unter anderem die Lerntheorie und die daraus entwickelte Verhaltenstherapie.

Die Lerntheorie beschreibt das Verhalten von Lebewesen vom Aspekt des Lernens her. Sie verzichtet auf Interpretationen und Zuschreibungen (Mentalisierungen) und konzentriert sich dagegen auf das beobachtbare Verhalten. Die auf dem Modell der Lerntheorie basierenden Erkenntnisse haben einen großen Beitrag dazu geleistet, menschliches Verhalten objektiver zu beurteilen und zu erforschen. In vielen Lebensbereichen, zum Beispiel in der Pädagogik, ist es fatal, die eigenen Bewertungen und Zuschreibungen zum Verhalten eines anderen Menschen als Tatsache anzusehen, statt zwischen dem, was ich beobachten kann, und dem, was ich daraus schließe und was ich infolgedessen fühle, zu unterscheiden. Meine Gedanken und Gefühle dazu sind immer auch von dem Hintergrund meiner eigenen Erfahrungen beeinflusst.

Auf der Lerntheorie basierende Methoden werden in der Therapie ebenso wie in der Werbung eingesetzt. Ich kann Menschen mit ihrer Hilfe dazu bringen, sich zu ihrem Wohl an soziale Regeln zu halten oder etwas Neues für sie Bedeutsames zu lernen – oder ich kann

---

24 Quelle: http://www.psychology48.com/deu/d/selbstaktualisierungstendenz/selbstaktualisierungstendenz.htm vom 02.11.2013

Menschen etwas verkaufen, was sie gar nicht brauchen – einen größeren Fernseher, ein schnelleres Auto … (vgl. Schramm, 2007).

Bei Methoden wie diesen entscheidet erst die ethische Haltung bei der Anwendung, ob daraus etwas Gutes oder etwas Schlechtes für den oder die Betroffenen entsteht. Eine differenzierte Betrachtung der Arbeitsweise verhaltenstherapeutischer Therapieanbieter ist deshalb notwendig und eine globale Verurteilung der Methodik aufgrund von Aspekten, die gar nicht zwangsläufig damit verbunden sind, ist wenig hilfreich (siehe dazu Werner et al., 2015).

5.3 Ethische Grundprinzipien der Autismus-Therapiezentren des Bundesverbands Autismus-Deutschland

Autismus-Deutschland ist der bundesweite Dachverband zahlreicher regionaler Elternvereine, die derzeit etwa 50 auf Autismus spezialisierte Therapiezentren in eigener oder professioneller Trägerschaft betreiben. Bereits in den 90er Jahren hatte der Bundesverband Leitlinien für die Arbeit in den Therapiezentren entwickelt und herausgegeben, die 2017 komplett überarbeitet wurden und Grundsätze der therapeutischen Arbeit in den Zentren definieren.

Nach dem Rekurs auf den Grundsatz »Die Würde des Menschen ist unantastbar« wird dort betont:

> »Es ist uns wichtig, die Betroffenen sowohl mit ihren Stärken als auch mit ihren entwicklungsbedürftigen Seiten zu sehen. Nicht um jeden Preis soll ›Normalisierung‹ erreicht werden. Menschen mit Autismus-Spektrum-Störung machen uns immer wieder deutlich, dass ihre Sicht auf die Welt zwar eine besondere ist, aber nicht automatisch als defizitär bezeichnet werden sollte. Aus diesem Grund ist es wichtig, immer wieder gemeinsam abzuwägen, ob ein autistisches Symptom den Betroffenen in bedeutsamer Weise davon abhält, in seinem Alltag Lebenszufriedenheit zu erlangen. … Im Mittelpunkt unseres professionellen Denkens und Handelns stehen der Mensch mit Autismus-Spektrum-Störung, seine Familie bzw. Betreuer und das erweiterte Umfeld. Wir sehen unsere Aufgabe darin, Chancengleichheit zu fördern und die soziale Inklusion voranzutreiben. Menschen mit Autismus soll ermöglicht werden, ein Höchstmaß an Unabhängigkeit und Selbstbestimmung sowie an umfassenden körperlichen, geistigen, sozialen und beruflichen Fähigkeiten zu erlangen und zu bewahren. Wichtige gemeinsam abzustimmende Ziele sind Teilhabe am Leben in der Gemeinschaft und Selbstständigkeit durch dem jeweiligen Alter und Entwicklungsstand angepasste individuelle Hilfen. … Unser Bestreben ist die Schaffung von Voraussetzungen für eine kontinuierlich hohe Entfaltung der individuellen Persönlichkeit sowie der bestmöglichen Lebenszufriedenheit und Lebensfreude für Menschen mit einer Autismus-Spektrum-Störung« (Bundesverband Autismus-Deutschland, 2017, S. 5 f.).

Die Autismus-Therapiezentren stellen damit Beziehung und Bindung in den Fokus ihrer therapeutischen Intervention und werden darin durch die Erkenntnisse der allgemeinen Therapieforschung bestätigt, die diese Elemente als wesentliche Wirkfaktoren von Entwicklungs- und Therapieprozessen herausgearbeitet haben (vgl. Grawe et al., 1994). Insbesondere bei der therapeutischen Arbeit mit jungen Kindern ist dieser Aspekt von herausragender Bedeutung (► Kap. 8.7). Die einzelnen Autismus-Therapiezentren berufen sich dabei auf unterschiedliche therapeutische Schulen und wählen unterschiedliche Begrifflichkeiten. Auch verhaltenstherapeutische Methoden haben in den Autismus-Therapiezentren einen wichtigen Stellenwert (vgl. Rittmann, 2014). Gemeinsam ist in den Konzepten der Autismus-Therapiezentren das Bemühen um Intersubjektivität (Rickert-Bolg, 2011) bzw. Partizipation. Letztere wird als Umsetzung der entsprechenden UN-Konventionen (Bundesrepublik Deutschland 2008) im Bereich der Jugend- und Behindertenhilfe zunehmend in den Blick genommen (siehe z. B. Stadt Münster, 2013). Ein zentraler Aspekt dabei ist die Erkenntnis, dass Selbstbestimmung und Selbstwirksamkeit für die Motivation einer Person zur eigenen Weiterentwicklung und zum Lernen von größter Bedeutung sind.

Im Bereich der therapeutischen Arbeit mit Kindern, die von Autismus betroffen sind, bedeuten die Konzepte der Intersubjektivität bzw. Partizipation, von dem Grundsatz auszugehen: So viel äußere Strukturvorgabe wie nötig, so wenig wie möglich. Ein Maximum an Strukturvorgabe finden wir etwa bei intensiven verhaltenstherapeutischen Lernprogrammen. Den Gegenpol stellt ein eher spieltherapeutisches Setting dar, in welchem die Impulse des Kindes im Mittelpunkt stehen und die therapeutische Fachkraft diesen folgt. Das oben genannte Prinzip der Intersubjektivität kombiniert beide Vorgehensweisen: Die Vorgaben von außen werden nicht starr durchgezogen, sondern entsprechend der Reaktion und der Impulse des Kindes variiert, damit die Entwicklung in Gang bleibt und das Kind zugleich Spaß und Beziehung erlebt.

Eine solche Vorgehensweise hat im Bereich der Frühen Erziehung von Kindern mit Autismus nicht nur ethische Gründe, sondern führt nach unserer langjährigen Erfahrung im Therapiezentrum Osnabrück auch dazu, dass das neue Fähigkeiten und Fertigkeiten generalisiert, also auf andere Situationen übertragen und damit auch im Alltag angewandt werden können, und dass autistische Kinder ihr Problemverhalten, ihre Umgebung umfassend zu kontrollieren, eher aufgeben und sich auf Kompromisse einlassen können, wie ich an anderer Stelle in diesem Buch ausführlicher darlege(▶ Kap. 24).

Neben dem Grundsatz der Partizipation, der die Orientierung auf die Ressourcen der Betroffenen einschließt, betonen die Autismus-Therapiezentren zudem den Blick auf die Körperlichkeit und die Emotionen und insbesondere auch den Einbezug des Lebensumfelds in die therapeutische Intervention. Letzteres beschränkt sich nicht allein auf die Mitarbeit von Eltern oder anderen Bezugspersonen bei der Förderung ihrer Kinder, sondern zielt auch auf ihre emotionale Verarbeitung der Behinderung des Kindes, die als wichtige Ressource im Bemühen um ein entwicklungsförderliches Umfeld für die Betroffenen gesehen wird (▶ Kap. 21.3, ▶ Kap. 22.1, ▶ Kap. 23). Ein zentrales Ziel dieses Bemühens ist es, dass Eltern die Behinderung ihres Kindes akzeptieren können: Es ist eine schwierige Gratwanderung, das eigene Kind als Mensch mit seinen Einschränkungen anzunehmen und gleichzeitig alles Mögliche zu tun, damit die Auswirkungen der Behinderung zu einer möglichst geringen Beeinträchtigung der Entwicklung und der Lebensperspektive führen. Fördern und Fordern ist zugleich zwangsläufig immer mit der Aussage verbunden: »Du bist so, wie du bist, nicht in Ordnung.« Dieses Dilemma ist unabhängig von einer Behinderung jeder Kindererziehung immanent[25] und lässt sich durch eine Basis von gegenseitiger Liebe, Vertrauen und Partizipation auflösen.

Dem Kind immer wieder zu vermitteln, dass es nicht nur aufgrund seiner Leistungen, seiner »Therapieerfolge«, sondern als um seiner selbst willen akzeptiert und geliebt wird, dass es bei problematischem Verhalten dennoch als Mensch akzeptiert wird, auch wenn sein Verhalten eine Sanktion erfährt, ist eine

---

25 Mir kommen hier die immer wieder auftauchenden Berichte über Spitzensportler und -sportlerinnen in den Sinn, die in ihrer Kindheit von extrem ehrgeizigen Eltern zu Spitzenleistungen gezwungen worden waren und jetzt neben sportlichem Erfolg mit psychischen Beeinträchtigungen leben müssen.

der schwierigsten und wichtigsten Aufgaben aller Eltern.

Das kann nur gelingen, wenn sich die Ziele jeglicher Förderung an dem langfristigen Ziel der Lebenszufriedenheit des Kindes orientieren. Bei kleinen oder durch ihre Behinderung stark beeinträchtigten Kindern, die sich selbst noch nicht dazu äußern oder auch die längerfristigen Konsequenzen des aktuellen Tuns reflektieren können, ist es deshalb unumgänglich, die Angemessenheit von Zielen in der Beratung zu thematisieren und gemeinsam mit den Eltern den individuell passenden Weg zu suchen. Der Blick auf die ethischen Grundlagen der therapeutischen Arbeit kann auch bedeuten, sich gegebenenfalls Forderungen von Eltern und anderen Beteiligten zu verweigern, wenn diese damit nicht in Einklang stehen.

5.4 Zusammenfassung

Die dem Bundesverband Autismus-Deutschland angeschlossenen Therapiezentren nutzen eine Vielzahl therapeutischer Methoden, die sie zu einem multimodalen Konzept verbinden. Die Notwendigkeit zu einer solchen Vorgehensweise sehen sie in der breiten Streuung der jeweiligen individuellen Bedarfe der einzelnen Klienten und ihres Umfelds.

Während die konkreten therapeutischen Vorgehensweisen durchaus unterschiedlich sind, fußen sie doch auf einer einheitlichen ethischen Grundlage: der Orientierung an den individuellen Ressourcen, an der Förderung der Selbstbestimmung und der Lebenszufriedenheit.

Literatur

Bundesrepublik Deutschland (2008). *Übereinkommen über die Rechte von Menschen mit Behinderungen vom 13. Dezember 2006.* Bundesgesetzblatt (BGBL) II, S. 1419.

Bundesverband Autismus-Deutschland (2017). *Leitlinien für die Arbeit in Therapiezentren für Menschen mit Autismus.* Hamburg: Eigenverlag.

Döringer, I. (2017). Zur Diskussion der Wirksamkeit von Autismus-Therapien. In: B. Rittmann & W. Rickert-Bolg (Hrsg.), *Autismus-Therapie in der Praxis. Methoden, Vorgehensweisen, Falldarstellungen* (S. 285–294). Stuttgart: Kohlhammer.

Grawe, K., Donati, R. & Bernauer, F. (1994). *Psychotherapie im Wandel. Von der Konfession zur Profession.* Göttingen: Hogrefe.

Rickert-Bolg, W. (2011). Gelebte Inklusion. In Bundesverband Autismus-Deutschland (Hrsg.), *Inklusion von Menschen mit Autismus* (S. 273 f.). Hamburg: von Loeper.

Rittmann, B. (2017). Die Bedeutung verhaltenstherapeutischer Förderung in Autismus-Therapiezentren. In: B. Rittmann & W. Rickert-Bolg (Hrsg.), *Autismus-Therapie in der Praxis. Methoden, Vorgehensweisen, Falldarstellungen* (S. 58–70). Stuttgart: Kohlhammer.

Stadt Münster, Jugendamt (2013). *Empfehlungen zur Beteiligung junger Menschen in der Jugendhilfe.* Münster

Schramm, R. (2007). Motivation und Verstärkung. pro-ABA, Hespe, S. 334.

Werner, N. & J. Buchenau-Schlömer (2015). ABA und Autismus – ein Blick auf Kernkriterien und professionelle Standards der Angewandten Verhaltensanalyse. *Autismus, 80,* 28–32.

6 Vorkommen, Geschlechterverteilung und Ursachen

Barbara Rittmann

6.1	Vorkommen des Autismus innerhalb der Gesamtbevölkerung	70
6.2	Auffälligkeiten bei der Geschlechterverteilung	72
6.3	Ursachen des Autismus und deren Auswirkungen auf die Hirnentwicklung und das Lernen	72
	6.3.1 Genetische Faktoren und der Einfluss der Umwelt	74
	6.3.2 Körperliche Erkrankungen	76
	6.3.3 Auffälligkeiten der Hirnstruktur und der Hirnfunktion und ihre Auswirkungen auf das Lernen	77
	6.3.4 Biochemische Abweichungen	78
	6.3.5 Neuropsychologische Beeinträchtigungen	79
6.4	Fazit	80
Literatur		81

6.1 Vorkommen des Autismus innerhalb der Gesamtbevölkerung

Autismus findet man in Familien aller Nationalitäten und sozialer Schichten. Die Prozentzahlen, die das Vorkommen (Prävalenz) des Autismus in der Bevölkerung erfassen, haben sich in den letzten 25 Jahren stetig erhöht. Bis Anfang der achtziger Jahre ging man von einem Vorkommen von 0,4 % (3–5 Fälle auf 10 000) aus; Autismus galt als seltene Störung. Derzeit werden die Prävalenzzahlen von Autismus-Spektrum-Störungen mit ca. 1 % angegeben (AWMF, 2016). Diese deutliche Zunahme um den Faktor 25 wird von manchen Fachleuten als Epidemie, von anderen als Ausdruck einer »Modediagnose« beschrieben. Die nach den Erhebungen der Centers for Disease Control und Prevention (CDC) für die USA veröffentlichten Zahlen gehen noch einmal von deutlich höheren Prävalenzzahlen aus. Für 2010 hat man eine Person mit Autismus auf 110 Personen erfasst, für 2012 bereits eine von 88 und für 2015 eine von 68.

Die auch in Deutschland starke Zunahme der Häufigkeit der Autismusdiagnosen hat sachlich nachvollziehbare Gründe. Nicht die Autismussymptomatik hat zugenommen, sondern die Erfassung der Abweichungen:

- *Unterschiedliche Falldefinitionen:* Im Lauf der Entwicklung der Klassifikationssysteme DSM und ICD haben sich die Kriterien für die Diagnosestellung von Autismus-Spektrum-Störungen und damit die Falldefinitionen verändert. Bis in die 1970er Jahre wurden fast nur die Formen des frühkindlichen Autismus erfasst. Mit dem DSM-III (R) und dem ICD-9 beschrieb man in den 1980er Jahren auch die hochfunktionalen Formen inklusive des Asper-

ger-Syndroms und des atypischen Autismus.
- *Unterschiedliche Erhebungs- bzw. Screeningverfahren:* Bis in die 1990er Jahre wurden vor allem die diagnostizierten Fallzahlen als Erhebungsgrundlage genutzt, was eine hohe Dunkelziffer der gar nicht zur Diagnostik vorgestellten Fälle implizierte. Seit den 2000er Jahren werden bei Prävalenzstudien zunehmend Screeningverfahren (der Gesamtbevölkerung oder eines Geburtsjahrgangs) zugrunde gelegt, die auch die Teile der Bevölkerung erfassen, die nicht von sich aus ein diagnostisches Verfahren aufsuchen.
- *Höhere Qualität und Sensitivität der Diagnostikverfahren*: Die verbesserte Diagnostik (Einführung der Standardverfahren ADOS [2] und ADI-R) hat den Diagnostikern eine größere Sicherheit bei der Diagnosestellung vermittelt. Während man früher häufig nur »autistische Züge« notierte, haben heute die Fachkräfte mehr Kriterien zur Hand, eine eindeutige Diagnose zu stellen. Auch haben sich die diagnostischen Kriterien verfeinert, sodass auch Fälle am Rande zur klinischen Auffälligkeit erfasst werden. Des Weiteren haben sich die Zielgruppen der Beobachtungsverfahren erweitert. So gibt es seit dem ADOS 2 ein Modul, was gezielt für die Erfassung des Autismus bei Kleinkindern konzipiert wurde.
- *Verbesserter Zugang zu Diagnostikstellen:* Es ist klar geworden, dass Autismus nicht mehr als eine seltene Krankheit gelten darf (Definition in Europa: weniger als 5 betroffene Personen auf 10 000). Dadurch wird eine Autismus-Diagnostik immer mehr zur Standarddiagnostik in Kinder- und Jugendpsychiatrischen Praxen und damit der Zugang erleichtert.

Die oben aufgeführten Gründe für die Zunahme des Vorkommens der Autismus-Spektrum-Störung macht deutlich, dass die These, Autismus sei eine »Modediagnose«, nicht zu halten ist. Vielmehr muss man davon ausgehen, dass in früheren Jahrzehnten viele Fälle gar nicht erst einem fachlich versierten Diagnostiker vorgestellt wurden. Man kann natürlich die Frage aufwerfen, inwieweit falsch positiv diagnostizierte Fälle die Prävalenzrate heutzutage nach oben verzerren könnten. Auch wenn man, wie bei jedem diagnostischen Verfahren, das auf strukturiert erfassten Beobachtungen fußt (▸ Kap. 2), dies nicht ausschließen kann, teilen die meisten Kliniker in den Diagnostikstellen die Einschätzung, dass die Dunkelziffer der nicht erfassten Fälle höher ist als die der falsch positiv diagnostizierten. Zu bedenken ist auch, dass die regionale Zugänglichkeit zu Autismus-Diagnostikstellen selbst in Deutschland sehr unterschiedlich und oft noch mangelhaft ist. In Großstädten führen in der Regel alle großen Kinder- und Jugendpsychiatrischen Praxen und entsprechenden Klinikabteilungen eine Autismusdiagnostik durch. In kleineren Städten und auf dem Land sind die Angebote für Autismusdiagnostik jedoch deutlich ausgedünnt und oft nur in den Kinder- und Jugendpsychiatrischen Abteilungen der größeren Krankenhäuser anzufinden und damit für viele Familien schlecht erreichbar. Will man als Erwachsener ein Diagnostikverfahren durchlaufen, findet man nur wenige Zentren in Deutschland, oft mit Wartezeiten von über 2 Jahren.

6.2 Auffälligkeiten bei der Geschlechterverteilung

Bis vor wenigen Jahren ging man bei den Autismus-Spektrum-Störungen von einer Geschlechterverteilung von 4 bis 5 Jungen auf 1 Mädchen aus. Neuere Untersuchungen deuten auf eine Verteilung von 2–3:1 zugunsten des männlichen Geschlechts hin, unabhängig von der kognitiven Leistungsfähigkeit (AWMF, 2016). Einige Studien und die langjährige Erfahrung von vielen Klinikern weisen darauf hin, dass Mädchen und Frauen, besonders im hochfunktionalem Bereich, häufiger unerkannt bleiben oder später diagnostiziert werden (Steinhaus, 2017). Ein Grund dafür kann in weniger autismustypischen Spezialinteressen liegen (z. B. Barbiepuppen oder Poesie) (▶ Kap. 1). Zudem müssen Mädchen, bei gleichem Autismusgrad, eine höhere Auffälligkeit begleitender Störungen aufweisen (z. B. Probleme im Bereich Kognitionen und Verhalten), um eine Autismusdiagnose zu erhalten. Dies könnte man sich so erklären, dass Mädchen es besser schaffen, die Symptome ihrer Autismus-Spektrum-Störung so auszugleichen, so dass diese weniger auffallen. Diagnostiker sollten für diese Problematik sensibilisiert sein.

Als Ursache für den nach wie vor bestehenden Unterschied in der der Geschlechterverteilung wird – neben hormonellen und endokrinologischen Faktoren – ein Schutzfaktor des weiblichen Geschlechts diskutiert, der jedoch noch nicht erforscht ist. Genetiker ziehen daraus einen interessanten Schluss: »Da Frauen eine sehr viel höhere Belastung mit genetischem ASS-Risiko vertragen können, ohne symptomatisch zu sein, muss man schließen, dass eine phänotypisch völlig gesunde Mutter ASS-Risikogene an ihre Söhne vererben kann, die dann mangels Schutzmechanismus erkranken« (Bernard, 2017, S. 75).

6.3 Ursachen des Autismus und deren Auswirkungen auf die Hirnentwicklung und das Lernen

Wenn in diesem Kapitel die Ursachendiskussion hinsichtlich der Autismus-Spektrum-Störungen dargelegt wird, stehen naturgemäß die möglichen Abweichungen beim Autismus im Verhältnis zur regelhaften Entwicklung im Fokus. Dadurch entsteht allerdings ein eigentlich unzutreffender Eindruck, denn es gibt bei Menschen (Kindern und Erwachsenen) mit und ohne Autismus sehr viel mehr, was gleich ist (genetisch, hirnstrukturell bzw. -funktional, biochemisch etc.), als was sie unterscheidet. Das gleiche gilt für Emotionen, Verhaltensweisen, Wertmaßstäbe etc. Auch da verbindet beide Gruppen sehr viel mehr, als sie voneinander trennt. Das Verbindende als die eigentliche Grundlage des Verständnisses des Andersseins zu definieren, erscheint mir als wichtige Leitlinie bei der Beschäftigung mit dem Autismus.

Ebenso könnte die Beschreibung möglicher Ursachen des Autismus und ihrer Verbindung zur von der neurotypischen Norm abweichenden Entwicklung nahelegen, dass dieses »Anderssein« ein »Falschsein« sei. Von vielen erwachsenen Menschen mit hochfunktionalem Autismus wissen wir jedoch, dass sie ihre Besonderheiten schätzen und sich eher von der Gesellschaft behindert fühlen, als den Autismus als Behinderung zu erleben (Rittmann, 2014). Es ist wichtig, die Betroffenen sowohl mit ihren Stärken als auch mit ihren entwicklungsbedürftigen Seiten zu sehen. Nicht um jeden Preis für jeden Bereich sollte eine »Normalisierung« angestrebt werden.

> »Menschen mit Autismus-Spektrum-Störung machen uns immer wieder deutlich, dass ihre Sicht auf die Welt zwar eine besondere ist, aber nicht automatisch als defizitär bezeichnet werden sollte. Aus diesem Grund ist es wichtig, immer wieder gemeinsam abzuwägen, ob ein autistisches Symptom den Betroffenen in bedeutsamer Weise davon abhält, in seinem Alltag Lebenszufriedenheit zu erlangen« (Bundesverband *autismus* Deutschland, 2017, S. 6).

Dies macht deutlich, dass die Entscheidung, in welcher Weise und an welchen Punkten man bei einer Person mit Autismus ggf. Verhaltensänderungen anstrebt, eine sehr komplexe ist. Wenn wir das in Bezug auf junge Kinder ggf. mit einer starken kognitiven Einschränkung diskutieren, kommt auf uns eine besondere Verantwortung zu. Die Kinder selbst können hier noch keine umfassenden Entscheidungen treffen, in der Regel tun das die Eltern für sie. Für die Fachkräfte wird es wichtig sein, das Kind sensibel in seinen Entwicklungsmöglichkeiten zu beobachten und mit den Eltern in einem stetigen und vertrauensvollen Austausch über aktuelle und zukünftige Förderinhalte zu stehen) (▶ Kap. 13).

Die nachfolgende Schilderung des aktuellen Diskussionsstands über die Ursachen des Autismus wird – schwerpunktmäßig in der zweiten Hälfte des Artikels – in Verbindung mit den Auswirkungen auf das Lernen im jungen Alter des autistischen Kindes gebracht.

Auch wenn in den letzten Jahrzehnten einiges an Ursachenforschung betrieben wurde, gibt es nach wie vor keine eindeutigen Ergebnisse, was die genaue Verursachung des Autismus betrifft. Das hängt mit den äußerst verschiedenartigen Ausprägungsgraden und Erscheinungsformen (Phänotypen) der Autismus-Spektrum-Störung zusammen. Diese verschiedenen Phänotypen legen bereits nahe, dass es auch unterschiedliche Ursachen geben könnte. Wenn im Folgenden mögliche Ursachen beschrieben werden – seien es genetische, hirnphysiologische oder biochemische –, ist es wichtig im Blick zu behalten, dass bei den einzelnen Menschen mit Autismus unterschiedliche Ursachen zum Tragen kommen. Sehr häufig können mit den heutigen Untersuchungsmethoden keine eindeutigen Ursachen entdeckt werden; trotzdem ist anzunehmen, dass diese im neurobiologischen Bereich liegen werden. Psychosoziale Faktoren beeinflussen jedoch den Verlauf der Störung und sind für die Förderung von großer Bedeutung, z. B. hinsichtlich der Bereitschaft der betreffenden Eltern zur Mitarbeit. Die Erklärungen für die möglichen Ursachen verbleiben noch im Bereich der Hypothesen und Denkmodelle. Dennoch zeigt es sich, dass die Ursachenforschung im Bereich Autismus einige wertvolle Erkenntnisse hervorgebracht hat und sich im Einzelfall auch Konsequenzen für die Behandlung ableiten lassen.

In den letzten Jahrzehnten haben sich Hinweise auf eine genetische Verursachung verdichtet. Heute geht man davon aus, dass die verschiedenen neurobiologischen Befunde beim Autismus durch genetische Veränderungen verursacht werden. Dies gilt natürlich zuallererst für die mit dem Autismus verbundenen körperlichen Erkrankungen und genetischen Syndrome (syndromaler oder syndromischer Autismus). 40 verschiedene Gene sind mit dem syndromalen Autismus assoziiert.

Genetische Faktoren werden aber auch ursächlich angenommen für den idiopathischen Autismus, der nicht mit anderen Erkrankungen verbunden ist, aber ebenso Veränderungen der Hirnstruktur und der Hirnfunktion sowie biochemische Anomalien aufweist. Hier werden insgesamt bis zu 1 000 verschiedene Kandidatengene als mögliche Verursacher angenommen, also ca. 5 % des menschlichen Erbguts. Bei dem einzelnen Individuum ist jedoch meist nur ein Gen betroffen.

In einem sehr geringen Maße können auch Umweltfaktoren eine verursachende Rolle übernehmen (z. B. bestimmte Medikamente während der Schwangerschaft). Diese körperlichen Veränderungen beeinflussen wiederum das Verhalten der Menschen mit Autismus und zeigen sich in neuropsychologischen Beeinträchtigungen der exekutiven Funktionen (z. B. Planungsprozesse), der Theory of Mind (z. B. Empathie) und der zentralen Kohärenz (z. B. Beachtung des Kontextes). Diese Beeinträchtigungen werden als zentral für die Erklärung der Autismus-Spektrum-Störungen mit ihren Abweichungen in der Interaktion, Kommunikation und des Verhaltens (z. B. Stereotypien) angesehen. Bei der Formulierung des Ursachenmodells (s. u.) ist jedoch einschränkend zu sagen, dass es sich hierbei um ein sich auf empirische Befunde stützendes theoretisches Modell handelt, das aber noch kein geschlossenes Ursachenmodell darstellt.

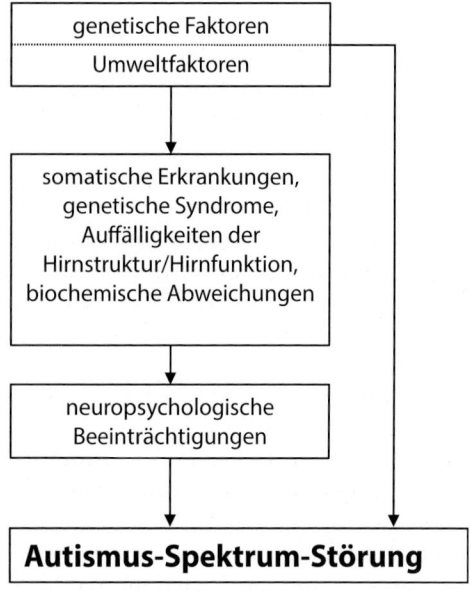

Abb. 6.1: Theoretisches Ursachenmodell des Autismus

6.3.1 Genetische Faktoren und der Einfluss der Umwelt

Bereits die Pioniere der Beschreibung der verschiedenen Autismusstörungen, Leo Kanner und Hans Asperger, hatten u. a. die Vermutung einer genetischen Verursachung. Mit der rasanten Entwicklung der Forschung im Bereich Genetik in den letzten zwei Jahrzehnten und der Entschlüsselung des menschlichen Genoms hat diese Forschung auch im Bereich Autismus stark an Bedeutung gewonnen. Neuere Zwillingsstudien haben ergeben, dass bei eineiigen Zwillingen mit einem Prozentsatz von 92 % beide vom Autismus betroffen sind (zum Vergleich z. B. bei Diabetes, Asthma, Psychosen sind es 40–60 %). Bei zweieiigen Zwillingen (die genetisch wie Geschwister einzuordnen sind) sinkt der Prozentsatz von gemeinsamer Betroffenheit auf 10–24 %, genauso wie bei normalen Vollgeschwistern. Verwandte zweiten Grades, z. B. Kinder von Geschwistern, sind lediglich im Rahmen der allgemeinen Wahrscheinlichkeit innerhalb der Gesamtbevölkerung von ca. 1 % betroffen. Die hohe Rate bei eineiigen Geschwistern weist auf ein sehr hohes Maß an Vererbbarkeit der Autismus-Spektrum-Störung hin, da hier ja das Erbgut identisch ist.

Trotz intensiver Forschung hat man noch keine eindeutigen Zuordnungen einzelner Gene oder Genabschnitte zu bestimmten Symptomen oder Ausprägungen des Autismus leisten können. Die genetischen Veränderungen sind eher subtiler Art, d. h., es geht bei bestimmten »Kandidatengenen« nur um bestimmte Teilregionen dieser Gene, hier um Verluste oder Verdopplungen eines Teils des Erbmaterials (Mikro-Deletionen und -Duplikationen) oder Veränderungen des Erbgutes (Mutationen). Die bislang gefundenen Kandidatengene sind z. B. zuständig für die Entwicklung des Gehirns hinsichtlich der Signalübertragung der Nervenzellen (Neuroligin 3 und 4, Shank3). Ins Visier der Forscher ist auch das Gen geraten, dass die Aufnahme des Hormons Oxytocin steuert (Oxytocin-Rezeptor-Gen OXTR). Dieses Hormon hat eine wichtige Funktion u. a. bzgl. des sozialen Annäherungsverhaltens (Bernard, 2017).

Wichtig für Eltern von Kindern mit Autismus bzgl. eines weiteren Kinderwunsches sowie auch für Betroffene und Verwandte zweiten Grades wird eine neuere Forschungsrichtung sein, die sich mit der Art der Vererbung beschäftigt. Man hat herausgefunden, dass es zwei verschiedene Formen der Erblichkeit gibt. In einigen Familien kommt die *Simplex-* oder *Einzelfallvererbung* vor. Das bedeutet, dass sich eine Mutation in der Keimbahn ereignet hat, also bei der Entwicklung von Eizellen und Spermien (Keimbahnmutation »de novo«). Diese Mutation entsteht spontan und lässt sich nicht als Risiko vorab bestimmen. Man geht davon aus, dass diese Form bis zu 25 % der genetisch bedingten Autismusfälle ausmacht. Nur Nachkommen, die dieser Keimzelle entstammen, erwerben das mutierte Gen und können es auch weitergeben. In der anderen Konstellation kommt der *Multiplex-* oder *familiäre Autismus* vor. Das bedeutet, dass das Erbgut der Eltern die Risikogene (d. h. Variationen normaler Gene) enthält, die bei jedem Elternteil für sich keine Auswirkung haben. Die Mischung und Kombination der mütterlichen und väterlichen Genvarianten führen dann zu einem erhöhten Autismusrisiko. Alle Nachkommen im Multiplexfall erwerben die Risikogene von einem oder beiden Elternteilen. Wie genau diese Bedingungen aussehen, ist noch nicht ausreichend erforscht; dementsprechend steckt die Forschung zur Frage, ob man als Elternpaar das Risiko in seinem Erbgut trägt, noch in den Anfängen. Ebenfalls weiß man noch nicht, wie hoch der Prozentsatz der Multiplexvererbung ist (Knippers, 2016).

Solange man noch keine gesicherten Erkenntnisse über die Form der Vererbung hat (z. B. Einzelfall oder Multiplex) wäre es ratsam, grundsätzlich nachfolgende Geschwisterkinder zunächst als mögliche Risikokinder einzustufen, deren Entwicklung man über die ersten 3 bis 4 Jahre engmaschig beobachtet, um im Fall einer auftretenden Autismus-Spektrum-Störung früh mit der Förderung einsetzten zu können (▶ Kap. 1).

Ein relativ neu erforschter Risikofaktor für Autismus ist das Alter der Eltern, besonders des Vaters: »Grob geschätzt verdoppelt sich das Risiko eines Mannes zur Zeugung eines ASS-Kindes etwa alle 20 Jahre, während das der Mutter nur um 10–20 % steigt« (Bernard, 2017, S. 73). Des Weiteren ergab die Studie, dass auch das Alter der Großväter (wann diese ihre Kinder bekamen) einen vergleichbaren Risikofaktor, ein Kind mit Autismus zu bekommen, darstellt. Der Risikofaktor »väterliches Alter« scheint sich also durch die Generationen hinweg aufzubauen. Es wird vermutet, dass der Grund in der größeren Mutationsrate bei männlichen Spermien liegt; die Rate der Zellteilungen bei der Spermienproduktion des Mannes sind naturgemäß viel höher als bei der Eizellenproduktion der Frau (Bernard, 2017). Darin könnte auch *ein* Grund für die stetig steigenden Prävalenzzahlen beim Autismus liegen. Das durchschnittliche Alter beim »Vaterwerden« lag 1991 noch bei 28,8 Jahren, 2003 lag es schon bei 34,0 Jahren. In den letzten Jahren steigt besonders die Rate der Väter über 55 Jahren (Knippers, 2016).

Die noch junge Forschungsrichtung der Epigenetik bezeichnet die Eigenschaften der Erbinformation (DNA), die nicht den eigentlichen genetischen Code betrifft, sondern die Lesbarkeit der relevanten Informationen. Hier wird eine enge Verknüpfung zwischen Genen und Umweltfaktoren angenommen, wie z. B. durch eine erhöhte Enzymproduktion bei Entzündungsvorgängen der Schwangeren, Stress der Mutter in der Schwangerschaft, Geburtskomplikationen, dem sozioökonomischen Status der Familie, der elterlichen Gesundheit etc. Diese Umweltfaktoren haben einen Einfluss darauf, ob die Gene »eingeschaltet« oder »abgeschaltet« werden. »Gene steuern nicht nur, sie werden auch gesteuert« (Bauer, 2002, S. 4). »Das Genom ist kein automatisches Programm. Es gleicht eher einer Bibliothek, in der die Umwelt mitbestimmt, welche Texte wann gelesen werden und eine Wirkung entfalten« (Weber, 2016, S. 50). Für andere psychische Erkrankungen, wie die Schizophrenie, gibt es schon

Hinweise, dass epigenetische Faktoren eine Rolle spielen. Inwieweit sie auch Auswirkungen auf die Aktivierung der für die Ausbildung des Autismus relevanten Gene haben, muss noch erforscht werden.

Umweltfaktoren im engeren Sinn werden nur in geringem Maße für die Entstehung des Autismus verantwortlich gemacht. Hier wurden vor allem Schädigungen und Risikofaktoren in der Schwangerschaft untersucht. Die Gefahr einer Rötelninfektion während der Schwangerschaft ist schon seit langem als Risikofaktor bekannt. Auch Entzündungsvorgänge (bakteriell oder viral) werden in Zusammenhang mit Autismus gebracht, da man auffällig häufig Fieberereignisse bei Schwangeren rekonstruieren konnte, bei deren Kindern später eine Autismus-Spektrum-Störung diagnostiziert wurde. Auch bei den Kindern selbst gibt es Hinweise, dass Entzündungen mit Autismus assoziiert sein könnten. Dabei muss die Entzündung nicht unbedingt das Gehirn des Kindes erreichen.

Mögliche Auswirkungen auf die Entstehung des Autismus haben Medikamente mit dem Wirkstoff Valproinsäure, die in der Schwangerschaft eingenommen wurden. Hierbei handelt es sich um einen Wirkstoff gegen Epilepsie, Migräne und verschiedene Formen der Depression. Untersuchungen deuten darauf hin, dass durch die Einnahme des Mittels während der Schwangerschaft ein 2- bis 4-fach erhöhtes Risiko für Autismus entsteht (Rinaldi, Silberberg & Markram, 2008). U. U. stellen auch andere psychoaktive Substanzen ein Risiko dar. Keine Auswirkungen auf die Entstehung von Autismus haben das Schlafmittel Thalidomid, erhöhte Vitaminmengen, Pestizide im Essen, Rauchen und Alkoholgenuss während der Schwangerschaft sowie Quecksilber im Trinkwasser (Knippers, 2016); natürlich können einzelne der aufgeführten Substanzen andere Schädigungen des Ungeborenen hervorrufen. Wichtig zu erwähnen ist auch, dass die immer wieder diskutierte Dreifachimpfung gegen Masern, Mumps und Röteln (MMR) keinen Autismus verursacht (Schadwinkel & Stockrahm, 2015).

Insgesamt geht man inzwischen davon aus, dass genetische Faktoren nicht alleine darüber bestimmen, ob es zur Ausprägung einer Autismus-Spektrum-Störung kommt, sondern dass komplexe Zusammenhänge mit Umweltfaktoren wirksam sind (s. Epigenetik).

Das Thema »Ursachen« v. a. in Verbindung von genetischen Faktoren oder schädlichen Umwelteinflüssen kann in der Beratung von den Eltern oder einem Elternteil mit dem Thema »Schuld« verknüpft werden – manchmal, indem man sich selbst Schuld an der autistischen Störung des Kindes gibt, in anderen Fällen, indem man dem Partner Schuld gibt. Für dieses Thema sollte man in der Elternberatung ein »feines Ohr« haben und es ggf. in sensibler Weise mit den Eltern besprechen (▶ Kap. 21)

6.3.2 Körperliche Erkrankungen

Einige körperliche Erkrankungen gehen unterschiedlich häufig mit dem Autismus einher und beeinflussen diesen, wie z. B. Epilepsie, Neurofibromatose (verursacht u. a. Nerventumore) oder eine unbehandelte Phenylketonurie (Stoffwechselerkrankung). Die Zusammenhänge zwischen diesen Erkrankungen und dem Autismus sind jedoch noch nicht geklärt.

Am häufigsten kommt die Epilepsie zusammen mit Autismus vor (ca. 11–39 %, ohne klinische Auffälligkeiten sogar 10–77 %). Autistische Menschen mit Intelligenzminderung sind deutlich häufiger betroffen. Da neben der Adoleszenz auch das Kleinkindalter einen Häufigkeitsgipfel des Auftretens darstellt, sollte man in diesem Alter ggf. ein EEG machen lassen, da es auch Formen gibt, die nicht mit schweren oder gut erkennbaren Anfällen einhergehen. Die Form der Epilepsie (z. B. EEG-Muster, Art der Anfälle) unterscheidet sich nicht von der üblichen Bandbreite der Epilepsien.

Als syndromaler Autismus werden 6 bis 12 % der Fälle bezeichnet, in denen ein einziges Gen der Verursacher des Autismus ist. Diese monogenetischen Defekte lassen sich in der Regel bei genetischen Untersuchungen eindeutig nachweisen. Zum syndromalen Autismus zählen z. B. das Fragile X-Chromosom, das Prader-Willi-Syndrom, die Tuberöse Sklerose, das Smith-Lemli-Syndrom, das Angelman-Syndrom, das Rett-Syndrom und einige mehr (Kamp-Becker & Bölte, 2011).

6.3.3 Auffälligkeiten der Hirnstruktur und der Hirnfunktion und ihre Auswirkungen auf das Lernen

Seit einigen Jahrzehnten gibt es gut replizierte Studien darüber, dass die Autismus-Spektrum-Störung in den ersten beiden Lebensjahren mit einem »überschießenden« Hirnwachstum einhergeht. Eine neue Studie identifiziert bei Kindern mit einer Autismusdiagnose jedes 5. Kind mit einem bis zu 10 % größeres Gehirn als gleichaltrige gesunde Kinder, bei einem messbar größeren Kopfumfang. Das gesteigerte Hirnwachstum ist Ausdruck einer Entwicklungsstörung und beginnt vor dem vollendeten 2. Lebensjahr und normalisiert sich in den nächsten Jahren. Im Alter zwischen 4 bis 5 Jahren war die Wachstumsgeschwindigkeit nicht größer als die der Gruppe nicht autistischer Kinder. Das Wachstum führt vor allem zu einer Vergrößerung der Hirnoberfläche, während der Durchmesser der grauen Substanz gleich bleibt. Es wird angenommen, dass es den Hirnzellen trotz vermehrten Wachstums nicht gelingt, die notwendigen neuronalen Verknüpfungen herzustellen. Die Phase des gesteigerten Hirnwachstums fällt zeitlich mit der Phase zusammen, in der von einzelnen Eltern von einer plötzlichen Regression bei ihren Kindern berichtet wird. Bis ca. zum 2. Lebensjahr hätten sich die Kinder vollkommen unauffällig entwickelt. Die einsetzende Diagnostik ergibt dann eine Autismus-Spektrum-Störung. Einige Forscher vermuten einen Zusammenhang zwischen dem gesteigerten Hirnwachstum und der plötzlichen Regression, der aber noch nicht erwiesen ist.

Man geht davon aus, dass aufgrund der genetischen Abweichungen (s. o.) der Prozess der Entwicklung der neuronalen Netzwerke im Gehirn in einigen Bereichen abweichend von der neurotypischen Entwicklung verläuft. Forscher diskutieren ein Modell, das eine herabgesetzte oder fehlgeleitete Aktivierung der beschriebenen Hirnareale und eine andersartige Vernetzung (Konnektivität) beschreibt. Vor allem weit voneinander entfernte Hirnregionen gelten als weniger gut vernetzt, einige nah beieinanderliegende Areale sind jedoch sogar besonders gut mit einander verbunden. Damit werden einerseits die Schwierigkeiten im sozialen Bereich (Voraussetzung: eine weitreichende Vernetzung) und andererseits die besonderen Stärken im Bereich der Strukturwahrnehmung und Fehlererkennung (Voraussetzung: einer lokalen Vernetzung) bei autistischen Menschen erklärt. Wichtig für die Erklärung einiger typischer Autismussymptome ist das Forschungsergebnis, dass Gesichter nicht bevorzugt wahrgenommen werden, was sich physiologisch in der Inaktivität des für die Gesichterverarbeitung zuständigen Hirnareals, dem Gyrus fusiformis, zeigt. Stattdessen wird bei Menschen mit Autismus häufig ein Hirnareal aktiviert, das bei neurotypischen Personen für die Erkennung von Objekten zuständig ist.

Auch die Erforschung der Spiegelneurone erscheint für die Erklärung autistischen Verhaltens interessant. Das »mirror neuron system« ist z. B. bei Bewegungsabläufen aktiv, und zwar auch dann, wenn wir gar nicht selbst eine Bewegung ausführen, sondern sie beim anderen nur beobachten. Beim Tennisspielen, beispielsweise, hilft es uns, auf diese Weise den Aufschlagpunkt des Balls des gegnerischen Spielers vorwegzunehmen und den

Ball zu erwischen. Dieses neuronale System hilft uns aber nicht nur, Bewegungen zu spiegeln, sondern auch Mimik, Gestik und Emotionen. Damit kommt den Spiegelneuronen wahrscheinlich beim Erlernen der Imitation vom Gesichts- und Körperausdruck und bei der Entwicklung von Empathie eine wichtige Rolle zu. Unsere Spiegelneurone sind beispielsweise aktiv, wenn wir traurigen Erzählungen anderer folgen und dabei selber traurig werden. Die Fähigkeit zum Mitschwingen ist bei autistischen Menschen häufig beeinträchtigt. Es könnte sein, dass hier ein Zusammenhang deutlich wird, zwischen einer physiologischen Abweichung (inaktive Spiegelneurone) und einem neuropsychologischen Erklärungssystem der Autismus-Spektrum-Störung (eingeschränkte Theory of Mind, s. u.). Die Studien zu den Spiegelneuronen sind jedoch insgesamt noch widersprüchlich, sodass man ihre Relevanz zu einem späteren Zeitpunkt erst abschließend beurteilen kann.

Die herabgesetzte Aktivität einiger Hirnregionen und die abweichende Vernetzung zwischen den unterschiedlichen Teilen des Gehirns zeigt sich z. B. in der Schwierigkeit des kleinen Kindes mit Autismus, altersgemäße Verhaltensweisen auszuführen, besonders wenn weiter voneinander entfernte Gehirnregionen involviert sind. Eine so alltägliche Situation, wie der Impuls des Kleinkindes den Vater durch eine Zeigegeste für einen vorbeifahrenden Müllwagen zu interessieren, erfordert einige Grundvoraussetzungen und ein gut abgestimmtes Zusammenspiel verschiedener Gehirnareale. Die Fähigkeit, Gesichtsausdrücke entschlüsseln zu können, ist eine Grundvoraussetzung, um den Wunsch zu entwickeln, dem anderen etwas zeigen zu wollen. Denn nur wenn ein Kind die Freude oder die Überraschung im Gesicht des anderen wahrnehmen und deuten kann, wird es den Impuls haben, eine gemeinsame Aufmerksamkeit mit seinen Bezugspersonen herzustellen. Dieses gemeinsame Erleben in mitschwingender Weise zu genießen, setzt wiederum ein ausreichend aktives Spiegelneuronensystem voraus. Zudem müssen visuelle Wahrnehmung (Blick zum Fahrzeug), Aufmerksamkeit (wechselnd mit der Aufmerksamkeit vom Fahrzeug zum Elternteil) und motorisches Verhalten (Augen- und Handkoordination), Emotion (Ausdruck von Freude oder Interesse) in einer koordinierten Art und Weise ablaufen. Ein Fehlen der oben geschilderten Grundvoraussetzungen und der normalen Gehirnkonnektivität wird einen starken Effekt auf die Entwicklung dieser komplexen Fähigkeiten haben und ein Lernen schon im jungen Kindesalter beeinträchtigen. Dieses auszugleichen wird das wichtigste Ziel in der Förderung junger Kinder mit Autismus sein (Rittmann, 2017).

6.3.4 Biochemische Abweichungen

Wie bei zahlreichen anderen neurologischen Störungen, wird auch beim Autismus eine Störung der Stoffwechselprozesse im Gehirn angenommen. Untersuchungen bei Menschen mit Autismus haben z. B. Auffälligkeiten in der Konzentration verschiedener Neurotransmitter (Nervenbotenstoffe) wie Dopamin, Serotonin, Endorphinen festgestellt. Diese Neurotransmitter sind für die Informationsweitergabe zwischen den Neuronen verantwortlich. Eine nicht passende Konzentration könnte für einige typisch autistische Verhaltensweisen, wie stereotypes Verhalten oder sozialer Rückzug, verantwortlich sein.

Hinsichtlich der biochemischen Abweichungen läge es nahe, Medikamente zu entwickeln, die direkt auf den so verursachten Teil der Störung Einfluss nähmen. Da man die Zusammenhänge der verschiedenen Einflussfaktoren jedoch noch nicht ausreichend kennt, stehen bislang nur Medikamente zur Verfügung, die hinsichtlich der Begleitsymptome der autistischen Störung (z. B. Impulskontrollstörungen, Ängste, Depressionen und Schlafstörungen) Wirkung zeigen.

6.3.5 Neuropsychologische Beeinträchtigungen

Es ist davon auszugehen, dass die oben ausgeführten möglichen neurobiologischen Ursachen zu verschiedenen neuropsychologischen Beeinträchtigungen führen. Diese werden in der Beschreibung des Autismus traditionell in drei Kategorien zusammengefasst.

Beeinträchtigungen in

- *den exekutiven Funktionen:* Durch die Beeinträchtigung in diesem Bereich fällt es Betroffenen schwer, etwas zu beginnen oder damit aufzuhören sowie Planungsprozesse zielgerichtet und vorausschauend durchzuführen. Bei kleinen Kindern mit Autismus äußert sich das z. B. darin, dass es ihnen sehr schwerfällt, die kleinen und großen Übergänge im Leben zu meistern (das Spielen zu beenden und zum Essen zu kommen; die Eingewöhnung in den Kindergarten u. a. m.). Zur Beeinträchtigung der Exekutivfunktionen gehört auch, dass die Steuerung von Impulsen wenig gelingt, die Hemmung nicht oder unzureichend einsetzt. Ist z. B. eigentlich ein Draußenspielen geplant, es aber unerwartet zu regnen begonnen hat, schaffen es besonders kleine Kinder mit Autismus oft nicht, sich auf alternative Spielangebote einzulassen, sondern erleben einen psychischen Zusammenbruch (Weinen, Schreien, Sich-auf-den-Boden-Werfen etc.). Auch die Neigung zu stereotypen Handlungen, lässt sich durch die Beeinträchtigung der exekutiven Funktionen erklären.
- *der Theory of Mind:* Sie wird definiert als die »Fähigkeit, anderen Personen bestimmte Bewusstseinszustände oder Bewusstseinsvorgänge (z. B. Wünsche, Intentionen, Überzeugungen, Meinungen) zuzuschreiben bzw. diese zu erfassen (…); hierdurch kann man das Verhalten anderer vorhersagen und erklären« (Kamp-Becker & Bölte, 2011). Es ist erwiesen, dass Kinder und Erwachsene mit Autismus große Schwierigkeiten bei diesen Anforderungen haben. Sie nehmen den emotionalen Ausdruck von Gesichtern geringer wahr und fokussieren deutlich weniger auf den sozialen Gehalt der jeweiligen Situationen. Das Konzept der Theory of Mind wird oft auch verkürzt als Empathie-Konzept bezeichnet. Ausgehend von der Annahme, dass neurotypischen Personen sich der eigenen Gefühle in verschiedenen Situationen bewusst sind, gelingt es ihnen – quasi intuitiv – sich in die Gefühle, Gedanken, Intentionen etc. anderer hineinzuversetzen. Diese Identifikation bewirkt in der Regel ein emotionales Mitschwingen und Mitfühlen. Neuere Forschungen im Bereich Empathie haben ergeben, dass es sinnvoll ist, kognitive und affektive Empathie getrennt zu betrachten. Sowohl Kinder als auch Erwachsene mit Autismus scheinen sehr viel besser, als lange Zeit angenommen, in der Lage zu sein, affektiv mit den Gefühlen anderer mitzuschwingen. Sie können jedoch das Wahrgenommene nicht kognitiv einordnen, haben keine Begriffe dafür und können so mit anderen auch nicht darüber kommunizieren. Dadurch ergibt sich eine gravierende Interaktions- und Kommunikationsstörung. Dies würde in einigen Bereichen der Theorie der Spiegelneuronenforschung widersprechen.
- *in der zentralen Kohärenz:* Neurotypische Menschen nehmen ihre Umwelt eher im Kontext der einzelnen Teile zueinander wahr, während autistische Menschen dazu neigen, sich auf bestimmte Einzelheiten zu fokussieren. Schon kleine autistische Kinder können z. B. oft mit einem Blick erkennen, welche ihrer vielen Lieblingsfiguren auf dem Teppich im Spielzimmer fehlt. Sie nehmen aber u. U. nicht wahr, dass gerade ein anderes Kind in das Zimmer gekommen ist und mit seinem Blick und seiner Körperhaltung signalisiert, dass es gerne mitspielen möchte. Die Fähigkeit, Einzelheiten und Fehler in Strukturen herausge-

hoben wahrzunehmen, kann Menschen mit Autismus in einigen Berufen ein wertvolles Alleinstellungsmerkmal geben (z. B. bei der Überprüfung von Softwareprogrammen auf Fehler). In der Regel werden sie aber aufgrund dieser Wahrnehmungsverschiebung stets Schwierigkeiten in sozialen Bezügen haben (Freundschaften, Partnerschaften, Arbeitsumfeld). Soziale Kompetenz kann man übergeordnet daran messen, wie gut es uns gelingt, alle relevanten Kontextfaktoren in unser Handeln einzubeziehen. Nicht autistische Kinder im Vorschulalter haben schon gelernt sich je nach Kontext unterschiedlich zu verhalten. So flüstern sie z. B. im Supermarkt der Mutter eine kritische Beobachtung über eine andere Person vorsichtshalber ins Ohr, damit diese Person es nicht hört, während ein Kind mit Autismus auch noch im Schulalter seinen Eltern die Schamröte ins Gesicht treibt, in dem es lauthals von der Frau vor ihnen an der Kasse mit den vielen Pickeln im Gesicht zu erzählen beginnt. Die fehlende Beachtung des Kontextes wird in neueren Publikationen als sehr zentral für die Erklärung des Autismus gesehen. Autismus wird auch als »Kontextblindheit« bezeichnet (Vermeulen, 2016).

Es liegt auf der Hand, dass diese drei Kategorien als Erklärungsmodelle für die Trias der Autismussymptomatik – die Interaktions- und Kommunikationsstörungen und ein vom stereotypen Handlungen geprägtes Verhalten – im Autismus-Spektrum nur bedingt getrennt voneinander betrachtet werden können. In der Regel werden sie als ein sich gegenseitig ergänzendes Erklärungsmodell den größten Nutzen zeigen.

Zur Erklärung der zum Teil sehr quälenden Wahrnehmungsverarbeitungsstörungen, über die viele Menschen im Autismus-Spektrum klagen, orientiert man sich sinnvollerweise eher an den neurobiologischen Ursachenerklärungen. Die besonders gravierenden Überempfindlichkeiten in allen Sinnesbereichen – bei Kleinkindern meist besonders relevant im Bereich Hören, Geschmack- und Konsistenzwahrnehmung beim Essen und Haut- und Druckempfindlichkeiten bei der Kleidung – lassen sich am ehesten durch die neuronalen Abweichungen erklären (▶ Kap. 4.3). Als Erklärung hinzuziehen sollte man ebenfalls Studienergebnisse aus der Bindungsforschung (▶ Kap. 8). Sie legen nahe, dass ein autistisches Kind aufgrund seiner Beeinträchtigung im Erkennen der sozialen und emotionalen Signale seiner engsten Bezugspersonen, auf einen wichtigen Teil der Bindungssicherheit eines neurotypischen Kindes verzichten muss und somit herausfordernden Wahrnehmungssituationen ungeschützter gegenübersteht und sich ggf. versucht durch stereotype Handlungen selbst zu beruhigen.

6.4 Fazit

Die beschriebenen Annahmen über die Ursachen des Autismus machen deutlich, dass zwar vermutlich in erster Linie neurobiologische Faktoren eine Rolle spielen, diese aber nicht auf der neurobiologischen Ebene direkt beeinflussbar sind (im Gegensatz zu psychischen Erkrankungen, wie Schizophrenie oder Depression).

Die Tatsache, dass die Störung bereits die ersten Entwicklungsschritte des Kleinkindes beeinträchtigt, unterstreicht die Notwendigkeit zu frühen Interventionen. Diese sollten den Schwerpunkt auf die Interaktionsförderung legen, vom gesamten Umfeld, und ganz besonders von den Eltern des Kindes, getragen werden, um das auszugleichen helfen, was das autistische Kind aus seiner Entwicklungsdynamik nicht alleine schafft. Dabei ist zu beachten, dass das Kind positiv emotional in die Interventionen involviert werden muss – es soll für sich aus seiner kindlichen Perspektive Bedeutung im gemeinsamen Spiel finden und es soll im Spaß machen! Je früher eine solche autismusspezifische Frühtherapie einsetzt, desto stärker wird sich das noch sehr plastische kindliche Gehirn auch in seiner Funktionsfähigkeit verändern können.

Literatur

AWMF online (2016). Langfassung der Leitlinie Autismus-Spektrum-Störungen im Kindes-, Jugend- und Erwachsenenalter, Teil 1: Diagnostik; Zugriff am 01.08.2018 auf www.awmf.org/leitlinien/detail/ll/028-018.html

Bauer, J. (2002). *Das Gedächtnis des Körpers. Wie Beziehungen und Lebensstile unsere Gene steuern.* München: Piper.

Bernard, H.-U. (2017). *Ursachen von Autismus-Spektrum-Störungen. Eine Spurensuche.* Stuttgart: Kohlhammer.

Bundesverband *autismus* Deutschland e. V. (2017). *Leitlinien für die Arbeit in Autismus-Therapie-Zentren.* Hamburg: Eigenverlag.

Hazlett, H. C., Poe, M. D., Gerig, G., Styner, M., Chappell, Ch., Gimpel Smith, R., Vachet, C. & Piven, J. (2011). Early Brain Overgrowth in Autism Associated With an Increase in Cortical Surface Area Before Age 2 Years. In Arch Gen Psychiatry 68(5), 467–476.

Kamp-Becker, I. & Bölte, S. (2011). *Autismus.* München: Reinhardt.

Knippers, R. (2016). *Autismus, genetisch betrachtet. Veränderung der Gene als Ursache und Auslöser.* Stuttgart: Thieme.

Rinaldi, T., Silberberg, G. & Markram, H. (2008). Hyperconnectivity of Local Neocortical Microcircuitry Induced by Prenatal Exposure to Valproic Acid. *Cerebral Cortex* 18(4), 763–770.

Rittmann, B. (2014). Gruppentraining für Erwachsene mit hochfunktionalem Autismus. Ein praktischer Leitfaden für Konzeption und Durchführung. In Bundesverband *autismus* Deutschland e. V. (Hrsg.), *Autismus in Forschung und Gesellschaft* (S. 141–156). Karlsruhe: Loeper.

Rittmann, B. (2017). Das Early Start Denver Model (ESDM) – eine neue Methode bereichert die Frühinterventionskonzepte unserer Autismus-Therapiezentren. In B. Rittmann & W. Rickert-Bolg (Hrsg.), *Autismus-Therapie in der Praxis. Methoden, Vorgehensweisen, Falldarstellungen* (S. 139–153). Stuttgart: Kohlhammer.

Schadwinkel, A. & Stockrahm, S. (2015). Schluss mit den Masern-Mythen! Gefälschte Studien verunsichern Eltern bis heute. Zeit online. Zugriff am 27.07.2018 unter www.zeit.de/wissen/gesundheit/2015-02/masern-impfung-risiko/seite-2

Steinhaus, M. (2017). Therapie für Mädchen und Frauen mit Asperger-Syndrom. In B. Rittmann & W. Rickert-Bolg (Hrsg.) *Autismus-Therapie in der Praxis. Methoden, Vorgehensweisen, Falldarstellungen* (S. 261–273). Stuttgart: Kohlhammer.

Vermeulen, P. (2016). *Autismus als Kontextblindheit.* Göttingen: Vandenhoeck und Ruprecht.

Weber, Ch. (2016). Krampfzonen. Geschlechterfragen. *Süddeutsche Zeitung. Langstrecke*, 02, 47–50

7 Systemische Aspekte in der Frühtherapie von Kindern mit Autismus

Susanne Lamaye

7.1 Autistische Kinder leben nicht in einer eigenen Welt 82
7.2 Kernkompetenzen Systemischer Therapie 83
7.3 Die neue Sicht auf das autistische Kind im System 84
    7.3.1 Reframing und Ressourcen... 85
7.4 Elterngruppe 86
7.5 Resümee 86
Literatur 87

Als Systemische Therapie, sei es eine Familientherapie, Einzeltherapie oder Mehrfamilientherapie, wird eine psychotherapeutische Fachrichtung beschrieben, die systemische Zusammenhänge und interpersonelle Beziehungen in einer Gruppe oder Familie als Grundlage für die Diagnose und Therapie von seelischen Beschwerden und interpersonellen Konflikten betrachtet. Seit Dezember 2008 ist die Systemische Therapie und ihre Wirksamkeit auch in Deutschland wissenschaftlich anerkannt. Das familiäre System wird als Ressource betrachtet vor dessen Hintergrund der Einzelne seine Fähigkeiten und Stärken oder aber auch Verhaltensbesonderheiten entwickeln kann. Im therapeutischen Rahmen wird ein Problem, z. B. ein bestimmtes Verhalten, als Geschehen betrachtet, an dem viele interagierende Personen beteiligt sind und nicht als Wesensmerkmal einer Person, z. B. des autistischen Kindes. Basierend auf einer wertschätzenden Haltung wird gemeinsam mit den Familien nach Lösungen gesucht und es wird versucht, Bedingungen für Veränderung zu schaffen. (Nicolai et al., 2001, und Schlippe & Schweitzer, 2010).

7.1 Autistische Kinder leben nicht in einer eigenen Welt

Auch wenn es oft Beschreibungen gibt wie »leben in einer eigenen Welt« oder »wie auf einer Insel«, sind die Kinder mit Autismus Teil eines Familiensystems, wirken darauf ein und werden von den Wirkungen des Systems in ihrer Entwicklung beeinflusst. Ihr Familiensystem existiert inmitten z. B. anderer kultureller, sozialer oder institutioneller Systeme. Die Entwicklung des Kindes wird entscheidend davon geprägt, wie die Familie oder die sie umgebenden Systeme die Behinderung annehmen kann, sie ansieht, eventuell dagegen angekämpft, sie verleugnet oder versucht konstruktiv und unterstützend damit umzugehen. Je mehr es gelingt, den Autismus als Persönlichkeitsmerkmal oder als Ausprägung des »Mensch-Seins« zu integrieren und zu akzeptieren, umso eher kann die Familie ihre Ressourcen nutzen, das Kind bei der Entwicklung seiner Gesamtpersönlichkeit, auch mit ihren autistischen Anteilen, zu unterstützen, zu fördern und zu begleiten. Das Gleiche gilt natürlich auch für die anderen beteiligten Systeme, z. B. das der Großfamilie, des Kindergartens, der Gemeinde, des Gesundheitswesens oder der Schule.

Darüber hinaus unterliegt jede Familie mit einem autistischen Kind den gleichen systemischen Gesetzen, z. B. durch ein bestimmtes Verhalten das System zu erhalten, nach außen zu schützen und die Grenzen zu anderen Systemen zu wahren, wie jede andere Familie auch.

> »Ein System besteht definitionsgemäß aus Elementen (in der Psychologie aus Personen), aus Beziehungen, die die Personen zueinander haben und aus den Grenzen zur Umwelt: Ein System muss sich von anderen Systemen und seiner Umwelt hinreichend unterscheiden und es ist durch eine Homöostase-Tendenz gekennzeichnet. Dies bedeutet, dass das System sich selbst aufrechterhalten will bzw. einen bestimmten Sollwert einhält und Abweichungen korrigiert« (Zarbock, 2011, S. 75).

Ein Beispiel, an einer Familie mit einem autistischen Kind erklärt, könnte etwa so aussehen:

> Bedingt durch die schwere Beeinträchtigung kann das Kind nur am Vormittag für zwei Stunden den Kindergarten besuchen. Der Mutter ist deshalb eine Rückkehr in den Beruf nicht möglich. Um die finanziellen Einbußen auffangen zu können, besorgt sich der Vater einen Nebenjob, der dazu führt, dass er nun auch an den Abenden einige Stunden arbeiten muss und somit weniger Zeit und Aufgaben innerhalb der Familie und insbesondere als Entlastung für die Mutter aufbringen kann. Die elfjährige Schwester versucht die Lücke zu schließen und übernimmt viele Aufgaben im Haushalt, unter anderem fungiert sie auch als Dolmetscherin bei Terminen im Kindergarten oder anderen Institutionen. Sie hat wenig Zeit, für die Schule zu lernen, und bringt schlechte Noten mit nach Hause. Sie benötigt mehr Hilfe bei den Hausaufgaben, welche sie meist erst am späteren Abend, wenn der kleine Bruder im Bett ist, gemeinsam mit der Mutter erledigt. Für die zweijährige kleine Schwester ist tagsüber wenig Zeit. Sie schläft nachts im Bett der Eltern, wacht aber mehrmals auf und möchte dann spielen. Die ständige Überlastung der Eltern führt dazu, dass es in der Ehe zu kriseln beginnt …

Dieses Beispiel zeigt, dass die Herausforderung, solche komplexen Anforderungen zu erfüllen, dazu führen kann, dass sich ein Familiensystem destabilisiert und die einzelnen Beteiligten an die Grenzen ihrer Belastbarkeit stoßen.

7.2 Kernkompetenzen Systemischer Therapie

Gerade die systemischen Kernkompetenzen (Schweitzer & v. Schlippe, 2009) sind eine methodisch sinnvolle Ergänzung autismusspezifischer Frühtherapie, da sie dabei helfen »therapeutische Ressourcen durch den Einbezug wichtiger Dritter zu verbreitern, Veränderungshoffnung ohne Veränderungsdruck zu fördern, festgefahrene chronifizierende Problemideen infrage zu stellen und durch eine starke Orientierung auf Zukunft und Lösungsmöglichkeiten eine ›Ich kann es schaffen-Atmosphäre‹ zu unterstützen« (Schweitzer & v. Schlippe, 2009, S. 40 f.). Eine systemische Sichtweise bietet die Möglichkeit, das Kind mit Autismus in seinem sozialen Kontext zu sehen, verschiedene Professionen, die an der Unterstützung der Familie und des Kindes beteiligt sind, zusammenzubringen und deren Methoden zu integrieren.

Vorgehensweisen innerhalb des systemischen Ansatzes, wie der Wechsel unterschiedlicher Settings sowie der Fokus auf Kooperation, sind gerade in der Frühtherapie autistischer Kinder ein wichtiges methodisches Vorgehen. Einzeltherapie, Elternberatung- und Gespräche sowie »runde Tische« der unterschiedlichen Professionen sind hilfreich, um allen Beteiligten ein gemeinsam geplantes Vorgehen zu ermöglichen und so ein möglichst positives Ergebnis für die Unterstützung des Kindes und der Familie zu erreichen (▶ Kap. 13).

Andere Kernkompetenzen Systemischer Therapie, wie die Achtung vor der Autonomie des Systems und eine wertschätzende Grundhaltung, ermöglichen es den Therapeuten, den Blick immer wieder auf die Ressourcen einer Familie zu lenken, nach Zielen und Wünschen der Familie zu fragen und diese als Richtschnur für eine Therapieplanung zu nutzen. Gerade wenn es darum geht, dass Familien sich eine andere Sichtweise und an den Autismus angepasste Umgangs- und Verhaltensmuster aneignen können, ist die Ausrichtung auf Wünsche und Ziele der Eltern eine Grundvoraussetzung, damit sie diesen Prozess mitgehen können. Eine gute Information über die Möglichkeit der Erreichung der gewünschten Ziele oder die häufig notwendige Unterteilung in kleinschrittigere Teilziele ist dabei hilfreich, therapeutisch dort anzusetzen, wo es nötig ist und trotzdem die Wünsche der Eltern zu respektieren.

7.3 Die neue Sicht auf das autistische Kind im System

Besonders bei unerwünschten Verhaltensweisen junger frühkindlich autistischer Kinder ist der Wunsch der Familien häufig darauf gerichtet, diese Verhaltensweisen verschwinden zu lassen. In diesem Zusammenhang erscheint es wichtig für die Therapie, die Verhaltensweisen im richtigen Rahmen zu sehen und ihnen möglicherweise eine andere Deutung zukommen zu lassen. Besonders stereotype Verhaltensweisen werden in der Autismustherapie als Strategie des autistischen Kindes, der Reizüberflutung im Hinblick auf Wahrnehmung, soziale Interaktion und Kommunikation oder im Bereich der Handlungsplanung zu entgehen, gewertet. Auch der autistische Rückzug bekommt durch die Brille des Autismus gesehen eine neue Bedeutung als Fähigkeit, mit der ständigen Überforderung umzugehen. Damit werden den Familien neue Wahrnehmungs- und Handlungsmöglichkeiten eröffnet, das jeweilige Verhalten zu deuten und damit umzugehen. Ebenso gehört das Einbeziehen des Kindergartens, anderer Frühförderstellen oder mitarbeitender Institutionen in der Arbeit von Kindern mit ASS zu den systemischen Aspekten. Auch hier ist das Vermitteln der autismusspezifischen Verhaltensweisen und ihrer Bedeutung in der Art eines Dolmetschers Aufgabe des Therapeuten, damit z. B. in der vermeintlichen Aggressivität das (misslungene) Kontaktangebot gesehen werden kann.

Gemeinsam mit Eltern oder anderen professionellen Bezugspersonen können dann Handlungsalternativen entwickelt werden, die das Kind in seiner autistischen Persönlichkeit respektieren, sein Verhalten von alten Deutungsmustern lösen (»der will uns provozieren«) und so zu konstruktiven Reaktionen auf Seiten der Erwachsenen führen. Häufig entspannt schon die alternative Sichtweise die Situationen und führt zu einer Abschwächung der Verhaltensweisen. Dem Kind vermittelt sich, dass die Bezugspersonen es nicht mehr als nur »falsch«, sondern als »anders« betrachten und es in seinem »Anders-Sein« respektieren. Verhaltensweisen sollen nun nicht einfach »wegtherapiert« werden, sondern es wird gemeinsam nach Lösungen gesucht, die diese Verhaltensweisen überflüssig machen. Dies funktioniert in der Regel nur durch eine Anpassung des Umfeldes an die Bedürfnisse und Erfordernisse, die das Leben mit einem autistischen Kind mit sich bringt.

7.3.1 Reframing und Ressourcen

In Anlehnung an Schweitzer und v. Schlippe, die in ihrem »*Lehrbuch der systemischen Therapie und Beratung II*« (2009, Vandenoek & Ruprecht), die Besonderheiten und Verhaltensweisen bei Menschen mit Asperger-Syndrom positiv konnotierten, könnte ein solcher Versuch für einige junge Kinder mit Autismus folgendermaßen aussehen:

- reagiert positiv auf regelmäßige, sehr strukturierte Abläufe,
- Fähigkeit, mit Reizüberflutung umzugehen,
- Fähigkeit, sich lange und intensiv zu beschäftigen,
- besondere Fähigkeiten in einem abgegrenzten Gebiet,
- unbeeindruckt von Wünschen oder Ansprüchen anderer.

Aus systemischer Sichtweise könnte man diese Verhaltensweisen als zur Struktur des Soseins und der Eigenheiten des Kindes passend und für sein Überleben nützlich ansehen (Schweitzer & v. Schlippe, 2009). Das Kind entwickelte seine Persönlichkeit auch vor dem Hintergrund seiner autistischen Wahrnehmung und Struktur. »Veränderungen werden überhaupt erst dann möglich, wenn sie zu *Charlies* (hier zu ersetzten durch: *des Kindes*) Struktur passen. Dies erfordert von der Familie und dem therapeutischen System, diese Struktur kennen zu lernen, sie wertzuschätzen und ihre Interventionen darauf abzustimmen« (Spitczok von Brisinski, 1999, in Schweitzer & v. Schlippe, 2009, S. 269).

Der systemische Aspekt der Ressourcenorientierung ist sowohl in »normalen« Eltern- oder Familiengesprächen, Gesprächen mit anderen professionellen Bezugspersonen als auch im Beratungssetting mit der Marte-Meo-Videointeraktionsanalyse handlungsleitend (▶ Kap. 22).

Ressourcenorientierung bedeutet in diesem Zusammenhang den Zugang zu bisher unerkannten, verborgenen oder verschütteten Potenzialen der Klienten oder den Bezugspersonen zu eröffnen und diese dazu anzuregen, diese Potenziale zur Lösung ihrer Probleme zu nutzen.

> »Durch das Erkennen der eigenen Ressourcen, Fähigkeiten und Stärken entstehen bei den Klientinnen neue Sichtweisen, Denkmuster und Wertvorstellungen und damit Impulse und Zugänge zu neuen Entwicklungsprozessen. In Verbindung mit Gelassenheit und Achtsamkeit gegenüber den Klientinnen werden bei diesen Selbstheilungskräfte aktiviert und gelingendes Handeln ermöglicht. Eine konsequente Ressourcenorientierung stellt eine wichtige Grundlage dar. Systemisch orientierte Fachkräfte vertrauen auf das Vorhandensein notwendiger Ressourcen und unterstützen die Hilfesuchenden bei der Entdeckung bzw. Reaktivierung von vorhandenen Fähigkeiten und Stärken, die das Erproben neuer Handlungsmöglichkeiten und eine Erweiterung der bestehenden Problemlösungsmöglichkeiten in den Vordergrund stellen« (Deutsche Gesellschaft für Systemische Therapie, Beratung und Familientherapie e. V., 2014, S. 1).

7.4 Elterngruppe

Ein weiterer positiver Aspekt systemischen Vorgehens ist für die Eltern, in den Gruppen-Sitzungen zu erfahren, dass es andere Kinder mit ähnlichen Verhaltensweisen und andere Familien, die sich ähnlichen Herausforderungen stellen müssen, gibt (▶ Kap. 21). Nicht selten führen Probleme mit kleineren Kindern dazu, dass die Umwelt mit großem Unverständnis reagiert. Selbst Großeltern und andere Familienmitglieder, manchmal sogar auch der eine oder andere Ehepartner, können das Bild des Kindes, welches sie sich erträumt oder erwünscht hatten, mit dem Bild des tatsächlichen Kindes nicht in Einklang bringen und finden somit keinen oder nur schweren Zugang zu den realen Bedürfnissen und Erfordernissen. Dies hat häufig zur Folge, dass sich die Eltern sozial zurückziehen, wenig Hilfe von ihrem Umfeld erwarten können und in einigen Fällen sich Ehepartner auch trennen. »›Schreiattacken‹ im Kaufhaus, Trotzanfälle auf einer belebten Straße oder hyperaktiv-distanzloses Verhalten werden nicht sehr geschätzt« (Scheffler, 2007, S. 1). Vielmehr empfinden viele Familien diese Verhaltensweisen als hohe Belastung, so dass sie vermeiden, etwas mit dem Kind zu unternehmen und sich immer mehr aus dem öffentlichen, gesellschaftlichen Raum zurückziehen. »Ziel der Arbeit ist es, dass die einzelne Familie und ihre Mitglieder die Potenz der Gruppe als Chance für sich selbst erleben. Diese aktive Einbeziehung der Familie bei der Wahrnehmung des gleichen Problems bei ihrem Gegenüber stärkt auch das eigene Selbstwertgefühl« (Asen & Scholz, 2009, S. 11).

Oftmals erleben die Eltern hier zum ersten Mal Verständnis für ihre Situation und ein Aufgehobensein in der Gruppe. In diesem Mehrfamiliensetting können sich die Eltern mit eigenen Verhaltensweisen auseinandersetzen, einen möglichen Veränderungsbedarf erkennen oder thematisieren, z. B., weil sie sinnvollere Umgangsformen und Lösungen bei anderen sehen oder erfahren. Dies führt häufig zu produktiven, sehr lösungsorientierten Anregungen. Beispielsweise könnten sozial eher unsichere Eltern vom couragierten Auftreten anderer Eltern in schwierigen Situationen erfahren und sich dann trauen, zukünftig ebenfalls selbstbewusster aufzutreten.

Die Elterngruppe bietet darüber hinaus die Möglichkeit, auch privat weiter in Kontakt zu bleiben oder auch Zugang zu anderen Gruppen und Netzwerken zu finden.

7.5 Resümee

Die Systemische Therapie bietet im Rahmen der autismusspezifischen Frühtherapie eine sinnvolle Ergänzung zu anderen Therapie- oder Unterstützungsansätzen. Sie ermöglicht, den Blick vom Kind aus auf die ganze Familie und andere beteiligte Institutionen und Professionen auszuweiten.

Damit kann ein systemischer Blick helfen, die (autistische) Vereinzelung zu reduzieren und ihr mehr Möglichkeiten zu Integration und Kooperation aufzuzeigen.

Literatur

Asen, E. & Scholz, M. (2009). *Praxis der Multifamilientherapie*. Heidelberg: Carl Auer

Schlippe, A. v. & Schweitzer, J. (2010). *Systemische Interventionen*. Göttingen: Vandenhoek und Ruprecht.

Deutsche Gesellschaft für Systemische Therapie, Beratung und Familientherapie e. V. (2014) *Stellungnahme der Regionalgruppe Berlin/Brandenburg, September 2014*. Zugriff am 4.8.2018 unter https://www.dgsf.org/themen/stellungnahmen-1/alles-systemisch-systemische-beraterinnen-und-therapeutinnen-positionieren-sich

Loose, Ch., Graaf, P. & Zarbock, G. (Hrsg.). (2013). *Schematherapie mit Kindern und Jugendlichen*. Weinheim: Beltz

Scheffler, U. (2007). *Vier Augen sehen mehr als zwei*. Zugriff am 20.8.2018 unter http://www.kinderpsychiatrie-systemisch.de/mftkjp.htm

Schweitzer, J. & Schlippe, A. v. (2009). *Lehrbuch der systemischen Therapie und Beratung II*. 3. Auflage. Göttingen: Vandenhoek und Ruprecht.

Spitczok von Brisinski, I. (1999). Zur Nützlichkeit psychiatrischer Klassifikation in der systemischen Therapie. *Zeitschrift für systemische Therapie 17*, 43–51.

Zarbock, G. (2011). *Praxisbuch Verhaltenstherapie, Grundlagen und Anwendungen biografisch-systemischer Verhaltenstherapie* (3. Aufl.). Lengerich: Pabst.

8 Bindung und Autismus

Irmgard Döringer

8.1	Was ist Bindung?	89
8.2	Bindungsqualitäten	90
8.3	Bindung und Feinfühligkeit	91
8.4	Bindung und Autismus	91
8.5	Feinfühligkeit und autistische Kinder: eine besondere Herausforderung für Eltern	92
8.6	Was brauchen Eltern, um eine gute Bindung zu ihrem autistischen Kind aufbauen zu können?	93
8.7	Implikationen für eine Bindungs- und beziehungsorientierte Frühtherapie	94
	Literatur	95

Über viele Jahrzehnte hat die Bindungstheorie keine oder nur eine sehr spärliche Rolle in der Autismusforschung gespielt. Lange Zeit gab es das Klischee, dass autistische Kinder keine emotionalen Beziehungen zu ihren engsten Bezugspersonen eingehen bzw. keine sichere Bindung entwickeln können. Dem Thema wurde also keine allzu große Bedeutung zugemessen. Es war zudem auch lange Zeit überlagert von Auseinandersetzungen über Schuldzuweisungen an Eltern: der Begriff der »Kühlschrankeltern«, geprägt von Leo Kanner[26], hat – auch noch lange Zeit, nachdem dieser sich davon distanziert hatte – zu Berührungsängsten geführt.

Beim Aufgreifen der Bedeutung der Bindungsforschung für die sozial-emotionale Entwicklung autistischer Kinder geht es jedoch nicht darum, Eltern Schuld zuzuweisen. Vielmehr sehen wir sie als ein weiteres Erklärungsmodell für die besondere Herausforderung, vor der Eltern autistischer Kinder stehen. Sie hilft vor allem aber auch, Ideen zu entwickeln, wie Eltern langfristig positiv Einfluss auf die Entwicklung ihrer Kinder nehmen können.

---

26 Leo Kanner (USA) gilt als einer der Pioniere der Autismusforschung. Er beschrieb 1943 erstmals Kinder, deren Symptome wir heute als »frühkindlichen Autismus« bzw. »Kanner-Autismus« kennen.

8.1 Was ist Bindung?

Bindung bezeichnet eine enge emotionale Beziehung zwischen Menschen. Sie ist vergleichbar mit einem unsichtbaren, aber fühlbaren emotionalen Band, das zwei Menschen spezifisch miteinander verbindet (Brisch, 2008). Das Bedürfnis nach verlässlichen, konstanten und einfühlsamen Bezugspersonen, die das Kind so annehmen, wie es ist, ist ein wesentliches Grundbedürfnis, dessen Befriedigung jedes Kind für eine gesunde Entwicklung benötigt (▶ Kap. 9).

Die Bindungstheorie wurde von John Bowlby (1969) entwickelt und von Mary Ainsworth (1985) systematisiert. Im deutschsprachigen Raum wurde sie insbesondere durch Mechthild Papoušek (Universität München) und Karin und Klaus Grossmann (Universität Regensburg) weiterentwickelt. Sie gehört heute zu den etablierten psychologischen Theorien.

Die Bindung zu Bezugspersonen entwickelt sich in den ersten drei Lebensjahren eines Kindes. Schon das Neugeborene verfügt über Kompetenzen, die es auf soziale Interaktionen vorbereitet: Es bevorzugt soziale Reize wie das menschliche Gesicht und die Stimme und wendet sich Menschen zu. Auch Eltern sind in der Regel mit einem Basisrepertoire an »intuitivem Elternverhalten« (Papoušek & Papoušek, 1987) ausgestattet, das ihnen erlaubt, spontan richtig auf viele der Verhaltensäußerungen von Neugeborenen und Säuglingen zu reagieren. Nach Bowlby ist die Bindung zwischen Mutter bzw. Bindungspersonen und Säugling ein sich wechselseitig bedingendes, sich selbst regulierendes System: Das Kind sucht einerseits die Nähe, den Blickkontakt zur Mutter, oder macht sich durch Weinen bemerkbar, die Mutter reagiert darauf, indem sie anbietet, was das Kind in diesem Moment braucht.

Im Laufe des ersten Lebensjahres unterscheidet das Kind zwischen fremden und bekannten Personen und entwickelt eine zunehmend spezifische Bindung an eine oder mehrere Bezugspersonen. Babys reagieren dann auf Trennung von ihren Bezugspersonen oder Annäherung von fremden Personen mit Angst. Sie suchen nunmehr bei Kummer deren Nähe und lassen sich auch nur von diesen trösten.

Im zweiten Lebensjahr erwirbt das Kind die Vorstellung von dem andauernden Vorhandensein der primären Bezugsperson auch dann, wenn sie gerade nicht sichtbar und hörbar ist (Personenpermanenz). Bindung entwickelt sich zu einem emotionalen Band des tiefen Vertrauens, das einen sicheren »emotionalen Hafen« bei der Entwicklung der kindlichen Neugier und Exploration und bei psychischen Belastungen, Stress und Gefahren für das Kind bietet.

Bindung und Exploration/Neugier des Kindes stehen in einem engen Zusammenhang: Ist das Bedürfnis nach Bindung befriedigt und befindet sich das Kind in einer entspannten, sicheren Umgebung, kann es diese erkunden und neue (Lern-)Erfahrungen machen. In emotional belastenden Situationen, in denen das Kind Fremdheit, Kummer, Müdigkeit, Angst oder Trennung erlebt, wird das Bindungsverhaltenssystem[27] aktiviert und das Kind weint, saugt und lächelt, klammert sich fest oder blickt die Bindungsperson an, um deren Nähe und Schutz zu suchen.

Zur Nähe- und Distanzregulation mit der Bezugsperson kommt mit der Entwicklung des Kindes die gegenseitige emotionale Regulation hinzu. Etwa ab dem dritten Lebensjahr kann das Kind immer mehr die Bedürfnisse und Absichten seiner Bezugspersonen in seine Verhaltenssteuerung mit einbeziehen und

---

27 Unter Bindungsverhalten sind hier Verhaltensweisen des Kindes gemeint, die dafür sorgen, dass die Bezugsperson aufmerksam wird und Hilfe anbietet.

eigene Bedürfnisse zeitweise aufschieben: Die Beziehungen werden nicht mehr nur einseitig auf die Bedürfnisse des Kindes, sondern wechselseitig aufeinander ausgerichtet.

Die sozial-emotionale Bindung prägt auch die Vorstellungen des Kindes von seiner sozialen Umwelt (»Mutter hilft mir, wenn ich Hilfe brauche«) und für das Bild von sich selbst (»Ich bin gut«)«.

Bindung ist der Kontext, innerhalb dessen Kinder also vielfältige Fähigkeiten erwerben, und ihre Persönlichkeit entwickeln.

8.2 Bindungsqualitäten

Die Bindungen von Kindern zu ihren primären Bezugspersonen unterscheiden sich in ihrer Qualität. Heute werden vier Bindungstypen unterschieden. Diese kommen zum Ausdruck, wenn das Bindungssystem aktiviert wird, also wenn das Kind Kummer oder Angst hat.

- *Sicher gebundene Kinder* suchen in Stresssituationen ihre Bindungspersonen auf, um sich von ihnen trösten zu lassen. Sie lassen sich in der Regel schnell beruhigen und trauen sich danach, ihre Umwelt wieder zu erkunden. Diese Kinder haben die Erfahrung gemacht, dass ihre Bezugspersonen ihnen in belastenden Situationen emotional zur Verfügung stehen, und können diese als sicheren Hafen nutzen.
- Bei *unsicher gebundenen Kindern* werden drei Bindungsstile unterschieden
  - Kinder mit *unsicher-vermeidendem Bindungsstil* suchen in Notsituationen keine Nähe zu ihren Bezugspersonen. Sie zeigen sich eher »cool«, bringen keine Nähewünsche zum Ausdruck und fordern keine emotionale Unterstützung ein. Sie haben die Erfahrung gemacht, dass ihre Bindungsbedürfnisse eher mit Zurückweisung beantwortet werden, und aktivieren ihr Bindungsverhalten erst in großer Not.
  - *Unsicher-ambivalent gebundene Kinder* versuchen durch heftiges Anklammern und Weinen die Nähe der Bindungsperson sicherzustellen. Sie sind nur schwer zu beruhigen. Sie zeigen dabei oft ambivalentes Verhalten: heftiges Anklammern einerseits, aber auch aggressives Verhalten. Sie haben die Erfahrung gemacht, dass ihre Bindungsbedürfnisse manchmal zuverlässig, ein anderes Mal mit Zurückweisung beantwortet werden und dass sie dann eine Chance auf Trost durch Hilfestellung haben, wenn sie diese intensiv und dramatisch einfordern.
  - Kinder mit einem *desorientierten Bindungsstil* zeigen Widersprüchliches, nicht voraussagbares und rasch wechselndes Verhalten zwischen Nähesuche, Vermeidung oder Ignorieren der Bindungsperson. Sie verhalten sich häufig aggressiv oder bizarr. Das Bindungssystem wird zwar aktiviert, äußert sich aber nicht in konstanten Verhaltensweisen. Sie scheinen widersprüchliche Arbeitsmodelle von Bindung entwickelt zu haben (Borg-Laufs, 2012, Brisch, 2008).

Untersuchungen haben gezeigt, dass ca. 60 % aller Kinder in der Gesamtbevölkerung sicher, ca. 20 % unsicher-vermeidend, ca. 10 % ambivalent und ca. 5 bis 10 % der Kinder desorganisiert gebunden sind (Brisch, 2018).

Welche Art der Bindungsqualität zwischen dem Kind und der Bezugsperson entsteht, hängt vor allem von der Art der Interaktionen zwischen den beiden ab. Unterschiede in der

Bindungssicherheit sind auf Unterschiede in der (mütterlichen) Feinfühligkeit (s. u.) zurückzuführen, aber auch kindliche Verhaltenscharakteristika (z. B. eingeschränkte Verhaltensorganisation, kindliches Temperament) spielen eine Rolle (Spangler, 2011).

Daneben haben weitere Faktoren Einfluss auf die Bindungsqualität, beispielsweise sozioökonomische Probleme, psychische Erkrankungen, Eheprobleme oder andere Stressbelastungen, denen Eltern und Familien ausgesetzt sein können.

8.3 Bindung und Feinfühligkeit

Eng verbunden mit dem Bindungskonzept ist das Konzept der Feinfühligkeit: Dies bezeichnet die »Fähigkeit der Mutter [bzw. engen Bezugsperson, Anm. der Autorin], die Signale und Kommunikation, die im Verhalten ihres Kindes enthalten sind, richtig wahrzunehmen und zu interpretieren, und wenn dieses Verständnis vorhanden ist, auf sie angemessen und prompt zu reagieren« (Grossmann, 1977, S. 98). Feinfühlige Eltern können Dinge aus der Sicht des Kindes sehen (sich einfühlen) und zwischen ihren eigenen Bedürfnissen und denen des Kindes unterscheiden (▶ Kap. 18.6). Es besteht ein enger Zusammenhang zwischen feinfühligem Verhalten der Bezugsperson und der Bindungssicherheit auf Seiten des Kindes.

Feinfühligkeit ist jedoch keine persönliche Eigenschaft, sondern ist immer bezogen auf eine spezifische Beziehung/Bindung. So können Eltern, die in Bezug auf eines ihrer Kinder nur wenig Feinfühligkeit zeigen, durchaus feinfühlig in Bezug auf ein Geschwisterkind reagieren. Die Feinfühligkeit der Bezugspersonen wird auch durch das Verhalten der Kinder beeinflusst, z. B. wie gut die Kinder die eigenen Bedürfnisse signalisieren und mitteilen oder sozial-emotionale Angebote der Bezugspersonen nutzen können. Leicht irritierbare Babys, die viel schreien, sich nur schwer beruhigen lassen und über wenig eigene (im Babyalter zunächst reflexartige) Fähigkeiten zur Erregungsregulation zu verfügen, stellen zudem größere Herausforderungen an Eltern – insbesondere in Bezug auf Regulationshilfen und Beruhigungsstrategien – als ruhige Babys.

8.4 Bindung und Autismus

Lange Zeit ging man davon aus, dass autistische Kinder keine emotionale Beziehung zu Bezugspersonen entwickeln. Später zeigte die Bindungsforschung bei Kindern mit Autismus und deren Eltern jedoch, dass auch autistische Kinder eine sozial-emotionale Bindung mit ihren engsten Bezugspersonen eingehen. Dies konnte in verschiedenen Studien nachgewiesen werden (Dissanayake/Crossley, 1997; Dissanayake et al., 1996; Rutgers et al., 2004; Oppenheim, 2011). Dabei wurden sogar 40 bis 50 % der autistischen Kinder als »sicher gebunden« eingestuft. Bei der Klassifikation der »unsicher gebundenen« Kinder wurde in der Regel ein höherer Anteil »desorganisierter Bindungsmuster« beobachtet.

In der Studie von Oppenheim et al. (2011) fand sich ein Zusammenhang zwischen dem kognitiven Entwicklungsniveau der Kinder und ihrem Bindungsstatus: Unsicher-desorganisiert gebundene Kinder zeigten tendenziell ein niedrigeres kognitives Niveau als sicher oder unsicher-organisiert gebundene. Ob diese Bindungsunterschiede vorrangig auf individuelle Eigenschaften bzw. Voraussetzungen des Kindes zurückzuführen sind und/oder eine sichere bzw. organisierte Bindung Einfluss auf das kognitive Funktionsniveau hat, lässt sich aufgrund der Studie nicht beantworten. In der Bindungsforschung wird heute jedoch allgemein davon ausgegangen, dass der Einfluss individueller Voraussetzungen auf Seiten des Kindes nicht als unveränderlich zu verstehen ist, sondern durch feinfühliges Verhalten der Bezugspersonen verändert werden kann. Auf der anderen Seite gibt es auch Hinweise darauf, dass z. B. desorganisiert gebundene Kinder schon als Neugeborene eingeschränkte Fähigkeiten zur Verhaltensregulation hatten und somit eine desorganisierte Bindung nicht eingleisig durch eine mangelnde mütterliche Feinfühligkeit erklärt werden kann (Spranger, 2011).

8.5 Feinfühligkeit und autistische Kinder: eine besondere Herausforderung für Eltern

Babys und Kleinkinder verfügen in der Regel über ein breites Repertoire an Verhalten, das bei ihren Bezugspersonen Bindungsverhalten auslöst und sie dort hält, sie sozusagen in einen »Bindungssog« hineinzieht, dem diese nicht widerstehen können. Beispiele hierfür sind die Präferenz für das menschliche Gesicht und das soziale Lächeln schon im Alter von 6 bis 8 Wochen. Die Babys versuchen über Mimik, Lautäußerungen und Körpersprache ihre grundlegenden Bedürfnisse zu signalisieren. Wenn Kleinkinder sich gerne anschmiegen und kuscheln, stoßen sie in der Regel auf Resonanz. Durch Weinen – später durch Rufen, Anklammern, Nachfolgen und Protestieren – versucht das Kind seinem Bedürfnis nach Zuwendung Ausdruck zu verleihen.

Es ist nicht schwer nachzuvollziehen, dass Eltern autistischer Kinder vor besonderen Herausforderungen stehen: Autistische Kinder zeigen deutlich weniger klassisches Verhalten, das ihre Bezugspersonen in einen »Bindungssog« hineinzieht. Bei autistischen Kindern ist zudem die Kommunikation beeinträchtigt bzw. verändert. Sie haben deutliche Probleme im Unterscheiden von Gesichtern, im Verstehen von mimischem Ausdruck, in gestischer und in sprachlicher Kommunikation und im Herstellen von gemeinsamer Aufmerksamkeit (joint attention) z. B. bei der Beschäftigung mit einem Spielzeug. Auch die Emotionen der autistischen Kinder lassen sich nur schwer aus ihrer Mimik und Gestik oder ihrem Lautierungsverhalten deuten (▶ Kap. 1).

Die Bindungssignale eines autistischen Kindes sind also schwerer lesbar, dies ist irritierend für die Eltern und beeinträchtigt ihre intuitiv vorhandenen Fähigkeiten. Es ist schwierig, wenn nicht sogar manchmal unmöglich für die Mütter bzw. Bezugspersonen, auf das ungewöhnliche Verhalten ihrer autistischen Kinder adäquat zu reagieren (vgl. Beckwith et al., 2002). Wenn sie keine eindeutige Antwort ihrer Babys auf ihre Beziehungsangebote und Erziehungsmaßnahmen erhalten, erleben Eltern sich als nicht wirkungsvoll und werden sich in der Folge ihrer eigenen Reaktion unsicher. Dies führt im Wechselspiel dazu, dass das elterliche Verhalten vom Kind wiederum als nicht konsistent und verlässlich erlebt wird. Die Interaktion misslingt und verläuft für beide Seiten unbefriedigend, was sich in einer unsicheren Bindungsqualität auswirken kann (Fischer, 2009).

Zudem können Eltern durch die Trauer über die Behinderung ihres Kindes belastet sein.

In der oben erwähnen 2011 veröffentlichten Studie konnte Oppenheim zeigen, dass auch die elterliche Verarbeitung der Diagnose des Kindes für die Bindungssicherheit autistischer Kinder von Bedeutung ist: Eltern, die mit der Diagnose Autismus annähernd zurechtkommen, sie akzeptieren und integrieren, können sich neu auf das Kind einlassen. Es gelingt ihnen besser, Schwierigkeiten, aber auch die Einzigartigkeit des Kindes zu akzeptieren, und sie entwickeln eine größere Offenheit gegenüber unerwartetem und ungewöhnlichem Verhalten (Oppenheim, 2011). Kinder von einfühlsamen Eltern, die die Diagnose verarbeitet haben, sind mit einer höheren Wahrscheinlichkeit sicher gebunden als Kinder von Eltern, die zwar Feinfühligkeit zeigen, aber die Diagnose nicht verarbeitet haben. Oppenheim et. al gehen davon aus, dass die Fähigkeit zur Einfühlung und die Verarbeitung der Diagnose wichtige Voraussetzungen für eine sichere Bindung sind. Jedoch scheinen Eltern, die die Diagnose ihres Kindes verarbeitet haben, ihr Einfühlungspotenzial auch gut in bindungsförderndes Fürsorgeverhalten umsetzen zu können, während die Schwierigkeiten, die Diagnose zu akzeptieren, dieser Umsetzung im Wege stehen (Oppenheim, 2011).

In der Studie von Oppenheim zeigte sich übrigens kein Zusammenhang zwischen dem Funktionsniveau des Kindes und der mütterlichen Fähigkeit zum Verstehen der inneren Welt des Kindes. Also auch bei Kindern mit schwerer Beeinträchtigung, die enorme Herausforderungen an ihre Eltern stellen, ist offenbar Einfühlsamkeit in die innere Welt des Kindes möglich.

8.6 Was brauchen Eltern, um eine gute Bindung zu ihrem autistischen Kind aufbauen zu können?

Eltern brauchen zur Verarbeitung der Diagnose und zur Unterstützung beim Aufbau einer verlässlichen Beziehung zu ihrem autistischen Kind emotional unterstützende, üblicherweise professionelle Bezugspersonen, die ihre besondere Situation verstehen. Für Eltern ist es in der Regel kränkend und verunsichernd, wenn ihr Kind ihre Beziehungsangebote scheinbar ignoriert und sich auch im späteren Verlauf der Entwicklung nur eingeschränkt eine wechselseitig aufeinander bezogen Beziehung entwickelt. Eltern autistischer Kinder müssen in der Regel lebenslang sozial und emotional in der Beziehung mit ihrem Kind in Vorleistung treten und in ihrem Bedürfnis zurückstehen, von ihrem Kind ausreichend gesehen zu werden (▶ Kap. 12).

Eltern müssen das Verhalten ihres Kindes auf dem Hintergrund der autistischen Entwicklungsstörung neu verstehen und einordnen lernen. Sie brauchen Hilfestellung beim Lesen der Signale des Kindes. Und immens wichtig ist, dass sie sich wieder als selbstwirksam in der Erziehung ihres Kindes erleben können und ihre bisherigen Leistungen als Eltern anerkannt werden.

8.7 Implikationen für eine Bindungs- und beziehungsorientierte Frühtherapie

Bindung ist der Kontext, innerhalb dessen Kinder vielfältige Fähigkeiten erwerben, und ihre Persönlichkeit entwickeln. Dies betrifft die soziale, emotionale, die kognitive und die Ich-Entwicklung des Kindes gleichermaßen:

- In der Beziehung zu seinen engsten Bezugspersonen lernen schon 3 bis 4 Monate alte Babys, ihre eigenen Gefühle differenzierter wahrzunehmen. Durch die spiegelnden Gefühlsreaktionen ihres Gegenübers lernen sie, ihre eigenen Emotionen zu differenzieren. Eltern verbalisieren in konkreten Pflegesituation (füttern, wickeln, spielen …) Affektzustände ihrer Kleinkinder (»Jetzt hast Du Hunger«, »Das gefällt Dir«) und helfen ihren Babys und Kleinkindern damit, ihre Gefühlszustände differenzierter wahrzunehmen. (▶ Kap. 21, ▶ Kap. 22, ▶ Kap. 23).
- Frühen Bindungserfahrungen wird eine entscheidende Rolle für die Entwicklung der Fähigkeit zur Emotionsregulation zugewiesen. Neugeborene verfügen zwar über reflexartige Regulationsstrategien wie Abwenden von einer zu intensiven Stimulation, sind aber nur eingeschränkt in der Lage, ihre Emotionen zu regulieren. Sie brauchen zusätzliche Hilfe von außen und sind auf feinfühlige Beruhigungsversuche der Eltern angewiesen (▶ Kap. 18.6).
- Kinder greifen bei der Bewertung von sozialen und emotionalen Situationen auf ihre Bezugspersonen zurück. So prüfen sie durch einen Blick zur Bezugsperson, ob ein Verhalten, das es gerne zeigen möchte (z. B. auf Objekt zukrabbeln), von der Bezugsperson gebilligt wird oder nicht, oder sie suchen nach einer Gefühlsreaktion, um eine unbekannte Situation/einen Reiz zu bewerten, bei dem es sich nicht sicher ist, was es davon halten soll (soziales und emotionales Referenzieren).[28]
- Indem Eltern die innere Welt und Handlungszusammenhänge verbalisieren, helfen sie dem Kind, sich selbst und die Umwelt zu verstehen. Über die Beziehung zu ihren engsten Bezugspersonen entwickelt das Kind ein Ich (Buber) und wächst gleichzeitig in die kulturelle Welt hinein (▶ Kap. 22.2).

Diese sozial-emotionalen Kompetenzen sind nicht per Training einzuüben, sondern nur im Hier und Jetzt erfahrbar, also im aktuellen Kontext der Beziehung und Begegnung. Die Frühtherapie autistischer Kinder sollte nicht zu einseitig auf die Förderung einzelner fehlender Kompetenzen setzen, sondern insbesondere die sozial-emotionale Situation der Kinder sowie das sich entwickelnde Bild von sich selbst und seiner sozialen Umwelt einbeziehen. Dies ist jedoch nur innerhalb eines Beziehungskonzeptes denkbar. Der Qualität der Beziehung zwischen Kind und Eltern muss ein angemessener Raum in der Förderung gegeben werden, weil hierüber eine tragfähige Grundlage für eine langfristig positive Entwicklung gelegt werden kann. Auch für die therapeutische Arbeit mit dem Kind bedeutet dies, den Aufbau einer vertrauensvollen Beziehung zum Kind nicht nur als notwendige Rahmenbedingung für eine gelingende Förderung zu werten, sondern deren

---

[28] Das soziale und emotionale Referenzieren bei Babys wird deutlich in einer Versuchsanordnung, in der Babys eine »visuelle Klippe« überwinden müssen, um ein attraktives Objekt zu erreichen. Sehr schön zu sehen in folgendem Video: https://www.youtube.com/watch?v=p6cqNhHrMJA

grundlegende Bedeutung für soziale, emotionale und kognitive Entwicklungs- und Förderprozesse zu sehen und deren Geschehen im Förderprozess zu reflektieren.

Dies ist entwicklungspsychologisch begründbar und die jahrelange Arbeit und Erfahrung vieler Autismuszentren in Deutschland zeigt, dass beziehungsorientierte Angebote therapeutisch wirksam sind. Bei der Förderung und Therapie gerade junger Kinder versuchen wir an entwicklungspsychologisch grundlegenden sozial-interaktionalen Prozessen anzusetzen. Wenn es uns gelingt, entwicklungspsychologische Grundprozesse und soziale Schlüsselkompetenzen wie Aufeinander-Bezogen-Sein und die Lust auf zwischenmenschlichen Austausch in Gang zu setzen und aufrechtzuerhalten, schaffen wir wichtige Basisvoraussetzungen für weitere Entwicklungsschritte.

Literatur

Ainsworth, M. D. S. (1985). Patterns of infant-mother attachments: Antecedents and Effects on Development. *Bulletin of the New York Academy of Medicine, 61,* 771–791.

Beckwith, L., Rozga, A. & Sigman, M. (2002). Maternal Sensitivity and Attachment in Atypical Groups. In R. V. Kail (Ed.), *Advances in child development and behavior* (Vol 30, pp. 231–74). San Diego: Elsevier.

Borg-Laufs, M (2012). Die Befriedigung psychischer Grundbedürfnisse als Weg und Ziel. *Forum für Kinder- und Jugendpsychiatrie, Psychosomatik und Psychotherapie* 1/2012.

Bowlby, J. (1969). *Attachment and loss: Vol. 1: Attachment.* London: Hogarth Press and Institute of Psycho-Analysis.

Bowlby, John (2010). *Bindung als sichere Basis – Grundlagen und Anwendung der Bindungstheorie.* 2. Auflage, München: Reinhardt.

Brisch K. H. (2008). Bindung und Umgang. In Deutscher Familiengerichtstag (Hrsg.), *Siebzehnter Deutscher Familiengerichtstag vom 12. bis 15. September 2007 in Brühl* (S. 89–135, Brühler Schriften zum Familienrecht, Band 15). Bielefeld: Gieseking.

Brisch, K. H. (2018). Bindung und Bindungsstörungen. Zugriff am 10.10.2018: https://www.khbrisch.de/media/vorlesung_bindungsstoerung_2201 2018.pdf

Dissanayake, C. & Crossley, S. A. (1996). Proximity and sociable behaviours in autism: Evidence for attachment. *Journal of Child Psychology and Psychiatry, 37,* 149–156.

Dissanayake, C. & Crossley, S. A. (1997). Autistic children's responses to separation and reunion with their mothers. *Journal of Autism and Developmental Disorders, 27,* 295–312

Fischer, U. (2009). Bindungstheoretische Impulse für eine inklusive Pädagogik – Ansätze zur Kompetenz- und Autonomieentwicklung in der heilpädagogischen Arbeit. Vortrag an der Katholischen Hochschule Berlin am 06.07.09. Zugriff am 25.10.2018: https://www.inklusion-online.net/index.php/inklusion-online/article/view/150/150

Geserick, B. (2004). *Die Bedeutung von Bindung und mütterlicher Unterstützung für die emotionale Regulation von sechsjährigen Kindern in Anforderungssituationen.* Inaugural-Dissertation zur Erlangung des Doktorgrades der Philosophie des Fachbereichs 06 Psychologie und Sportwissenschaft der Justus-Liebig-Universität Gießen. Zugriff am 28.09.2018: http://geb.uni-giessen.de/geb/volltexte/2004/1814/pdf/GeserickBarbara-2004-07-20.pdf

Grossmann, K. E. (1977). Skalen zur Erfassung mütterlichen Verhaltens von Mary D. S. Ainsworth. In K. E. Grossmann (Hrsg.), *Entwicklung der Lernfähigkeit in der sozialen Umwelt* (S. 96–107). München: Kindler.

Oppenheim, D., Koren-Karie, N., Yirmiya, N. & Dolev, S. (2011). Welchen Einfluss haben die Einfühlsamkeit der Mutter und ihre Fähigkeit zur Verarbeitung der Diagnose auf die Bindungssicherheit autistisch gestörter Kinder. In K. H. Brisch, KH (Hrsg.), *Bindung und frühe Störungen der Entwicklung* (S. 203–222). Stuttgart: Klett-Cotta.

Papousek, H. & Papousek, M. (1987). Intuitive parenting: A dialectic counterpart to the infant's integrative competence. In J. D. Osofsky (Hrsg.), Handbook of early infant intervention (S. 669–720). New York, NY: Wiley.

Spangler, G. (2011). Bindung und Gene: Bio-psychosoziale Grundlagen emotionaler (Dys-)Regulation und ihre Bedeutung für die Entwicklung von Verhaltensauffälligkeiten. In K. H. Brisch, KH (Hrsg.), *Bindung und frühe Störungen der Entwicklung* (S. 282–300). Stuttgart: Klett-Cotta.

Rutgers, A. H., Bakermann-Kranenburg, M. J., van Ijzendoorn, M. H. & van Berckeaer-Onnes, I. A. (2004). Autism and attachment: A meta-analytic review. *Journal of Child Psychology and Psychiatry, 45,* 1123–1134.

9 Kindliche Grundbedürfnisse und Autismus

Barbara Rittmann

9.1	Grundbedürfnismodell	97
	9.1.1 Bindung	98
	9.1.2 (Altersangemessene) Autonomie	99
	9.1.3 Selbstwert	100
	9.1.4 Spiel/Spaß, Freude, Genuss, Lustgewinn und Stimulation	100
	9.1.5 Konsistenz, Identitätserleben, Struktur und Orientierung	101
Literatur		102

In diesem Buch werden schwerpunktmäßig die *Besonderheiten* von Kindern mit Autismus geschildert. In gewisser Weise verzerrt es das vollständige Bild, den Fokus auf die Besonderheiten, die Unterschiede zu legen. Denn das, was Kinder mit Autismus und Kindern ohne Autismus gemeinsam haben, ist mehr als das, was sie voneinander unterscheidet.

Eine wichtige Gemeinsamkeit sind grundlegende Bedürfnisse, die für alle Kinder in ihrer Entwicklung wichtig sind. Diese ausreichend zu berücksichtigen ist vor allem für die engen Bezugspersonen autistischer Kinder allerdings eine komplexere Aufgabe, als bei neurotypisch entwickelten Kindern. Denn Kinder mit Autismus zeigen in vielen Entwicklungsbereichen andere Verhaltensweisen und Reaktionen. Sie suchen z. B. weniger nach Körperkontakt, zeigen kaum kindliches Neugierverhalten etc. Das Modell der allgemeinen Grundbedürfnisse nach Loose, Graaf und Zarbock (2013) scheint in seiner Klarheit und Übersichtlichkeit gut geeignet, die besonderen Bedürfnisse von Kindern mit Autismus mit denen neurotypischer Kinder zu vergleichen.

9.1 Grundbedürfnismodell

Das Grundbedürfnismodell, das als kultur- und altersübergreifenden Modell entwickelt wurde, gibt eine gute Orientierung, woran sich eine umfassende kindliche Förderung zu orientieren hat. Hier wird der Schwerpunkt auf die frühe Kindheit bis zum Vorschulalter gelegt. Beim dargestellten Modell sind die körperlichen Grundbedürfnisse nach materieller Sicherheit und körperlicher Unversehrtheit nicht gesondert aufgeführt. Sie werden als ausreichend vorhanden vorausgesetzt. Da sie gerade in der frühen Kindheitsphase eine wichtige Voraussetzung für die Befriedigung der psychischen Grundbedürfnisse darstellen, sollte man sich bei Beginn einer Förderung vergewissern, dass diese Basis sichergestellt ist, bzw. die Familie auf Hilfsangebote im Bereich der Sozialhilfe bzw. Familienunterstützung aufmerksam machen (Frese, 2017). In besonderen Fällen kann es sogar notwendig sein, die Erziehungsverantwortlichen zu verpflichten, bestimmte Hilfsangebote wahrzunehmen, um eine drohende Kindeswohlgefährdung abzuwenden.

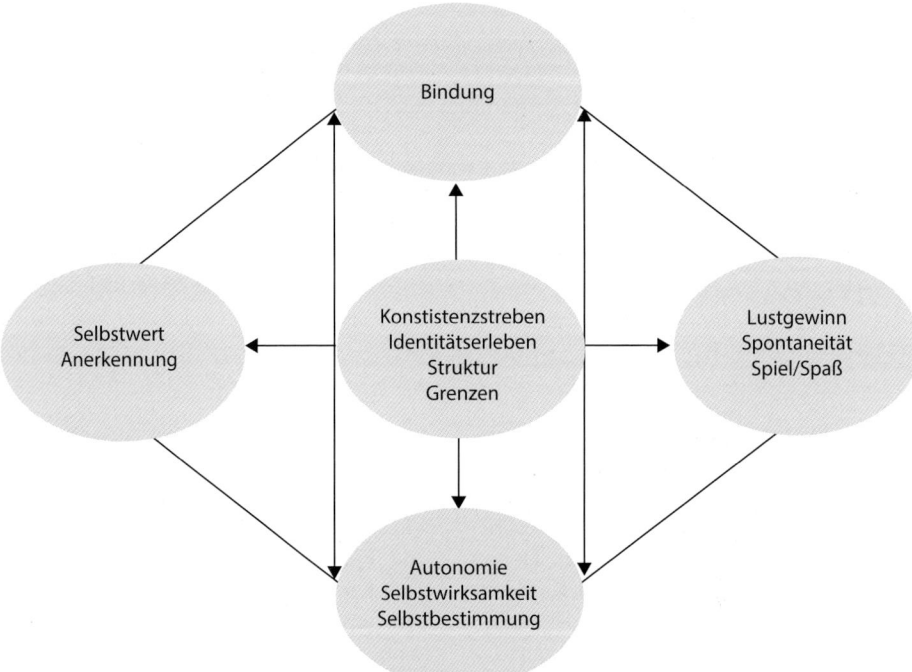

Abb. 9.1: Grundbedürfnismodell (aus: Loose/Graaf/Zarbock (Hrsg.), Schematherapie mit Kindern und Jugendlichen, S. 25 © 2013 PVU Psychologie Verlags Union in der Verlagsgruppe Beltz; Weinheim, Basel)

Das Modell der kindlichen Grundbedürfnisse gliedert sich in die dargestellten fünf Bereiche, die miteinander in Beziehung stehen und sich gegenseitig beeinflussen (▶ Abb. 9.1).

9.1.1 Bindung

Eine beständige liebevolle Beziehung zu den nahen Bezugspersonen zu haben, ist sicherlich eines der wichtigsten kindlichen Grundbedürfnisse. Die nahen Bezugspersonen, in der Regel die Eltern, können wiederum diese Rolle gut ausfüllen, wenn sie sich durch die Zugehörigkeit zu unterstützenden Gemeinschaften (erweiterte Familie, Nachbarschaft, Kindergarten etc.) ausreichend getragen fühlen. Unter diesen Voraussetzungen entwickeln junge Kinder das Urvertrauen, dass immer jemand da ist, der ihre Bedürfnisse befriedigt, der sie behütet und liebt. Das Ziel einer Frühtherapie ist, eine sichere Bindung zwischen autistischem Kind und den Eltern zu unterstützen (Brisch, 2009). Eltern mit autistischen Kindern unterscheiden sich in ihren Möglichkeiten, ihren Kindern eine hinreichende Bindung zur Verfügung zu stellen, nicht von Eltern neurotypischer Kinder. Genauso wie bei Eltern neurotypischer Kinder findet man bei Eltern von Kindern mit Autismus besonders feinfühlige Eltern sowie Eltern, die sich schwerer tun, ihr Kind zu verstehen. Allerdings wirken autistische Kinder oft weit weniger interessiert an dem elterlichen Bindungsangebot. Sie interessieren sich vorrangig für die gegenständliche Welt (z. B. Lichtschalter, Türen etc.) und beachten die sozialen Signale, die sie den Gesichtsausdrücken, Gesten und dem Tonfall ihrer Bezugspersonen entnehmen könnten, nicht ausreichend. Manchmal haben sie Schwierigkeiten, ihre Mutter im Kreis anderer Frauen zuverlässig zu erkennen, und verwechseln ihre Mutter mit einer anderen Frau, z. B. mit ähnlichem Haaransatz. Oder sie lassen sich bei Angst, Unwohlsein oder Schmerzen von ihren Eltern nur schwer oder gar nicht trösten. Dadurch, dass sich Eltern von autistischen Kindern oft weniger in ihrer unverwechselbaren Person bzw. Persönlichkeit erkannt fühlen, und durch das häufigere Erleben von Hilflosigkeit bzgl. der Nöte ihrer Kinder sind die Voraussetzungen für eine sichere Bindung erschwert (▶ Kap. 12). Außerdem profitieren sie weniger von der natürlichen Rückmeldung ihres Kindes. Ihre Initiative, die positive Aufmerksamkeit ihres Kindes zu erreichen (z. B. Blickkontakt beim Stillen, spielerische Aktivitäten beim Wickeln etc.), läuft häufig ins Leere und lässt sie frustriert zurück. Eltern müssen lernen, diese schwierigen Voraussetzungen als physiologisch bedingte Beeinträchtigungen ihrer Kinder einzuordnen, und nicht als eigenes Versagen oder sogar eigene Schuld. Um positiven Einfluss nehmen zu können, wird es für die Eltern wichtig sein, ein hohes Maß an Feinfühligkeit für die Bedürfnisse ihrer besonderen Kinder zu entwickeln und sich nicht schnell entmutigen zu lassen, wenn Bindungsangebote zunächst vom Kind nicht beachtet werden. Hier gilt es, den Maßstab für Selbstwirksamkeitserleben bei den Eltern zu verändern, d. h. bereits kleinste Erfolge innerlich »groß zu machen« (▶ Kap. 8, ▶ Kap. 22).

9.1.2 (Altersangemessene) Autonomie

Ein wichtiges kindliches Grundbedürfnis ist die Selbständigkeitsentwicklung, im Sinne von Unabhängigkeit von anderen, Selbstbestimmung, Selbstwirksamkeit einschließlich Kontrolle über die Umwelt. Diese Verhaltenstendenz stellt gleichzeitig einen starken Entwicklungsmotor dar, der dem Kind wichtige Lernbereiche eröffnet und es in seiner Entwicklung zu einem erwachsenen Menschen die nötigen Lebenserfahrungen machen lässt.

Bei diesem Thema eröffnet sich ein besonderes Spannungsfeld für die Förderung eines Kindes aus dem Autismusbereich. Ein autistisches Kind zeigt sich in der Regel in einer entwicklungsgefährdenden Weise unabhängig von anderen Menschen, von der Nichtbeachtung bis zum Weglaufen in potenziell gefährlichen Situationen (wie z. B. bei gemeinsamen Spaziergängen) (▶ Kap. 31). Seine Umwelt versucht es durch immer gleiche Abläufe zu kontrollieren und dadurch Selbstwirksamkeit zu erleben, verpasst dadurch jedoch neue, entwicklungsfördernde Lernsituationen. Einige autistische Kinder wiederum zeigen sich aufgrund von sozialer Unsicherheit oder Wahrnehmungsüberforderungen überängstlich und meiden jede neue Umgebung (▶ Kap. 24). Dazu kommt die Störung der Exekutivfunktionen, das heißt, dass ein zielgerichtetes Handeln bzw. die Planung von Handlungsabfolgen erschwert ist. Ein autistisches Kind zeigt deshalb häufig bei altersgerechten Anforderungen, wie beispielsweise beim Anziehen, eine große Unselbständigkeit und ist auf die Hilfe seiner Bezugspersonen angewiesen.

Die autismusspezifische Frühtherapie wird das Ziel verfolgen, dem Kind mannigfaltige Anreize zur sozialen Bezugnahme anzubieten. Zunächst wird man sehr feinfühlig die vom Kind selbst ausgehenden Kontaktversuche wahrnehmen, sie freudig beantworten und damit verstärken. Häufig wird die Bezugsperson sich jedoch Situationen gegenübersehen, in denen das Kind sie vollkommen ignoriert und nur auf bestimmte Gegenstände oder Nahrungsmittel fokussiert ist. Dann ist es eine sinnvolle Förderstrategie, dem Kind nicht alles frei zugänglich zur Verfügung zu stellen, sondern es in Kontaktsituationen zu bringen, in denen es per Blickkontakt, Lautäußerung oder sprachlicher Kommunikation nach gewünschten Dingen »fragen« muss. Auch wird man vielen autistischen Kindern über das normale Alter hinaus bei alltäglichen Verrichtungen (Toilettengang, Essen, Anziehen etc.) Hilfestellungen geben müssen. Auf die Tendenz der Kinder, nur das bereits Bekannte und Vorhersehbare aufzusuchen und wiederholen zu wollen, wird man als verantwortlich Erziehender feinfühlig, aber aktiv begrenzenden Einfluss nehmen und die Kinder motivieren, auch neue, ihnen noch fremde Erfahrungen zu machen.

Dies birgt die Gefahr, ein Kind auf Dauer zu sehr von Impulsen und Reaktionen anderer abhängig zu machen, es zu sehr fremdzubestimmen und der Autonomieentwicklung nicht ausreichend Raum zu geben. In der Elternberatung im Rahmen einer autismusspezifischen Frühtherapie wird die Suche nach einer angemessenen Balance zwischen den Autonomieimpulsen des Kindes und der notwendigen erzieherischen Einflussnahme der Eltern in der Regel einen zentralen Platz einnehmen.

9.1.3 Selbstwert

Das Selbstwerterleben eines Kindes entwickelt sich stets in der Spiegelung der Augen anderer wichtiger Menschen, hier also in der Spiegelung der Augen der Eltern und ggf. weiterer naher Bezugspersonen. Diese Wertschätzung und Anerkennung manifestiert sich mit der Zeit in Selbstachtung. Wir wissen heute, dass diese Faktoren eine wichtige Basis für die Entwicklung von Resilienz sind (Wüthrich, 2015), also der Widerstandskraft, unter schwierigen äußeren Bedingungen gesund und handlungsfähig zu bleiben. Ebenso zeigt die klinische Erfahrung, dass es Menschen mit einer Behinderung schwerer fällt, ein hinreichend belastbares Selbstwertgefühl zu entwickeln. Kinder mit Autismus machen von frühester Kindheit an die Erfahrung, dass mit ihnen »etwas nicht richtig ist«, nicht zuletzt auch durch die Fördermaßnahmen, die sie durchlaufen und die in der Regel ihre Defizite in den Fokus nehmen. Bereits ein früher Therapieansatz sollte das Ziel verfolgen, neben den autismusspezifischen und gegebenenfalls individuellen Schwächen auch die entsprechenden Stärken herauszufinden. Indem man sie ebenfalls betont und ihnen Möglichkeiten zum Ausdruck gibt (z. B. Spezialinteressen fördert), macht man sie den Kindern und den Eltern als Ressource erfahrbar. Zentral erscheint hier, die Eltern für die besonderen Fähigkeiten ihrer Kinder zu sensibilisieren, da die Anerkennung und der Stolz der Eltern sich auf das Selbstwerterleben der Kinder übertragen werden.

9.1.4 Spiel/Spaß, Freude, Genuss, Lustgewinn und Stimulation

Hierunter ist die typische Eigenschaft von Kindern zu verstehen, auf der Suche nach Spaß, Spontaneität und emotionaler Involviertheit zu sein und sich dadurch in einer freien Weise in seiner Persönlichkeit auszudrücken. Alle Kinder lernen im frühen Alter im Wesentlichen durch die Kopplung von beziehungsorientierten Aktivitäten an positive Emotionen. Je jünger ein Kind ist, desto wichtiger ist der Beziehungsaspekt beim Lernen und desto bedeutsamer wird es sein, dass die Betätigungen und das Lernen Freude und Spaß bereiten.

Für die Autismus-Frühtherapie bedeutet das, dass ein reines Trainieren von Fähigkeiten oder Fertigkeiten ohne die positive emotionale Involviertheit keinen nachhaltigen Erfolg für die Entwicklung des Kindes bringt, meist wird man auf Dauer die Mitarbeitsbereitschaft des Kindes verlieren (Rittmann, 2017a). Auch ein Kind mit Autismus möchte Spaß haben und Freude empfinden. Deshalb sollte eine frühe Förderung als Grundlage haben, dass das Kind die Beziehung zum Therapeuten als attraktiv und freudvoll erlebt. In gleicher Weise leiten wir die Eltern an. Auf dieser Basis und mit spiel- und spaßorientierten Aktivitäten, die dabei auch neue Entwicklungsschritte befördern, werden die für die Emotionsverarbeitung zuständigen Teile des Gehirns aktiviert und dadurch nachhaltige und wieder abrufbare Erinnerungen angelegt (Rittmann, 2017b).

9.1.5 Konsistenz, Identitätserleben, Struktur und Orientierung

Diese Begriffe nehmen Bezug auf Grawe (2000), der damit ein übergeordnetes Bedürfnis nach Vereinbarkeit körperlicher und psychischer Empfindungen (Konsistenz) meint; beispielsweise eine feinfühlige Mutter, die gleichermaßen die psychischen wie die körperlichen Bedürfnisse ihres Kindes angemessen berücksichtigt (z. B. abwägt, ob ein Schreien des Säuglings Hunger oder Langeweile oder eine Mischung aus beidem ist). Das Bedürfnis nach Identitätserleben bezieht sich auf die Entwicklung des Gefühls, eine eigene Identität zu haben, also in gewisser Weise einzigartig zu sein. Wohl fühlen sich Kinder in der Regel dann, wenn sie sich mit ihrer Einzigartigkeit dennoch einer Gruppe von Menschen (Familie, Freunde etc.) zugehörig fühlen. Struktur und Orientierung nehmen Bezug auf das Bedürfnis nach Durchschaubarkeit und Vorhersehbarkeit auch hinsichtlich der sozialen Umwelt. Dazu gehören auch Regeln, Grenzen und Normen von sozialen Gemeinschaften. Sind diese Bedürfnisse befriedigt, kommt es zu einem als positiv empfundenen Identitätserleben in der menschlichen Gemeinschaft.

Für Kinder mit Autismus ergeben sich auch hier typische Spannungsfelder. Sie neigen dazu, Rituale und stereotype Verhaltensweisen auszubilden, die ihnen einerseits helfen, Strukturen in einem für sie unverständlichen Alltag zu finden. Andererseits engen diese – z. T. extrem häufigen – Wiederholungen ihre Lernmöglichkeiten so stark ein, dass ihre Entwicklung zu stagnieren droht. Dementsprechend möchte man die Explorationswünsche von autistischen Kindern eigentlich so weit wie möglich unterstützen, da sie ja die Erfahrung des Neuen ermöglichen – wenn sich die Kinder dadurch nicht häufig selbst gefährden würden. Oft sind sie körperlich in vielen Bereichen altersgemäß entwickelt, haben beispielsweise einen dementsprechenden Explorationswunsch, bei dem sie sich jedoch in Gefahr begeben können, da sie oft über keine altersgemäße Einschätzung von Gefahrensituationen verfügen. Weil sie Situationen nicht ausreichend gut einschätzen können, rennen sie beispielsweise aufgrund ihres Spezialinteresses an Busnummern über eine stark befahrene Straße auf einen Bus zu, ohne sich abzusichern. Dieses Verhalten kann psychologisch durch die Theorie der schwachen zentralen Kohärenz erklärt werden: Menschen mit Autismus neigen dazu, Einzelheiten überdeutlich wahrzunehmen und dabei den Gesamtzusammenhang zu vernachlässigen, »den Wald vor lauter Bäumen nicht zu sehen.« Ein solches Verhalten führt häufig zu Konflikten in der Interaktion zwischen Eltern und Kind, auch weil das Kind in den unterschiedlichen Entwicklungsbereichen auf sehr unterschiedlichen Stufen steht. Beispielsweise kann es die Namen aller S-Bahn-Haltestellen einer Großstadt fehlerfrei aufsagen, braucht aber noch Hilfe beim Toilettengang.

Von Erwachsenen mit hochfunktionalem Autismus weiß man, dass sie frühe Erinnerungen haben, sich anders als andere gefühlt zu haben. Dieses Empfinden wird in der Regel nicht als positiv im Sinne von einzigartig geschildert, sondern eher als ein Gefühl, das sie als trennend von anderen erlebt haben. Um ein positives Identitätserleben zu befördern, erscheint es wichtig, den Kindern ihre individuellen Besonderheiten auch als Stärke erfahrbar zu machen und Situationen herbeizuführen, in denen sie sich zu anderen Kindern als zugehörig erleben. Hierfür sind in der Regel kleine (Unter-)Gruppen geeigneter als die üblichen Gruppen (Kindergarten, Schule), in denen sich Kinder in der Regel aufhalten (müssen).

Bei den Domänen Struktur und Grenzen sind für die Förderung komplexe Zusammenhänge zu beachten. Eltern von Kindern mit Autismus fällt es oft schwer, Strukturen und Grenzen im familiären Alltag zu etablieren, da diese von den Kindern zunächst heftig abgelehnt werden. Sind die Grenzen dann einmal etabliert, so bestehen die Kinder oft in mechanischer Weise auf Gleicherhaltung einmal eingeführter Strukturen, neigen dazu, keinerlei Abweichungen zuzulassen, und dominieren dadurch in belastender Weise den Familienalltag (häufig besonders zum Leidwesen der Geschwister). Hier gilt es dann, einerseits möglichst frühzeitig einer zu großen Starrheit entgegenzuwirken und andererseits durch Visualisierungsverfahren (bspw. mit Bildkartensystemen) den Kindern ein angemessenes Maß an Vorhersehbarkeit zu bieten.

Auch kann die gezeigte Verzweiflung der Kinder mit Autismus bzgl. mancher Verhaltensnormen Eltern dazu bringen, die Einhaltung von Grenzen in einer – bezogen auf die Zukunft – nicht hilfreichen Weise zu vermeiden bzw. ganz aufzugeben (▶ Kap. 24). Manche autistischen Kinder leiden z. B. unter ihrer Kleidung: Sie empfinden den Hosenbund und den Abschlussbund von Strümpfen als schmerzhaft einengend oder das Gewebematerial von Kleidung als sehr unangenehm reibend oder kratzend und wollen sich am liebsten die Kleidung vom Leibe reißen und in der Wohnung nackt herumlaufen. Diesem Verhaltenswusch des Kindes einfach nur nachzugeben, würde auf Dauer die Isolation der Familie bedeuten und das Kind nicht befähigen, sich über längere Zeit außerhalb seines Elternhauses aufhalten zu können. Eine autismusspezifische Beratung wird versuchen, die Wahrnehmungsbesonderheiten des Kindes zu berücksichtigen (z. B. elastische, weitere Bünde und weichere Gewebematerialien), und dennoch die Eltern darin zu unterstützen, notwendige Grenzen zu setzen, um einer familiäre Isolierung entgegenzuwirken und dem Kind ausreichend Möglichkeiten zu einer positiven Identitätsentwicklung zu bieten.

Zusammenfassend erscheint es wichtig bzgl. des Modells der kindlichen Grundbedürfnisse in Zusammenhang mit den Besonderheiten von Kindern mit Autismus zwei Dinge hervorzuheben. Einerseits ist es wichtig, die kindlichen Grundbedürfnisse zu kennen und die Eltern von Kindern mit Autismus zu befähigen, ihnen in angemessener Weise Rechnung zu tragen. Andererseits wird es häufig notwendig sein, die entwicklungsbehindernde Richtung mancher autistischen Verhaltenstendenzen in einer eher entwicklungsfördernden Weise zu formen, ohne dabei das darunterliegende Grundbedürfnis zu übergehen.

Literatur

Frese, Ch. (2017). *Rechte von Menschen mit Autismus.* Ratgeber zu den Rechtsansprüchen von Menschen mit Autismus und ihrer Angehörigen. Bundesverband *autismus* Deutschland (Hrsg.), Zugriff am 09.01.2018 unter https://www.autismus.de/fileadmin/RECHT_UND_GESELLSCHAFT/

Broschuere_Rechte_von_Menschen_mit_Autismus_Stand_13Nov.pdf

Grawe, K. (2000). *Psychologische Therapie* (2. Auflage). Göttingen: Hogrefe.

Loose, Ch., Graaf, P. & Zarbock, G. (2013). *Schematherapie mit Kindern und Jugendlichen*. Weinheim: Beltz.

Rittmann, B. (2017a). Die Bedeutung verhaltenstherapeutischer Förderung in Autismus-Therapiezentren. In B. Rittmann & W. Rickert-Bolg (Hrsg.), *Autismus-Therapie in der Praxis. Methoden, Vorgehensweisen, Falldarstellungen* (S. 58–70). Stuttgart: Kohlhammer.

Rittmann, B. (2017b). Das Early Start Denver Model (ESDM) – eine neue Methode bereichert die Frühinterventionskonzepte unserer Autismus-Therapiezentren. In B. Rittmann & W. Rickert-Bolg (Hrsg.), *Autismus-Therapie in der Praxis. Methoden, Vorgehensweisen, Falldarstellungen* (S. 139–153). Stuttgart: Kohlhammer.

Wüthrich, S. (2015). Förderung von Selbstwirksamkeit und Selbstwert. In M. Schär & Ch. Steinebach (Hrsg.), *Resilienzfördernde Psychotherapie mit Kindern und Jugendlichen* (S. 55–69). Weinheim: Beltz.

10 Motivation zum sozialen Lernen bei Autismus

Barbara Rittmann

Junge Kinder mit Autismus wirken oft so anders, weil sie auf andere zunächst nicht so reagieren, wie man es von Kindern im entsprechenden Alter erwartet. Man stelle sich eine Situation im Bus vor, in der eine Frau einem ca. 1-jährigen, nicht autistischen Kind und seiner Mutter gegenübersitzt. Ist das Kind nicht durch andere Dinge abgelenkt, wird es in der Regel über einen Blick in das Gesicht und in die Augen der Frau Kontakt zu ihr aufnehmen. Manchmal wird es sie sogar unverwandt und voller Interesse beobachten. Die Frau reagiert wahrscheinlich mit einem Lächeln und schaut dann, ob das Kind diese Emotion erwidert. Gelingt das nicht gleich, wiederholt sie vielleicht das Ganze etwas ausdrucksstärker und erlebt dann meist die erwartete Reaktion: Das Kind lächelt zurück und es kann sich ein kleiner, nicht sprachlicher Dialog entwickeln. Das Kind hat Interesse gezeigt und versteht das Lächeln richtig, nämlich als Einladung zu einer (nonverbalen) Kommunikation. Oft möchte das Kind diesen Kontakt nicht selbst beenden. Es zeigt seinen Wunsch, indem es die Frau aktiv immer wieder zu diesem »Lächel-Dialog« motiviert, z. B. durch ein »Quieken«, wenn sie wegschaut, weil sie sich vielleicht ihren neuen Nachrichten in ihrem Handy zuwenden möchte.

Was bringt das neurotypisch entwickelte Kind zu diesem Verhalten? Es erhält ja nichts Materielles für sein Kontaktverhalten, wie z. B. ein Gummibärchen. Das ist auch nicht notwendig, da das Kind eine angeborene Präferenz und Aufmerksamkeit für soziale Informationen hat (▶ Kap. 4). Die beschriebene Situation im Bus basiert zunächst auf einem genetisch vorgegebenen Programm. Die Fokussierung auf soziale Reize ist für ein kleines Kind eine der wichtigsten Voraussetzungen für sein Überleben und seine Entwicklung. Und weil die Fähigkeit, soziale Reize wahrzunehmen und zu entschlüsseln, so wichtig ist, üben Kinder sie unentwegt. Auf der Grundlage dieses »Programms« entwickelt sich dann durch die Erfahrung, dass dieses kindliche Verhalten in der Regel freudig beantwortet, also verstärkt wird, der Wunsch, es immer wieder zu erleben. Der natürliche Prozess des Übens verfeinert die Kompetenzen des Kindes kontinuierlich.

Auch als Jugendliche und Erwachsene bleiben soziale Informationen extrem wichtig und Menschen verfeinern ihre Wahrnehmungs- und Deutungsfähigkeiten über ihre gesamte Lebensspanne. Das geschieht z. B., indem man sich über das Verhalten anderer Menschen austauscht. Selbst den Tratsch über andere Leute kann man in diese Kategorie einordnen. Man könnte sagen, ein übergeordnetes »Spezialinteresse« der meisten Menschen sind Menschen. Sie stehen im Fokus der Aufmerksamkeit fast aller Menschen. Man beobachtet andere, imitiert sie, wenn einem ihr Verhalten attraktiv erscheint, und bildet sich Theorien über ihr Verhalten. Auf diese Weise formt sich eine Vielzahl komplexer sozialer Kompetenzen aus. Man lernt Gesichtsausdrücke und Betonungen der Stimme zu entschlüsseln und mit den jeweiligen sozialen Kontexten in Zusammenhang zu bringen. Dieses Wissen beginnt man auch für die Erreichung eigener Ziel zu nutzen. Man setzt beispielsweise seine Stimme in betont schmeichelnder, Interesse bekundender oder auch bestimmte Weise ein – je nachdem, welche Strategie man verfolgt, um sein Ziel zu erreichen. Diese Kompetenz erlaubt einem z. B. kleine Unstimmigkeiten zwischen Gesichtsausdruck und verbaler Äußerung einer Person wahrzunehmen und damit einen Eindruck über die Glaubwürdigkeit von Menschen zu erhalten. Man ist stolz auf die eigene wachsende Menschkenntnis und fühlt sich durch die Erfolge in der Einschätzung anderer motiviert, diese Fähigkeit immer weiter zu entwickeln. Denn alles, was einem gut gelingt und interessant genug bleibt, wiederholt man gerne.

Demgegenüber sind Kinder mit Autismus sehr viel schwieriger für soziale Impulse zu interessieren. Die soziale Motivationshypothese des Autismus von Geraldine Dawson (2008) nimmt auf diese Unfähigkeit Bezug. Sie geht davon aus, dass autistische Kinder ein fundamentales Defizit der sozialen Motivation zeigen. Hauptgrund dafür ist das Fehlen der Empfänglichkeit für soziale Belohnung, wie beispielsweise den Ausdruck der Freude in den Augen und im Gesicht der engen Bezugspersonen oder das Lob anderer. Wie beschrieben, zeigen Kinder mit Autismus keine normale Präferenz und Aufmerksamkeit für soziale Informationen. Dies betrifft besonders die menschlichen Ausdrucksformen: Gesichtsausdruck, Stimme und Tonlage, (Körper-)Gesten und Sprache.

Dieses fehlende Interesse verbunden mit der ausbleibenden Übung lässt die Kinder mit Autismus in ihren sozialen Kompetenzen dann immer weiter hinter der Altersgruppe der nicht autistischen Kinder zurückfallen. Damit machen die autistischen Kinder die Erfahrung, dass es sich nicht lohnt den sozialen Ausdrucksformen Aufmerksamkeit zu schenken. Im Gegenteil: Sie merken früh, dass etwas von ihrem Umfeld verlangt wird, was sie nicht gut können, was sie überfordert und ihnen Misserfolgserlebnisse beschert. Aus fehlendem Interesse wird Vermeidung, denn dem, was man nicht gut kann, versucht man sich in der Regel zu entziehen. Es entsteht ein Teufelskreis von fehlender Fokussierung auf soziale Ausdrucksformen, fehlender Übung und Vermeidung.

Abb. 10.1: Teufelskreis zur Problematik der sozialen Aufmerksamkeit bei Autismus

Je jünger ein Kind ist, desto stärker wird es sich wie geschildert verhalten. Selbst als reflexionsfähiger Erwachsener machen wir noch die Erfahrung, dass wir beispielsweise lieber das Klavierstück spielen, das uns flüssig von der Hand geht, als das, bei dem wir immer wieder einen Hänger haben. Dementsprechend beschäftigen sich junge Kinder mit Autismus mit Dingen, die ihrer Wahrnehmungsart und ihren Fähigkeiten entgegenkommen. Bei Kindern mit frühkindlichem Autismus sind das meist Inhalte aus der Welt der Gegenstände, z. B. Muster und Strukturen, bestimmte Oberflächen, einfache »Ein-Aus/Auf-Zu«-Mechanismen (wie Lichtschalter und Türklinken) oder bestimmte Geräusche. Kinder mit hochfunktionalem Autismus weisen oft ein eingeengtes Interesse für ihre Spezialthemen auf, wie z. B. alle Arten von Dinosauriern oder Strukturen, wie Stadtpläne, Verkehrsnetze sowie Fahrpläne.

Diese geschilderten Verhaltenszusammenhänge haben Auswirkungen auf die Entwicklung der neuronalen Strukturen im Gehirn des jungen Kindes. Es gibt im Gehirn eine Struktur, die auch als Belohnungszentrum bezeichnet wird: der Nucleus Accumbens. Er ist dann aktiv, wenn man etwas erlebt, das man als belohnend empfindet. Das kann eine leckere Speise, ein gewonnenes (Computer-)Spiel oder eine gelungene Kommunikation sein. Der Nucleus Accumbens ist jedoch auch aktiv, wenn man sich ein Verhalten angewöhnt hat, das man gerne verändern oder aufgeben will (wie z. B. schädliche oder suchthafte Verhaltensweisen). Hier bewirkt die Aktivierung dieses Hirnareals bei einem bestimmten Reiz, wie z. B. einer Tafel Schokolade, dass es einem schwerfällt, auf die Belohnung (den leckeren Geschmack der Schokolade) zu verzichten. Der Nucleus Accumbens ist also nicht direkt willentlich beeinflussbar, sondern führt gewissermaßen ein aus Erfahrung geformtes Eigenleben (Rogers & Dawson, 2016).

Junge Kinder richten ihr Verhalten nach der Konsequenz aus, die ihnen schnelle Belohnung verspricht, was sozusagen den Nucleus Accumbens zuverlässig und rasch aktiviert. Nicht autistische Kinder zeigen beim Einsatz bildgebender Verfahren u. a. eine Aktivierung des Belohnungszentrums beim Erleben von geteilter Freude oder Lob. Diese Aktivierung zeigen Kinder mit Autismus nicht. Stattdessen steigt bei ihnen die Aktivität dieses Areals bei stereotyper bzw. selbststimulierender Verhaltensweisen, wie dem Manipulieren von Lichtschaltern oder Türgriffen. Diese Tätigkeiten werden vom autistischen Kind also als belohnend wahrgenommen (Rogers & Dawson, 2016). Es ist davon auszugehen, dass ein Fortdauern dieses stereotypen Verhaltens eine Verfestigung dieser ungünstigen neuronalen Formung bewirkt.

Unser Verständnis einer interaktionsbasierten Frühtherapie basiert auf den entwicklungspsychologischen Erkenntnissen und dem Wissen über die moderne Hirnforschung. Das kindliche Hirn weist eine große Plastizität auf, das heißt, es lässt in den ersten Jahren der kindlichen Entwicklung Veränderungen leichter zu als in späteren Jahren, in denen die Hirnstrukturen gefestigter sind. Diese Forschungsergebnisse wurden durch eine Vielzahl von Untersuchungen bestätigt (Bear et. al., 2018). Aus diesem Grund versuchen wir auch mit unserer autismusspezifischen Frühtherapie, die Veränderbarkeit des kindlichen Hirns zu nutzen und durch neue Erfahrungen im Erleben und Verhalten die Entwicklung von Hirnstrukturen und Hirnfunktionen beim autistischen Kind positiv zu beeinflussen. Durch spezifische, interaktionsorientierte Methoden (Rittmann, 2017a) erhöhen wir die Sensitivität für soziale Reize und die Empfänglichkeit für eine soziale Belohnung. Dabei muss das Kind positiv emotional involviert werden, denn nur so wird es die gemeinsamen Aktivitäten als belohnend erleben (▸ Kap. 15).

Zur Veranschaulichung stellen wir uns die typische Situation vor, dass ein autistisches Kind nicht auf seinen Namen reagiert – es wirkt wie taub, obwohl es gut hören kann. Wenn man nun ein Kind dafür motivieren möchte, seinen Namen mit sich in Verbindung zu bringen und eine aufmerksame Reaktion beim Hören des Namens zu zeigen, ist es wichtig, eine Intervention zu wählen, die das Kind in dieser Situation als belohnend empfindet. Wir würden keinen Erfolg haben, wenn es seinen Namen vor allem in Situationen dargeboten bekommt, in denen wir es zurechtweisen, von etwas Lustvollem abhalten oder zu etwas Ungeliebten auffordern wollen – so wie das Namenrufen im Alltag häufig eingesetzt wird. Eine Förderung, die bewusst positive Emotionen mit der Namensnennung verbindet, stellt stattdessen Situationen her, in denen wir das Kind beim Namen nennen, wenn wir ihm etwas Schönes reichen oder es zu einer lustvollen Aktivität rufen: »Schau mal, Paul, hier sind die Seifenblasen!« oder »Komm schnell, Lisa, jetzt essen wir Schokopudding!«. Damit solch ein Vorgehen langfristig Erfolg hat, wird natürlich entscheidend sein, wie häufig das Kind solche Lernsituationen erlebt und in welchem Maße die Bezugspersonen seines Umfeldes es in dieser Weise ansprechen.

Um ein Kind im Autismus-Spektrum nachhaltig zu fördern reicht es also nicht, Verhalten neu anzubahnen und zu trainieren, sondern es geht auch insbesondere darum, das Kind in seinem Erleben und der Bewertung des Erlebten zu erreichen (Rittmann, 2017b). Für eine nachhaltige Veränderung des Verhaltens und der damit zusammenhängenden Hirnstrukturen muss das Kind die Angebote und Aufforderungen zu neuen Verhaltensweisen als attraktiv erleben, damit es sich intrinsisch motiviert involvieren lässt – kurz gesagt: Die Interaktion muss dem Kind Spaß machen. Gelingt dies, wird sich mittel- und langfristig die soziale Aufmerksamkeit und Motivation für soziale Interaktion beim Kind erhöhen.

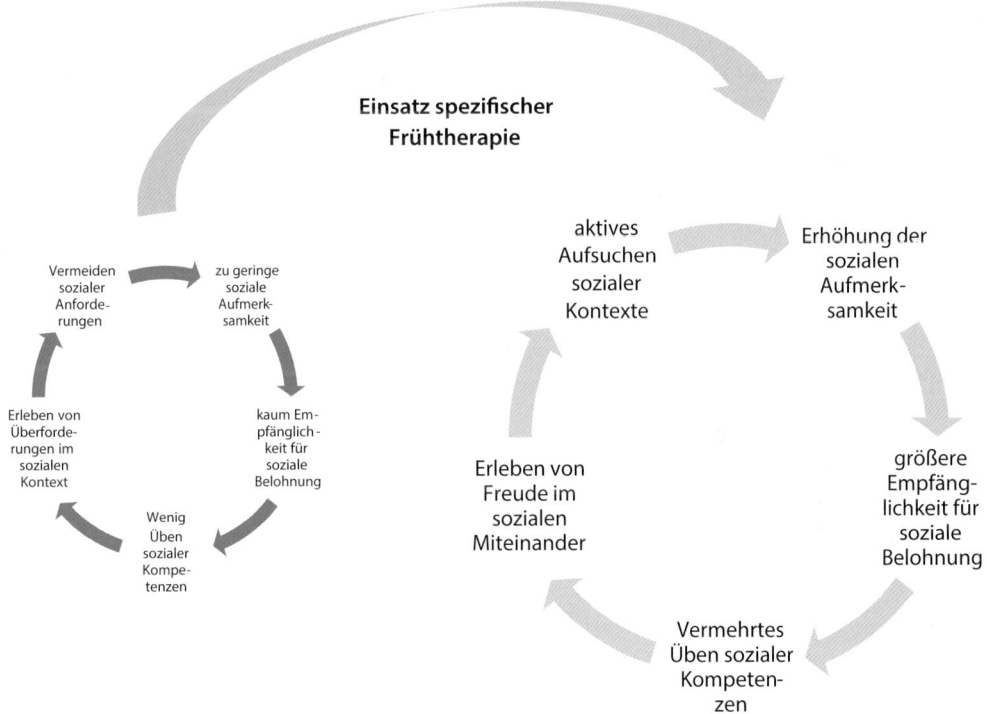

Abb. 10.2: Veränderung der Entwicklungsdynamik bei Autismus durch Frühtherapie

Diese Verhaltensveränderungen bewirken auf der neuronalen Ebene tiefgreifende Veränderungen im Gehirn. Bildgebende Verfahren liefern erste Hinweise dafür, dass ein interaktionsbasiertes therapeutisches Vorgehen anderen rein lerntheoretischen Programmen überlegen ist. Areale, die an der Gesichtswahrnehmung beteiligt sind (u. a. Gyrus fusiformis und Amygdala), sind nach der Behandlung nicht nur aktiver, sondern weisen sogar ähnliche Muster auf, wie bei gesunden Vierjährigen (Rogers & Dawson 2016).

Des Weiteren deuten Forschungsarbeiten, u. a. der Frankfurter Universitätsklinik, darauf hin, dass ein interaktionsbasiertes Therapieprogramm für Kinder mit Autismus im Vorschulalter auch niederfrequent eine signifikant beschleunigte Steigerung des Entwicklungsalters sowie eine Verbesserung der rezeptiven und expressiven Sprache bewirkt. Diese positiven Veränderungen werden als wesentlich für die Entwicklung von Kindern mit Autismus eingeordnet. Als wichtige Faktoren dieses Programms wurden das natürliche Lernformat und die intensive Einbeziehung der Eltern und der Erzieher der Kindertageseinrichtungen benannt (Teufel et.al., 2017).

Literatur

Bear, M. F., Connors, B. W. & Paradiso, M. A. (2018). *Ein grundlegendes Lehrbuch für Biologie, Medizin und Psychologie*. Deutsche Ausgabe herausgegeben von Andreas K. Engel. Heidelberg: Springer.

Dawson, G. (2008). Early behavior intervention, brain plasticity, and the prevention of autism spectrum disorder. *Developmental Psychopathology, 20* (III), 775–803

Rittmann, B. (2017a). Das Early Start Denver Model (ESDM) – eine neue Methode bereichert die Frühinterventionskonzepte unserer Autismus-Therapiezentren. In B. Rittmann & W. Rickert-Bolg (Hrsg.), *Autismus-Therapie in der Praxis. Methoden, Vorgehensweisen, Falldarstellungen* (S. 139–153). Stuttgart: Kohlhammer.

Rittmann, B. (2017b): Die Bedeutung verhaltenstherapeutischer Förderung in Autismus-Therapiezentren. In B. Rittmann & W. Rickert-Bolg (Hrsg.), *Autismus-Therapie in der Praxis. Methoden, Vorgehensweisen, Falldarstellungen* (S. 58–70). Stuttgart: Kohlhammer.

Rogers, S. J. & Dawson, G. (2014). *Frühintervention für Kinder mit Autismus. Das Early Start Denver Model*. Deutschsprachige Ausgabe herausgegeben von D. Holzinger. Bern: Hans Huber.

Teufel, K., Wilker, Ch., Valerian, J. & Freitag, Ch. M. (2017). *A-FFIP – Autismusspezifische Therapie im Vorschulalter*. Heidelberg: Springer

11 Besondere Entwicklungsaufgaben für autistische Kinder und ihre Eltern

Barbara Rittmann

Die Geburt eines Kindes – vor allem, wenn es das erste Kind der Eltern ist – stellt für diese einen sehr bedeutsamen Einschnitt in ihrem Leben dar (▶ Kap. 12). Auch wenn man sich viele Gedanken und Vorstellungen macht, sich Wissen über Kinderpflege und Erziehung aneignet, berichten nahezu alle Eltern nach der Geburt ihres Kindes, dass vieles ganz anders ist, als sie es sich vorgestellt haben. Meist wird besonders die erste Zeit nach der Geburt als sehr herausfordernd erlebt. Und trotzdem gibt es für diese Art des Erlebens ein gesellschaftliches Skript, ein Narrativ, in dem sich alle jungen Eltern mehr oder weniger wiederfinden: wenig Schlaf in den ersten Wochen nach der Geburt, Dreimonatskoliken, Quengeln beim Zahnen etc. Dieses ähnliche Erleben lässt bei Eltern ein tröstliches Zugehörigkeitsgefühl zur Gruppe der »Eltern kleiner Kinder« entstehen, die zwar Schwierigkeiten zu meistern haben, nach erfolgreicher Bewältigung aber ein gutes Stück weiterkommen und mit einem gewissen Stolz auf ihre Erfolge zurückblicken können.

Eltern mit Kindern mit Beeinträchtigungen bzw. Behinderungen stehen weit größeren Herausforderungen gegenüber. Sie haben in der Regel mannigfache Probleme zu bewältigen. Haben ihre Kinder »sichtbare«, frühdiagnostizierbare Behinderungen (wie z. B. Trisomie 21) haben diese Eltern die Chance, sich spätestens nach der Geburt ihres Kindes eine Peergroup von ähnlich betroffenen Eltern zu suchen, mit denen sie dann in ähnlicher Weise ein Gefühl der Zugehörigkeit und des Zusammenhaltens entwickeln können wie Eltern neurotypischer Kinder über Krabbelgruppen etc.

Das Besondere für Eltern autistischer Kinder ist, dass sie in den ersten Lebensjahren keine Erklärung für die Entwicklungsschwierigkeiten ihrer Kinder haben. Es gibt meist keine körperlichen Auffälligkeiten und auch die motorischen Meilensteine werden häufig regelhaft erreicht. Dementsprechend machen sich Eltern in dieser Phase meist noch nicht auf die Suche nach einer passenden »Spezialgruppe«, sondern versuchen entweder – unter Aufbringung von viel Zeit und Energie – ihr besonderes Kind in eine normale Krabbelgruppe zu integrieren, oder sie ziehen sich verzagt und frustriert zurück und isolieren sich dadurch. Bedingt durch eine gewisse Ratlosigkeit der Kinderärzte in diesen ersten 1 bis 2 Jahren, erleben gerade Mütter oft eine subtile Schuldzuweisung für die »Verhaltensschwierigkeiten« ihres Kindes. Diese angedeutete Schuldzuweisung trifft häufig auf sehr verunsicherte Mütter, die ihr Kind oft nicht beruhigen können und sich insgesamt wenig selbstwirksam in Bezug auf ihr Kind erleben. Auf diese Weise nun auch vom Fachmann verunsichert, verlieren Eltern (und in der Regel Mütter besonders) weiter an Zutrauen, eine hinreichend gute Erziehungskompetenz zu entwickeln.

Gerade die ersten Jahre vor Diagnosestellung werden aus den oben genannten Gründen von Eltern mit Kindern aus dem Autismus-Spektrum als besonders belastend erlebt. Die Diagnose, die bei frühkindlichem Autismus heute bereits ab einem Alter von 1½ bis 2 Jahren gestellt werden kann (▶ Kap. 1) – allerdings i. d. R. erst später gestellt wird –, ist dann für die Eltern erst einmal ein Schock. Viele berichten aber danach auch von einem Gefühl der Erleichterung, nun endlich zu wissen, was mit ihrem Kind los ist und was sie tun können. In den Autismus-Therapiezentren stoßen Eltern oft schon im Diagnoseprozess ihres Kindes zu einer der angebotenen Selbsthilfegruppen und erleben manchmal unter Tränen das erste Mal das Gefühl, ganz in ihren Sorgen und Schwierigkeiten verstanden zu werden.

In der neurotypischen Eltern-Kind-Konstellation haben alle Beteiligten in der Familienwerdung bekannte Entwicklungsherausforderungen zu bewältigen. Das Kind durchläuft verschiedene Entwicklungsphasen, in denen es zwischen Bindung und Autonomie pendelt und sich eine Vielzahl von Kompetenzen aneignet. Die Eltern stehen vor der Aufgabe, eine liebevolle Beziehung zu ihrem Kind aufzubauen und dabei ihre partnerschaftliche Beziehung aufrechtzuerhalten und bestenfalls zu vertiefen. Über die Jahre werden sie gefordert, dem Drängen des Kindes nach mehr Autonomie in einem angemessenen Rahmen zu entsprechen. Diese Dynamiken laufen nicht immer idealtypisch ab, führen aber in der Regel zu einer stetigen Verselbständigung des Kindes, das dann mit dem Erwachsenwerden in der Lage ist, einen ähnlichen Weg selbst einzuschlagen, womit die eigentliche Erziehungsaufgabe der Eltern beendet ist.

In Familien mit einem Kind mit Autismus ist vieles anders. Aufgrund der autismusspezifischen Schwierigkeiten des Kindes fällt es Eltern und Kind von Beginn an schwer, die typische aufeinander bezogene Interaktion aufzunehmen: miteinander schmusen, sich imitieren, auf die Lautäußerungen des anderen reagieren etc. – dies alles findet kaum statt und verhindert so das koregulatorische Sich-aufeinander-Einstellen und lustvolle Kennenlernen. Das Kind leidet oft unter seiner »reizvollen« Umgebung (Thiemann, 2017). Für die Eltern bedeutet es meist eine besondere Anstrengung, ihr Kind zu einer entwicklungsfördernden Interaktion zu bringen. Damit wird vieles, was in anderen Familien eher nebenbei und absichtslos passiert, in einer Familie mit einem autistischen Kind zu etwas Schwerem, einem Akt der Anstrengung. Meist geht der Autismus mit Entwicklungsverzögerungen einher, wodurch die Autonomieentwicklung des Kindes behindert wird. Viele Kinder mit Autismus sind sozial ängstlich und drängen dadurch wenig nach »außen«. Dadurch geraten Eltern tendenziell eher in die Rolle, das Kind nach »draußen« schieben zu müssen, eine Rolle, die Eltern naturgemäß eher schwerfällt.

In der nachfolgenden Tabelle (Formatierung: Kind – Standard/Eltern – kursiv) werden die einzelnen Entwicklungsaufgaben von der Geburt bis ins Vorschulalter für Kind und Eltern mit den zusätzlichen Herausforderungen bei vorliegendem Autismus verglichen (▶ Tab. 11.1).

Tab. 11.1: Entwicklungsaufgaben für Eltern und Kinder (neurotypische Entwicklung in Anlehnung an Armour, Kröger & Zarbock, 2013, S. 68–69)

Entwicklungs aufgaben für *Eltern* und Kinder		
	neurotypische Entwicklung	Entwicklung bei Autismus
Entwicklungskategorien		
Geburt	unterschiedlich	häufig Geburtskomplikationen mit Notwendigkeit nachfolgender medizinischer Maßnahmen
*Übergang zur **Elternschaft***	*vorübergehender Verlust der beruflichen Identität, Übergang von der Zweier- zur Dreierbeziehung (Stern, 1998)*	*entspricht der neurotypischen Entwicklung*

Tab. 11.1: Entwicklungsaufgaben für Eltern und Kinder (neurotypische Entwicklung in Anlehnung an Armour, Kröger & Zarbock, 2013, S. 68–69) – Fortsetzung

Entwicklungsaufgaben für *Eltern* und Kinder		
Kind: Nahrungsaufnahme und Verdauung	Klappt kontinuierlich besser; bei Schwierigkeiten: Rationalisierungen, wie »Dreimonatskolik«; elterliche Kompetenz entwickelt sich.	Stillen klappt oft nicht, wenn ja, wenig Blickkontakt; bleibt insgesamt schwierig; beim Zufüttern: Baby sehr wählerisch; Verunsicherung durch ungewöhnliche Reaktionen des Babys.
Kind: Schlaf-Wach-Rhythmus	Bildet sich langsam aus; schläft kontinuierlich länger; Entlastung der Eltern	Schwierigkeiten, einen Rhythmus zu finden; oft Schreibabys oder »zu ruhig«; Eltern verunsichert und ggf. übermüdet.
Eltern: *Wiederbelebung elterlicher Bindungs- und Beziehungserfahrungen aus ihrer Ursprungsfamilie*	*Unterschiedliche, auch maladaptive Schemata können aktiviert werden; Umgang mit aufkommenden Gefühlen.*	*Ungünstige Schemata werden durch »schwieriges« Baby verstärkt aktiviert; zunehmende Überforderung im Umgang mit aufkommenden Gefühlen.*
Kind: affektive Verhaltensregulation	Aus Erfahrung wird gelernt, dass Unwohlsein (Hunger, Müdigkeit, Kontaktwunsch etc.) von Eltern verstanden und gelindert wird; Bedürfnisbefriedigung wird positiv vorweggenommen; kann entspannt warten.	Baby erlebt weniger »passgenaue« Bedürfnisbefriedigung, da es schwerer verstehbare Signale aussendet; nimmt vorweg, dass weniger Bedürfnisbefriedigung geschehen wird; gerät unter Anspannung.
Eltern: *eigene Grundbedürfnisse*	*Balance finden zwischen eigenen und kindlichen Grundbedürfnissen*	*Kindliche Bedürfnisäußerungen bleiben schwer zu entschlüsseln; wenig Selbstwirksamkeitserleben der Eltern; kein Raum, elterliche Bedürfnisse ausreichend zu entwickeln.*
Kind: Aufmerksamkeit	Wird allmählich immer fokussierter; gemeinsame Beschäftigung mit engen Bezugspersonen dient als Katalysator zur Erkundung der Umwelt; gemeinsam erlebte Freude.	Fokussiert sich auf die gegenständliche Welt (z. B. Mobile, Stäbe des Gitterbettchens etc.); Bezugspersonen erhalten wenig Aufmerksamkeit, werden nicht als Unterstützer bei der Erkundung der Umwelt genutzt; wenig Erleben von gemeinsamer Freude.
Kind: Bindung – Exploration/ Abhängigkeit – Autonomie	Bindung an die Eltern weckt Explorationsfreude; Pendeln zwischen Rückversicherung bei den Eltern und streben nach Autonomie.	Trotz hinreichender Bindungsangebote durch die Eltern nutzt das Kind kaum Rückversicherungsschleifen; wenig soziales Referenzieren; Kinder dadurch oft extrem störbar durch Umweltreize oder manchmal auch zu selbstgenügsam.

Tab. 11.1: Entwicklungsaufgaben für Eltern und Kinder (neurotypische Entwicklung in Anlehnung an Armour, Kröger & Zarbock, 2013, S. 68–69) – Fortsetzung

Entwicklungs aufgaben für *Eltern* und Kinder		
Kind: Motorik	Die motorischen Meilensteine (sitzen, krabbeln, laufen) werden erreicht.	U. U. gibt es Probleme beim Erreichen der motorischen Meilensteine; wenn die Kinder laufen, führt die fehlende soziale Ausrichtung zu erhöhter Gefährdung der Kinder.
Kind: Sprache	Erwerb von Sprache dient auch zur Erweiterung der Emotionsregulierung; fördert die Interaktion zur Peergroup (bspw. Kita); kognitive Entwicklung wird durch Sprachfähigkeit stark unterstützt.	Die ggf. ausbleibende Sprache führt zu großer Besorgnis und zum Beginn einer Diagnostik-Odyssee; fehlende Sprache bzw. zu wenig sozial ausgerichtete Sprache führt auch zu Schwierigkeiten bei der Emotionsregulation; wenige Möglichkeiten mit Gleichaltrigen zu interagieren; ggf. Stagnieren der kognitiven Entwicklung.
Kind: Geschlechtstypisierung	Kinder lernen i. d. R. zur Gruppe der Mädchen oder Jungs zu gehören.	Weniger ausgeprägtes Interesse, sich einer Geschlechtsgruppe zugehörig zu empfinden.
Kind: Moralentwicklung	Das Konzept von »Gut und Böse« wird unterschieden, anfangs holzschnittartig, später differenzierter.	Das Konzept von »Gut und Böse« wird eher an konkret erfahrender Verhaltensrückmeldung verstanden, wenig Generalisierung und Differenzierung.
Kind: Zugehörigkeitsgefühl	Kind erlebt sich als zugehörig zu verschiedenen Gruppen (bspw. Familie, Krabbelgruppe, Kita-Gruppe etc.); selbstwertfördernde Gruppenerfahrungen unterstützen die Autonomieentwicklung und die Loslösung von den Eltern.	Kind macht eher frustrierende Gruppenerfahrungen; hat andere Interessen als seine Peers, findet keine Freunde. Manchmal Geschwister »bester Freund«; Loslösung von den Eltern findet nur unzureichend statt; Beginn des Gefühls, »Anders zu sein«.
Elternkompetenz	Kind und Eltern haben sich aufeinander eingestellt; Eltern erleben sich als selbstwirksam und kompetent bei der Erziehung.	Eltern erleben, dass die Scherenblätter der Entwicklung im Vergleich zu anderen Kindern immer weiter auseinandergehen; ggf. eigene Schuldzuschreibung; Autismus-Diagnose wird zunächst als Schock, dann meist als Erleichterung empfunden.
Eltern: Zukunftsperspektive	Eltern freuen sich an den Entwicklungsschritten und schauen i. d. R. zuversichtlich in die Zukunft.	Eltern müssen ihre Zukunftsplanung verändern (Mütter gehen ggf. nicht mehr in Beruf zurück, stellen Karrierewünsche zurück); Alltag ist belastet durch zusätzliche »Fördertermine«; Behinderung des Kindes birgt Gefahr der Isolierung der Familie.

Tab. 11.1: Entwicklungsaufgaben für Eltern und Kinder (neurotypische Entwicklung in Anlehnung an Armour, Kröger & Zarbock, 2013, S. 68–69) – Fortsetzung

Entwicklungsaufgaben für *Eltern* und Kinder		
falls **Geschwister**:	Geschwisterbeziehung muss von Eltern mit angeleitet werden; Geschwister bilden eine eigene Einheit, entlasten die Eltern als »Spielpartner«.	Geschwisterbeziehung unterliegt nicht den üblichen Gesetzmäßigkeiten; chronologische Altersreihenfolge kann sich umdrehen; Spielinteressen oft sehr unterschiedlich; Gefahr der Parentifizierung und des Übersehenwerdens des gesunden Geschwisters; Schuldgefühle bei den Eltern.

Schaut man sich die einzelnen Entwicklungsthemen an, wird deutlich, dass in nahezu jeder Kategorie Eltern und Kinder mit Autismus vor besonders schwierige Herausforderungen gestellt werden. Um diese bewältigen zu können, benötigen die Familien eine früheinsetzende Hilfe. Wie beschrieben bedeutet die Phase vor der Diagnosestellung für die Eltern oft eine große Belastung, da sie die fehlende Resonanz ihres Kindes auf ihre Beziehungsangebote oft als schuldhaft erleben (▶ Kap. 21.3.2).

Aus diesem Grund halten wir es für wegweisend, bei einem Verdacht auf Autismus eine frühe diagnostische Abklärung in die Wege zu leiten (▶ Kap. 1, ▶ Kap. 2). Eine frühe Diagnose und eine dann baldmöglichst einsetzende autismusspezifische Frühtherapie unterstützen die Eltern in der Ausbildung einer spezifischen Erziehungskompetenz und verhindern, dass Kinder und Eltern ungünstige oder gar schädliche Bewältigungsschemata ausbilden.

Literatur

Armour, K., Kröger, S. & Zarbock, G. (2013). Schematherapie in der Phase vom Säugling zum Kleinstkind: Entwicklungsaufgaben für Eltern und Kind. In C. Loose, P. Graaf & G. Zarbock (Hrsg.), *Schematherapie mit Kindern und Jugendlichen* (S. 67–92). Weinheim, Basel: Beltz.

Freitag, Ch. M. & Vogeley, K. (Ansprechpartner). Autismus-Spektrum-Störungen im Kindes-, Jugend- und Erwachsenenalter, Teil 1: Diagnostik. Zugriff am: 25.07.2018 unter https://www.awmf.org/leitlinien/detail/ll/028-018.html

Stern, D. (1998). *Die Mutterschaftskonstellation: Eine vergleichende Darstellung verschiedener Formen der Mutter-Kind-Psychotherapie.* Stuttgart: Klett-Cotta.

Thiemann, C. (2017). Schule als »reizvolles« Lernfeld bei Autismus. In B. Rittmann & W. Rickert-Bolg (Hrsg.) *Autismus-Therapie in der Praxis. Methoden, Vorgehensweisen, Falldarstellungen* (S. 209–218). Stuttgart: Kohlhammer.

12 Beziehungsbedürfnisse der Eltern von Kindern mit Autismus-Spektrum-Störung

Oliver Eberhardt

12.1	Einleitung	114
12.2	Wie wachsen Eltern in ihre Elternschaft hinein	115
12.3	Die Entwicklung der elterlichen Beziehungsbedürfnisse	118
	12.3.1 Das Bedürfnis nach Annahme durch das Kind	119
	12.3.2 Das Bedürfnis, Einfluss auf das Kind zu haben	120
	12.3.3 Das Bedürfnis, interessant für das Kind zu sein	121
	12.3.4 Das Bedürfnis, Verbundenheit und Vertrauen zu entwickeln	122
	12.3.5 Das Bedürfnis nach Verständnis und Rücksichtnahme durch das Kind	122
12.4	Schlussfolgerungen	123
	Literatur	124

12.1 Einleitung

Gerade in den ersten Lebensjahren eines Kindes ist es noch sehr umfänglich auf Hilfe und Unterstützung angewiesen. Diese Zeit ist für viele Eltern sehr herausfordernd, denn sie müssen häufig ihren Alltag ganz auf das Kind einstellen. Für Eltern bedeutet dies, dass sie ihre grundlegenden Bedürfnisse, wie z. B. Schlafrhythmus, Essen und ihr Verlangen nach Erholung immer wieder zurückstellen, da sie sich um das noch hilflose Kind kümmern müssen. Für Eltern ist es entlastend zu wissen, dass mit zunehmender Entwicklung des Kindes der Beaufsichtigungs- und Betreuungsaufwand weniger wird. Die intensive emotionale Beziehung der Eltern zu ihrem Kind gibt ihnen immer wieder Kraft, um belastende Phasen zu bewältigen und sich immer wieder neu der täglichen Herausforderung zu stellen. Durch diese Erlebnisse erfahren die Eltern, wie emotional bedeutsam sie für das Kind sind.

Eltern von autistischen Kindern haben in der Regel gleiche Beziehungswünsche wie andere Eltern auch. Sie erfahren erst mit der Zeit, dass ihre Kinder wesentlich länger intensive Betreuung und Versorgung benötigen. Oft ist es nicht absehbar, wann und ob diese Phase endet. Autistischen Kindern fällt es in der Regel schwerer, emotionale Beziehungen zu ihren Eltern aufzubauen. Oft gestaltet sich der Beziehungsaufbau ganz anders, als die Eltern dies erwarten. Die so kraftspendenden emotionalen Beziehungserlebnisse sind deutlich seltener oder fehlen Eltern von autistischen Kindern ganz. Häufig kommt es bedingt durch die sozialen, emotionalen und kommunikativen Beeinträchtigungen der Kinder zur massiven Verletzung der elterlichen Beziehungsbedürfnisse, die von den Eltern nicht mehr in vollem Umfang ausgeglichen werden können und die die Beziehung häufig stark belasten.

Eltern von autistischen Kindern mit ihren inneren Beziehungsbedürfnissen fanden bisher in der Autismusliteratur wenig Beachtung. Der Blick lag oft nur auf dem autistischen Kind und der Anpassungsfähigkeit der Eltern, damit diese ihr Kind optimal betreuen und fördern können. Hierbei wurde übersehen, dass Eltern in sehr unterschiedlicher Art und Weise in der Beziehung zu ihrem Kind auf etwas verzichten müssen, was oft schwer benennbar ist, da dies in den Bereich der impliziten Beziehungsgestaltung fällt. Implizite Beziehungsgestaltung meint, dass Neurotypische einen Teil ihrer Erfahrung, wie sie mit anderen umgehen, intuitiv oder automatisch machen, ohne dass sie aktiv darüber nachdenken, wie sie angemessen handeln könnten. Zum Beispiel geben sie eine kurze automatische Rückmeldung wie »ja« oder »mmh«, was bedeutet, dass sie das Gesagte verstanden haben. Wenn die erwarteten Signale vom Zuhörer fehlen, ist der Sprecher irritiert, denn er weiß nicht, wie und ob der Zuhörer das Gesagte aufnimmt. Ohne Signale des Zuhörers, dass er dem Gesagten folgt, können sich die Sprecher ignoriert fühlen. Weitere Elemente, die Neurotypische automatisch unbewusst zur Beziehungsgestaltung einsetzen und vom Gegenüber erwarten, sind Körpersprache, Blickkontakt und Prosodie.

Die Vielfalt der Erscheinungsformen der Autismus-Spektrum-Störung ist bedingt durch das unterschiedliche kognitive Funktionsniveau und die mannigfache Ausprägung der autismusspezifischen Einschränkungen und Fähigkeiten. Deshalb gestaltet sich die Beziehung der Eltern zu ihrem Kind in der Praxis sehr unterschiedlich. Die hier aufgestellten, sehr allgemeinen Hypothesen sind als Fragen zu verstehen, mit denen die individuellen Beziehungen erforscht werden können.

Kinder mit Autismus haben auch ähnliche Schwierigkeiten mit Entwicklungsaufgaben (z. B. alleine den Schulweg zu bewältigen) wie gleichaltrige nicht autistische Kinder, jedoch sind diese dann viel stärker ausgeprägt und werden häufig zu einem wesentlich späteren Zeitpunkt bewältigt. Insgesamt beschäftigen sich Eltern von autistischen Kindern überwiegend mit anderen Erziehungsfragen als Eltern von Gleichaltrigen und fühlen sich von den Eltern der Gleichaltrigen nicht verstanden. Die Betreuung und Begleitung ihrer Kinder stellt für die Eltern meist eine hohe Belastung dar, da sie neben der kraftraubenden Betreuung ihre Lebensumstände grundlegend umstellen müssen (Bauernfeind, 2017, S. 274 ff.). Es kann so weit gehen, dass Eltern durch ihr autistisches Kind psychisch traumatisiert werden, da sie mit ihren psychischen Möglichkeiten ständig überfordert werden (Althoff, 2017, S. 76 ff.).

Eltern bringen unterschiedliche Temperamente und Fähigkeiten mit, sich auf das autistische Kind einzustellen und die enorme innerliche Umstellung zu bewältigen. Viele Eltern leisten hier sehr Beeindruckendes, wobei sie auch immer wieder an ihre persönlichen Grenzen kommen. Eine hohe Dauerbelastung führt oft zu psychosomatischen Beschwerden bei ihnen.

12.2 Wie wachsen Eltern in ihre Elternschaft hinein

»In den Kindern erlebt man sein eigenes Leben noch einmal, und erst jetzt versteht man es ganz.«
Søren Aabye Kierkegaard
(1813–1855), dänischer Philosoph, Theologe und Schriftsteller

Die Entstehung

Aufgrund der vorhandenen und relativ sicheren Verhütungsmethoden entscheiden sich die meisten Paare bewusst für ein Kind. Während in früheren Jahrhunderten anderen Mächten zumindest eine wesentliche Mitverantwortung für die Entstehung und Entwicklung eines Kindes zugeschrieben wurde, bringt die Tendenz von wissenschaftlichen Erklärungsmodellen mit sich, die Verantwortung stärker bei den Eltern zu verorten. Eltern sind für die Entstehung eines Kindes verantwortlich, jedoch können sie nicht voraussehen, in welchem Ausmaß die Ankunft eines Kindes ihr Leben zukünftig verändert. »Sie kennen diese besondere lebenslange Bindung noch nicht, die sich nicht wieder abwählen lässt, und sie wissen nicht, was es bedeutet, eine Verbindung zu einem Menschen einzugehen, den man nicht vorher kennenlernen kann« (Althoff, 2017, S. 68 f.). Diese Diskrepanz trifft in besonderem Maße auf Eltern von autistischen Kindern zu.

Die Beschäftigung mit der Vorstellung, selbst einmal Vater oder Mutter zu sein

Das Thema, später einmal selbst Kinder haben zu können, beschäftigt uns schon in unserer Kindheit. In vielen Rollenspielen bei Kindern ab dem 2. Lebensjahr kommt das Vater-Mutter-Kind-Spiel vor. Viele Mädchen beginnen sich mit ihren Müttern zu identifizieren, indem sie eine Puppe auf den Arm nehmen. Im Rollenspiel zeigt sich das Bedürfnis von Kindern, selbst einmal die führende und wissende Person zu sein, die anderen etwas beibringt und jemand anderen umsorgen und beschützen kann. Erste Anlagen können also in frühen Identifikationsprozessen mit der eigenen Mutter oder dem Vater entstehen. Die Identifikationsprozesse erfahren noch zahlreiche Wandlungen, besonders in der Pubertät (Brazelton et al., 1991, S. 19 ff.).

Während der Schwangerschaft erlebt die Mutter sehr starke physische Veränderungen, indem ihr Körper die Versorgung für den sich entwickelnden Fötus übernimmt. Zeitgleich beginnen sich die meisten Mütter innerlich auf ihren Säugling einzustellen und sie entwickeln Vorstellungen, wie das Kind später einmal sein könnte, wie sie selbst als Mutter einmal sein möchten und wie sie als Familie zusammenleben wollen. Zwischen dem 4. und 7. Monat nehmen diese Fantasien bei den Müttern zu, denn hier spürt die Mutter den Säugling, der von innen gegen den Bauch tritt. Schon dieser Tritt wird von den Müttern sehr unterschiedlich interpretiert. »Der möchte wohl schon raus und kann es nicht abwarten« oder »Der wird immer lebendig bei Musik, die mag er wohl besonders gerne.« Durch die Fantasien stellen sich die Mütter innerlich schon auf das zur Welt kommende Kind und auf den Modus des Mutterseins ein. Zum Ende der Schwangerschaft nehmen die oben beschriebenen Fantasien bei den meisten Müttern ab, vermutlich um sich besser auf das real zur Welt kommende Kind einstellen zu können (Stern et al., 2002, S. 37 ff.). Auch viele Väter beschäftigen sich während der Schwangerschaft der Mutter innerlich schon mit dem Kind. Sie begleiten die Mutter mit zu den ärztlichen Untersuchungen und werden aktiv bei der Einrichtung und Umgestaltung der Wohnung. Hier fließen eigene Vorstellungen ein, was das Kind interessant und attraktiv finden kann.

Erwachsene, die einen Kinderwunsch haben, verbinden mit der Vorstellung, ein Kind zu haben, meist ein angenehmes Bild. Die Geburt eines Kindes wird von vielen Frauen als Beweis für ihre körperliche Gesundheit und ihre damit verbundenen spezifischen Möglichkeiten als Frau angesehen. Ihr Körper ist zu all dem im Stande, wofür er von der Natur aus angelegt ist. Dies ist jedoch für viele Frauen so selbstverständlich, dass sie erst darüber nachdenken, wenn sie selbst davon betroffen sind oder jemand aus dem näheren Umfeld in diesem Prozess beeinträchtigt ist. Für Frauen kann es belastend sein, wenn sie aus organischen Gründen kein Kind bekommen können oder dies nur schwer möglich ist. Auch für Männer hat es eine enorme Bedeutung, potent zu sein und die Möglichkeit zu haben, Nachfahren zeugen zu können. Potent zu sein ist ein hoch aufgeladenes Merkmal, das sehr eng mit der männlichen Identität verknüpft ist und das mit vielfältigen Bedeutungen, z. B. leistungsfähig oder besonders begehrenswert zu sein, belegt ist.

Für Eltern weckt das Kind, dem noch viele Möglichkeiten offenstehen, Fantasien, was aus ihm einmal werden kann. Oft werden hierbei eigene Wünsche mobilisiert, die von eigenen, nicht ausgelebten Potenzialen oder aber von eigenen Schwächen herrühren (Brazelton et al., 1991, S. 23 f.). Viele Eltern wünschen sich diese Möglichkeiten für ihr Kind sehr, andere jedoch können es als Bedrohung empfinden, wenn ihr Kind sie übertrumpfen würde (Althoff, 2017, S. 74).

Der Wunsch, ein Kind einmal besonders gut zu verstehen, da man es von Geburt an kennt und eine besondere Bedeutung für dieses Kind erlangt, ist ein Bedürfnis von vielen Eltern. Wie gut Eltern ihr Kind und seine Beweggründe verstehen, hat eine große Bedeutung für Eltern und ihr Selbstwertgefühl und ihr Selbstbild. Auch von Seiten der Gesellschaft bestehen Ansprüche, dass die Eltern wissen, was mit ihrem Kind los ist. Dies wiederum verstärkt die Ansprüche der Eltern an sich selbst (Brazelton et al., 1991, S. 19 ff.). Althoff weist zu Recht darauf hin, dass dieser Wunsch mit der Befürchtung einhergeht, dass den Eltern das Kind fremd bleiben könnte (Althoff, 2017, S. 74).

Eltern wollen sich in ihren Kindern wiederfinden. Hier sollen Züge der eigenen Person, jedoch auch der eigenen Familie wiedergefunden werden. Hierzu zählen das äußere Erscheinungsbild sowie das Temperament oder Vorlieben und Werte (Brazelton et al., 1991, S. 19 ff.). Befürchtungen, ihr Kind könne so hässlich werden, dass es ihnen schwerfallen würde, es anzunehmen, werden von Eltern meistens durch die intensive Vorstellung, wie schön das Kind werden könnte, verdrängt (Althoff 2017, S. 76).

Andere Wünsche von Eltern sind dahingehend, dass sie sich selbst als liebevolle kompetente Mutter oder Vater fantasieren und gleichzeitig eventuell unbewusst die Befürchtung hegen, sie könnten mit dem Kind überfordert sein. Die Vorstellung, das erwartete Kind könnte die elterliche Beziehung stärken, da sie an der gemeinsamen Aufgabe wachsen, kann so weit gehen, dass das Kind als Garant dafür gesehen wird, nicht mehr verlassen zu werden. Jedoch kann ebenfalls die Vorstellung entstehen, dass die partnerschaftliche innige Beziehung so nicht mehr weitergelebt werden kann (Althoff, 2017, S. 74 f.).

Die Eltern eines autistischen Kindes müssen schon sehr früh von vielen Wünschen Abstand nehmen und einige Ängste, besonders die Angst, ihr Kind könnte ihnen fremd bleiben, werden bei einem Teil der Eltern mitbedingt durch die besonderen Wesenszüge des Kindes real.

Die Geburt

Die Geburt ist für Mutter und Kind nicht nur physisch, sondern auch psychisch eine extreme Erfahrung. Hier ist die Mutter überwiegend dem körperlich biologisch dominierten Geburtsvorgang ausgesetzt, der mit dem Willen wenig beeinflussbar ist. Die extremen Schmerzen sowie die begleitenden Ängste, ob sie selbst die Geburt aushält und überlebt und ob ihr Kind überlebt, tauchen häufig bei Müttern auf. In dieser Situation, in der die Mütter so ausgeliefert sind, richtet sich große Hoffnung auf die Ärzte, Hebammen und Krankenschwestern (Stern et al., 2002, S. 63 ff.). Viele Väter wohnen der Geburt bei, können jedoch wenig zum Geburtsvorgang beitragen. Dies versetzt sie in eine Situation, in der Ängste und enorme Aufregung vorherrschen, bei gleichzeitig von vielen empfundener Hilflosigkeit.

Kommt es zu Komplikationen bei der Geburt und wird im Laufe der Entwicklung eine Verzögerung beim Kind festgestellt, fragen sich viele Eltern, ob hier eine entscheidende Schädigung des Kindes passiert ist und ob diese hätte verhindert werden können.

12.3 Die Entwicklung der elterlichen Beziehungsbedürfnisse

Der Blick soll darauf gerichtet werden, welche Beziehungsbedürfnisse Eltern gegenüber ihren Kindern haben. Das mag ein wenig seltsam erscheinen, da der Blick ansonsten immer auf den Bedürfnissen des Kindes liegt, da dieses in der Beziehung aufgrund seiner Unreife als der abhängige Beziehungspartner angesehen wird. Dies ist grundsätzlich richtig, jedoch wurde dabei übersehen, dass auch Eltern gegenüber ihren Kindern Beziehungsbedürfnisse haben, die ihnen nur teilweise bewusst sind. Wenn diese jedoch nicht ausreichend erfüllt werden, müssen Eltern diesen Mangel ausgleichen. In der Regel haben Eltern hier ein hohes Maß an Toleranz entwickelt und verfügen über zahlreiche Copingstrategien und Abwehrmechanismen, mit den unerfüllten Beziehungsbedürfnissen umzugehen. Die unerfüllten Beziehungsbedürfnisse kommen in Stress- und Konfliktsituationen zum Vorschein, wenn die Eltern nicht mehr in der Lage sind, diese zu kompensieren, und erschweren dann Konfliktlösungen. Autistische Kinder zeigen einerseits meistens weniger typische Signalreize, wie ein zum Spielen auffordernder Blick, der die Eltern veranlasst, sich den Kindern zuzuwenden und elterliche Beziehungsbedürfnisse aktiviert (▶ Kap. 8.5). Andererseits benötigen autistische Kinder bei der Affekt- und Emotionsregulation, bei der Alltagsbewältigung und durch die häufig schlechtere Gefahreneinschätzung eine engere Betreuung und Aufsicht, was den Eltern stärker vermittelt, sie werden von den autistischen Kindern gebraucht, und ihre Beziehungsbedürfnisse gegenüber dem Kind aktiviert. Die Beziehungsbedürfnisse der Eltern sind durch den Einfluss der bisherigen Lebensgeschichte und durch das Temperament der Eltern geformt und unterschiedlich stark ausgeprägt. Sie unterliegen psycho- und familiendynamischen Aspekten und können übermäßig sein, wie z. B. bei der Parentifizierung von Kindern, oder in zu geringer Ausprägung vorkommen, wie bei Müttern mit Wochenbettdepression. Eine lang anhaltende und weitgehende Nichterfüllung der grundlegenden Beziehungsbedürfnisse löst unterschiedliche negative Gefühle aus, besonders, wenn angenommen wird, dass das Kind dies potenziell erfüllen könnte. Wenn ein Kind sich permanent abwendet und zeigt, dass die Präsenz der Eltern als unangenehm empfunden wird, stellt dies eine tiefe Verletzung des Bindungsbedürfnisses der Eltern dar, die sich als positiv bezogen zum Kind erleben möchten. Ebenso können die Beziehungsbedürfnisse der Eltern mit zu vielen Forderungen von Seiten des Kindes überstrapaziert werden, so dass die Eltern z. B. die ständige körperliche Nähe als unangenehm erleben können.

Die Beziehungsbedürfnisse der Eltern gegenüber ihren Kindern entwickeln sich idealerweise komplementär zu den ständig komplexer werdenden entwicklungsbedingten Bedürfnissen von neurotypischen Kindern. Sie haben vermutlich eine biologische Grundlage, die bei den früheren Beziehungsbedürfnissen stärker ist als bei späteren. Das veränderte, automatisch auf den Säugling abgestimmte Verhalten der Eltern, welches eine biologische Grundlage hat, mit der typischen Babysprache, einer verlangsamten und überdeutlichen Mimik und dem längeren Blickverhalten, könnte ein Hinweis hierauf sein.

Eltern haben eine meist unbewusste Erwartungshaltung, wie ihr Kind einmal aussehen möge und wie es sich verhalten werde. Uns werden diese Erwartungshaltungen erst bewusst, wenn sie grob verletzt werden. Eltern erwarten nicht, dass ihr Kind z. B. mit elf Fingern auf die Welt kommt. Genauso wenig erwarten sie, dass ihr Kind sie später einmal immer in der Begrüßungssituation ignorieren wird. Unsere Erwartungshaltung, wie sich das Kind gegenüber uns verhalten möge, ist für uns nicht leicht zugänglich, da wir unser implizites Beziehungswissen in der frühen Kindheit erworben haben und laufend automatisch verbessern, wobei dieser Prozess nur zum geringeren Teil ins Bewusstsein gelangt. So ist es für uns selbstverständlich, dass wir nicht Gesagtes wie Mimik und Körpersprache lesen und verstehen können.

Die Einteilung der Beziehungsbedürfnisse der Eltern ist ein theoretischer Versuch, das vielfältige Erleben der Eltern zu ordnen, um es genauer beschreiben zu können. Im Erleben der Eltern sind diese nicht getrennt und gehen ineinander über. Wenn ein Kind zufrieden an der Brust der Mutter saugt und sie dabei interessiert anschaut, fühlt sich die Mutter vermutlich von ihrem Kind angenommen, sie hat das Gefühl, das Kind interessiert sich für sie, und es entsteht ein Gefühl der Verbundenheit.

12.3.1 Das Bedürfnis nach Annahme durch das Kind

Es klingt vielleicht etwas komisch, weil dies als natürliche Selbstverständlichkeit angenommen wird: Eltern haben das Bedürfnis, von ihrem Kind angenommen zu werden. Eltern möchten mit ihrer Körperlichkeit und mit ihren Handlungen vom Kind als angenehm erlebt werden. Nach der Geburt stellen sich die Eltern sehr stark auf den Säugling ein. »Wenn das Neugeborene aus der Klinik nachhause kommt, leben die Eltern nur noch von Minute zu Minute, im ständigen Bemühen, die Rhythmen des Babys zu steuern« (Stern, 1994, S. 68). Die Eltern haben unausgesprochen den Wunsch, dass der Säugling ihre regulierenden Bemühungen annehmen kann. Sie möchten sich als hilfreicher Koregulator des Kindes erleben, der das Überleben des Säuglings sichern kann. Regulationsstörungen, wie exzessives Schreien, Störung des Schlaf-Wach-Rhythmus und Störungen der Nahrungsaufnahme setzen die Eltern nicht nur unter Stress, sondern das Misslingen der Regulation vermittelt nicht das von den Eltern ersehnte Gefühl: Ich kann gut für mein Kind sorgen.

Speziell bei der Nahrungsaufnahme steht der zentrale Aspekt im Vordergrund, dass das von der Mutter Angebotene vom Säugling angenommen werden kann. »Ich kann meinen Säugling ernähren«, ist ein zentraler Wunsch der Eltern, welche am engsten mit der Angst um das Überleben des Kindes gekoppelt ist. Sie möchten in der Lage sein, ihren Säugling zu ernähren, am Leben zu erhalten und ihm zum Wachstum zu verhelfen. Genau das ist, was der Säugling in dieser Zeit benötigt. Wenn dieser jedoch neurologisch unreif ist und die Angebote der Mutter nicht annehmen kann, setzt dies die Mutter extrem unter Stress und löst Verunsicherung, Ohnmachtsgefühle und Schuldgefühle aus (v. Hofacker, Papoušek & Wumser 2004, S. 189).

Für Eltern ist in den ersten Lebensjahren die Nahrungsaufnahme und das körperliche Gedeihen ihres Kindes eine zentrale Aufgabe. Gerade bei Kindern, die hochsensibel und leicht irritierbar sind, ist dies ein oft sehr schwieriges Unterfangen, da die Aufmerksamkeitsspanne des Kindes verkürzt oder instabil ist.

> Eine Mutter berichtete, dass ihre sehr zarte Tochter im Säuglingsalter anstatt der vom Arzt vorgeschriebenen Menge von 210 ml trotz ihrer großen Anstrengung nur 75 ml getrunken habe. Sie hätte alles versucht, damit ihre Tochter mehr trank, da bei einem weiteren Gewichtsstillstand ein Klinikaufenthalt drohte. Um dies zu verhindern, vergrößerte die Mutter das Loch des Saugers und versuchte immer wieder, ob ihre Tochter nicht doch einen Schluck trinken würde. Die Mutter hatte sich große Sorgen um das Gedeihen ihrer Tochter gemacht, wobei sie sich ohne Einfluss fühlte. Immer wieder tauchten diese Gefühle in späteren Lebensphasen bei der Mutter gegenüber ihrer Tochter auf.

> Bei autistischen Kindern kann es auch in späteren Lebensphasen immer wieder vorkommen, dass sie das Essen verweigern. Die Mutter eines achtjährigen autistischen Jungen klagte darüber, dass ihr Sohn nur von anderen, jedoch nicht von ihr, Essen und Hilfe annehme. Dies war für die Mutter mit türkischem Migrationshintergrund nur sehr schwer auszuhalten. Sie berichtete fortlaufend davon, so dass dies das zentrale Element der Therapie für eine Zeit wurde.

Ein weiteres Bedürfnis der meisten Eltern ist, Körperkontakt mit dem Säugling und jüngeren Kindern zu haben. Die Eltern wünschen sich, dass ihr Kind den Körperkontakt mit ihnen als angenehm empfindet. Kinder auf den Arm oder Schoss zu nehmen, sie trösten zu können oder eng beieinander gemeinsam etwas anzuschauen, vermittelt Eltern auf einer nichtsprachlichen Ebene, dass Kinder sich ihnen anvertrauen und sich in ihrer Nähe wohlfühlen. Auch Eltern möchten den engen Körperkontakt mit ihrem Kind als angenehm empfinden und benötigen ihn, denn er löst oft innige Gefühle der Verbundenheit aus. Viele autistische Kinder mögen Körperkontakt nicht oder nur sehr eingeschränkt.

> Eine Mutter berichtete, dass ihr Kind schon früh keine Berührungen mochte, und selbst im Tragetuch konnte es nur mit dem Rücken zu ihr hingewandt getragen werden.

12.3.2 Das Bedürfnis, Einfluss auf das Kind zu haben

Lässt sich ihr Kind von Beginn an nur schwer verstehen und beeinflussen, verunsichert dies die Eltern. Ihre Selbstwirksamkeit als Eltern ist belastet und prägt ihr Selbstbild von sich als Eltern ganz spezifisch. Von Beginn an möchten die Eltern den Säugling darin unterstützen, seine Emotionen und Erregung mit zu regulieren, da hier ein grundlegendes Verständnis füreinander erworben wird.

Oft ist dieser Prozess, sich als kompetente Eltern gegenüber ihrem Säugling zu fühlen, bei Eltern von autistischen Kindern erschwert. Wie ich aus Erzählungen erfuhr, waren die Säuglinge häufig äußerst irritierbar oder sehr selbstgenügsam, jedoch wenig reaktiv (siehe auch Bölte, 2009, S. 76 f.). Sehr irritierbare Säuglinge, die meist viel schreien, nähren bei den Eltern eher die Selbstzweifel, ihr Kind ausreichend gut zu verstehen. Es ist oft sehr schwer, einen festen Schlaf-Wach-Rhythmus zu etablieren. Die besonders ruhigen und unkomplizierten Kinder können bei Eltern Zweifel auslösen, ob sie persönlich wichtig für das Kind sind. Einige Eltern hatten schon sehr früh das Gefühl, ihre Kinder sähen sie zwar, nähmen sie jedoch als Mutter oder Vater nicht richtig wahr.

Eltern werden durch eine sehr reduzierte Mimik des Säuglings emotional wenig angesprochen (► Kap. 8.5). Infolgedessen bleiben einige Eltern in ihren mimischen Ausdrucksfähigkeiten hinter ihren Möglichkeiten und die sonst recht lustvolle Kommunikation zwischen Eltern und Säugling gestaltet sich weniger lebhaft. Starke gemeinsame emotionale Erlebnisse dieser Art bleiben oft aus und hinterlassen eine Lücke.

Vielen Eltern gelingt es durch langes Forschen, die oft spärlichen Signale des Kindes mit einer autistischen Störung zu deuten und kleine körperliche Veränderungen in der Körperhaltung richtig zu interpretieren. Diese Eltern erkennen die Zustandsveränderungen ihres Kindes früher als es selbst – und das oft bis ins Erwachsenenalter. Auf dieser Ebene entwickeln Eltern oft unter großer innerer Anstrengung eine sehr enge Verbundenheit und ein starkes Verantwortungsgefühl für ihr Kind. Sie fragen sich, inwieweit es zu verantworten ist, ihr Kind trotz der für sie erkennbaren Gefahren alleine zu lassen.

Haben Eltern trotz aller Schwierigkeiten einen Weg gefunden, lässt das autistische Kind ihnen in ihrem Handeln oft nur einen sehr geringen Spielraum (▶ Kap. 24). Eltern berichteten, dass ihr Kind nur ein bestimmtes Glas Babynahrung einer bestimmten Marke mit einem bestimmten Löffel nur von einer Seite aus gereicht gegessen habe. Unschwer zu erkennen ist, dass dies Folgen für die Beziehung von Eltern zu ihrem Kind und für das Selbstbild der Eltern haben kann. Manchmal setzt sich ein solches Muster fort und die Eltern bekommen das anhaltende Gefühl, sich sehr einschränken und anpassen zu müssen, um mit ihrem Kind zusammenleben zu können.

12.3.3 Das Bedürfnis, interessant für das Kind zu sein

Eltern haben das Bedürfnis, interessant für ihr Kind zu sein, da das Kind durch sein Interesse am Elternteil eine frei gewählte Verbundenheit herstellt. Eltern versuchen in dieser Zeit, ein passendes Gegenüber zu sein, um das Interesse des Säuglings zu wecken. Dadurch bieten sie für neurotypische Säuglinge eine optimale Lernerfahrung (Stern, 1994, S. 109). Ist es für den Säugling unangenehm, der Mutter in die Augen zu schauen, kann sich diese zurückgewiesen fühlen, und reagiert möglicherweise mit Enttäuschung. Ihr Bedürfnis nach einer intensiven innigen Begegnung mit dem Säugling, bei der sich beide in den Augen des anderen verlieren und einander kennen und lesen lernen, bleibt ihr verwehrt. Schore weist darauf hin, dass dieser Prozess eine biologische Grundlage hat, die unterhalb des Bewusstseins bleibt. Säuglinge schauen bevorzugt in die Augen der Bezugsperson und die Bezugsperson schaut bevorzugt in die Augen des Säuglings (Schore, 2007, S. 32) (▶ Kap. 8).

Eine Mutter mit französischen Migrationshintergrund, die zweieiige Zwillinge gebar, von denen einer das Asperger-Syndrom hat, berichtete, dass sie mit dem neurotypischen Zwilling intensiv in Kontakt kam und mit ihm alterstypisch zu interagieren begann. Es sei sehr schön gewesen, wie der Säugling sich über ihre Grimassen gefreut habe, jedoch hatte sie ein schlechtes Gewissen, da der autistische Bruder hierauf überhaupt nicht reagiert habe. Sie wollte jedoch mit beiden gleich intensiven Kontakt haben und kein Kind benachteiligen. So hatte sie immer ein schlechtes Gewissen, da es trotz besonderer Anstrengung unmöglich war, mit dem anderen Säugling so ungezwungen in Kontakt zu treten.

Bei vielen dieser Eltern-Kind-Paaren ist die Phase des intensiven »Sich-Anschauens«, des »Sich in-den-Augen-des-anderen-Verlierens« reduziert oder bleibt fast ganz aus. Gerade das Interesse des Säuglings am Gesicht, insbesondere an den Augen der Mutter, sowie das Erforschen ihrer Gesichtszüge gibt der Mutter das Gefühl, bedeutend für ihn zu werden. Die Reaktion des Säuglings auf ihre sich verändernde Mimik gibt der Mutter ein grundlegendes Gefühl von Selbstwirksamkeit. Zudem stellt sich eine Vertrautheit zwischen Mutter und Kind ein, da die Mutter langsam erfährt, wie sehr sie ihr Kind stimulieren kann, wie sie ihr Kind überraschen oder beruhigen kann. Gerade dieser Prozess ist vermutlich bei vielen Eltern-Kind-Paaren mit einem autistischen Kind nicht so stark ausgeprägt und hinterlässt bei einigen Eltern Zweifel, wie sehr sie sich vom Kind gesehen fühlen. Diese Eltern spüren, dass ihr Kind nicht in der Lage ist, sich so sehr mit ihnen zu identifizieren. Dies wiederum kann die Identifikation der Eltern mit ihrem Kind erschweren.

Das Interesse am anderen durch einen auffordernden Blick ist der erste Akt des Kindes selbst, eine Verbindung zum Elternteil herzustellen. Eltern von autistischen Kindern werden von ihren Kindern seltener oder von manchen nie zu einem gemeinsamen Spiel aufgefordert. Vermutlich vermissen diese Eltern, selbst einmal von dem Kind zu einem

Spiel verführt worden zu sein. Dies mag sich zunächst etwas banal anhören und manche Eltern werden denken, ob sie oder das Kind die Initiative ergreifen, sei doch eigentlich egal. Wenn Eltern von ihrem Kind durch ein Lächeln oder eine Geste oder mit Worten zum Spielen verführt werden, zeigt dies, dass sie als Mutter oder als Vater für das Kind so interessant sind, dass es von sich aus ohne Not einen engen vertrauensvollen Kontakt zu ihnen sucht. Für viele Eltern ist es wichtig, nicht nur aufgrund ihrer Elternfunktion, des Schutzes und der Versorgung für ihr Kind bedeutsam zu sein, sondern auch aufgrund ihrer Persönlichkeit. Ein oft bleibendes Gefühl, welches auf Dauer von einigen Eltern als sehr belastend empfunden wird, ist, dass immer von ihnen die Initiative zur Begegnung ausgehen muss, da das autistische Kind so wenig Initiative zeigt.

12.3.4 Das Bedürfnis, Verbundenheit und Vertrauen zu entwickeln

Eltern wünschen sich in aller Regel, dass ihre Kinder eine emotionale Verbundenheit zu ihnen entwickeln, welche eine Grundlage für das sich später entwickelnde Vertrauen ist. Gerade hier zeigt sich besonders bei jüngeren autistischen Kindern eine Distanz und ein Mangel an Verbundenheit zu den Erwachsenen (▶ Kap. 8).

> Als eine Mutter ihren 5-jährigen Sohn von der Therapie abholte, zeigte sie gegenüber ihrem Sohn mit frühkindlichem Autismus deutlich ihren Wunsch, begrüßt und als emotional wichtige Bindungsperson wahrgenommen zu werden. Im Wartebereich sitzend zeigte sie eine freudig hoffnungsvolle Haltung. Ihre ganze Aufmerksamkeit war auf ihren zurückkommenden Sohn ausgerichtet und sie verfolgte ihn und seine Aufmerksamkeitsausrichtung genau. Allmählich versuchte sie ihren näherkommenden Sohn durch das Rufen seines Namens und mit Gesten auf sich aufmerksam zu machen. Ohne sie anzuschauen, ging er an ihr vorbei zu einer Tür und untersuchte diese intensiv. Der Mutter war die Enttäuschung deutlich anzumerken, da sie trotz ihrer Bemühungen von ihrem Sohn nicht beachtet wurde. Diese Kränkung erschwerte es ihr, sich auf seine Welt der Türen und Schlösser einzulassen.

Wenn die Kinder von anderen betreut werden, wünschen sich die Eltern, ihr Kind möge ihnen wichtige Ereignisse erzählen, damit sie an der Freude ihres Kindes während dieser Zeit teilhaben können oder es in seinem Schmerz und seinen Befürchtungen verstehen können. Generell ist es für Kinder nie ganz leicht, zwei Welten miteinander zu verbinden, und auch viele neurotypische Kinder erzählen wenig, jedoch gelingt meist auch jenen, denen es schwerer fällt, eine kurze Äußerung, um die Mutter zu beruhigen.

12.3.5 Das Bedürfnis nach Verständnis und Rücksichtnahme durch das Kind

Wenn Kinder Verständnis und Rücksichtnahme gegenüber ihren Eltern zeigen, realisieren die Eltern, dass das Kind sie als Wesen mit Bedürfnissen und Wünschen zu erkennen beginnt. Neurotypische Kinder registrieren schon mit ca. 1,5 Jahren Absichten von anderen und sind z. B. bemüht, anderen zu helfen, wie die Versuche zu Altruismus von Tomasello zeigen. Schwierig wird es für Eltern, wenn die autistischen Kinder nur sich sehen können und die Bedürfnisse der anderen nicht im Blick haben. Wenn Eltern das Kind immer wieder auf eigene Bedürfnisse hinweisen müssen oder ihre Bedürfnisse zurückstecken, dann können die Toleranz, das

Verständnis und das Einfühlungsvermögen der Eltern leiden. Es könnte ihnen zum Beispiel unangenehm sein, wenn ihr Kind sich so egoistisch gegenüber anderen verhält, und sie sind dann nicht mehr in der Lage, hier eine vermittelnde Position einzunehmen.

12.4 Schlussfolgerungen

Erwachsene werden durch die Geburt eines Kindes zu Eltern. Elternschaft, also die Art und Weise, wie die Eltern mit den Kindern und diese mit ihren Eltern umgehen, entwickelt sich in der Beziehung zum Kind durch Interaktionsmuster, die dazu neigen, sich zu stabilisieren. Deshalb ist es in der Arbeit mit Eltern von autistischen Kindern notwendig, die nicht erfüllten Beziehungsbedürfnisse im Blick zu haben. Diese sind den Eltern oft nicht bewusst, können jedoch durch Nachfragen ins Bewusstsein gelangen. Beziehungsbedürfnisse beeinflussen die Entwicklung von elterlichen Selbstrepräsentanzen, die sich zu Regulatoren des inneren Selbstwertgefühls entwickeln. Diese sind der Ausgangspunkt für die Entstehung von elterlichen Selbstrepräsentanzen, die sich in destruktiven und in positiven, selbstwirksamen Überzeugungen niederschlagen können. Selbstrepräsentanzen sind die inneren subjektiven Bilder, die wir von uns haben, welche mit intensiven Gefühlen verbunden sind. Sie beeinflussen in hohem Maß unser Erleben und unser Auftreten. Fühlen wir uns der Situation gewachsen? Treten wir selbstbewusst oder zögerlich unsicher auf? Gerade in herausfordernden Situationen können negative innere Selbstrepräsentanzen von Eltern, wie: »Ich kann sowieso nichts machen, das muss man halt hinnehmen« oder »Die anderen verstehen einen ja sowieso nicht, die können nicht nachvollziehen, welche Schwierigkeiten es macht, ein Kind mit Autismus zu haben,« den Blick auf die noch vorhandenen Einflussmöglichkeiten und das Verständnis verstellen. Gerade hier kann darauf Bezug genommen werden, wie schwer es im ersten Fall auszuhalten ist, so wenig Einwirkungsmöglichkeiten auf ihr autistisches Kind zu haben. Gerade deshalb wäre es wichtig, Ausschau danach zu halten, was im Leben der Eltern veränderbar ist, um sich nicht generell lähmen zu lassen (▶ Kap. 23.1.1). Auch in der zweiten Überzeugung könnte der Bezug zum verletzten Beziehungsbedürfnis, selbst vom Kind wenigstens in Ansätzen verstanden zu werden, hergestellt und gemeinsam untersucht werden. Die verletzten Beziehungsbedürfnisse haben einen hohen Einfluss auf die innere Psychodynamik der Eltern. Die elterlichen Beziehungsbedürfnisse können mit den psychodynamischen Überlegungen, die von anderen Autoren gut beschrieben worden sind (siehe Ornstein & Rass, 2014; Kallenbach, 2014; Althoff, 2017; Donath 2016), verbunden werden.

Zum Schluss möchte ich noch auf die Seite der Eltern schauen, die sie zu unermüdlichen Kämpfern macht, ihr Leben trotz des autistischen Kindes und ihrer verletzten Beziehungsbedürfnisse so einzurichten, dass es auch für sie und ihre anderen Kinder gute Möglichkeiten bietet (▶ Kap. 25). Viele Eltern sehen ihre Situation als Herausforderung an und entwickeln hier ein beeindruckendes Maß an Energie, Einsatzbereitschaft, Umstellungsfähigkeit und Durchhaltevermögen. Eltern überraschen immer wieder mit neuen kreativen Lösungen und finden sehr passende und ausgefallene Freizeitangebote für ihre Kinder. Dabei neigen jedoch manche Eltern dazu, ihre Einsatzbereitschaft dauerhaft überzustrapazieren, und manche sind immer wieder nahe am Burnout.

Literatur

Althoff, Marie Luise (2017). *Die begleitende Psychotherapie der Bezugspersonen.* Stuttgart: Kohlhammer.

Bauernfeind, S. (2016). *Ein Kind mit Autismus zu begleiten, ist auch eine Reise zu sich selbst.* Norderstedt: Books on Demand.

Bölte, S. (2009). *Autismus: Spektrum, Ursachen, Diagnostik, Intervention, Perspektiven.* Bern: Hans Huber.

Brazelton, T. B. & Cramer, B. G. (1990). *Die frühe Bindung: Die erste Beziehung zwischen dem Baby und seinen Eltern.* Stuttgart: Klett-Cotta.

Donath, O. (2016). *#regretting motherhood: Wenn Mütter bereuen.* München: Knaus.

Kallenbach, G. (2014). *Begleitende Elternarbeit in der psychodynamischen Kindertherapie: Eine theoretische Konzeptualisierung.* Gießen: Psychosozial-Verlag.

Ornstein, A. & Rass, E. (2014). *Kindzentrierte psychodynamische Familientherapie: Eine Einführung.* Gießen: Psychosozial-Verlag.

Schore, A. N. (2007). *Affektregulation und die Reorganisation des Selbst.* Stuttgart: Klett-Cotta.

Schuchardt, E. (1994). Leben mit unserem autistischen Mitmenschen. Als Eltern, als Geschwister, Freunde, Nachbarn und Fachleute. In 8. Bundestagung des Bundesverbandes Hilfe für das autistische Kind, Vereinigung zur Förderung autistischer Menschen e. V. (Hrsg.), *Autismus und Familie* (S. 29–45). Bonn: Reha-Verlag.

Stern, D. N. (1993). *Die Lebenserfahrung des Säuglings.* Stuttgart: Klett-Cotta.

Stern, D. N., Bruschweiler-Stern, N. & Freeland, A. (2002). *Geburt einer Mutter: Die Erfahrung, die das Leben einer Frau für immer verändert.* München: Piper.

Stern, D. N. et al. (2012). *Veränderungsprozesse: Ein integratives Paradigma.* Frankfurt a. M.: Brandes & Apsel.

v. Hofacker, N. et al. (2004). Fütter- und Gedeihstöhrungen im Säuglings- und Kleinkindalter. In M. Papousek et al. (Hrsg.), *Regulationsstörung der frühen Kindheit: Frühe Risiken und Hilfen im Entwicklungskontext der Eltern-Kind-Beziehung* (S. 171–199). Bern: Hans Huber.

Teil III Grundlagen der Frühtherapie

13 Kind, Eltern, Umfeld – eine Einordnung der Frühtherapie in ein therapeutisches Gesamtkonzept

Barbara Rittmann

13.1	Die drei Säulen der Autismus-Frühtherapie	127
13.2	Der Aspekt der Teilhabe	128
13.3	Der Aspekt der Nachhaltigkeit	129
13.4	Frühtherapie als Teil eines multimodalen Vorgehens	131
	13.4.1 Die unterschiedliche Ausprägung der Störung und die Ressourcen der Kinder	131
	13.4.2 Die individuelle Entwicklung der Kinder	132
	13.4.3 Die individuellen Ressourcen der Eltern und die Einbeziehung der Geschwister	132
	13.4.4 Das Umfeld des Kindes und der Familie	133
Literatur		134

13.1 Die drei Säulen der Autismus-Frühtherapie

In der Autismus-Therapie ist die Einbeziehung des Umfelds – bei Kindern und Jugendlichen auch der Eltern – ein wichtiges Qualitätsmerkmal (Bundesverband *autismus* Deutschland, 2017). Bei der Autismus-Frühtherapie ist die Beratung der Eltern bzw. der erweiterten Familie besonders zentral für den Erfolg der Maßnahme. Ein der Autismus-Spektrum-Störung angemessenes Vorgehen in der Frühtherapie beruht dementsprechend auf drei zentralen Säulen:

- der *Therapie des Kindes*: in der Regel als Einzeltherapie, bei Kindern im Vorschulalter ggf. zusätzlich in Kleinstgruppen;
- der *Beratung und Anleitung der Eltern* bzw. ggf. auch der erweiterten Familie (falls z. B. Großeltern aktiv an der Betreuung des Kindes beteiligt sind; ggf. hinsichtlich der Geschwisterkinder). Der Kontakt mit den Eltern beinhaltet neben der Beratung auch den *Austausch* über Erfahrungen der Eltern als Experten für die Alltagsbeobachtungen und das intuitive Verstehen ihres Kindes.
- der *Beratung und Anleitung des Umfeldes*, in dem sich das Kind in seinem Alltag aufhält, wie z. B. dem Kindergarten oder einer Spielgruppe. Die Intensität und Frequenz richtet sich nach den Vorkenntnissen der dortigen Fachkräfte und der Komplexität des Einzelfalls. Hierzu gehört ebenfalls der *interdisziplinäre Austausch* mit den Fachkräften, die aus ihrer spezifischen Berufserfahrung und dem Erleben des Kindes in einer Gruppensituation wichtige Informationen für das Vorgehen in der Einzeltherapie beitragen können. Zum Kontakt mit dem Umfeld des Kindes gehört auch der Austausch mit ggf. weiteren mit dem Kind arbeitenden Therapeuten (z. B. Ergo- oder Physiotherapeuten) und den behandelnden Ärzten und ggf. weiteren Fachstellen.

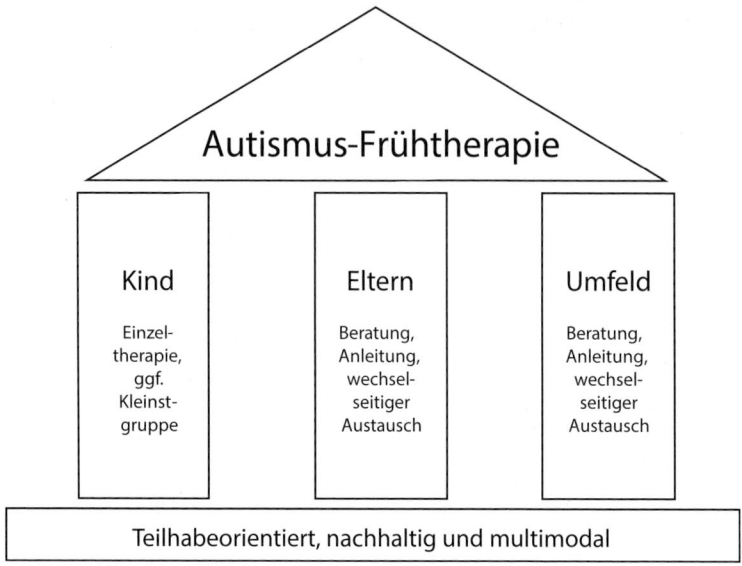

Abb. 13.1: Das Drei-Säulen-Modell der Autismus-Frühtherapie

Die Haltung der Therapeuten sollte teilhabeorientiert sein, die Maßnahmen eine nachhaltige Wirksamkeit entfalten und das Vorgehen einem komplexen, multimodalen Ansatz folgen – Kriterien, die im Folgenden erläutert werden.

13.2 Der Aspekt der Teilhabe

In den Leitlinien zur Arbeit in den Autismus-Therapiezentren des Bundesverbands *autismus* Deutschland (2017) wird an mehreren Stellen darauf hingewiesen, wie wichtig ein partizipativer, teilhabeorientierter Umgang mit den Klienten ist. Sehr junge Kinder ggf. mit kognitiver Einschränkung, wie sie in der Autismus-Frühtherapie die größte Untergruppe darstellen, kann man in der Regel nicht nach ihrer Einwilligung in die Maßnahme oder ihrer Meinung dazu direkt fragen. Aber natürlich lassen sich aus der Beobachtung der Kinder Schlüsse ziehen, z. B. ob sie gerne zur Therapie kommen, mit Freude dabei sind und mit ihren Eltern evtl. schon versuchen, die Freude darüber zu teilen. Bei einem Kind, das dauerhaft keine Freude in der Frühtherapiesituation zeigt, wird es die Aufgabe des Therapeuten sein, das Setting so zu verändern, dass die Motivation des Kindes sichtbar und spürbar wird, da sonst der Therapieerfolg fraglich ist.

Bei solch jungen Klienten sind die natürlichen Vertreter der Kinder ihre Eltern. Sie sind in diesem Alter der Kinder die wichtigsten Weichensteller für die Entwicklung des Kindes. Die Eltern sind die Einzigen, die das Kind seit seiner Geburt durchgängig kennen. Auf intuitiver Ebene sind sie diejenigen, die ihr Kind am besten verstehen. Unter diesem

Gesichtspunkt kann man sie als Experten für ihr Kind bezeichnen. Gleichwohl sind sie in der Regel keine Autismusexperten. Die Autismusexpertise wird ihnen im Rahmen der Frühtherapie von den entsprechenden Fachkräften angeboten. Alle Ziele, Vorgehensweisen, Methoden, Strategien etc., die bei der Therapie ihres Kindes oder in der Beratung zum Einsatz kommen, sollten den Eltern verständlich erklärt und mit ihnen abgestimmt werden. Auf diese Weise erreicht man eine größtmögliche Transparenz und gewinnt die Eltern zur aktiven Unterstützung. Forschungsergebnisse belegen, dass diese Vorgehensweise eine wichtige Voraussetzung dafür ist, dass Eltern die Autismustherapie ihres Kindes als hilfreich erleben (Tröster, 2018). Idealerweise entsteht auf diese Weise ein Arbeitsbündnis, das die Kräfte hinsichtlich einer guten Entwicklungsförderung des Kindes bündelt. Jeder Part gibt aus seiner Expertenposition seine Kenntnisse und seine Kraft hinein, beide Teile profitieren vom jeweils anderen: vom besonderen Wissen, das auf der großen Nähe zum Kind basiert (Eltern), bzw. von ihrem Wert, der sich aus dem Fachwissen und der professionellen Distanz zur Familie ergibt. Auf diese Weise erwerben Eltern immer mehr Wissen über die Autismus-Spektrum-Störung und den Umgang mit ihrem besonderen Kind, so dass sie sich langfristig – auch unabhängig vom regelmäßigen Austausch mit dem Therapeuten – sicherer in der Erziehung ihres Kindes fühlen. Auch die Therapeuten profitieren vom Austausch mit den Eltern und der Chance, durch deren Erzählungen mehr über den Alltag mit dem autistischen Kind zu erfahren und diese Kenntnisse in das therapeutische Vorgehen einfließen zu lassen (▶ Kap. 25).

13.3 Der Aspekt der Nachhaltigkeit

Eine wichtige Leitlinie für die Autismus-Frühtherapie ist die grundlegende Bedeutung des frühen Beginns der Förderung, da hier die größten Entwicklungsfortschritte zu erzielen sind. Bei einer tiefgreifenden, nicht heilbaren Entwicklungsstörung, wie dem Autismus, ist jedoch davon auszugehen, dass die Schwere der Störung eine langjährige Förderung notwendig macht, die über das Vorschulalter hinausgeht (auch abhängig vom zeitlichen Einsetzen der frühen Interventionen innerhalb der Frühtherapiespanne). In den verschiedenen Entwicklungsspannen der Kinder bzw. Jugendlichen kann es ebenfalls notwendig sein, zu bestimmten Krisenzeiten – u. U. auch nur kurzzeitig – mit einer Autismustherapie oder der Beratung des Umfeldes wiedereinzusetzen. Dementsprechend sollte die Frühtherapie in ein therapeutisches Gesamtkonzept eingebettet sein. Das heißt, dass die Frühtherapie einerseits ein Weichen stellender Start in eine langjährige Förderung darstellt und andererseits sich aber auch in ein Gesamtkonzept einordnen lassen muss, in dem bei diesen jungen Kindern grundsätzlich die zukünftige Entwicklung mitgedacht wird.

Gerade aus der Kenntnis von Entwicklungsverläufen von der frühen Kindheit bis ins z. T. hohe Erwachsenenalter ist es wichtig, aufgrund einer ethischen Haltung zur Förderung von Menschen mit Autismus zu handeln (▶ Kap. 5). In der frühen Kindheit stehen oft drängende Fragen zur Sprachentwicklung oder zu bestimmten Verhaltensauffälligkeiten im Vordergrund und die Versuchung ist groß, hier rein trainingshafte Interventionen mit messbaren Therapieergebnissen (z. B. Erfassung von Einzelfähigkeiten, Entwicklung des IQs oder besuchte Schulform) bevorzugt einzusetzen. Erlebt man die Entwicklung vieler autistischer Menschen über lange Lebensspannen, wie es den beiden Herausgeberinnen möglich war, stellt man fest, dass Themen wie Lebensfreude und Lebenszufriedenheit sowie sich zugehörig zu anderen Menschen zu fühlen von grundlegender Wichtigkeit auch für Menschen mit Autismus sind (Rittmann, 2014). Manche erworbene Fähigkeit erweist sich im späteren Alltag des Menschen, als wenig bedeutungsvoll.

Wie beispielsweise bei Thorsten (frühkindlich autistisch mit einer leichten geistigen Behinderung), der in seiner Schulzeit, auf Wunsch seiner Eltern, sehr intensiv auf ein möglichst fehlerfreies Lesen, Schreiben und Rechnen trainiert wurde. Darin haben alle – der Betroffene selbst und sein Umfeld – viel Zeit und Energie investiert. Diese Ressourcen standen für andere Lernfelder nicht mehr zur Verfügung. Für seinen konkreten späteren Alltag in der Werkstatt für behinderte Menschen hatten diese Fähigkeiten wenig Relevanz. Im Gegenteil, die in der Kindheit erlernte Haltung, z. B. bloß keine Fehler zu machen, steht Thorsten eher im Wege, wenn ihm im Rahmen seines Arbeitsfeldes ein Fehler unterläuft. Er klagt sich dann selbst laut an, ist kaum zu beruhigen und fordert damit seine Arbeitskollegen in ihrer Toleranz heraus.

Dieses Bespiel macht deutlich, dass es nicht immer darum gehen sollte, den größtmöglichen Einzeleffekt in einem Entwicklungsbereich zu erreichen, sondern die Bedeutung einzelner Förderbereiche für die Gesamtentwicklung des Menschen mit seinen individuellen Kompetenzen im Auge zu behalten.

Dabei ist dringend zu beachten, wie viel Mühe und Anpassungsleistung es einen Menschen im Spektrum kostet, sich in Richtung neurotypischer Normalität zu entwickeln. Vor allem, wenn nur von ihm die Anpassungsleistung verlangt wird und die Gesellschaft (im politischen und zivilen Sinn) – auch in Zeiten der Inklusion und des Bundesteilhabegesetzes – sich nicht ausreichend an die besonderen Bedarfe von Menschen mit Behinderung anpasst. Um die Problematik zu verstehen, ist es wichtig, die Geschichten erwachsener Menschen mit – meist hochfunktionalem Autismus – zu kennen. In Selbsthilfegruppen und auch in der Literatur (Kohl, Seng & Gatti, 2017) wird immer wieder deutlich, dass viele der Betroffenen exzellent ausgebildet sind (häufig mehrere Hochschulabschlüsse haben), in ihrem Alltag jedoch – oft im Alter zwischen Mitte Dreißig bis Mitte Vierzig – von der fortwährenden Anpassungsleistung so erschöpft und ausgebrannt sind, dass sie manifeste Depressionen bis hin zu Suizidgedanken entwickeln. Die psychische Dauerbelastung bewirkt wiederum häufig den Verlust des Arbeitsplatzes und ein Angewiesensein auf Grundsicherung.

Eindrucksvoll sind auch Berichte erwachsener Menschen aus dem Spektrum, z. B. in den »Aspie-Foren« im Internet, die über die Qual mechanistischer, rein trainingshafter Verhaltenstherapien in Kindheit und Jugend berichten. Aus diesen einseitigen Programmen haben sie vorrangig die Botschaft erhalten, dass mit ihnen etwas nicht stimme und sie sich in überfordernder Weise verändern müssten. Berührend ist zu erfahren, wie lange diese Erfahrung die heute z. T. schon älteren Menschen belastet und sie im Einzelfall dazu motiviert, Fortbildungen zu halten, die in sehr differenzierter Weise den Selbsthilfeaspekt für die Betroffenen und für die Eltern in den Vordergrund stellen, wie z. B. der inzwischen 60-jährige Matthias Brien bei der Fortbildungsakademie von *autismus* Deutschland (2019). Aus den genannten Gründen ist es wichtig, schon in der Frühtherapie die gesamte Persönlichkeitsentwicklung des Menschen im Blick zu haben. Für den später Erwachsenen wird von großer Bedeutung sein, seine Stärken zu kennen und stolz auf sie sein zu können und sich somit als wertvollen Teil unserer Gesellschaft zu erleben.

13.4 Frühtherapie als Teil eines multimodalen Vorgehens

Autismus-Spektrum-Störungen sind auch im Vorschulalter in ihren Erscheinungsformen vielgestaltig und in ihrer Dynamik komplex (▶ Kap. 1). Als Interventionen werden in der Regel vor allem Methoden der Entwicklungsförderung zum Einsatz kommen, da es kaum sinnvolle Möglichkeiten gibt, in dieser frühen Entwicklungsspanne in biologisch-medizinischer Weise auf die Autismus-Spektrum-Störungen Einfluss zu nehmen.

Ausnahmen davon stellen einige Begleitstörungen des Autismus (▶ Kap. 3), wie z. B. eine Epilepsie (Behandlung mit Antiepileptika) und Schlafstörungen, dar, die gerade im jungen Alter für die Kinder selbst und deren Eltern eine große Belastung darstellen. Neben pädagogischen Einflussmöglichkeiten, die man zunächst ausschöpfen sollte, kann es sinnvoll sein, die mögliche Gabe von Melatonin mit dem Kinderarzt zu besprechen. Bei dem Stoff handelt es sich um ein körpereigenes Hormon, das das Schlafverhalten des Menschen steuert. Melatonin gilt als relativ sanftes Mittel; in den USA wird es in Supermärkten als Nahrungsergänzungsmittel verkauft. Durch den Einsatz zweier verschiedener Medikamentengruppen lassen sich sowohl Einschlaf- als auch Durchschlafstörungen positiv beeinflussen. Ist ein gutes Schlafverhalten erst einmal etabliert, kann man die Gabe von Melatonin meist zunächst reduzieren und dann ganz absetzen. Selbstverständlich ist von einer Selbstmedikation abzuraten. Die Substanz sollte nur in Absprache mit dem Kinderarzt oder Kinderpsychiater verabreicht werden.

Autismus-Spektrum-Störungen erfordern einen multimodal ausgerichteten Therapie- und Beratungsansatz, zu dem eine Vielzahl wissenschaftlich fundierter bzw. in der Praxis bewährter Methoden gehört (Rittmann, 2011; Bundesverband *autismus* Deutschland, 2017). Alle Versuche, das therapeutische Vorgehen mit dem Ziel einer Entwicklungsförderung auf eine Therapieform zu reduzieren, wird der Vielfältigkeit und Komplexität der Störung nicht gerecht. Das entspricht einer aktuellen Analyse von Patricia Howlin (2010), die zu dem Schluss kommt, dass es zurzeit keine einzelne Therapiemethode gibt, die für alle Kinder unter allen Bedingungen hilfreich ist. Um in diesem Sinne eine an den individuellen Bedarfen des Kindes und der Familie ausgerichtete Förderung anbieten zu können, gilt es einige Faktoren zu berücksichtigen.

13.4.1 Die unterschiedliche Ausprägung der Störung und die Ressourcen der Kinder

Ein multimodal ausgerichtetes Frühtherapiekonzept muss Vorgehensweisen und Methoden beinhalten, die zum einen auf 2- bis 3-jährige, nichtsprechende und intelligenzgeminderte Kinder zugeschnitten sind und zum anderen auch hochbegabten Autismusklienten im Vorschulalter gerecht werden. Dazu kommt, dass auch innerhalb einer diagnostischen Untergruppe die Ausprägungsgrade der Störung bei jedem Klienten sehr verschieden sein können. Manchmal steht die Störung der sozialen Interaktion, z. B. extreme Zurückgezogenheit, im Vordergrund. Im anderen Fall zeigt sich der Autismus besonders durch die Störung der Kommunikation, z. B. die fehlende Sprachentwicklung oder – im anderen Extrem – ein Redefluss, der monologisierend die Interessen der Spielpartner oder der Bezugspersonen vernachlässigt. Bezüglich des stereotypen Verhaltens können mannigfaltige ritualisierte Verhaltensweisen, z. B. Bestehen auf Gleichförmigkeit, das Leben der ganzen Familie stark beeinträchtigen (▶ Kap. 24). Die autismusspezifischen Wahrnehmungsverarbeitungsstörungen im Sinne von Über- und

Unterempfindlichkeiten quälen häufig die Kinder und belasten die Eltern. Hier sind vorrangig Überempfindlichkeiten, z. B. bei bestimmten Geräuschen, beim Tragen von Kleidung oder beim Essen, sowie Unterempfindlichkeiten, z. B. hinsichtlich eines herabgesetzten Temperatur- und Schmerzempfindens, zu nennen. Auch emotionale Schwierigkeiten, wie der Umgang mit Ängsten, Wut und Frustrationen, stellen Eltern oft vor besondere Herausforderungen.

Autistische Kinder verfügen auch über individuelle Ressourcen, die in der Entwicklungsförderung genutzt werden können. Frühkindlich autistische Kinder zeigen beispielsweise häufig Stärken bzgl. der motorischen Fähigkeiten, des Gedächtnisses und der räumlichen Orientierung. Die jungen Asperger-Klienten verfügen in der Regel über ein altersgemäß ungewöhnlich großes Sachwissen, besonders ihre persönlichen Interessen betreffend. Autistische Menschen verfügen oft auch über eine andere Wahrnehmungsorganisation (z. B. hohe Kompetenz in der Detailorientierung), die schon in der frühen Kindheit angelegt sein kann (▶ Kap. 1). Insgesamt ist es grundlegend in der Autismustherapie, die Spezialinteressen der Kinder, vorhandene Ressourcen und Fähigkeiten aufzuspüren und miteinzubeziehen.

Die unterschiedlichen Ausprägungen der Autismus-Spektrum-Störungen und die individuellen Stärken der Kinder haben somit Auswirkungen auf die Zielsetzungen und die Vorgehensweisen der Frühtherapie (Rittmann, 2011).

13.4.2 Die individuelle Entwicklung der Kinder

Zudem gilt es zu berücksichtigen, dass eine Autismustherapie im Bereich der Frühtherapie bzw. der Therapie in der anschließenden Grundschulzeit sich meist über mehrere Jahre erstreckt. In dieser Zeit durchläuft das Kind verschiedene Entwicklungsstadien. Die Anforderungen des Umfeldes verändern sich und es kommt vor, dass eine therapeutische Methode nicht mehr die Wirksamkeit zeigt wie zu Beginn.

Deshalb bedarf es auch innerhalb des Therapiezeitraums eines einzelnen Kindes der Bereitschaft des Therapeuten, seine Vorgehensweise einer stetigen Reflexion zu unterziehen, um sie weit möglichst am Entwicklungsstand des Kindes und den Erfordernissen des sozialen Umfeldes auszurichten. Ebenfalls kann es sinnvoll erscheinen, das einzeltherapeutische Setting durch die Hinzunahme eines weiteren Kindes zu erweitern. Dies ist in der Regel bei den meisten autistischen Kindern erst ab dem Vorschulalter eine sinnvolle Option.

Aus der allgemeinen Therapieforschung weiß man, dass auch das Temperament und die Persönlichkeit des Kindes berücksichtigt werden müssen. Wir begegnen oft ganz unterschiedlichen Persönlichkeiten im autistischen Spektrum. Ein hyperaktives, sehr exploratives Kind braucht andere therapeutische Angebote, als ein selbstgenügsames, wenig an seiner Umwelt interessiertes Kind. Methodenvielfalt erlaubt uns, nicht auf bekannte Standardinterventionen zu beharren (Rittmann, 2011).

13.4.3 Die individuellen Ressourcen der Eltern und die Einbeziehung der Geschwister

Da Autismus in allen Bevölkerungsschichten und Ländern gleichermaßen häufig vorkommt, lernen wir auch in der Frühtherapie Familien unterschiedlichster sozialer bzw. ökonomischer Herkunft und kultureller Hintergründe kennen. Häufig sind beide Eltern in der Entwicklungsförderung ihrer Kinder sehr engagiert, manchmal gibt es nur ein Elternteil, das alles bewältigen muss. Einige Familien erfahren viel Unterstützung durch die erweiterte Familie (Großeltern, Geschwister der Eltern) oder ihr nachbarschaftliches Umfeld und ihren Freundeskreis. Andere Familien leben eher isoliert und haben Sorge, dass das Bekanntwerden der Autismusdiagnose sie in ihrem Umfeld noch mehr ausgrenzen würde. Einige Eltern(-teile) sind hochmotiviert und verlangen nach kontinuierlichem fachlichem Input. Sie streben eine sehr aktive Rolle in der Förderung ihres Kindes an und brächen die Maßnahme ab, wenn wir sie in ihrer Mitarbeitsbereitschaft nicht ausreichend einbeziehen würden. Anders sieht es bei den Eltern aus, die aus Angst, in der Beziehung mit ihren Kindern nur erneut ihre Einflusslosigkeit zu erleben, die direkte und persönliche intensive Beschäftigung nahezu ganz aufgegeben haben. Ihnen gilt es Zugangswege aufzuzeigen und Methoden an die Hand zu geben, durch die sie wieder die Erfahrung von Selbstwirksamkeit machen können (▶ Kap. 22).

Nahezu alle Eltern benötigen fachliche (und menschliche) Unterstützung im Akzeptanzprozess der Behinderung ihres Kindes – aber auch in der Auseinandersetzung mit der oft sehr veränderten Lebensplanung die ganze Familie betreffend (▶ Kap. 21). Untersuchungen haben gezeigt, dass ein in dieser Hinsicht konstruktiv verlaufender persönlicher Prozess messbar positive Auswirkungen auf die Entwicklung des autistischen Kindes hat (Oppenheim, 2011).

Gibt es Geschwister in der Familie, ist es als Fachkraft wichtig, auch deren Entwicklung zu beachten. Sehr häufig haben Eltern ein schlechtes Gewissen, weil sie das Gefühl haben, sich aufgrund des autistischen Kindes nicht ausreichend um die weiteren Kinder kümmern zu können. Im Einzelfall machen sie sich auch große Sorgen um konkrete Verhaltensschwierigkeiten eines Kindes. Es kann wichtig sein, hierbei die Eltern zu beraten und ggf. die Geschwisterkinder (phasenweise) in die Therapie miteinzubeziehen (▶ Kap. 26). In einigen Fällen kann es notwendig sein, die Eltern bzgl. der Geschwister an andere Fachstellen zu vermitteln (▶ Kap. 1, ▶ Kap. 6.3.1).

13.4.4 Das Umfeld des Kindes und der Familie

Zur Autismus-Frühtherapie gehört des Weiteren eine intensive Umfeldarbeit (Beratung, Anleitung, Austausch, Moderation von »Runden Tischen« etc.), die sich auf alle Bereiche bezieht, die für das Kind und seine Familie wichtig sind, z. B. Kindergarten, weitere Therapeuten (z. B. Ergo- oder Physiotherapeuten), der behandelnde Kinder- und Jugendpsychiater etc. Ggf. kann man sich als Fachkraft in den jeweiligen Alltagssituationen (z. B. im Kindergarten) per Hospitation einen Eindruck verschaffen und kann so praxistaugliche Hilfen bei der sinnvollen Gestaltung des konkreten Umfeldes (im Anhang ▶ Therapieraumausstattung und ▶ Therapiematerialien und Medien) oder in Bezug auf pädagogische Maßnahmen bei Problemverhalten geben (▶ Kap. 28). Es ist sinnvoll, sehr konkret zu besprechen, welche Therapieziele in welcher Weise auch im Rahmen der Familie und des Kita-Alltags weiterverfolgt werden können (im Anhang ▶ Gelerntes auf den Alltag übertragen – Therapiefortschritte in der Familie und in der Kita verankern).

Die Gestaltung von Übergängen ist bei Kindern im Autismus-Spektrum meist eine besondere Herausforderung. Hier ist es z. B. wichtig, die Eingewöhnung in den Kindergarten und den Übergang vom Kindergarten in die Schule mit allen Beteiligten gut zu planen und vorzubereiten (▶ Kap. 29).

Literatur

Bundesverband *autismus* Deutschland e. V. (2017). *Leitlinien für die Arbeit in Autismus-Therapie-Zentren.* Hamburg.

Brien, M. (2019). *So helfe ich mir selbst. Autismus. FBA – Fortbildung Autismus. Programm 2019.* Hamburg: Bundesverband *autismus* Deutschland e. V.

Howlin, P. (2010). Evaluating psychological treatments for children with autism-spectrum disorders. *Advances in psychiatric treatment, 16,* 133–140.

Kohl, E., Seng, H. & Gatti. T. (Hrsg). (2017). *Typisch untypisch – Berufsbiografien von Asperger-Autisten: Individuelle Wege und vergleichbare Erfahrungen.* Stuttgart: Kohlhammer.

Rittmann, B. (2011). Das Multimodale Therapiemodell in der Autismustherapie am Beispiel des Hamburger Autismus Instituts. In Bundesverband *autismus* Deutschland e. V. (Hrsg.), *Inklusion von Menschen mit Autismus* (S. 245–262). Karlsruhe: Loeper.

Rittmann, B. (2014). Gruppentraining für Erwachsene mit hochfunktionalem Autismus. Ein praktischer Leitfaden für Konzeption und Durchführung. In Bundesverband *autismus* Deutschland e. V. (Hrsg.), *Autismus in Forschung und Gesellschaft* (S. 141–156). Karlsruhe: Loeper.

Oppenheim, D., Koren-Karie, N., Yirmiya, N. & Dolev, S. (2011). Welchen Einfluss haben die Einfühlsamkeit der Mutter und ihre Fähigkeit zur Verarbeitung der Diagnose auf die Bindungssicherheit autistisch gestörter Kinder? In K. H. Brisch (Hrsg.), *Bindung und frühe Störungen der Entwicklung* (S. 203–221). Stuttgart: Klett-Cotta.

Steinhaus, M. (2014). Gründung einer »Fachgruppe Therapie« innerhalb des Bundesverbandes Autismus Deutschland e. V. Bundesverband *autismus* Deutschland, *autismus*#78, 8–10.

Teufel, K., Wilker, Ch., Valerian, J. & Freitag, Ch. M. (2017). *A-FFIP – Autismusspezifische Therapie im Vorschulalter.* Heidelberg: Springer.

Tröster, H. (2018). *Eltern von Kindern mit Autismus-Spektrum-Störungen (ELKASS): Anforderungen, Belastungen und Ressourcen.* Zugriff am 11.01.2019 unter https://www.fk-reha.tu-dortmund.de/psychodiagnostik/cms/de/ELKASS/index.html

14 Rahmenbedingungen der Autismus-Frühtherapie

Barbara Rittmann

14.1	Rechtliche Grundlagen der Autismus-Therapie für junge Kinder	135
14.2	Alter der Kinder in der Frühtherapie	136
14.3	Beginn, Frequenz und Dauer	137
14.4	Settings	139
14.5	Qualifikation und Persönlichkeit der Therapeuten	140
14.6	Räume, Ausstattung und Spielmedien	141
14.7	Ablauf einer Frühtherapieeinheit	142
	Literatur	143

14.1 Rechtliche Grundlagen der Autismus-Therapie für junge Kinder

Nach § 2 SGB IX sind Autismus-Spektrum-Störungen als Behinderung zu verstehen, da sie vielfältige Beeinträchtigungen der Teilhabe am Leben in der Gesellschaft beinhalten. Autismus-Therapie ist demnach eine Leistung der Eingliederungshilfe, nicht der Krankenkassen (Frese, 2017).

Hinsichtlich der abschließenden rechtlichen Grundlagen befinden wir uns zurzeit in einer Übergangsphase. Einige Bereiche des Bundesteilhabegesetzes (BTHG) sind schon in Kraft getreten. Andere, wie die Neuregelung der gesamten Eingliederungshilfe als eigenständiges Leistungsgesetz innerhalb des SGB IX Teil 2, treten am 1.1.2020 in Kraft. Diese Veränderung betrifft vor allem die Ansprüche der Menschen mit Autismus auf Autismus-Therapie.

»Der Leistungszugang in die Eingliederungshilfe (§ 99 SGB IX-NEU) wird grundsätzlich überarbeitet. Er soll zum 01.01.2023 in Kraft treten und vorher wissenschaftlich untersucht und modellhaft erprobt werden. Bis dahin bleiben die jetzigen Regelungen in Kraft. (…) Nach vorläufiger Einschätzung ist nicht davon auszugehen, dass es durch einen geänderten Zugang zur Eingliederungshilfe künftig einen Wegfall von Leistungen für Menschen mit Autismus geben wird. Allerdings bleibt das Ergebnis einer wissenschaftlichen Untersuchung und modellhaften Erprobung bis zum 01.01.2023 abzuwarten« (Frese, 2017, S. 305).

Die Diagnose der Autismus-Spektrum-Störung erfolgt nach den Kriterien des jeweils gültigen ICD (Internationale statistische Klassifikation der Krankheiten und verwandter Gesundheitsprobleme), zurzeit (noch) der ICD-10 (Dilling & Mombour, 2015), meist in einer auf Autismus spezialisierten Kinder- und Jugendpsychiatrischen Praxis oder einer entsprechenden Abteilung einer Klinik (▶ Kap. 2). Um eine Kostenübernahme für eine Autismus-Therapie zu beantragen, ist in der Regel eine Begutachtung vom medizinischen Dienst der örtlichen Gesundheitsämter notwendig. Diese muss im

Ergebnis bescheinigen, dass das Kind zum unten genannten Personenkreis gehört und es sich nicht nur um eine vorübergehende Behinderung handelt. Mit dieser Bescheinigung können die Eltern dann eine Therapie für ihr Kind beantragen, der nach gültiger Rechtslage stattgegeben wird: »Die Autismustherapie ist in einem spezialisierten Autismus-Therapie-Zentrum als Eingliederungshilfe (Leistungsträger Sozial- oder Jugendhilfe) zu finanzieren« (Frese, 2017, S. 307).

Je nach Lebensspanne, in der sich das junge Kind befindet, kommen unterschiedliche Rechtsgrundlagen zum Zuge:

- Im Vorschulalter (hier ist das gesamte Alter der möglichen Frühtherapie gemeint, nicht nur die Zeit, in der das Kind eine Vorschule besucht) als Hilfe zur Teilhabe am Leben in der Gemeinschaft, § 54 Abs. 1 SGB XII i. V. m. § 55 SGB IX (i. d. F. bis 31.12.2017) bzw. i. V. m. § 35a SGB VIII, *ab 1.1.2020 Leistungen zur sozialen Teilhabe, § 113 SGB IX;*
- Kinder im Vorschulalter können in Einzelfällen auch »Hilfen zur angemessenen Schulbildung … einschließlich der Vorbereitung hierzu …« beanspruchen, § 54 Abs. 1 Satz 1 Nr. 1 SGB XII bzw. i. V. m. § 35a SGB VIII, *ab 1.1.2020 Leistungen zur Teilhabe an Bildung, insbesondere § 112 Abs. 1 Satz 1 Nr. 1 SGB IX »Hilfen zu einer Schulbildung«;*
- im Schulalter als Hilfe zur angemessenen Schulbildung, § 54 Abs. 1 Satz 1 Nr. 1 SGB XII bzw. i. V. m. § 35a SGB VIII, *ab 1.1.2020 Leistungen zur Teilhabe an Bildung, insbesondere § 112 Abs. 1 Satz 1 Nr. 1 SGB IX »Hilfen zu einer Schulbildung«.*

Die derzeitigen Rechtsgrundlagen werden entsprechend ab 1.1.2020 also auch im SGB IX-NEU (Neuregelung der Eingliederungshilfe) enthalten sein.

In der Praxis heißt das in der Regel, dass bis zur Einschulung die Beantragung der Kostenübernahme für eine Autismus-Therapie bei den zuständigen Sozialämtern erfolgen sollte. Ab Einschulung kann die Zuständigkeit zum Jugendamt wandern, nämlich in der Regel dann, wenn das betreffende Kind mit Autismus keine Beeinträchtigung der kognitiven Fähigkeiten aufweist.

Auch wenn das Vorliegen einer Autismus-Spektrum-Störung mit einer Teilhabeeinschränkung ein Recht auf eine Autismus-Therapie beinhaltet, müssen bedauerlicherweise immer noch Eltern ihre Rechte per Widerspruch oder Klage durchsetzen und verlieren dabei oft wertvolle Zeit[29].

14.2 Alter der Kinder in der Frühtherapie

Ähnlich wie in der rechtlichen Zuordnung ist die Zeitspanne, in der eine Autismus-Therapie als Frühtherapie eingeordnet wird, bzgl. des Endes meist durch das Ende der Vorschulzeit, also einem Lebensalter der Kinder von ca. 6 Jahren, definiert. Beginnen sollte die Therapie möglichst bald nach der Autismusdiagnose, was durch das größere Wissen der Fachkräfte

---

29 Zur weiteren Vertiefung in die Rechtgrundlagen bzgl. der Autismus-Spektrum-Störungen bzw. bei Menschen mit Behinderung sind viele aktuelle Informationen auf der Homepage vom Bundesverband *autismus* deutschland e. V. zu finden:
    https://www.autismus.de/recht-und-gesellschaft/rechtsratgeber-merkblaetter.html

und die verbesserten Diagnoseverfahren grundsätzlich ab einem Alter von 1½ bis 2 Jahren möglich wäre. In diesem Alter ist die Diagnose sogar besonders stabil: »Bei der Diagnose einer Autismus-Spektrum-Störung zwischen dem Alter von zwei bis sechs Jahren ist die diagnostische Stabilität etwas niedriger als bei einer Diagnose einer Autismus-Spektrum-Störung vor dem Alter von zwei Jahren« (AWMF, 2016, S. 179). Leider wird die Diagnose in Deutschland immer noch deutlich später gestellt, bei Kindern mit frühkindlichem Autismus mit durchschnittlich 6 Jahren, bei denen mit hochfunktionalem Autismus/Asperger-Syndrom erst mit 9 Jahren (▶ Kap. 1). Somit werden viele Kinder erst mit oder nach der Einschulung diagnostiziert und nur ein Teil kommt in den Genuss der Frühtherapie. Die jüngsten Kinder in unseren Frühtherapie-Programmen sind in der Regel zwischen 2 bis 3 Jahren, Kinder unter 2 Jahren noch die ganz große Ausnahme, obwohl sie in diesem Alter schon sehr von den frühen autismusspezifischen Interventionen profitieren würden. Auch im Alter unter 3 Jahren scheuen sich noch viele Diagnostiker, eine abschließende Diagnose zu stellen, vor allem wenn die Kinder aus mehrfachbelasteten Familien (z. B., Trauma-, Deprivations-, Migrations- oder Flüchtlingshintergrund) kommen, da in diesen Fällen zahlreiche Begleitstörungen auftreten können und sich diese Symptome in der Gesamtschau schwerer von einer Autismus-Spektrum-Störung abgrenzen lassen (▶ Kap. 3). Mehrsprachigkeit in Elternhaus und Umfeld können zu einer späteren Sprachentwicklung führen, die sich – in Kombination mit einzelnen oben erwähnten Belastungsfaktoren – in diesem frühen Alter ebenfalls nicht immer sicher von einer Autismus-Spektrum-Störung unterscheiden lässt. Hier wäre es wünschenswert, dass eine Verdachtsdiagnose, die beispielsweise nach einem Jahr erneut überprüft würde, zur Kostenübernahme einer Frühtherapie ausreichen würde, die bei den – ja auf alle Fälle auffälligen – Kindern insgesamt die Entwicklung der Kinder unterstützen würde. Eine Kostenübernahme des Amtes aufgrund einer Verdachtsdiagnose beginnt sich erfreulicherweise immer mehr durchzusetzen.

Damit sind die meisten der Kinder in der Frühtherapie heutzutage noch zwischen 4 bis 6 Jahren und verbringen damit oft nur relativ kurze Zeit in dieser speziellen Maßnahme.

Es zeigt sich, dass auch die Autismus-Therapiezentren durch eine intensive Aufklärungsarbeit dazu beitragen können, dass die Diagnose früher gestellt wird. Aufklärungsmaterialien, wie z. B. Früherkennungszeichen der Autismus-Spektrum-Störungen auf der Homepage (Autismus-Therapie-Institut Langen, 2018) und ein Aufklärungsflyer mit den Frühsymptomen für den frühkindlichen Autismus und das Asperger-Syndrom helfen, die Symptome ins Bewusstsein der Diagnostiker zu bringen (Hamburger Autismus Institut, 2018).

14.3 Beginn, Frequenz und Dauer

Die Mehrzahl der Experten ist sich einig, dass bei jungen Kindern mit Autismus die Therapie nach erfolgter Diagnose zeitnah einsetzen sollte und die Frequenz der Therapiestunden für das Kind und die Beratung für die Eltern bzw. das Umfeld höher sein sollten, als in späteren Lebensspannen.

Die meisten Therapiezentren versuchen, die Kinder im Bereich der Frühtherapie sehr zeitnah zu versorgen, da sie den besonderen Druck, den die Eltern kurz nach der frühen Diagnose erleben, gut kennen und den Familien eine schnelle Hilfe bieten wollen. Idealerweise erhalten die Familien schon wenige

Monate nach der Kostenübernahmeerklärung des Amtes einen Therapieplatz. Ist das im Einzelfall nicht möglich, erweisen sich Elterntrainings (▶ Kap. 23) als gute Einstiegsmöglichkeit. Auch fachlich moderierte Angehörigengruppen und Informationsveranstaltungen können eine Wartezeit auf einen Therapieplatz konstruktiv überbrücken helfen (Hamburger Autismus Institut, 2018).

Auch wenn sich die Fachkräfte einig sind, dass die Frequenz der Therapie- bzw. Beratungsstunden pro Woche bei jungen autistischen Kindern im Frühtherapiebereich erhöht sein sollte, gibt es durchaus unterschiedliche Auffassungen, welche Frequenz angemessen ist. Aus dem Bereich ABA (Applied Behavior Analysis) und anderen eher trainingshaft ausgerichteten Therapiemethoden werden oft Frequenzen von 20 bis 40 Wochenstunden gefordert. Bei genauerem Hinsehen fällt jedoch auf, dass hier eine spezielle Definition von »Therapiestunde« zugrunde liegt, denn als »Therapeuten« werden in der Regel Studenten, fachfremde Personen oder die Eltern eingesetzt, die in weiten Abständen von Fachkräften supervidiert werden. Neben der diskussionswürdigen Frage, ob man Eltern als Co-Therapeuten einsetzen sollte (▶ Kap. 23.1.1), wissen wir aus Erfahrung, dass eine solch intensive Maßnahme nur von einem kleinen Teil der Elternschaft umgesetzt werden könnte. Dazu kommt, dass neuere Forschungsergebnisse in Bezug auf die Frühtherapie deutliche Hinweise dafür geben, dass nicht die Frequenz der kindbezogenen Therapiestunden den Therapieerfolg ausmachen. Studien haben gezeigt, dass Frühinterventionen von 2 bis 4 Therapiestunden die Woche, in die die Eltern intensiv eingebunden sind (individuell und/oder im Rahmen eines Gruppen-Elterntraining) (▶ Kap. 21, ▶ Kap. 23), und ein regelmäßiger Austausch mit den Erziehern in der Kita und ggf. weiteren Fachtherapeuten ähnliche Effekte zeitigen wie die oben erwähnten hochfrequenten Formen (Döringer, 2017; Kitzerow, J. et.al., 2014). Dies entspricht auch unseren Erkenntnissen in den Autismus-Therapiezentren, wo wir aus Gründen einer begrenzten Kostenübernahme selten mehr als 4 Therapiestunden in der Woche zur Verfügung haben, jedoch gute Erfolge erzielen und eine hohe Zufriedenheit der Eltern mit der Autismus-Therapie allgemein nachweisen können (Rickert-Bolg, 2017). Die Erfahrung zeigt uns, dass wir die Entwicklung der jungen Kinder mit Autismus dann besonders positiv beeinflussen können, wenn wir mit der Aufklärung und der Beratung der Eltern, unterstützt durch den Einsatz von videogestützten Methoden, (▶ Kap. 22) eine Veränderung ihrer Haltung zum Autismus ihres Kindes bewirken können (▶ Kap. 21).

Wie lange die therapeutische Intervention pro Termin sein sollte, hängt wesentlich vom Alter des Kindes, seiner Mitarbeitsbereitschaft und seiner Fähigkeit, sich auf die Förderinhalte konzentrieren zu können, ab. In der Regel ist eine Stunde pro Termin für Kinder bis 3 Jahren angemessen. Ältere Kinder können oft eine vielseitig gestaltete Doppelstunde gut nutzen.

Autismus-Spektrum-Störungen bedürfen als tiefgreifenden Entwicklungsstörungen (ICD-10) einer langfristigen Behandlung. Entsprechend geht es bei der Therapie nicht um isolierte Funktionstrainings, sondern um komplexe Maßnahmen zur Eingliederung und Teilhabe von Kindern. In der Stellungnahme des Bundesverbands *autismus* Deutschland wird dazu informiert:

»Um ein solches komplex angelegtes Förder- und Beratungsangebot in einem ambulanten Rahmen realisieren zu können, sind ausreichende zeitliche Ressourcen erforderlich: Die Maßnahmen müssen zum einen langfristig angelegt sein (i. d. R. über mehrere Jahre). Zum anderen sollte ein zeitlicher Rahmen zur Verfügung stehen, der ein regelmäßiges und intensives Arbeiten ermöglicht. Der Umfang der Therapie pro Woche und die Gesamtdauer müssen sich nach den Erfordernissen des Einzelfalls richten« (Bundesverband *autismus* Deutschland e. V., 2018, S. 2).

Damit wird deutlich gemacht, dass die Frequenz pro Woche und die Dauer der Therapie insgesamt sich im Zweifelsfall nach den Bedarfen jeder einzelnen Familie ausrichten müssen. Abhängig vom Zeitpunkt des Beginns der Frühtherapie ist somit davon auszugehen, dass die autismusspezifische Behandlung in die Zeit der Einschulung hineinreichen wird. Durch das möglichst frühe Einsetzen einer autismusspezifischen Therapie gehen wir jedoch davon aus, dass für die Entwicklung der Kinder mehr erreicht werden und sich die Therapie- und Beratungsdauer in späteren Lebensspannen u. U. verkürzen kann. Auch Eltern lernen früh mit dem Autismus ihres Kindes umzugehen, entwickeln weniger Schuldgefühle und können in späteren Lebensspannen dieses Wissen wieder abrufen.

Nach Abschluss dieser ersten Therapiejahre kann es in der weiteren Entwicklung zu Situationen kommen (z. B. bei Transitionssituationen wie Pubertät, Auszug von zuhause), die eine Krisenintervention oder eine Wiederaufnahme der Therapie oder Beratung notwendig machen. Hier wäre es hilfreich, wenn dieser Wiederaufnahmenotwendigkeit von den Kostenträgern (in der Regel die Sozial- und Jugendämter) kurzfristig und unbürokratisch entsprochen werden könnte. Mit der Zuversicht, schnell wieder Hilfe zu erhalten, würde es manchen Eltern leichter fallen, die Therapie für ihre Kinder zu einem früheren Zeitpunkt vorerst zu beenden.

14.4 Settings

Welches Setting (Einzeltherapie des Kindes, Elternberatung, Elterntraining, Umfeldberatung etc.) in welcher Situation das geeignete ist, hängt von unterschiedlichen Möglichkeiten auf Eltern- und Einrichtungsseite ab.

Ein paar Leitlinien gibt es jedoch:

- Grundsätzlich sollten Eltern in der Frühtherapie stark in die Therapie einbezogen werden, das heißt, dass sie in der Regel bei der Therapie anwesend oder in anderer Weise eingebunden sind. Das kann bedeuten, dass sie zeigen, wie sie sich mit ihrem Kind beschäftigen, der Therapeut Rückmeldung gibt und ggf. die Interaktion anleitet. Oder der Therapeut bringt das Kind in bestimmte Fördersituationen und regt beim zuschauenden Elternteil Ideen an, wie sie Ähnliches in Alltagssituationen zu Hause übernehmen können. In der Regel wird nur ein Elternteil regelmäßig teilnehmen können. Es ist wichtig zu besprechen, wie das andere Elternteil informiert werden kann, damit es für die Förderung des gemeinsamen Kindes »ins Boot geholt« werden kann.
- Je jünger das Kind ist, desto wichtiger ist es, die Eltern besonders stark in die Förderung einzubeziehen. Bei Kindern unter 3 Jahren, ist es ggf. sinnvoll zunächst hauptsächlich mit den Eltern zu arbeiten, damit die Lernfortschritte in einer möglichst natürlichen Umgebung stattfinden und dem Kind wenig Generalisierungsleistungen abverlangt werden.
- Bei Kindern im Vorschulalter (zwischen 5–6 Jahren) kann es zielführend sein, Therapiestunden ohne die Anwesenheit der Eltern zu gestalten, da dies zur Vorbereitung auf die größere Selbständigkeit dienen kann, die mit der Einschulung gefordert wird. Auch haben Eltern, die u. U. schon länger an einem Frühtherapieprogramm teilgenommen haben, oft schon genug Anregungen erhalten, so dass

sie die »kinderfreie« Stunde als Entspannung gerne genießen.
- Bei Schwierigkeiten, die sich schwerpunktmäßig in der Interaktion zwischen Kind und Eltern zeigen, kann es zu Beginn der Behandlung von grundlegender Bedeutung sein, mit unseren Hilfestellungen vorrangig auf diese Problematik zu fokussieren, ggf. auch über Videomodelling (► Kap. 22). Denn eine gelingende Eltern-Kind-Interaktion ist eine wichtige Grundlage dafür, dass die Förderbemühungen der Eltern das Kind erreichen.

Im Rahmen des Hamburger START-Programms der Autismus-Frühtherapie (Hamburger Autismus Institut, 2018a) sind jeder Familie in der Regel je 2 Therapeuten zugeteilt. Ein Therapeut ordnet sich schwerpunktmäßig dem Kind, der andere den Eltern zu. Je nach aktuellem Bedarf sind bei einigen Terminen beide Therapeuten anwesend. In diesem Setting teilen sich die Therapeuten nach jeweiliger Zuständigkeit auf und widmen sich entweder der Einzeltherapie mit dem Kind oder der Elternberatung. Dieses Setting ermöglicht einen sehr zeitnahen und transparenten Austausch über die jeweiligen Ebenen der Frühtherapie und ist für die hochbelasteten Familien sehr zeitökonomisch, da sie nur einen Termin organisieren müssen.

Manchmal kann es sehr zielführend sein, phasenweise eng mit der oder auch in der Kita-Einrichtung, die das Kind besucht, frühtherapeutisch tätig zu sein. So kann man das autismusspezifische Wissen auf eine nachhaltige Weise in die Einrichtung tragen und oft auch konzeptuelle oder räumliche Einflussfaktoren positiv beeinflussen. Der gemeinsame Austausch bzgl. des Erlebens des Therapiekindes in der Gruppe hilft ebenfalls, die Ziele der Frühtherapie an der Lebenswirklichkeit des Kindes auszurichten.

Wenn bestimmte Thematiken sehr problematisch, aber nicht oder nur schwer per direkter Anschauung zu vermitteln sind (wie z. B. eine Einschlafproblematik) kann auch auf Homevideos zurückgegriffen werden. Wenn Eltern keine Angst vor Kritik oder gar Bloßstellung haben müssen, setzen sie unserer Erfahrung nach gerne dieses Medium ein. Sie haben auf diese Weise die Möglichkeit, uns ihre alltäglichen Beschwernisse eindrucksvoll zu veranschaulichen.

14.5 Qualifikation und Persönlichkeit der Therapeuten

Wenn man mit jungen Kindern mit Autismus-Spektrum-Störungen arbeitet, braucht man fundierte Kenntnisse der Entwicklungspsychologie und der verschiedenen Methoden der Frühtherapie. Natürlich ist es auch sehr hilfreich, offen und interessiert neuen Methoden gegenüber zu sein, die unsere Arbeit bereichern, aber oft auch anspruchsvoll in der Aneignung sind, wie z. B. das Early Start Denver Model (ESDM) (Rittmann, 2017).

Ebenso wichtig ist jedoch, Freude an der Entwicklung junger Kinder zu haben und eine große Spielfreude in sich zu tragen, mit der man die Kinder für die angebotenen Aktivitäten begeistern kann. Es ist gut, wenn man keine Scheu empfindet, alle Äußerungen dem Kind gegenüber »groß zu machen«, in einer Weise, die einem Außenstehenden vielleicht übertrieben vorkommt. Auch kommen in der Frühtherapie oft Phasen vor, in denen man lange ähnliche, einfache Aktivitäten mit dem Kind ausführt. Hier über Kreativität zu verfügen und fantasievoll neue Variationen einflechten zu können, lässt beim Therapeuten eine größere Zufriedenheit entstehen. Frühtherapie ist in vielen Aspekten sehr körperbezogen, das heißt, der Therapeut sollte keine Vorbehalte haben, die Kinder anzufassen, zu drücken und ggf. durch die Luft zu wirbeln. Dabei ist es natürlich selbstverständlich, sensibel die Grenzen, die die Situation erfordert bzw. das Kind setzt, zu respektieren.

Auch die Eltern genießen es in der Regel, wenn es dem Therapeuten gelingt, einen warmherzigen Kontakt zu dem Kind herzustellen. Das macht es den Eltern leichter, sich zu öffnen, problematische Situationen anzusprechen und Hilfe anzunehmen. Hochbelastete Eltern bringen den Therapeuten jedoch auch manchmal an den Rand der Hilflosigkeit, dieses Gefühl kann sich dann bei Fortbestehen in Ärger umwandeln. In der Eltern- und Umfeldarbeit ist es von Nutzen, Erfahrungen in der Beratungsarbeit allgemein zu haben und in einem Umfeld zu arbeiten, in dem es leicht ist, sich selbst Hilfe und Beratung, z. B. in Form von Supervision, zu holen.

14.6 Räume, Ausstattung und Spielmedien

Nachfolgende Schilderung ist für Räume und Materialsammlungen in einer Therapieeinrichtung mit ihren professionellen Möglichkeiten formuliert. Ähnliche Bedingungen sind oft in Kindergärten vorhanden. Im häuslichen Umfeld wird man v. a. bzgl. der Zuordnung einzelner Aktivitäten zu einzelnen Räumen oder Raumteilen bei großen Räumen sicherlich Abstriche machen müssen. Grundlegende Ideen, z. B. die Reizfülle zu begrenzen, lassen sich aber auch im häuslichen Umfeld gut umsetzen.

Die Therapieräume in der Frühtherapie sollten hinsichtlich der Raumaufteilung eine klare Struktur erkennen lassen und von der Fülle der Medien eher reizarm gestaltet sein. Das heißt, große Räume werden sinnvollerweise in verschiedene Areale unterteilt, die unterschiedlichen Tätigkeiten zu geordnet sind, beispielsweise:

- Bereiche fürs *Ausziehen und Anziehen* können kleine Stühle (»Hallo-Stuhl«) oder Bänke kombiniert mit einer niedrig gehängten Garderobenleiste sein, wo das Kind lernen kann, seine Schuhe und seine Jacke an- und auszuziehen.
- Bereiche für *motorische Aktivitäten* verfügen über viel freie Fläche oder dort ist eine Schaukel oder ein Klettergerüst o. Ä. installiert.
- Bereiche für *Brettspiele* o. Ä. sind durch einen Tisch mit Stühlen gekennzeichnet.
- Bereiche für *ruhige Beschäftigungen*, wie ein Buch anschauen, laden durch Sitzsäcke oder eine Kuschelecke ein.
- Bereiche zum *Einnehmen eines Snacks* befinden sich am Esstisch, auf dem ein Platz-Set mit Konturen für Teller, Becher etc. liegt.

Die verschiedenen Aktivitätsbereiche sollten durch Piktogramme, die die jeweiligen Tätigkeiten darstellen, z. B. mit Hilfe des METACOM-Systems (Kitzinger, 2018), gekennzeichnet sein und idealerweise durch unterschiedliche Farbgebungen voneinander abgesetzt sein (im Anhang ▶ Hilfen durch Visualisierung). Falls nötig kann man mit Raumteilern (Regalen, Paravents o. Ä.) arbeiten, um die Ablenkungen für das Kind zu reduzieren. Hat man keinen großen Raum zur Verfügung, ist es schön, verschiedene Räume für verschiedene Aktivitäten nutzen zu können, analog zur Beschreibung oben. Das bietet zusätzlich noch die Möglichkeit, die für das autistische Kind oft schwierigen Übergänge von einem zum anderen Raum zu üben.

Reizarm sollten die Räume sein, damit das ggf. wahrnehmungsgestörte Kind eine ruhige Lernumgebung vorfindet. Reizarm heißt jedoch nicht ungemütlich. Warme Farbtöne wirken entspannend auf die Psyche und unterstützen das Wohlbefinden auch von Kindern mit Autismus. Weiche anschmiegsame Oberflächen lassen das Kind Dinge gerne anfassen. Lustige, vielleicht aus den Medien bekannte Figuren, erleichtern es dem Kind an die neue Situation anzuknüpfen. Bei der Bestückung mit Spielmedien ist es jedoch wichtig, dass nicht zu viele Dinge den Raum unübersichtlich machen. Es hat sich bewährt, viele Medien nicht in offenen Regalen zu lagern, sondern in abschließbare Schränken. Für die konkrete Therapiestunde ist dann ein einzelnes Regalbrett an der Wand nützlich, etwas über der Greifhöhe des Kindes, das man für die jeweilige Situation mit verschiedenen ausgewählten Spielmedien bestücken kann. Die Tatsache, dass das Kind die Dinge zwar sehen, aber nicht selbst danach greifen kann, erhöht die Notwendigkeit zur gestischen (zeigen) oder verbalen Kommunikation. Auch transparente Schachteln und Kästen (mit attraktivem Inhalt), die vom Kind nicht allein zu öffnen sind, erfüllen einen ähnlichen Zweck. Als geeignete Spielmedien für die Autismus-Frühtherapie eignen sich viele der üblichen Medien aus der Frühförderung (Rogers & Dawson, 2014). Allerdings sollten sie auch an den (Spezial-)Interessen des jeweiligen Kindes ausgerichtet sein (im Anhang ▸ Therapieraumausstattung und ▸ Therapiematerialien und Medien).

Bei der Möblierung des Therapieraums ist darauf zu achten, dass sich die Kinder z. B. hinsichtlich der Sitz- und Tischhöhe sicher fühlen und sich überall möglichst selbständig bewegen können. Dazu dient z. B. ein Stuhl, auf den das Kind selbst klettern kann und beim Sitzen den Füßen Halt gibt. Die Möbel sollten über eine ausreichende Stabilität verfügen und abgerundete Kanten haben, um die Verletzungsgefahr zu minimieren. Für die Snackpause ist es sinnvoll Geschirr aus Kunststoff zur Verfügung zu haben, damit die Kinder gefahrlos beim Essen experimentieren können.

14.7 Ablauf einer Frühtherapieeinheit

Die Aufmerksamkeitspanne junger Kinder ist noch kurz – je jünger die Kinder, desto kürzer sollten die einzelnen Intervalle sein. Das kann bedeuten, dass man mit 2 bis 3 Minuten je Aktivität beginnt, diese dann allmählich auf 10 Minuten oder länger ausdehnen kann. Verschiedenartige Aktivitäten sollten aufeinander folgen, so dass das Kind stets angeregt wird, aber auch lernt, nach einer Phase körperlicher Aktivität wieder zur Ruhe zu kommen. Es sollten sich Aktivitäten, in denen ein Spielmedium im Mittelpunkt steht, mit solchen abwechseln, die eher körperbezogen oder sensorisch-sozial sein. Diese Form der Rhythmisierung gibt dem Kind Sicherheit, da sie die Abläufe vorhersehbar macht, ggf. auch durch Visualisierung (im Anhang ▸ Hilfen durch Visualisierung). Ein typischer Ablauf einer einstündigen Therapiestunde könnte so aussehen (▸ Tab. 14.1):

Das Ziel hinsichtlich der einzelnen Förderinhalte ist es auf Dauer, diese mehr und mehr miteinander zu verknüpfen, so dass immer komplexere Handlungsabläufe entstehen und man stets verschiedene Förderbereiche gleichzeitig im Fokus hat. Beispielsweise kann man mit einem Kind, das Fische sehr gerne mag, ein Bilderbuch mit Fischen anschauen, sie malen und sich anschließend bei einem Angelspiel abwechseln. Dabei fördert man die

Entwicklungsbereiche (soziale) Kommunikation, geteilte Aufmerksamkeit, Sozialverhalten, Feinmotorik, Imitation und Spielverhalten (Rittmann, 2017).

Tab. 14.1: Beispielhafter Ablauf einer ca. einstündigen Therapiestunde (angeregt durch Rogers & Dawson, 2014)

Aktivität	Ort der Aktivität	Beschreibung der Aktivität	Lernziele
Begrüßung, Ausziehen	»Hallo-Stuhl« oder »Hallo-Teppich«; Bänkchen zum Schuhe ausziehen	Begrüßungslied mit Bewegungen, Schuhe ausziehen	Soziale Kommunikation, Selbständigkeit, Imitation
Mit einem Spielmedium	Spielteppich	Hämmerchenspiel	Feinmotorik, Kognition, Imitation, soziale Kommunikation
Sensorisch sozial	Tisch, stehend	Wattebausch abwechselnd pusten	Kommunikation, geteilte Aufmerksamkeit, Spielverhalten, Mundmotorik
Motorische Aktivität	Schaukel	Auf der Schaukel nach Blickkontakt Anschub erhalten	Grobmotorik, (non-verbale) Kommunikation
Mit einem Spielmedium	Tisch, sitzend	Einfaches Puzzle, nach Interesse des Kindes	Feinmotorik, Kognition, Spielverhalten, Kommunikation
Sensorisch sozial	Spielteppich, stehend	Seifenblasen zerplatzen und zertreten	Sozialverhalten, Kommunikation, Imitation
Snackpause	Tisch, sitzend	Süße und salzige Keksstückchen sich wünschen oder ablehnen	Selbständigkeit, Kommunikation, Sozialverhalten, Feinmotorik
Motorische Aktivität	Spielteppich, stehend	Durchsichtigen Therapieball mit kleinen Kugeln drin hin- und herrollen	Sozialverhalten, Kommunikation, Imitation, Grobmotorik,
Bücher	Sitzsack, sitzend	Bilderbuch mit Tasten für Tierlaute oder Schiebmöglichkeiten	Kommunikation, geteilte Aufmerksamkeit, Sozialverhalten
Verabschiedung, Anziehen	»Hallo-Stuhl« oder »Hallo-Teppich«; Bänkchen zum Schuheanziehen	Abschiedslied mit Bewegungen, Schuhe anziehen	Soziale Kommunikation, Selbständigkeit, Imitation

Literatur

Autismus-Therapieinstitut Langen (2018). Checklisten zur Früherkennung im Rahmen der Vorsorgeuntersuchungen. Zugriff am 25.07.2018 unter www.autismus-langen.de unter Angebote

Checklisten AWMF online (2016). Langfassung der Leitlinie Autismus-Spektrum-Störungen im Kindes-, Jugend- und Erwachsenenalter, Teil 1: Diagnostik; Zugriff am 01.08.2018 auf www.awmf.org/leitlinien/detail/ll/028-018.html

Bundesverband *autismus* Deutschland e. V. (2018). Positionspapier Stundenumfang Autismustherapie. Zugriff am 05.08.2018 unter https://www.autismus.de/fileadmin/user_upload/StundenumfangTherapie17.05.2018.pdf

Dilling, H. & Mombour, W. (Hrsg.) (2015). *Internationale Klassifikation psychischer Störungen: ICD–10. Kapitel V (F) – Klinisch-diagnostische Leitlinien.* Göttingen: Hogrefe

Döringer, I. (2017). Zur Diskussion der Wirksamkeit von Autismus-Therapien. In B. Rittmann & W. Rickert-Bolg (Hrsg.), *Autismus-Therapie in der Praxis. Methoden, Vorgehensweisen, Falldarstellungen* (S. 285–294). Stuttgart: Kohlhammer.

Frese, Ch. (2017). Rechte von Menschen mit Autismus unter Berücksichtigung des Bundesteilhabegesetzes (BTHG). In B. Rittmann & W. Rickert-Bolg (Hrsg.), *Autismus-Therapie in der Praxis. Methoden, Vorgehensweisen, Falldarstellungen* Stuttgart: Kohlhammer.

Häußler, A. (2016). *Der TEACCH-Ansatz zur Förderung von Menschen mit Autismus: Einführung in Theorie und Praxis.* Dortmund: Modernes Lernen.

Hamburger Autismus Institut (2018a). Hamburger Start Programm (Flyer) und Früherkennung Asperger-Syndrom (Flyer). Zugriff am 05.08.2018 unter www.autismus-institut.de/literatur-publikationen-flyer-etc/flyer/

Hamburger Autismus Institut (2018b). Info und Beratungsangebote. Zugriff am 05.08.2018 unter www.autismus-institut.de/veranstaltungen/

Kitzinger, A. (2018). METACOM 8. Zugriff am 05.08.2018 unter www.metacom-symbole.de

Kitzerow, J., Wilker, Ch., Teufel, K, Soll, S., Schneider, M., Westerwald, E., Sachse, M., Marinović, V., Berndt, K., Valerian, J., Feineis-Matthews, S. & Freitag, Ch. M. (2014). Das Frankfurter Frühinterventionsprogramm (FFIP) für Vorschulkinder mit Autismus-Spektrum-Störungen (ASS). *Kindheit und Entwicklung, 23*(1), 34–41.

Rickert-Bolg, W. (2017). Evaluation der Arbeit von Autismus-Zentren. In B. Rittmann & W. Rickert-Bolg (Hrsg.), *Autismus-Therapie in der Praxis. Methoden, Vorgehensweisen, Falldarstellungen* (S. 303–316). Stuttgart: Kohlhammer.

Rittmann, B. (2017). Das Early Start Denver Model (ESDM) – eine neue Methode bereichert die Frühinterventionskonzepte unserer Autismus-Therapiezentren. In B. Rittmann & W. Rickert-Bolg (Hrsg.), *Autismus-Therapie in der Praxis. Methoden, Vorgehensweisen, Falldarstellungen* (S. 139–153). Stuttgart: Kohlhammer.

Rogers, S. J. & Dawson, G. (2014). *Frühintervention für Kinder mit Autismus. Das Early Start Denver Model.* Bern: Hans Huber.

Teil IV Methodisches Vorgehen in der Frühtherapie beim Kind

15 Basismethoden

Barbara Rittmann

15.1 Konzeptuelle Überlegungen 147
15.2 Basismethoden der Frühtherapie 148
    15.2.1 Early Start Denver Model (ESDM) 148
    15.2.2 Exkurs: Einsatz von Verstärkern 149
    15.2.3 Relationship Development Intervention (RDI) 151
    15.2.4 Differenzielle Beziehungstherapie (DBT) 151
    15.2.5 Aufmerksamkeits-Interaktions-Therapie (AIT) 151
    15.2.6 Strukturierungs- und Visualisierungshilfen nach TEACCH 152
Literatur 152

15.1 Konzeptuelle Überlegungen

Das hier geschilderte Vorgehen bezieht sich auf Erfahrungen, die mit dem Hamburger START-Programm der Autismus-Frühtherapie gesammelt wurden. Wie bereits bei der Schilderung des multimodalen Vorgehens (▶ Kap. 13.4) dargelegt, beziehen wir uns auf verschiedene bewährte Methoden der Autismus-Frühförderung, wie sie ebenfalls in anderen Autismus-Therapiezentren in Deutschland angewandt werden (Rittmann, 2011). Neben den unten geschilderten Basismethoden setzen wir weitere Methoden ein, mit denen wir einzelne Kinder besonders gut erreichen können, wie z. B. die Sensorische Integrationstherapie (Ayres, 2016), die Floortime-Methode (Greenspan & Wieder, 2009) oder das therapeutische Figurenspiel (Gauda & Zirnsak, 2014). In der praktischen Anwendung hat es sich i. d. R. bewährt, die Methoden nicht abgegrenzt voneinander anzuwenden, sondern sie an den Bedarfen des Kindes orientiert miteinander zu kombinieren. Eine häufig geforderte »Methodenreinheit« übergeht unserer Erfahrung nach die individuellen Bedarfe des Kindes. Allerdings setzt die Fähigkeit, bewährte Methoden miteinander zu kombinieren, fundiertes autismusspezifisches Wissen und eine ausreichende Erfahrung mit den verschiedenen Methoden voraus. Durch die hohe Spezialisierung verfügen die Therapeuten der Autismus-Therapiezentren in Deutschland über diese fachliche Souveränität.

15.2 Basismethoden der Frühtherapie

In der Frühtherapie sollten vor allem Methoden zum Einsatz kommen, die die Entwicklungsbereiche Interaktion und Kommunikation ins Zentrum der Förderung stellen, da diese als wichtigste Grundlagen für kommende Entwicklungsschritte gelten. Um die Wirksamkeit der Methoden sicherzustellen, ist es wichtig, dass sie verhaltenstherapeutische Erkenntnisse berücksichtigen. Diese Voraussetzungen erfüllt in besonderer Weise das unten geschilderte, aus den USA stammende Early Start Denver Model, das seine Wurzeln in einigen ebenfalls im englischsprachigen Raum bekannte Methoden hat (Rogers & Dawson, 2014). Im deutschsprachigen Bereich kennen wir zusätzlich die Methoden Aufmerksamkeits-Interaktions-Therapie (Hartmann, 2011), die Differenzielle Beziehungstherapie (Rittmann, 2017a), das TEACCH-Konzept (Häußler, 2016) (▶ Kap. 19) und die Videoanalyse in Anlehnung an Marte Meo (Bünder et. al., 2009) (▶ Kap. 22). Diese Methoden lassen sich ebenfalls gut in ein interaktionsbasiertes Frühtherapiekonzept einbetten. Als konzeptuelle Bereicherung werden auch die Konzepte aus der Bindungstheorie (Brisch, 2009) eingeschätzt (▶ Kap. 8).

An dieser Stelle werden kurz die auf die Einzelförderung des Kindes bezogenen grundlegenden Methoden der Frühtherapie beschrieben. In den nachfolgenden Kapiteln erfährt man mehr über deren Anwendung in den verschiedenen Förderbereichen, auch anhand zahlreicher Fallvignetten und einer ausführlichen Falldarstellung. Nahezu alle Methoden (Ausnahme: RDI) sind für den Einsatz von therapeutischen oder pädagogischen Fachkräften entwickelt worden. Bestimmte Vorgehensweisen, Methoden und Strategien können jedoch auch von den Eltern gut übernommen und in den Alltag mit eingeflochten werden.

15.2.1 Early Start Denver Model (ESDM)

Das ESDM (Rogers & Dawson, 2014) ist ein in den USA entwickeltes Frühtherapiemodell, das 2014 auf Deutsch publiziert wurde, aber schon seit 2010 der Fachwelt im englischen Original bekannt ist. Es stößt auf großes Interesse in der Autismus-Frühförderung, da es durch eine sehr gut strukturierte Vorgehensweise einen neuen Rahmen bietet, das vorhandene Erfahrungswissen der Autismus-Therapie-Zentren gezielter anzuwenden (Rittmann, 2017b).

Es handelt sich um ein evaluiertes Förderprogramm für sehr junge autistische Kinder (18–48 Monate), das sich einige Erkenntnisse von ABA/VB (Applied Behavior Analysis/Verbal Behavior) zunutze macht. Dazu gehört z. B. die Erfahrung, dass es bei der Therapie autistischer Kinder oft wichtig ist, für die vom Kind begehrten Gegenstände oder gewünschten Aktivitäten eine zentrale »Vermittlerrolle« innezuhaben. Das bedeutet, dass das Kind in Interaktion oder Kommunikation treten muss, um sein Ziel zu erreichen. Im Unterschied zu einigen Vorgehensweisen von ABA/VB, die auch wesentlich mit Techniken des Abbaus unerwünschten Verhaltens arbeiten (z. B. Löschen, Time Out, ggf. Bestrafung), legt das ESDM den Fokus auf den Aufbau von Verhaltenskompetenzen und bettet alle Interventionen in einen interaktions- und kommunikationsorientierten Ansatz ein. Das ESDM weist Ähnlichkeiten mit Methoden wie Relationship Development Intervention (RDI) (Gutstein, 2002) und Floortime (DIR) (Greenspan, 2009) auf. Die Autorinnen des ESDM gehen davon aus, dass man nur dann nachhaltige und für das Kind bedeutungsvolle Erfolge erzielen wird, wenn man das Kind in positiver Weise emotional involviert:

»Schließlich haben die letzten Jahrzehnte der Säuglingsforschung offenbart, dass ungeachtet der Tatsache, dass Säuglinge »statistische Lernende« sind, sie dennoch nicht wie kleine Computer funktionieren, die mit jeglichen Informationen aus der Umwelt »gefüttert« werden können. Im Gegenteil, damit Säuglinge Schlussfolgerung ziehen und Lernprozesse bewerkstelligen können, ist es von essenzieller Bedeutung, dass sie an ihrer Umwelt aktiv und affektiv interessiert sind. Zum Beispiel ist mittlerweile bekannt, dass sich die übliche Entwicklung der Sprachwahrnehmung in einem affektiv reichen und sozial interaktiven Kontext abspielt, indem der Säugling seine Aufmerksamkeit auf diejenigen Informationsquellen richtet, der als sozial lohnenswert erachtet. … [Es] ist … hilfreich, die Spracherfahrung des Säuglings in einen sozial interaktiven Kontext einzubetten, um eine altersübliche Sprachwahrnehmung auszubilden und zu fördern.« (Rogers & Dawson, 2014, S. 23)

Und weiter in Bezug auf junge autistische Kinder:

»Folglich muss sich ein Interventionsansatz beziehungsweise ein Förderprogramm für ein Kind, dass augenscheinlich wenig Interesse an seiner sozialen Umwelt zeigt, als einer der ersten Schritte der Therapiestrategie dieser für die weitere Entwicklung fundamentalen Voraussetzungen widmen.« (Rogers & Dawson, 2014, S. 23)

Das ESDM verbindet ein verhaltenstherapeutisch ausgerichtetes Vorgehen mit interaktionsbasierten Ansätzen. Ihm liegt eine komplexe neuropsychologische Grundlage zur Erklärung des Autismus zugrunde und seine Wirksamkeit wurde wissenschaftlich evaluiert. Es bietet ein hochstrukturiertes Manual in Form von umfangreichen Checklisten zur Erhebung des Entwicklungsstandes des Kindes für neun verschiedene Entwicklungsdomänen. Die wichtigsten Entwicklungsdomänen sind Imitation, nonverbale Kommunikation (inklusive geteilter Aufmerksamkeit), verbale Kommunikation, soziale Entwicklung (inklusive geteilte Emotionen) und Spielverhalten. Der Entwicklungsstand des Kindes wird anhand von vier verschiedenen Leistungsstufen eingeordnet. Auf diese Weise werden vergleichbare Daten erhoben, die es möglich machen, die Fortschritte des Kindes im Behandlungszeitraum zu dokumentieren. Zusätzlich zum Therapeuten werden auch die Einschätzungen der nahen Bezugspersonen (Eltern und Kita-Erzieher) erfasst.

Des Weiteren überzeugt das ESDM durch ein gut strukturiertes und praxisorientiertes Interventionsprogramm, das die Förderung der Interaktion ins Zentrum der Therapie setzt. Im Gegensatz zu einigen Formen eher mechanistischer autismusspezifischer Verhaltenstherapieansätze, wird beim ESDM darauf geachtet, dass das autistische Kind in den Therapiesituationen stets positiv emotional involviert wird und die vermittelten Inhalte für das Kind – bezogen auf die konkret von ihm erlebte Situation – bedeutungsvoll sind. Die Förderung soll in einer für das Kind möglichst natürlichen Umgebung stattfinden. Dadurch wird sichergestellt, dass das Kind das Erlernte leicht in seinen Alltag integrieren kann. Neben der Einzeltherapie wird auch der Beratung der Eltern, für die ein eigener Elternratgeber herausgegeben wurde (Rogers, Dawson & Vismara, 2016), und dem weiteren Umfeld ein großer Wert beigemessen.

Auch wenn die Autorinnen des ESDM seine Anwendung auf Kinder bis zum vollendeten 4. Lebensjahr begrenzen, gehen viele Fachleute der Autismus-Therapiezentren in Deutschland davon aus, dass auch ältere Kinder sowohl vom Assessment als auch von den Fördermethoden profitieren würden. Das betrifft vor allem autistischen Kindern zwischen 4 bis 6 Jahren mit deutlicher kognitiver Beeinträchtigung.

15.2.2 Exkurs: Einsatz von Verstärkern

Verstärker müssen für das einzelne Kind einen belohnenden Effekt haben, sonst wirken sie nicht. Deshalb ist jeweils genau zu beobachten, welche Verstärker bei dem entsprechenden Kind wirken oder auf Dauer Wirkung entfalten. Autistische Kinder reagieren besonders positiv auf Verstärker, die auf ihre Spezialinteressen Bezug nehmen, auch wenn sie ungewöhnlicher Art sein können (wie z. B. Glühbirnen). In einer interaktionsbasierten Förderung, wie dem ESDM, werden in der Regel weniger materielle, sondern vor allem soziale und handlungsbezogene Verstärker eingesetzt, bei Kindern im Vorschulalter bzw. mit hochfunktionalem Autismus auch symbolische Verstärker. Denn die emphatisch geäußerte Freude der Bezugsperson (sozialer Verstärker), bspw. über eine gelungene Spielhandlung, nimmt unmittelbar auf die Interaktionssituation Bezug und vertieft sie emotional, was wiederum die Motivation, sie erneut zu erleben, steigert. Einem Kind für eine gelungene Interaktion ein Gummibärchen (materieller Verstärker) in den Mund zu schieben, trennt stattdessen das Therapieziel und die Art des Verstärkers voneinander, so dass es für das Kind schwerer ist, beides aufeinander zu beziehen. Schaut man sich Videos an, in denen vor allem mit materiellen Verstärkern gearbeitet wird, kann man beobachten, dass sich das Kind mit der Zeit weniger auf die Interaktion konzentriert, sondern immer früher nach dem erwarteten Verstärker (Nahrungsmittel, Lieblingsgegenstand etc.) Ausschau hält. Materielle Verstärker im Sinne von Spielmaterial, wie z. B. ein Kreisel, können dann sinnvoll eingesetzt werden, wenn sie in die Spielhandlung mit einbezogen sind, wie z. B. bei einer Fördereinheit, in der man das Abwechseln übt (▶ Kap. 20). Materielle Verstärker im Sinne von Nahrungsmitteln sollten nur zur Bewältigung besonders krisenhafter Situationen eingesetzt werden, wie z. B. bei besonders Kontakt abwehrenden Kindern zu Beginn der Therapie. In der »Snackpause«, als Teil der therapeutischen Interventionen, haben die Nahrungsmittel selbstverständlich eine natürliche Funktion und lassen sich dort auch sehr gut als Verstärker einbauen (▶ Tab. 15.1, ▶ Kap. 14.7).

Tab. 15.1: Verstärkerarten mit Beispielen

Materielle Verstärker	Handlungsverstärker	Soziale Verstärker	Symbolische Verstärker
Nahrungsmittel, z. B.: Saft, Trinkjoghurt, Gummibärchen, kl. Salzbrezeln, Keksstückchen, Popcorn, Rosinen, Nüsse etc. *Spielmaterial, wie. z B.:* Lieblingsspielzeug, kl. Kreisel, Spinner, Flummis, Glitzerstäbe, Effektspielzeuge (die leuchten, vibrieren, Geräusche machen oder ferngesteuert sind), Flummis etc.	Seifenblasen, Luftballons aufblasen, Luftschlangen oder Wattebausch (über Tischplatte) blasen, Schaukeln, Hängematte, Trampolinspringen, Bällebad, Rutsche, (Tier-/Fahrzeug- etc.), Geräusche machen, Singen, Sing- und Bewegungsspiele etc.	Aufmerksamkeit geben, Freude zeigen: dabei die Gefühle »großmachen« (Begeisterung deutlich zeigen mit hoher Stimmlage), Kitzeln, hochwerfen, drehen, Fangen spielen, Guck-Guck-Spiele, Wasserspiele, Eincremen und Massieren, Sing- und Fingerspiele mit Berührung etc.	Material an den jeweiligen Spezialinteressen orientiert (z. B. Kastanien, Steinchen, Haargummis, Glühbirnen etc.), Teile eines Lieblingsgegenstandes zur allmählichen Vervollständigung (z. B. Überraschungsei), einzelne Puzzelteile, die zusammen ein Lieblingsbild ergeben, Smileys, Sticker, Stempel, Münzen etc.

Das ESDM gewinnt in der Frühtherapie kontinuierlich an Bedeutung, auch weil es ein sehr umfassendes Erfassungs- und Förderkonzept anbietet, während die unten aufgeführten Methoden eher Teilbereiche des Entwicklungsspektrums in den Mittelpunkt setzen. Nichtsdestotrotz bieten sie ebenfalls interessante und kreative Ansätze zur Förderung.

15.2.3 Relationship Development Intervention (RDI)

Bei der RDI (Gutstein & Wieder, 2002) wird besonders Wert daraufgelegt, Situationen herbeizuführen, in denen geteilte Freude am gemeinsamen Tun, z. B. durch äußerst expressive, empathische mimische und körpersprachliche Reaktionen, erlebt wird. In die entstandenen Interaktionssituationen werden dann Variationen eingeführt, um die Flexibilisierung des Kindes zu fördern. So wird bspw. ein Ballspiel, das zunächst immer gleichen Regeln und Zeitabläufen folgt (Sicherheit herstellen), mit der Zeit variiert (Ball höher/schneller werfen, werfen verzögern, Ball in Nachbargrundstück fallen lassen und den Nachbarn um Rückgabe bitten etc.). Auf diese Weise wird dem Kind allmählich mehr Flexibilität abverlangt und es kann neue Lernerfahrungen machen. Gelingt es dem Förderer, für das Kind eine gute Balance zwischen Sicherheit und »produktiver Unsicherheit« herzustellen, entsteht eine – für das Kind lustvoll erlebte – gemeinsame »Co-Regulation« (wechselseitiges aufeinander Abstimmen). Die vom Kind erlebte Sicherheit in der Interaktion führt zur Abnahme von Stereotypien, Ritualen und Fixierungen auf Spezialthemen und zur Öffnung des Kindes für mehr dynamische Lernerfahrungen, z. B. Freude an der Überraschung und Neugierde. Das RDI ist als Methode so konzipiert, dass es in vielen familiären Alltagssituationen von den Eltern auf einfache Weise eingesetzt werden kann.

15.2.4 Differenzielle Beziehungstherapie (DBT)

Ein zentrales Element der DBT (Janetzke, 1991) ist das Element des »Sich-funktionalisieren-Lassens«. Ausgehend davon, dass autistische Kinder sich vorrangig mit der gegenständlichen Welt beschäftigen, weil sie so vorhersehbar ist und zuverlässig funktioniert, begibt sich der Therapeut bei der DBT in Konkurrenz mit diesen Eigenschaften, um Sicherheit zu signalisieren und für das Kind ausreichend interessant zu werden. Er nimmt übergangshalber die für das Kind so attraktiven und beruhigenden Eigenschaften von – kontrollierbaren – Gegenständen an (z. B. auf ein mimisches oder akustisches Signal hin, Seifenblasen zu pusten). Ein weiteres wichtiges Element der DTB ist das »In-Vorleistung-Gehen«. Das bedeutet, dass man über längere Phasen in der Therapie beim Kind zunächst das kompensiert, was es selber noch nicht leisten kann (in Handlungen, in der Sprache etc.). Wenn das Kind sich wohl fühlt und die Situation genießt und voller positiver Erwartungen ist, kann man es riskieren, die erbrachten »Vorleistungen« verzögert einzubringen und damit das Kind dazu zu bringen, selbst aktiv zu werden. Durch diese Interventionen empfindet es das Kind auf Dauer als attraktiver, andere Menschen in seine Aktivitäten oder Interessen einzubeziehen, als sich mit der gegenständlichen Welt oder alleine zu beschäftigen (Rittmann, 2017a). Im Gegensatz zu stärker verhaltenstherapeutisch ausgerichteten Vorgehensweisen wird bei der DBT auf eine schnelles »Prompten« (Hilfestellungen geben, z. B. durch Handführen) verzichtet. Man geht davon aus, dass – wenn man das beschriebene Vorgehen dem Kind lange genug anbietet – es aus eigener Motivation mitmachen möchte. Die auf diese Weise entstandene intrinsische Motivation wird als nachhaltiger angesehen, als das Kind von außen per Hilfestellung »zu beschleunigen«.

15.2.5 Aufmerksamkeits-Interaktions-Therapie (AIT)

Die AIT misst der Achtsamkeit des Therapeuten für die oft sehr versteckten Signale des Kindes eine besondere Bedeutung zu. Der Therapeut nimmt sich besonders zu Beginn der Therapie viel Zeit, das Kind in seinem Verhalten, seinen Interessen und seinen Vorlieben zu beobachten und kennenzulernen (Hartmann, 2011). Dem Therapeuten wird z. B. empfohlen, das stereotype Verhalten des Kindes selbst auszuprobieren, um zu erfahren, was das Kind dabei empfinden könnte. Die AIT enthält Methoden, wie das Spiegeln kindlicher Verhaltensweisen (z. B. unter Einsatz des Parallelspiels), und in bestimmten Fällen paradoxe Interventionen, um die Aufmerksamkeit des Kindes zu erhalten oder festgefahrene Situationen zu flexibilisieren. AIT hat sich ganz besonders bei der Behandlung selbstverletzenden Verhaltens bewährt (Hartmann & Jakobs, 1993).

15.2.6 Strukturierungs- und Visualisierungshilfen nach TEACCH

Zentrales Ziel eines Vorgehens **nach TEACCH** (Häußler, 2016) ist es, eine dem autistischen Menschen angemessene Umgebung mit für ihn bedeutungsvollen Handlungs- und Orientierungsmöglichkeiten zu schaffen, z. B. Bildkarten an Schranktüren, Piktogramme zu Verhaltensverabredungen etc., so dass er sich als handelnder Partner mit eigenen Wünsche und Vorlieben artikulieren kann. Unter Berücksichtigung von individuellen Spezialinteressen wird anhand von Bildkarten und Ablaufplänen Struktur und Orientierung in Raum und Zeit geboten und die Ausbildung von konstruktiver Routine, z. B. morgendliches Anziehen, Zähneputzen etc., gefördert (im Anhang ▶ Hilfen durch Visualisierung). Die TEACCH-Methode mit dem Einsatz der Bildkarten eignet sich in der Frühtherapie besonders dazu, dem Kind einen Überblick über das zu geben, was es erwartet, z. B. die verschiedenen Aktivitäten in der Therapiestunde, im Kindergarten etc. (▶ Kap. 19).

Literatur

Ayres, J. (2016). *Bausteine der kindlichen Entwicklung. Sensorische Integration verstehen und anwenden*. Heidelberg: Springer.
Bünder, P., Sirringhaus-Bünder, A. & Helfer, A. (2015). *Lehrbuch der MarteMeo-Methode: Entwicklungsförderung mit Videounterstützung*. Göttingen: Vandenhoeck & Ruprecht.
Gauda, G. & Zirnsak, A. (2014). *Wege aus dem Labyrinth: Figurenspiel mit autistischen Kindern*. Norderstedt: Books on demand.
Greenspan, St. I. & Wieder, S. (2009). *Engaging autism: Using the floortime approach to help children relate, communicate, and think*. Boston: Da Capo Press.
Gutstein, St. (2002). *Relationship Development Intervention with Young Children*. Philadelphia: Jessica Kinsley.
Hartmann, H. (2011). *Erweiterte Aufmerksamkeits-Interaktions-Therapie. AIT: Kleines Lehrbuch der modernen Autismus-Therapie mit dialogischem Schwerpunkt*. Tübingen: Dgvt.
Hartmann, H. & Jakobs, G. (1993). Das »Dialogische Prinzip« bei der Behandlung von Aggression, Autoaggression und Autismus. In K. Hennicke & W. Rotthaus (Hrsg.), *Psychotherapie und Geistige Behinderung* (S. 36–50). Dortmund: Modernes Lernen.
Häußler, A. (2016). *Der TEACCH-Ansatz zur Förderung von Menschen mit Autismus: Einführung in Theorie und Praxis*. Dortmund: Modernes Lernen.
Janetzke, H. (1991). Leitlinien therapeutischer Arbeit. In *Tagungsbericht der 7. Bundestagung Düsseldorf 1991 Autismus Deutschland*, 50–65.
Rittmann, B. (2011). Das Multimodale Therapiemodell in der Autismustherapie am Beispiel des Hamburger Autismus Instituts. In Bundesverband *autismus* Deutschland e. V. (Hrsg.), *Inklu-

sion von Menschen mit Autismus (S. 245–262). Karlsruhe: Loeper.

Rittmann, B. (2017a). Die Differentielle Beziehungstherapie in der Autismustherapie. In B. Rittmann & W. Rickert-Bolg (Hrsg.), *Autismus-Therapie in der Praxis. Methoden, Vorgehensweisen, Falldarstellungen* (S. 71–81). Stuttgart: Kohlhammer.

Rittmann, B. (2017b). Das Early Start Denver Model (ESDM) – eine neue Methode bereichert die Frühinterventionskonzepte unserer Autismus-Therapiezentren. In B. Rittmann & W. Rickert-Bolg (Hrsg.), *Autismus-Therapie in der Praxis. Methoden, Vorgehensweisen, Falldarstellungen* (S. 139–153). Stuttgart: Kohlhammer.

Rogers, S. J. & Dawson, G. (2014). *Frühintervention für Kinder mit Autismus. Das Early Start Denver Model*. Bern: Hans Huber.

Rogers, S. J., Dawson, G. & Vismara, L. A. (2016). *Frühe Förderung für Ihr Kind mit Autismus. Das Early Start Denver Model in der Praxis*. Paderborn: Junfermann.

16   Therapieplanung und Methoden der Evaluation

Barbara Rittmann

Der konkreten Therapieplanung geht ein sorgfältiger Diagnoseprozess voraus (▶ Kap. 2). Kap. 2). Hier werden ggf. weitere Indikationen gestellt, die zusätzlich zu den im Weiteren geschilderten pädagogisch-therapeutischen Interventionen auch medikamentöse Einflussnahmen (z. B. bei Epilepsie) oder bspw. eine spezielle physiotherapeutische Förderung beinhalten können (▶ Kap. 3).

Bevor man das autistische Kind kennenlernt, wird man in der Regel ein längeres Gespräch mit den Eltern verabreden, in dem man eine Vielzahl von Informationen erhält, die einem Hinweise über den Entwicklungsstand und Förderziele geben. Hierbei ist es wichtig, den Zielen der Eltern große Beachtung zu geben. Für sie ist oft der Abbau besonders belastender Verhaltensweisen, wie Schlafstörungen oder herausforderndes Verhalten, vorrangig (▶ Kap. 24). Für die Therapeuten steht in der Regel eher der Aufbau von Kompetenzen im Vordergrund, da sie wissen, dass sich hierdurch die belastenden Verhaltensweisen meist reduzieren. Für den gelingenden Anfang einer Frühtherapie ist es wichtig, den Wünschen und Nöten der Eltern mit viel Verständnis zu begegnen und für die besonders belastenden häuslichen Situationen nach wirkungsvollen Lösungen zu suchen. Genauso wichtig ist es, bei den Eltern ein Verständnis dafür zu wecken, dass das Erreichen mancher Meilensteine der Entwicklung, wie z. B. der Verbalsprache, bestimmter Voraussetzungen beim Kind bedarf. Das kann bedeuten, dass das Ziel »Verbalspracherwerb« nicht direkt angesteuert werden kann, da das Kind vorher noch andere Kompetenzen erlangen muss, wie in diesem Beispiel die Fähigkeit zur Aufmerksamkeit und Imitation (▶ Kap. 23.2.4). Eine in diesem Sinne gute Abstimmung über die ggf. verschiedenen Blickwinkel und möglichen Förderziele ist eine wesentliche Voraussetzung für eine gelingende Frühtherapie.

Die auf diese Weise mit den Eltern zusammen vorkonzipierte Therapieplanung wird mit dem Kennenlernen des Kindes konkretisiert. Um den Entwicklungsstand des Kindes sehr differenziert zu erheben, eignen sich z. B. die »Checklisten« aus dem Early Start Denver Model (ESDM) (Rogers & Dawson, 2014). Mit ihrer Hilfe kann man den Stand der Entwicklung des Kindes nach neun verschiedenen Entwicklungsbereichen erheben. Dazu gehören Kommunikation (rezeptiv/expressiv), soziale Fertigkeiten, Imitation, Kognition, Spielverhalten, Motorik (Fein- und Grobmotorik), Verhalten und Selbstversorgung. Des Weiteren kann man mit ihnen auch die Entwicklungsfortschritte dokumentieren, die im Laufe der Therapie erreicht werden. Die Checklisten gliedern sich in vier mögliche Leistungsstufen. Jede Leistungsstufe enthält sehr ausdifferenzierte Items (die 4. Leistungsstufe beinhaltet z. B. insgesamt mehr als 120 Items für alle Entwicklungsbereiche). Je nach Leistungsstufe des Kindes kommen Kategorien, wie beispielsweise »geteilte Aufmerksamkeit«, dazu.

Beispiele der umfangreichen Items aus der ESDM-Checkliste:

Stufe 1:   expressive Kommunikation: »Setzt Zeigegeste ein, um eine Auswahl zwischen zwei Gegenständen auszudrücken.«

Imitation: »Kind beobachtet imitierenden Erwachsenen bei parallelem Spiel mit Spielsachen und interagiert mit ihm«.

Stufe 2: expressive Kommunikation: »Kind verwendet gezielte Zeichen oder Gesten mit Vokalisation zur Kommunikation (bitten, fertig, teilen, Hilfe, protestieren).«
Imitation: »Imitiert mit kleinen Figuren symbolische Spielhandlungen an sich selbst oder an Partner«.

Stufe 3: rezeptive Kommunikation: »Antwortet angemessen auf Ja-/Nein-Fragen in Bezug auf seine Vorlieben.«
Spielverhalten: »Kind verbindet mindestens 3 zusammenhängende Handlungen zu einem Spielverlauf«.

Stufe 4: rezeptive Kommunikation: »Folgt kurzen Geschichten aufmerksam und versteht Teile der Geschichten. Antwortet auf ›Was‹- und ›Wo‹-Fragen«.
Spielverhalten: »Wählt im Rollenspiel einen Charakter und spielt diesen bis zum Ende durch« (Rogers u. Dawson, 2014, S. 293 ff.).

Alle Items der Checklisten sind operationalisiert, so dass durch die verschiedenen »Förderer« (bspw. Therapeut, Eltern, andere Bezugspersonen) in den vorgesehenen Spalten der Listen vergleichbare Einschätzungen erhoben werden können. Dadurch werden Fortschritte des Kindes in den unterschiedlichen Alltagsbereichen deutlich, aber auch Bereiche, die noch besonders gefördert werden sollten. Anhand der Checklisten kann man sich mit allen Bezugspersonen gemeinsam über die bisherigen Erfolge und die noch fehlenden Kompetenzen des Kindes abstimmen. Die verschiedenen Bezugspersonen können über die Weitergabe von »Erfolgsstrategien« die Entwicklung des Kindes gemeinsam voranbringen.

Wenn man anhand der Checklisten regelmäßig den Förderstand erhebt (empfohlen wird alle 12 Wochen), kann man ein langfristiges Entwicklungsprofil erstellen und diese Daten auch zur Forschung nutzen.

Wenn man nicht in einer Einrichtung arbeitet, die zusätzliche Zeit für Erhebung und Auswertung der Daten zur Verfügung hat, ist es jedoch auch gut vorstellbar, den Entwicklungsstand mit weitmaschigeren Erhebungsinstrumenten und in größeren Abständen zu erheben (Kitzerow et. al, 2014). Das setzt jedoch viel Erfahrung bei den Therapeuten in der frühen Förderung von Kindern mit Autismus voraus (Rittmann, 2017).

Literatur

Kitzerow, J., Wilker, Ch., Teufel, K, Soll, S., Schneider, M., Westerwald, E., Sachse, M., Marinović, V., Berndt, K., Valerian, J., Feineis-Matthews, S. & Freitag, Ch. M. (2014). Das Frankfurter Frühinterventionsprogramm (FFIP) für Vorschulkinder mit Autismus-Spektrum-Störungen (ASS). *Kindheit und Entwicklung, 23*(1), 34–41.

Rittmann, B. (2017). Das Early Start Denver Model (ESDM) – eine neue Methode bereichert die Frühinterventionskonzepte unserer Autismus-Therapiezentren. In B. Rittmann & W. Rickert-Bolg (Hrsg.), *Autismus-Therapie in der Praxis. Methoden, Vorgehensweisen, Falldarstellungen* (S. 139–153). Stuttgart: Kohlhammer.

Rogers, S. J. & Dawson, G. (2014). *Frühintervention für Kinder mit Autismus. Das Early Start Denver Model.* Deutschsprachige Ausgabe herausgegeben von D. Holzinger. Bern: Hans Huber

17 Bedeutung des Behandlungsbeginns für eine gelingende Interaktion

Barbara Rittmann

Die Belastung für Familien mit jungen Kindern mit Autismus ist bei Behandlungsbeginn in der Regel besonders groß, da sie in der Regel erst vor kurzem von der Diagnose erfahren haben. Für die Eltern geht der Diagnosestellung meist eine Phase starker Besorgnis und Verunsicherung bzgl. des eigenen Erziehungsverhaltens voraus. Die Diagnose wird einerseits als Entlastung (»Endlich wissen wir, was mit unserem Kind los ist!«), andererseits aber auch als große Herausforderung mit der Gefahr der Traumatisierung mit den typischen Begleiterscheinungen, wie psychischer Dekompensation (öfter die Mütter) bzw. Verleugnung oder Abspaltung (häufiger die Väter), empfunden. Die Zukunftsperspektive verändert sich für die betroffenen Familien dramatisch (▶ Kap. 11, ▶ Kap. 12) und es entstehen viele Fragen sowie das Bedürfnis, das Beste für sein Kind tun und keine Zeit verlieren zu wollen. Der Behandlungsbeginn sollte somit besonders auf die Bedürfnisse dieser Familien abgestimmt sein.

Das Ziel sollte sein, den Eltern ein ausbalanciertes Maß an konstruktiven Förder- und Entlastungsstrategien anzubieten sowie ein entwicklungsförderndes Elternverhalten im Alltag und eine stabile emotionale Bindung zwischen Eltern und Kind zu unterstützen. Damit helfen wir, ein ausgewogenes Verhältnis zwischen Förderung des Kindes und Akzeptanz für die Behinderung herzustellen.

Durch einen intensiv gestalteten Einstieg in die Frühtherapie (▶ Kap. 14.3) bewirken wir in der Regel gleich zu Beginn deutlich wahrnehmbare Veränderungen im Verhalten der Kinder, wodurch wir wiederum eine hohe Therapiemotivation und Mitarbeitsbereitschaft (Compliance) der Eltern erreichen. Beim gesamten Vorgehen wird besonders auf eine gute Übertragbarkeit in das familiäre und erweiterte Umfeld geachtet (▶ Kap. 21). Videoaufnahmen (während der Anleitungsphasen in der Therapie sowie in häuslichen Situationen) dienen der Selbstreflexion der Eltern – auch indem sie mithilfe der Therapeuten entdecken können, was alles schon gut klappt (▶ Kap. 22). Zusätzlich geben wir psychoedukativer Hilfestellungen (Aufklärung über die Autismus-Spektrum-Störung, Verhaltensanleitung) u. a. in Elterntrainings (▶ Kap. 23).

Zu Beginn einer Behandlung steht ganz wesentlich der Aufbau einer vom Kind als emotional positiv und aktivierend empfundenen Interaktion zum Therapeuten. Auf dieser Grundlage finden in der Folge alle Interventionen statt. Die Förderung der Schlüsselkompetenzen, d. h. der Fähigkeit, auf die verbalen und nonverbalen Signale der Kommunikationspartner zu achten, sich daran zu orientieren und darüber eine gemeinsame Aufmerksamkeit entstehen zu lassen, wird als Grundlage für weitere Lernschritte angesehen.

> »Autistische Kinder haben keine angeborene Präferenz für das menschliche Gegenüber. Sie ziehen oftmals die Beschäftigung mit Gegenständen oder Spezialinteressen vor. Aufgrund dessen lernen sie nicht in ausreichendem Maße, die wichtigen verbalen und nonverbalen Signale des Gegenübers zu beachten. Betroffen davon ist beispielsweise der Spracherwerb des Kindes, da er auf dem Austausch zwischen Baby und Eltern basiert. Sprache rastet gewissermaßen in die Interaktionen und wechselseitige Abstimmung zwischen Eltern und Kind ein (Hobson, 2003).

…. Der zwischenmenschliche Austausch kommt in der Interaktion mit Kindern mit Autismus nur unzureichend zum Tragen. Es entsteht kein »Sog«, quasi automatisch in die Beziehung mit zum anderen hineingezogen zu werden. Diesen gilt es in der Förderung der Schlüsselkompetenzen neu zu erzeugen« (Rittmann, 2011, S. 5).

Das größte Kapital für eine konstruktive und langwährende therapeutische Arbeit wird der im Kind geweckte – intrinsische – Kommunikationswunsch sein: »Ein Kind, das nicht kommuniziert, braucht (…) nicht lernen, Worte zu sagen – es muss vielmehr lernen kommunizieren zu wollen« (Janert, 2003, S. 53).

Interaktions- bzw. beziehungsorientierte Therapiemethoden zeichnen sich durch eine von Wertschätzung geprägte Haltung dem Kind gegenüber aus. Die Arbeit an der allgemeinen Kontakt- und Beziehungsfähigkeit sowie an der sozialen Aufmerksamkeit findet im therapeutischen Kontext innerhalb der Beziehung zwischen Kind und Therapeut statt. Es wird sozusagen zweigleisig gearbeitet: Während die allgemeine Bezogenheit gefördert wird, vertieft und erweitert sich auch die konkrete Beziehung zwischen Kind und Therapeut. Die Beziehung wird tragfähiger und stellt damit das Sicherungsnetz für spätere, konfrontativere und fordernde Interventionen dar (Rittmann, 2017).

Autistisches Verhalten zeichnet sich ja häufig durch ein starkes Interesse an der gegenständlichen Welt (z. B. Lichtschalter oder Türklinken) und wenig Interesse an der zwischenmenschlichen Interaktion aus, bis hin zum Abwehren der Kontaktversuche der Bezugspersonen. Ist ein Kind besonders kontaktabweisend bietet sich der Einsatz der Differenziellen Beziehungstherapie (DBT) an (▶ Kap. 15.2.4). Der Therapeut geht bewusst »in Vorleistung« und nimmt übergangshalber die für das Kind so attraktiven und beruhigenden Eigenschaften von kontrollierbaren Gegenständen an. Er lässt sich auf diese Weise zunächst funktionalisieren, um dann die Aktivitäten langsam zu variieren. Durch die vom Kind als angenehm empfundene Abwechslung gewinnt das Kind Zutrauen in die Angebote, die ein menschlicher Spielpartner bieten kann. Es erlebt es als lustvoller, andere Menschen in seine Aktivitäten oder Interessen einzubeziehen, statt sich mit der gegenständlichen Welt oder alleine zu beschäftigen und kann sich auf kommunikativ-interaktionale Lernsituationen einstellen (Rittmann, 2017).

Fallvignette: Die dreijährige Noel scheint überhaupt kein Interesse am Kontakt mit anderen Menschen zu haben. Sie nimmt keinen Blickkontakt auf, beschäftigt sich ausschließlich mit einfachen Puzzles, die sie immer wieder in der gleichen Weise zusammensetzt. Ihre Mimik wirkt starr und ernst. Sie scheint nicht auf akustische Signale zu reagieren und verfügt über keine Mittel der expressiven oder rezeptiven Kommunikation. Auf die Therapeutin wirkt sie, trotz ihres jungen Alters, wie depressiv. Einzig über Bewegungsangebote scheint sie emotional erreichbar zu sein. Zwischen der Therapeutin und Noel entwickelt sich ein »Purzelbaumspiel«, das die Therapeutin versucht, zur Förderung des Blickkontakts und zur Anbahnung einer ersten einfachen Gebärde für Purzelbaum (»kreisende Hand«) zu nutzen. Noel findet es sehr lustvoll, mit dem Rücken auf dem Boden zu liegen, die Beine in die Luft zu strecken und von der über sie gebeugten Therapeutin in Purzelbaummanier durch die Luft geschleudert zu werden. Aber auch dabei nimmt sie keinen Blickkontakt auf. Die Therapeutin lässt sich als »Purzelbaummaschine« funktionalisieren und unterstreicht diese Aktivität mit einem emphatisch gerufenen »*Purzel*baum« und der entsprechenden Gebärde. Sie tut dies zunächst ganz bereitwillig, ohne eine Gegenleistung des Mädchens zu erwarten, geht sozusagen in Vorleistung. Noel hat angefangen, sich auf diese Art von Purzelbäume zu freuen. Man merkt ihr ihre freudige Erwartungshaltung an ihrer Mimik und leisen

Lautäußerungen an. Im Laufe dieser Spielphase, die ca. fünfzehn Minuten dauert, erlaubt sich die Therapeutin allmählich kleine Verzögerungen, durch die es zum ersten Mal zu rückversicherndem Blickkontakt des Mädchens kommt, im Sinne von »Was ist los? Warum geht's nicht weiter?«. Dieses Kommunikationsverhalten Noels wird von echtem, wenn auch kurzem Interesse geleitet. Die Therapeutin nimmt den kurzen Blickkontakt als Signal, Noel in bekannter Manier sofort wieder einen Purzelbaum schlagen zu lassen, um das erwünschte Verhalten in einer natürlichen Lernsituation sozial zu verstärken. In der Folge kann die Therapeutin immer häufiger und länger verzögern und erreicht dadurch häufigeren Blickkontakt, allmählich auch von einem »einvernehmlichen« Kichern des Mädchens begleitet. Stets bietet die Therapeutin auch die kreisende Handbewegung als Gebärde für Purzelbaum an, ohne dass Noel sie zu beachten scheint. Nachdem ein zarter Blickkontakt und eine positiv-emotionale Situation entstanden sind, erlaubt sich die Therapeutin (auch aus Gründen der eigenen Rückenschonung) eine überraschende Variation des Angebots. Sie macht durch intuitive Gesten dem Mädchen deutlich, dass sie nun selbst einen Purzelbaum schlagen möchte. Noel beobachtet verblüfft den Purzelbaum der Therapeutin und imitiert ihn sofort. Unmittelbar darauf erfolgt die erste imitierte Gebärde Noels, »Purzelbaum« wird sozusagen ihr erstes Wort. Die Gebärdensprache wurde dann innerhalb weniger Monate Noels Brücke zur Kommunikation, auch weil sich später herausstellte, dass bei Noel zusätzlich zum Autismus auch noch eine Gehörlosigkeit vorlag (▶ Kap. 19).

Die Freude der Eltern, endlich eine Kommunikationsmöglichkeit mit Noel zu haben, motivierte die ganze Familie, intensiv Gebärden zu lernen. Die interdisziplinäre Zusammenarbeit mit der Kindertagesstätte für gehörlose Kinder und später mit der entsprechenden Schule verknüpfte die jeweiligen Fachgebiete für die Entwicklung des Mädchens in sehr positiver Weise.

Bei den Kindern, die zunächst kaum auf konventionelle Kontaktangebote reagieren, bietet sich auch die Aufmerksamkeits-Interaktions-Therapie (AIT) (Hartmann, 2011) an (▶ Kap. 15.2.5). Zu ihr gehören in bestimmten Fällen paradoxe Interventionen, um – wie im unten geschilderten Fall – durch unerwartetes Verhalten eine Verhaltensänderung zu bewirken.

Nimmt die Therapeutin z. B. die Mutter in den Therapieraum mit, bleibt Moritz die ganze Zeit auf deren Schoß sitzen und ist nicht für gemeinsame Interaktionen zu gewinnen. Im Wartebereich klammert er sich am Bein der Mutter fest und läuft vor der Therapeutin weg. Versuchsweise den Jungen zu nehmen und ihn die Trennung von der Mutter aushalten zu lassen, endet mit verzweifeltem autoaggressivem Verhalten des Jungen, indem er mit dem Kopf gegen die Wand schlägt. Anfangs ziemlich ratlos, kommt die Therapeutin dann auf die Idee, bevor Moritz den Weglaufimpuls in die Tat umsetzen kann, selbst in neckischer Weise vor ihm wegzulaufen, sich also unerwartet und paradox zu verhalten. Erstaunt, neugierig werdend, seine Angst zunehmend vergessend, beobachtet Moritz die Therapeutin zunächst interessiert und reckt seinen Hals, wenn sie aus seinem Blickfeld gerät. Dann verlässt er den Schoß der Mutter und beginnt der Therapeutin hinterherzurennen, woraus sich über mehrere Stunden ein lustvolles Fangen-Spiel entwickelt.

Als es allmählich gelingt, in einem Raum zu bleiben, hat Moritz Probleme, die geschlossene Tür zu ertragen. Also reißt die Therapeutin, sobald Moritz' Blick zur Tür geht, diese sofort und schwungvoll auf, was ihn zunächst beruhigt und bald ebenfalls zu einem gemeinsamen Spiel wird. Moritz entspannt sich zunehmend und kann sich für neue Therapieangebote und Förderinhalte öffnen.

Ein voreiliges Beharren auf die Trennung von seiner Mutter oder auf geschlossene Türen hätte die gerade entstehende therapeutische Beziehung unnötig belastet und dem Kind, außer der Erfahrung, dass die Therapeutin bedrohliche Anforderungen an es stellt, keine neuen beziehungsförderlichen Erfahrungen vermittelt. Wichtig war hier die grundlegende therapeutische Haltung, die die Ängste des Jungen nicht einfach »wegmachen« wollte. Durch den auf seine Ängste feinfühlig abgestimmten therapeutischen Rahmen und das Angebot einer unterstützenden Beziehung konnte Moritz lernen, wie er seine Ängste bewältigen kann. Paradoxe Interventionen können in der geschilderten Weise der Erwartungshaltung des Kindes (»Hier muss ich Angst haben«– »Hier werde ich zu etwas gezwungen«) in heilsamer Weise eine neue, unerwartete positive Erfahrung entgegenstellen.

Diese Fallvignette macht deutlich, dass es zu Beginn der Frühtherapie besonders bei sehr Kontakt abwehrenden Kindern einiges an Zeit, Geduld und Einfallsreichtum braucht, um einen guten Kontakt zu etablieren. Der Aufbau einer tragfähigen Beziehung in der Therapie ist mit dem Bau eines Hauses zu vergleichen. Um eine spätere Stabilität des Hauses zu gewährleisten, ist es von größter Wichtigkeit, einen wesentlichen Teil der Ressourcen (Zeit, Geld, Sorgfalt etc.) für die Erstellung einer tragfähigen Basis für das Haus einzuplanen. Beobachtet man einen Hausbau, ist man danach erstaunt, wie schnell der Rest fertiggestellt wird. In der Autismus-Frühtherapie lassen sich auf einer belastungsfähigen Basis mit den Kindern ebenfalls bessere Therapieerfolge erzielen, da sie sich auf diese Weise mit größerem Vertrauen auf die Interventionen des Therapeuten einlassen.

Literatur

Hartmann, H. (2011). *Erweiterte Aufmerksamkeits-Interaktions-Therapie. AIT: Kleines Lehrbuch der modernen Autismus-Therapie mit dialogischem Schwerpunkt*. Tübingen: Dgvt.

Janert. S. (2016). *Autistischen Kindern Brücken bauen: Ein Elternratgeber*. München: Reinhardt.

Rittmann, B. (2011). Das Multimodale Therapiemodell in der Autismustherapie am Beispiel des Hamburger Autismus Instituts. In Bundesverband *autismus* Deutschland e. V. *Inklusion von Menschen mit Autismus* (S. 245–262). Karlsruhe: Loeper.

Rittmann, B. (2017). Die Differentielle Beziehungstherapie in der Autismustherapie. In B. Rittmann & W. Rickert-Bolg (Hrsg.), *Autismus-Therapie in der Praxis. Methoden, Vorgehensweisen, Falldarstellungen* (S. 71–81). Stuttgart: Kohlhammer.

18 Entwicklungsbereiche und Interventionen

Barbara Rittmann

18.1	Förderung der Imitation und des Spiels	160
18.2	Entwicklung und Förderung der nonverbalen Kommunikation	164
18.3	Entwicklung und Förderung der verbalen Kommunikation	165
18.4	Exkurs: zur Diskussion der Unterstützten Kommunikation in der Frühtherapie bei sehr jungen autistischen Kindern	166
18.5	Förderung der Selbständigkeit	167
18.6	Stressbewältigung und emotionale Entwicklung	169
	18.6.1 Integration von überfordernden Reizen	169
	18.6.2 Emotionen verstehen und einordnen	171
Literatur		172

Als wichtigste Förderschwerpunkte des START-Programms haben wir die Bereiche Entwicklung von Imitation und Spielverhalten, Förderung der verbalen und nonverbalen Kommunikation, der Selbständigkeitsentwicklung sowie Hilfen bei der Stressbewältigung und bei der Bewältigung starker Emotionen identifiziert und in den Mittelpunkt unserer Förderung gestellt (Rittmann, 2017). Zur Veranschaulichung schildern wir unser Vorgehen anhand von Fallvignetten.

Dabei erhält die wichtige Schlüsselkompetenz »geteilte Aufmerksamkeit« (synonym: gemeinsame Aufmerksamkeit/»Joint attention«) bei den genannten Förderbereichen besonders viel Raum, da sie grundlegend für den Erwerb späterer Fähigkeiten ist. Zusätzlich erscheint der Bereich der kindlichen Stressbewältigung und emotionalen Entwicklung von besonderer Bedeutung, da er alle anderen Entwicklungsbereiche beeinflusst.

18.1 Förderung der Imitation und des Spiels

Kinder mit Autismus imitieren im Verhältnis zu neurotypischen Kindern deutlich weniger Gesten, Wörter und Handlungsabfolgen und haben so auch ein geringeres Repertoire für komplexere Spielhandlungen zur Verfügung, da beide Kompetenzbereiche eng miteinander verknüpft sind.

Imitationslernen ist ein wichtiges Lernkonzept, besonders für junge Kinder. Es ist durchaus möglich, auch kognitiv stark eingeschränkte autistische Kinder zu imitativen Handlungen zu bringen. Imitationen können sich beziehen auf (Rogers & Dawson, 2014):

- Handlungen mit einem Spielgegenstand,
- Körperbewegungen (Imitation der Gestik),
- verschiedene Gesichtsausdrücke (Imitation der Mimik),
- verbale Äußerungen (Laute und Wörter),
- ganze Handlungsabfolgen (wie sie im gemeinsamen Spiel vorkommen).

Eine wichtige Leitlinie bei der Förderung des Imitationslernens ist, dass wir als Fachkraft oder Elternteil zunächst das Kind in seinen Aktivitäten beobachten und Lieblingsaktivitäten (das kann im Einzelfall sogar eine eher stereotype Handlung sein) des Kindes identifizieren. Beispielsweise über ein Parallelspiel (gleiche Spielhandlung mit gleichem oder ähnlichem Spielmaterial) imitieren wir zunächst die Spielhandlung des Kindes und versuchen es so für unser Spiel zu interessieren. Erst wenn dieses Interesse erreicht ist, können wir erwarten, dass das Kind beginnt, unsere ggf. neu eingeführten Variationen zu imitieren (▶ Kap. 20). Um dem Kind die Intensität unserer Emotionen direkt erfahrbar zu machen, ist es sinnvoll, die Spielgegenstände, wie z. B. ein Spielzeugauto, bei einer freudigen Interaktion immer wieder in die Nähe unseres Gesichts zu bringen, damit das Kind die Aktivität mit der Emotion verknüpft und lernt, unseren Gesichtsausdruck als bedeutungsvoll wahrzunehmen. Damit erleichtern wir dem Kind, seine Aufmerksamkeit zwischen dem Gegenstand und unserem Gesicht hin- und herwandern zu lassen im Sinne der geteilten Aufmerksamkeit. Dies wird uns dann besonders gut gelingen, wenn wir die gesamte Aktivität mit positiven Emotionen begleiten, die wir dem Kind gegenüber deutlich (laut-)sprachlich hervorheben, sozusagen »groß machen«, wie ein freudvoll gerufenes »Hoch!« beim Trampolinspringen.

Eine weitere grundlegende Leitlinie bezieht sich auf die Einbeziehung des Körpers des Kindes. Je jünger oder auch je entwicklungsverzögerter ein Kind ist, desto wichtiger ist es, das Kind auch auf körperlicher Ebene anzusprechen. Wir helfen den Kindern bei der Entwicklung gestischer und stimmlicher Imitation, indem wir bspw. mit ausgewählten Fingerspielen und körperbezogenen Kinderliedern eine für das Kind sehr einfache und motivierende Lernsituation schaffen (im Anhang ▶ Sammlung geeigneter Fingerspielreime und Kinderlieder). Im ESDM werden diese Interaktionen zwischen dem Kind und der Bezugsperson »sensorische soziale Routinen« genannt (Rogers & Dawson, 2014). Über die Vorhersehbarkeit, das Angebot zur Wiederholung und den zugrundeliegenden Rhythmus der Aktivitäten kann das Kind auf einfache Weise mitmachen. Über das lustvolle Miteinander entsteht ein Sog für das Kind, mitmachen zu wollen.

> »Es entsteht eine – für das Kind lustvoll erlebte – gemeinsame »Co-Regulation« (wechselseitiges aufeinander Abstimmen). Die erlebte Sicherheit führt zur Abnahme von Stereotypien, Ritualen und Fixierungen auf Spezialthemen und zur Öffnung des Kindes für mehr dynamische Lernerfahrungen, z. B. Freude an der Überraschung und Neugierde« (Rittmann, 2011)

Ist eine rhythmische Handlung erst einmal etabliert, können kleine Verzögerungen auf Seiten des Therapeuten leichter eine Bezugnahme des Kindes beispielsweise durch Blickkontakt erzeugen. Auch ein Lautieren kann zu Beginn von dem Therapeuten als ausreichendes Signal zum Weitermachen einer geliebten Aktivität verstanden werden. Dieses Vorgehen stützt sich unter anderem auf die Relationship Development Intervention (RDI) (Gutstein, 2002) (▶ Kap. 15.2.3).

Fallvignette: Die vierjährige Corinna spricht nicht und betätigt sich in erster Linie sehr stereotyp. Kniend, mit rhythmischen Schaukelbewegungen, die Hände aufgestützt und im Mund eine aufgeklappte, auf- und nieder wippende Kassettenhülle verschafft sie sich über diese Bewegungen eine tranceähnliche Körperwahrnehmung. Dies tut sie konzentriert und ausdauernd und scheint damit das Bild eines selbst bezogenen, sozial unzugänglichen Kindes mit Autismus zu bestätigen. In der nun einsetzenden therapeutischen Intervention orientiert sich die Therapeutin zunächst an den Interessen Corinnas. Als Spielmaterial bietet sie Dinge an, die ähnlich der Kassettenhülle eine Auf-Zu-Funktion und einen stark stimulierenden Charakter haben. Mit Hilfe eines Handpuppen-Krokodilmauls begleitet die Therapeutin – auch verbal – für das Mädchen überschaubare Spielhandlungen (Krokodilmaul »auf und zu«) (▶ Abb. 18.1). Corinna genießt das ihr kontrollierbar erscheinende Miteinander sichtlich, jedoch noch ohne Blickkontakt aufzunehmen.

Abb. 18.1: Begleitung der Spielhandlung durch die Therapeutin

In einer späteren Therapiestunde wählt die Therapeutin einen großen, aufgeblasenen Luftballon, den sie Corinna an den Bauch hält. Dem Mädchen macht es großen Spaß, wenn die Therapeutin an dem Luftballonknoten zieht und ihn mit einem lauten »Zack!« zurückschnellen lässt, so dass diese Bewegung auch auf ihrem Körper spürbar wird. Von dieser Interaktion kann sie gar nicht genug kriegen. Nach einigen Wiederholungen verzögert die Therapeutin ihre Handlung etwas. Das bringt Corinna dazu, sie anzusehen und ihr ihrerseits ein aufmunterndes »Zack!« zuzuflüstern. Diese Situation wird die Grundlage für weitere gelungene Interaktionen und für einen sich erweiternden Wortschatz des Mädchens.

In der Beratung der Eltern, besonders der Mutter, war hier wichtig, keine Konkurrenz zwischen Therapeutin und Mutter aufkommen zu lassen, sprach das Mädchen doch das erste Wort nicht in der Interaktion zwischen Mutter und Tochter, sondern in der Therapiesituation zur Therapeutin. Es war wichtig, mit der Mutter zu besprechen, wie sie ähnliche Situationen herstellen kann, um die Sprache ihrer Tochter zu fördern.

Das Spiel ist für die kindliche Entwicklung von großer Bedeutung. Es ist *das* kindliche Medium zum Lernen, denn das Kind macht beim Spielen kognitive, soziale und emotionale Erfahrungen und verarbeitet diese. Im Spiel wird auf eine freudvolle Weise die Welt erkundet und das Kind kann probeweise Erfahrungen machen, die noch keine weitreichenden Konsequenzen haben. Damit hat das Spiel eine wichtige Funktion in der Vorbereitung auf spätere Verhaltensherausforderungen. Gegenüber den Eltern bzw. weiteren Bezugspersonen ist es wichtig, die Bedeutung des Spiels für die gesamte Entwicklungsförderung zu erklären, damit bei ihnen nicht der Eindruck entsteht: »Die spielen ja nur in der Therapie«. Die Förderung des Spielverhaltens setzt einfache, imitative Fähigkeiten beim Kind voraus. Je nach Entwicklungsstufe des Kindes (▶ Kap. 4) kann man nach Piaget beim Spielverhalten folgende Ebenen unterscheiden (Ginsburg & Opper, 2004):

- Das *Übungsspiel* mit dem Fokus, die Umwelt zu explorieren:
  - sensomotorisches Erkunden der Umwelt, was beim autistischen Kind auch einen stereotypen Charakter haben kann (z. B. Belecken, Schütteln, Beschlagen oder Befingern von Objekten),
  - basale Handlungsschemata werden vom Kind wiederholt (einfache »Wenn-dann«-Spielhandlungen),
  - Kennenlernen von Ursache und Wirkung.
- Das *Symbolspiel* mit dem Fokus, Gefühlen Ausdruck zu verleihen und seine Lebenssituation zu verarbeiten:
  - Gegenständen wird eine andere, eine symbolische Bedeutung zugeschrieben (z. B. eine Banane wird zu einem Telefonhörer),
  - einfache Rollenzuschreibungen (z. B. Bellen wie ein Hund) und komplexe Rollenspiele (z. B. Vater-Mutter-Kind-Spiele).
- Das *Regelspiel* mit dem Fokus, Anpassungsleistungen an von anderen gesetzte Regeln zu erbringen:
  - Selbsterstellte Regeln einhalten (z. B. nicht auf die Fugen zwischen den Gehplatten zu treten).
  - Komplexe Regelspiele (z. B. Brettspiele), bei denen mehrere Mitspieler sich an die Regeln halten müssen. Dabei wird der Gemeinschaftssinn gefördert und durch die Aufnahme in die Gemeinschaft in die Gruppe belohnt.

Beim Einsatz von Spielhandlungen im Rahmen der Frühtherapie wird man häufig die einzelnen Ebenen der Spielentwicklung miteinander kombinieren und dabei zusätzliche Förderziele integrieren. Ein einfaches Regelspiel mit Aspekten des Übungsspiels stellt z. B. das sich gegenseitige Zupusten eines Wattebausches auf einem nicht zu breiten Tisch dar. Dieses Spiel macht vielen Kindern mit Autismus großen Spaß und bietet zahlreiche Förder- und Lernmöglichkeiten. Zunächst lernt das Kind einen vorgegebenen Spielablauf kennen, der auch schon einige Regeln beinhaltet (z. B. nur mit dem Mund zu pusten, den Wattebausch nicht mit den Händen zu schieben). Durch die Einbeziehung des Körpers wird das Kind energetisch sehr aktiv, Lautäußerungen werden wahrscheinlicher. Kind und Bezugsperson positionieren beide ihr Gesicht über der Tischfläche, damit gibt es einfache Möglichkeiten, das Kind auf das Gesicht des Spielpartners, seine Mundbewegungen und den möglichen Blickkontakt zu fokussieren. Dann ist das Prinzip des Abwechselns, als wichtiges Spielelement, enthalten und wird als weitere Regel, die akzeptiert werden muss, eingeführt. Wenn das Kind auf den Einsatz der Bezugsperson wartet, kann diese ihre Aktivität etwas hinauszögern, um dadurch ggf. den Blickkontakt des Kindes herauszufordern und damit die geteilte Aufmerksamkeit zu fördern. Das Spiel bietet auch einige Möglichkeiten, die Spielhandlungen zu variieren (z. B. den Wattebausch über den Tischrand hinauszupusten), hier kann man auch den Ideen des Kindes folgen. Zusätzlich bietet diese Spielaktivität Übungsmöglichkeiten für die Atmungskoordinierung und Lippenmotorik.

Wie schon bzgl. des Imitationsverhaltens beschrieben, ist es auch bei der Förderung des Spielverhaltens des Kindes wichtig, seine (Spezial-)Interessen miteinzubeziehen. Auf diese Weise kann es sein, dass wir die Fähigkeit zum symbolischen Spiel fördern, indem wir als Spielfiguren bspw. Glühbirnen akzeptieren, die dann im Puppenhaus das Essen zubereiten und ins Bett gebracht werden.

Bei der Förderung des Spielverhaltens ist es sinnvoll die grundlegenden Prinzipien des gemeinsamen Spiels einzuführen und zu üben, wie bspw. abwechseln, herzeigen tauschen, teilen etc.

Wichtig ist, dass das Kind die Aktivitäten als positiv und freudestiftend erlebt und wir uns auf die Sprachebene des Kindes einstellen. Als Verstärker setzen wir unsere Freude über das Verhalten des Kindes und ein Mehr der bevorzugten Aktivitäten ein und nur im Ausnahmefall Verstärker, wie Gummibärchen etc. (▶ Kap. 15.2.2).

18.2 Entwicklung und Förderung der nonverbalen Kommunikation

Kinder mit Autismus schauen oft nicht dahin, wohin ihre Bezugspersonen gucken, verfolgen selten die Richtung, die die zeigende Hand vorgibt, und zeigen selbst wenig auf Dinge, um andere auf etwas aufmerksam zu machen. Beim Spielen fixieren sie meist nur den Gegenstand und lassen den Blick nicht zwischen Interaktionspartner und Spielgegenstand hin- und herschweifen. Sie zeigen somit keine oder nur eine schwache Fähigkeit zur geteilten Aufmerksamkeit. Sie nehmen mimische oder körpersprachliche Signale ihrer Bezugspersonen kaum wahr und reagieren nicht oder zu selten mit diesen nonverbalen Ausdrucksformen (bspw. Lächeln, Nicken) auf den Interaktionspartner bezogen. Die Einschränkung der Fähigkeit zur geteilten Aufmerksamkeit, die als Basis für kommunikatives Handeln angesehen wird, ist ein sehr zentrales Autismussymptom und beeinträchtigt Menschen ein Leben lang, da sie so wichtige soziale Signale nicht erkennen.

Um das Kind hier zu fördern, müssen wir immer wieder Gesten in unsere Interaktion mit dem Kind einflechten, natürliche Gesten (wie dem Kind etwas übergeben oder auf etwas zeigen) und konventionelle, in unserer Kultur verständliche Gesten (wie den Kopf schütteln, nicken oder mit den Schultern zucken). Damit das Kind sie beachtet und verstehen lernt, sollten sie überdeutlich dargeboten werden und aus der Situation selbst verständlich sein. Deshalb nutzen wir möglichst natürliche, für das Kind spannende Lernsituationen und »machen die Gesten und Gefühlsausdrücke groß«. Das bedeutet, dass wir alles etwas übertrieben und mit viel stimmlicher Emphase präsentieren, wie z. B. das Aufblasen eines Luftballons (▶ Abb. 18.2). Um die Aufmerksamkeit des Kindes auf die für den Gesichtsausdruck wichtigen Teile des Gesichts der Bezugsperson zu lenken, haben weibliche Therapeuten gute Erfahrungen damit gemacht, Augen, Augenbrauen und Mund zu schminken und damit diese Partien zu betonen. Natürlich ist eine stetige Wiederholung gleicher oder ähnlicher Angebote für das Kind wichtig, damit es übend lernen kann.

Abb. 18.2: Gesten und Gefühlsausdrücke werden überdeutlich und mit stimmlicher Emphase präsentiert.

In einer therapeutischen Situation wird man viele kleine Situationen nutzen, in denen man dem Kind Gesten entlocken kann. So kann man dem Kind z. B. etwas reichen, aber auf halbem Weg innehalten und damit das Austrecken des Armes des Kindes provozieren. Die Entwicklung der Zeigefunktion (mit dem ausgestreckten Arm auf etwas hindeuten, was man haben will oder auf das man das Interesse seines Gegenübers lenken will) kann man fördern, indem man z. B. Spielzeuge zur Wahl auf ein erhöhtes Regalbrett stellt, von dem das Kind nicht selbstständig Dinge entnehmen kann (▶ Kap. 14.6) (im Anhang ▶ Therapieraumausstattung). So lernt es, dass ihm das Zeigen, welches man anfangs motorisch leicht unterstützen kann, das bevorzugte Spielzeug beschert. Auch beim gemeinsamen

Buchanschauen lässt sich die Zeigefunktion (hier zum Herstellen gemeinsamer Aufmerksamkeit) in sehr natürlicher Weise üben. Bei dieser Aktivität sollte sich die Bezugsperson dem Kind gegenüber oder im 90°-Winkel hinsetzen und das Buch sollte das Kind vor sich liegen haben. Auf diese Weise kann das Kind alles gut erkennen und erhält zusätzlich in direkter Weise die ausdrucksstarke Mimik seiner Bezugsperson präsentiert. Damit schafft man ein einfaches Setting für die Herstellung geteilter Aufmerksamkeit.

Die nonverbale Kommunikation bleibt für das Kind wichtig, auch wenn es Verbalsprache erlernt. Bei dem jungen Kind das Interesse an den nonverbalen Signalen des Gegenübers zu wecken, ist eine hervorragende Grundlage, für das übergeordnete Förderziel der Autismustherapie, nämlich die Stimulierung der sozialen Aufmerksamkeit.

18.3 Entwicklung und Förderung der verbalen Kommunikation

Analog zu den vorangegangenen Erläuterungen versteht sich von selbst, dass auch die Förderung der verbalen Kommunikation in einem für das Kind bedeutungsvollen Kontext, unter der Berücksichtigung des Entwicklungsstandes des Kindes und unter Einbezug begleitender Gesten erfolgen soll. Sie folgt ähnlichen Gesetzmäßigkeiten, wie die Förderung der nonverbalen Kommunikation.

Um die rezeptive und expressive Sprache (Sprachverständnis und Sprachäußerung) des Kindes zu fördern, begleiten und benennen wir nahezu alle unserer Handlungen und die des Kindes mit einer seinem Entwicklungsstand angepassten Sprache (▶ Kap. 22). Dabei betonen wir die Signalwörter emphatisch, so dass dem Kind die Orientierung erleichtert wird. Je stärker wir das Kind dabei positiv emotional involvieren, desto größer wird die Lernmotivation und die Nachhaltigkeit unserer Bemühungen sein. Dabei ist es wichtig, den Spielkontext und die Signalwörter eng zu verknüpfen. Das Sprachmodell »Hui!« (als Anschubsignal fürs Schaukeln) kann in rhythmischer Weise eingesetzt und mit der geliebten Aktivität verbunden dann attraktiv genug sein, um vom Kinde als erstes gesprochenes Wort übernommen zu werden, was den The-rapeuten dann erneut »aktiviert«. Anfangs werden wir in einer Fördersituation schon bei einem hingehauchten »H« der Schaukel Anschub geben und dann darauf hinarbeiten, immer klarer geäußerte Signale des Kindes zu erhalten.

Produziert ein Kind anfangs stets die gleichen Laute ohne Variationsbreite, wie zum Beispiel den Laut »Ba«, kann es sinnvoll sein, bewusst Spielgegenstände und Aktivitäten zu wählen, deren Bezeichnungen die Silbe »Ba« beinhaltet, wie z. B. Ball, Band, Baden etc. und so dem Kind die Bedeutung von Kommunikation durch Laute verständlich zu machen (Rogers & Dawson, 2014).

Häufig durchlaufen Kinder mit Autismus bei der Sprachentwicklung ein Stadium, in dem sie in einer Art Fantasiesprache sprechen. Das geschieht besonders häufig bei Kindern mit Migrationshintergrund, die mehrsprachig aufwachsen. Diese Fantasiesprache ist weder für die Eltern noch für das deutsche Umfeld verständlich, macht aber durch den ausdrucksstarken Versuch, eine Satzmelodie zu imitieren, den Wunsch nach Kommunikation des Kindes deutlich und kann daher als guter Indikator für eine positive Sprachentwicklung verstanden werden. Es ist ratsam, autistischen Kindern, die *versuchen* sich auszudrücken, sich aber noch für uns unverständlich artikulieren, Verstehensangebote zu machen, in denen der vermutete Begriff besonders betont wird, z. B.: »Ah, du möchtest vielleicht das *Auto* haben?«. Diese Hilfestelllungen machen dem Kind deutlich, dass es mit seinen Äußerungen gehört wurde und man es verstehen will. Damit erhält man die Motivation des Kindes, sich zu äußern, aufrecht.

18.4 Exkurs: zur Diskussion der Unterstützten Kommunikation in der Frühtherapie bei sehr jungen autistischen Kindern

Methoden der Unterstützen Kommunikation (UK), wie Bildkarten, PECS, TEACCH bzw. elektronische Hilfen (▶ Kap. 15.2.6, ▶ Kap. 19) haben in der Förderung bei autistischen Menschen einen festen und sehr anerkannten Stellenwert. Sie werden als Gebärden, Bildkarten, Ablaufpläne, technische Hilfen (wie z. B. Talker) u. a. m. seit vielen Jahren erfolgreich eingesetzt. In der Autismus-Frühförderung sind sie ebenfalls sehr etabliert, wenn man beispielsweise den Kindern Orientierung über ihren Kita-Tag oder die Therapiestunde geben möchte, im Sinne von TEACCH-Ablaufplänen. Anders sieht es bzgl. der Sprachförderung aus. In der Autismus-Frühförderung sehr junger Kinder (bis 4 Jahren) gibt es vor allem über den Einsatz von Bildkarten zur Sprachförderung in der Fachwelt unterschiedliche Auffassungen. Während Gebärden als relativ nahe an der natürlichen gestischen und mimischen Kommunikation und damit auch nahe an der natürlichen verbalsprachlichen Kommunikation eingeordnet werden, lehnen beispielweise manualtreue Anwender des ESDM Bildkarten als Mittel zur Kommunikationsförderung eher ab. Sie befürchten, dass man mit Bildkarten die Aufmerksamkeit des Kindes von der Konzentration auf das Gesicht, als sprachstimulierendes Medium, ablenkt. Wenn man beobachtet, wie gut es mit der Interaktionsförderung nach ESDM ohne UK-Methoden gelingen kann, zunächst sehr kontaktabwehrende Kinder für die natürlichen verbalen und nonverbalen Kommunikationsformen zu begeistern (▶ Kap. 20), neigt man dazu, den Befürwortern eines Verzichts auf Bildkarten zuzustimmen. Ist doch die verbale Kommunikation sicher in den meisten Situationen die direkteste und differenzierteste Ausdrucksmöglichkeit des Menschen und hat dadurch einen hohen Wert.

Verzichtet man aber auf den frühen Einsatz von UK-Methoden, läuft man Gefahr, einem Kind, das vielleicht nie oder nur sehr rudimentär Verbalsprache erlernen würde, eine ggf. für das Kind funktionierende verbalsprachersetzende Methode über Jahre vorzuenthalten und es damit von einer möglichen Kommunikation abzuschneiden, mit der Folge massiver Verhaltensproblematiken. Dazu kommt, dass die Vertreter des Einsatzes von Bildkarten davon ausgehen, dass Bildkarten den Erwerb der Verbalsprache zusätzlich unterstützen (▶ Kap. 19). Auch wenn man dieser These, die von Studienergebnissen unterstützt wird, grundsätzlich zustimmen kann, könnte es doch sein, dass bei sehr jungen autistischen Kindern eine Konzentration auf die Lautsprache und die damit verbundenen Imitationsangebote die Lautsprachentwicklung stärker fördert als die Zuhilfenahme von Bildkarten. Hierzu liegen einfach noch keine Studienergebnisse vor. Welche Lösungen ließen sich also denken?

Zunächst wäre es wichtig, mögliche zusätzliche Einschränkungen bei Kindern mit Autismus, die das Erlernen von Verbalsprache zusätzlich erschweren oder verhindern würden (wie z. B. Gehörlosigkeit oder Erkrankungen im Bereich der Sprechfunktionen), zu diagnostizieren. Diesen Kindern sollte natürlich so früh wie möglich eine Form der UK angeboten werden.

Bleibt die große Gruppe der autistischen Kinder, die keine der oben beschriebenen Einschränkungen aufweisen, aber dennoch nicht aus sich heraus Verbalsprache lernen. Hier könnte eine Leitlinie sein, dass man dann mit dem Einsatz von Bildkarten zur Sprachförderung zurückhaltend sein sollte, wenn man durch die Stimulation der verbalen bzw. gestischen Kommunikation – oder auch ganz ohne diese Förderung – zwischen dem 2. und 4. Lebensjahr gute Ansätze zum Erwerb der Verbalsprache erkennen kann. Das wären z. B. gezielte Lautäußerungen, Gebrauch von Signalwörtern oder einer Fantasiesprache etc. Wenn diese Hinweise vorliegen würden, könnte man davon ausgehen, dass sich das Verbalsprachrepertoire hinreichend erweitern ließe. Umgekehrt sollte man sorgfältig beobachten wie ein Kind, das weder nonverbale gestische Mittel noch kommunikative Laute oder Worte einsetzt, auf die Bildkartendarreichungen reagiert, die außerhalb der Sprachförderung zur Alltagsstrukturierung einsetzen werden. Wenn es hier deutlich interessierter wirkt, z. B. damit beginnt, Bildkarten zur Wunscherfüllung einzusetzen, könnte das ein Hinweis sein, dass diese visuelle Darreichung dem Kind dauerhaft mehr Möglichkeiten zur Kommunikation eröffnet. Dann sollte man Bildkarten schon vor dem 4. Lebensjahr zur Sprachförderung anbieten – stets begleitet durch die Lautsprache, wie es ja in der UK grundsätzlich zur Vermittlung gehört. Hat ein Kind das 4. Lebensjahr vollendet und zeigt keine hinreichenden Ansätze, Verbalsprache kommunikativ zu nutzen, sollte man in jedem Fall Methoden der UK in die Kommunikationsförderung mit einbeziehen.

Leitlinien können eine Entscheidungshilfe sein, aber das wichtigste Kriterium sollte die Orientierung an den Entwicklungsressourcen des jeweiligen Kindes darstellen. Hierbei sind die fachliche Qualifikation und die Berufserfahrung der therapeutischen Fachkraft durch nichts zu ersetzen. Ihre Einschätzung unter Berücksichtigung des Alters des Kindes, seiner individuellen Lernfähigkeit, sowie seiner sprechmotorischen Voraussetzungen gibt wichtige Hinweise dazu, ob die Förderung der Verbalsprache, der Gebärden- oder Bildkartensprache oder der Einsatz weiterer Methoden der unterstützten Kommunikation (z. B. elektronische Hilfen wie Taster, Talker etc.), im Mittelpunkt der Förderung stehen sollten.

18.5 Förderung der Selbständigkeit

Neben der Förderung der oben beschriebenen Schlüsselkompetenzen ist es ebenfalls wichtig, das Kind bei der Bewältigung typischer Alltagssituationen wie Körperhygiene, Anziehen und Essen zu unterstützen. Hierdurch erlangt das Kind eine altersgemäße Selbständigkeit und damit einen Zugewinn an Selbstwertgefühl (▶ Kap. 9). Für die Eltern sind die genannten Situationen häufig sehr belastend, weil das Kind sich verweigert, keine Aufgaben selbst übernehmen will oder den Übergang von einer zur anderen Aktivität nicht schafft.

Um bei jungen Kindern, die wenig Initiative beim Erlernen konkrete Handlungsabläufe im Bereich Selbständigkeit zeigen, Fortschritte zu erzielen, hat sich eine verhaltenstherapeutische Methode bewährt, die man auch »Rückwärtsverkettung« nennt. Beispielweise beim Thema »Schuhe anziehen« werden dem Kind die Schuhe angezogen, die Schuhzunge herausgezogen und alle Klettverschlüsse bis auf einen zugemacht. Erst beim letzten Klettverschluss versucht man das Kind mithelfen zu lassen, ggf. am Anfang über eine konkrete Führung der Hände. Diese Hilfestellungen baut man mit der Zeit schrittweise ab – bzgl. der Richtung »rückwärts« – und motiviert das Kind damit, die ja nur kleinen neuen Schritte mitzugehen.

Zur Unterstützung der Entwicklung im Bereich Selbständigkeit hat sich ebenfalls die TEACCH-Methode (Häußler 2000) bewährt.

Über eine meist anhand von Bildkarten visualisierte Abfolge von Aktivitäten (bspw. Reihenfolge von Kleidungstücken fürs Anziehen an einer Holzleiste) lernt das Kind zu verstehen, was von ihm verlangt wird, ohne dass die Eltern ständig impulsgebend oder ermahnend eingreifen müssen. Das fördert die Selbständigkeit des Kindes und entlastet die Eltern-Kind-Interaktion. Auch in Bezug auf Vorhersehbarkeit leistet TEACCH gute Dienste. Beispielsweise wird anhand von Piktogrammen, die für unterschiedliche Aktivitäten stehen, eine Stunde oder ein Vormittag strukturiert und somit stets die nächste Aktivität angekündigt. Das erleichtert vielen Kinder, die Übergänge (Beenden einer Tätigkeit und Zuwendung zur nächsten) zwischen den Aktivitäten zu bewältigen.

Fallvignette: Der fast fünfjährige Paul hat die Diagnose hochfunktionaler Autismus und kann demensprechend gut verstehen, was sein alleinerziehender Vater ihm mitteilt, und er kann auch sagen, was er möchte. Trotzdem gibt es zu Hause große Probleme bezüglich des Tagesablaufes. Oft, wenn Paul von einer Aktivität zur anderen wechseln muss, gelingt das nicht ohne Verzweiflungsattacken. Der Vater dreht in unserem Auftrag Homevideos, bei denen deutlich wird, dass es fast regelmäßig vor den Mahlzeiten zu ca. 30-minütigen Schrei- und Weinphasen des Jungen kommt, wenn er sein Spiel beenden soll. Dabei wiederholt Paul gebetsmühlenartig seine Forderungen, beispielsweise »Ich will noch Eisenbahn spielen!«. Der Vater schafft es zwar noch, geduldig und einfühlsam zu reagieren, ist aber psychisch hochbelastet. Zusätzlich gibt es auch noch einen ca. zweijährigen Bruder, der von dieser Situation ebenfalls überfordert ist.

Damit ist der erste Therapieauftrag, den wir in unsere Frühtherapie übernehmen, Paul zu helfen, notwendige Übergänge zu bewältigen. Wir bauen in die Einzelstunden in unserem Haus verschiedene Therapiesequenzen ein: beliebte Aktivitäten, wie mit einem Lastauto spielen oder Toben im Bällebett, und weniger lustvolle Betätigungen, wie eine Tischarbeit, bei der kleine Bildkärtchen zugeordnet werden müssen. Auch im Rahmen unserer Arbeit ist deutlich zu spüren, dass es Paul schwerfällt, den Übergang von einer zur anderen Aktivität zu bewältigen. Mit Hilfe der TEACCH-Methode verschaffen wir ihm den notwendigen Überblick darüber, was ihn erwartet, und lassen ihn auch in einem klaren Rahmen mitbestimmen. Konkret bedeutet das, dass die Therapeutin vor der Stunde an einer Leiste laminierte Kärtchen mit Piktogrammen befestigt, die die geplanten Aktivitäten und deren Aufeinanderfolge symbolisieren. Ein ebenfalls an der Leiste befestigter spezieller »Kurzzeitwecker«[30] zeigt an, wie viel Zeit für die Aktivität jeweils zur Verfügung steht. Damit ist der

---

30 Es handelt sich um einen besonderen Kurzzeitwecker, der neben der üblichen Anzeige der 60 Minuten, eine Zeitanzeige durch eine rote Scheibe bietet. Diese Scheibe verändert sich im Verlauf der Zeit. 15 Minuten werden z. B. durch einen Viertelkreis angezeigt. Diese Visualisierung dient als Hilfestellung für Kinder, die die Uhr noch nicht lesen können, und unterstützt die Entwicklung von Zeitgefühl (im Anhang ▶ Therapiematerialien und Medien).

Rahmen der Stunde vorgegeben, aber es lässt sich gegebenenfalls über die Reihenfolge der Aktivitäten »verhandeln«. Der Junge scheint schon bei Einführung dieser Methode dankbar zu sein, dass er nun weiß, was ihn erwartet. Er wechselt relativ problemlos von einer zur anderen Aktivität. Auch als er eigentlich noch lieber mit dem Lastauto spielen möchte, aber »Tischarbeit« anliegt, reagiert er eher erfreut, als er durch das Piktogramm sehen kann, was auf ihn zukommt: »Ah, das ist jetzt dran!« Anschließend beraten wir den Vater dahingehend, wie er diese Methode in den Alltag integrieren kann. Das schafft eine deutliche Entlastung für das familiäre Umfeld. Durch die »Rahmung« mit Hilfe der TEACCH-Leiste, der vorgegebenen Aktivitäten und des speziellen Kurzzeitweckers kann sich der Vater auch auf Verhandlungen mit dem Jungen einlassen, ohne zu befürchten, dass es zu endlosen Diskussionen kommt.

18.6 Stressbewältigung und emotionale Entwicklung

Die oben geschilderten Entwicklungsbereiche werden beeinflusst von der Art und Weise, in der das Kind im Autismus-Spektrum mit seinen Emotionen umgeht. Diese Verbindung ist auch neurophysiologisch von Bedeutung, da bei allen Aktivitäten des Kindes das limbische System, unser neurologisches »Gefühlszentrum«, involviert ist. Ein autistisches Kind kann dann die ihm angebotenen Lernangebote möglichst umfassend nutzen, wenn es seine Aufmerksamkeit ungehindert auf diese lenken kann, also nicht durch Gefühle von Stress oder Angst blockiert ist. Aus der Kenntnis der Entwicklung der Autismus-Spektrum-Störung über die Lebensspanne weiß man, dass sensorischer Stress und Angststörungen zu den häufigsten dauerhaften Begleitstörungen des Autismus zählen. Bei der Mehrzahl der jungen Kinder kann man bereits eine Vielzahl sensorischer Auffälligkeiten und Ängste beobachten, die unterschiedliche Ursachen haben können und sich schwerpunktmäßig auf die beiden Bereiche Wahrnehmungsintegration und Verstehen und Bewältigen von Emotionen beziehen.

18.6.1 Integration von überfordernden Reizen

Störungen der sensorischen Integration von Reizen aller Sinnesmodalitäten führen zu einer ständigen Überreizung der kindlichen Wahrnehmungsverarbeitung und lassen das Kind auf Dauer die entsprechenden Situationen vermeiden, was wiederum die Lern- und Erfahrungsmöglichkeiten reduziert. Fast alle erwachsenen Personen mit Autismus berichten über große sensorische Belastungen, die sie oft abhalten, soziale Situationen aufzusuchen (Kohl et.al., 2017). Deshalb sollte man diesem Bereich in der Frühtherapie sowie in der Beratung der Eltern und des Umfeldes viel Beachtung schenken.

Zur Wahrnehmungsintegration ist eine ruhige, reizreduzierte Umgebung mit Rückzugsmöglichkeiten v. a. räumlicher und akustischer Art notwendig. Auch Pausen nach einer besonders »reizvollen« Zeit sind wichtig zu beachten. Z. B. sollten in der Zeit der Kita-Eingewöhnung die Nachmittage in der Familie sehr ruhig und ereignisarm geplant werden, da das autistische Kind Zeit und Ruhe braucht, die neuen Erfahrungen zu verarbeiten.

Auch Hilfestellungen zur Bewältigung unbekannter Situationen sind für viele Kinder im Autismus-Spektrum sehr nützlich. Je nach Entwicklungsstand des Kindes oder konkreter Anforderung der Situation können dabei unterschiedliche Strategien zum Einsatz kommen. Wenn z. B. eine Urlaubsfahrt ansteht, kann es dem Kind helfen, schon eine Woche vorher einen offenen Koffer ins Kinderzimmer zu stellen. Mit dem Kind zusammen legt man dann jeden Tag etwas hinein, was es mitnehmen möchte. Das gemeinsame Tun bereitet das Kind auf die bevorstehende Urlaubsreise vor und weckt im Idealfall sogar Neugierde und Vorfreude. Auch zwanglose Besuche der Kita oder der Vorschule vor der eigentlichen Eingewöhnung oder Einschulung erweisen sich oft als hilfreich, ähnlich wie ein vorgeschalteter, informeller Besuch der Spielecke im Wartezimmer einer Kinderarztpraxis. Kinder, die schon bildliche Darstellungen verstehen, lassen sich mit Bilderbüchern oder (Foto-)Bildkarten gut auf bevorstehende Ereignisse vorbereiten (▶ Kap. 15.2.6).

Manche autistischen Kinder zeigen ihren Stress durch eine körperlich erkennbare große Unruhe. Sie sind ständig in Bewegung, haben Schwierigkeiten stillzusitzen und oft auch nachts Probleme, ein- oder durchzuschlafen. Diese Symptome können Hinweise auf ein sich entwickelndes ADHS (Aufmerksamkeitsdefizit-Syndrom mit Hyperaktivität) sein, dass man in diesem jungen Alter i. d. R. nicht medikamentös behandelt. Die vom Autismus betroffene Tierwissenschaftlerin Temple Grandin hat in eindrucksvollen autobiografischen Artikeln (Grandin, 1992) und Büchern über eine von ihr in ihrer Jugend selbst gebaute Druckmaschine berichtet, die ihr Nervensystem beruhigte[31]. Um einen ähnlichen Effekt zu erreichen, gibt es heute einfache und wirksame Hilfsmittel für die alltägliche Anwendung, die den Kindern z. B. durch das Beschweren mit Gewichten, Druckausübung auf den Körper – in der Therapie z. B. mit einer »Kindermangel« (im Anhang ▶ Therapiematerialien und Medien) – Erleichterung verschaffen (▶ Abb. 18.3). Je nach Situation, in denen die Unruhe auftritt, kann man schwere Decken für die Nachtruhe, Gewichtsmanschetten an den Fußgelenken oder enge (Druck-)Westen für tagsüber einsetzen. Ob diese Hilfsmittel die erwartete Wirkung zeigen, nämlich die Kinder zur Ruhe kommen zu lassen, ist vom Einzelfall abhängig und auszuprobieren.

Abb. 18.3: Hier kommt eine »Kindermangel« für ein wohltuendes Druckempfinden zum Einsatz (Abdruck mit freundlicher Genehmigung von Haidig OHG; https://www.haidig.de/).

---

31 Temple Grandins Geschichte ist in dem Kinofilm »Du gehst nicht allein« (2010) vom Regisseur Mick Jackson mit Claire Danes in der Hauptrolle verfilmt worden und hat diverse Emmy Awards und einen Golden Globe Award gewonnen.

Zur Stressreduktion und zur Verarbeitung der aufgenommenen Reize ist es ebenfalls wichtig, dem Kind zu gestatten, stereotype Verhaltensweisen auszuführen. Sie dienen fast allen autistischen Kindern zur Beruhigung und bleiben häufig über die Lebensspanne von Menschen im Autismus-Spektrum eine bedeutsame Strategie, mit der Vielzahl der Alltagsreize fertigzuwerden. Erwachsene nennen dieses Kompensationsverhalten »Stimming« und finden meist Möglichkeiten, dies in Rückzugssituationen oder von Außenstehenden unbemerkt auszuführen. So berichtete ein vom Asperger-Syndrom betroffener Fortbildungsreferent, dass er sich sensorisch »erdet«, indem er in seinen Schuhen stetig im Wechsel die Zehen anzieht und ausstreckt.

18.6.2 Emotionen verstehen und einordnen

Dem autistischen Kind fehlt die Möglichkeit, die engen Bezugspersonen in ausreichendem Maße als Orientierung für potenziell angstauslösende Situationen zu nutzen. Begegnet ein neurotypisches Kind mit seiner Mutter zusammen z. B. einem großen, schwarzen Hund, wird die Reaktion der Mutter auf den Hund, die sich in ihrer Körperhaltung und ihrem Gesicht ausdrückt, dem Kind eine wesentliche Orientierung bieten, ob es Angst haben muss oder den Hund entspannt begrüßen kann (▶ Kap. 8). Ein autistisches Kind hätte kaum Chancen, diese Informationen zu erhalten, da es die Mimik und Körpersprache seiner Bezugsperson nicht oder nicht ausreichend entschlüsseln kann und sie daher auch nicht zur Orientierung heranzieht. Auch in diesen Situationen wird das Kind durch die unzureichend ausgeprägte Kompetenz zur geteilten Aufmerksamkeit beeinträchtigt. Solche Situationen tragen dazu bei, dass ein Kind mit Autismus in der Regel mehr und hartnäckigere Ängste entwickeln wird als neurotypische Kinder. Analog zur Emotion »Angst« können sich ebenfalls problematische Entwicklungen hin-

sichtlich anderer Emotionen ergeben, wie z. B. bei Gefühlen wie Wut, Ärger oder Frustrationen. Das Kind im Autismus-Spektrum benötigt also bei der Bewältigung der überfordernden Gefühle besondere Hilfen.

Alle Emotionen – das Kind selbst betreffend und auch die der Bezugspersonen – sollten in entwicklungs- bzw. altersgerechter Weise benannt werden, bspw. »Oh, da hast du dich erschreckt!« oder »Ich bin jetzt mal neugierig und probiere das aus.« Diese Vorgehensweise hilft dem Kind, Gefühle zu verstehen und ihnen Worte zuzuordnen. Der Klang der Stimme (z. B. verständnisvoll oder ermutigend) wird ebenso noch nicht verbale Kinder emotional erreichen.

Wenn das Kind von seinen Emotionen überschwemmt oder von Situationen überfordert wird, ist es wichtig, dass die erwachsene Bezugsperson dem Kind hilft, die Gefühle einzuordnen und sie als aushaltbar zu erleben. Dafür ist es zum einen wichtig, das beobachtete Gefühl (z. B. die Angst) ehrlich zu benennen, um Verständnis zu signalisieren und sie für das Kind »zu markieren«. Zum anderen sollten die Worte, die Stimmfärbung und der Körperausdruck der Bezugsperson dem Kind zeigen, dass man selbst nicht die gleiche Angst (oder ein anderes überforderndes Gefühl) empfindet wie das Kind. Im Gegensatz zu dem Kind ist man als Erwachsener in der Lage, die Situation umfassend einzuschätzen und damit Halt, Sicherheit und Zuversicht zu vermitteln. Wir nehmen die Angst des Kindes sozusagen in uns auf wie in einen »Container«[32] und verwandeln die für das Kind nicht allein auszuhaltenden Gefühle in etwas, was auszuhalten ist. Die Bezugsperson verdaut die »schwere Kost« in dieser Weise vor und gibt sie anschließend so zubereitet an das Kind wieder zurück.

---

32 Containing ist ein Begriff in der Psychologie und Psychotherapie, der von Wilfred Bion 1962 geprägt wurde. Ausführlicher unter https://de.wikipedia.org/wiki/Containing, Zugriff am 22.09.2018.

Im konkreten Handeln bedeutet das beispielsweise, dass man das autistische Kind, das sich vor einem unbekannten Raum ängstigt, in seiner Angst wahrnimmt (»Oh, den Raum kennst du noch nicht, da hast du noch ein bisschen Angst!«) und es dann in seinen widerstreitenden Gefühlen (Angst und Neugierde) sprachlich, stimmlich und körpersprachlich begleitet. Sprachlich könnte man – je nach Entwicklungsstand des Kindes – z. B. sagen: »Komm, wir gucken mal kurz!« oder »Lass uns einmal kurz reinschauen, ob wir da ein tolles Spielzeug sehen!«. Stimmlich sollte unser Ausdruck verständnisvoll, aber auch zuversichtlich und aufmunternd klingen. Auf körpersprachlicher Ebene könnte das bedeuten, dass wir dem Kind Zeit geben, seine widerstreitenden Gefühle wahrzunehmen, indem wir neben ihm in die Hocke gehen und mit ihm abwarten, wenn es zögert, und es nicht drängen, voranzugehen (▶ Abb. 18.4). Im Einzelfall kann es auch sinnvoll sein, die Ambivalenz des Kindes in der Hin- und Abwendung zur angstauslösenden Situation durch eigenes Rein- und Rauslaufen in den Raum zu verdeutlichen, immer sprachlich begleitet (»Da war ich mutig! Aber jetzt mache ich Pause.«).

Abb. 18.4: Unterstützung des Kindes auf körpersprachlicher Ebene

Das Kind lernt durch die wiederholte Erfahrung seine Gefühle wahrzunehmen, zu verstehen und auszuhalten. Durch die feinfühlige Begleitung seiner Bezugspersonen erlebt es modellhaft, wie man Emotionen bewältigen kann, und lernt so allmählich, dies auch selbst zu schaffen (▶ Kap. 8).

Literatur

Ginsburg, H. & Opper, S. (2004). *Piagets Theorie der geistigen Entwicklung*. Stuttgart: Klett-Cotta.

Grandin, T. (1992). Calming Effects of Deep Touch Pressure in Patients with Autistic Disorder, College Students, and Animals. Zugriff am 22.09.2018 unter https://www.grandin.com/inc/squeeze.html

Gutstein, St. (2002). *Relationship Development Intervention with Young Children*. Philadelphia: Jessica Kinsley.

Häußler, A. (2016). *Der TEACCH Ansatz zur Förderung von Menschen mit Autismus: Einführung in Theorie und Praxis*. Dortmund: Modernes Lernen.

Kohl, E., Seng, H. & Gatti. T. (Hrsg). (2017). *Typisch untypisch – Berufsbiografien von Asperger-Autisten: Individuelle Wege und vergleichbare Erfahrungen*. Stuttgart: Kohlhammer.

Rittmann, B. (2011). Das Multimodale Therapiemodell in der Autismustherapie am Beispiel des Hamburger Autismus Instituts. In Bundesverband *autismus* Deutschland e. V. (Hrsg.), *Inklusion von Menschen mit Autismus* (S. 245–262). Karlsruhe: Loeper.

Rittmann, B. (2017). Das Early Start Denver Model (ESDM) – eine neue Methode bereichert die Frühinterventionskonzepte unserer Autismus-Therapiezentren. In B. Rittmann & W. Rickert-Bolg (Hrsg.), *Autismus-Therapie in der Praxis. Methoden, Vorgehensweisen, Falldarstellungen* (S. 139–153). Stuttgart: Kohlhammer.

Rogers, S. J. & Dawson, G. (2014). *Frühintervention für Kinder mit Autismus. Das Early Start Denver Model*. Seutschsprachige Ausgabe herausgegeben von D. Holzinger. Bern: Hans Huber

19 Der TEACCH-Ansatz und Methoden der Unterstützten Kommunikation

Magdalena Aschermann

19.1 TEACCH-Ansatz 174
    19.1.1 Methode Structured TEACCHing 174
19.2 Unterstützte Kommunikation 177
    19.2.1 Körpereigene Kommunikationsformen mit einem Fokus auf Gebärden 177
    19.2.2 Körperferne, nicht elektronische Kommunikationshilfen, mit einem Fokus auf PECS 179
    19.2.3 Elektronische Kommunikationshilfen, mit einem Fokus auf Kommunikationsapps 180
19.3 Fazit 182
Literatur 183

Vielen autistischen Kleinkindern fehlt ein intuitives Interesse an der gemeinsamen Interaktion, ihr Blickkontakt und ihre Zeigegesten sind eingeschränkt und ihre Sprache bleibt aus oder zeigt sich regressiv. Die Forschung legt diesen Symptomen, die erste Indikatoren für eine Autismus-Spektrum-Störung (ASS) sind, multifaktorielle physiologische Ursachen zugrunde (▶ Kap. 6). Auch eine veränderte Verarbeitung der Sinnesreize trägt dazu bei, dass sprachliche Reize nicht wie bei neurotypischen Kindern bevorzugt beachtet, erkannt und verarbeitet werden. Stattdessen führen zu viele allgemeine akustische Reize (z. B. Hintergrundgeräusche), zu viele visuelle Reize (z. B. Blickkontakt) usw. zu Überforderungsmomenten (vgl. Häußler, 2016, S. 34 f.).

In der Frühtherapie im Hamburger Autismus Institut erleben wir häufig den vorrangigen Wunsch der Eltern, sich mit ihrem Kind kommunikativ auszutauschen. Wie auch in der neurotypischen Entwicklung liegt der Sprachentwicklung die Kommunikationsentwicklung zugrunde, die Erfahrung, dass Kommunikation wirksam und spaßig ist (▶ Kap. 18). Eingebettet in ein multimodales Vorgehen (Rittmann, 2011) in der Frühtherapie kann die Kommunikationsentwicklung (und zeitgleich auch die Lautsprachentwicklung) mithilfe des TEACCH[33]-Ansatzes und den Methoden der Unterstützten Kommunikation (UK) gefördert werden.

Dieser Artikel stellt die Methoden vor und vermittelt mit Fallvignetten und Reflexionen, wie ein Einstieg in diese Methoden aussehen kann. Im ersten Teil des Artikels wird der TEACCH-Ansatz dargestellt, der besonders den Verstehensprozess erleichtert (Input). Der zweite Teil widmet sich der UK, die neben dem Verstehensprozess vermehrt den aktiven Verständigungsprozess (Output) berücksichtigt.

---

[33] Treatment and Education of Autistic and related Communication handicapped Children.

19.1 TEACCH-Ansatz

Der TEACCH-Ansatz (vgl. Mesibov, Shea & Schopler, 2004), ist ein autismusspezifisches pädagogisches Konzept, das in der Institution Division TEACCH (Gründer Eric Schopler, 1972, North Carolina/USA) entwickelt wurde. In der TEACCH Philosophie gibt es neun Prinzipien, wovon ein Prinzip die im Folgenden näher beschriebene Methode des *Structured TEACCHings* ist. Diese Methode gilt im deutschsprachigen Raum als charakteristisch für den TEACCH-Ansatz, obwohl dieser deutlich umfangreicher[34] ist. Das methodische Vorgehen beruht auf entwicklungspsychologischen und kognitiv-verhaltenstherapeutischen Erkenntnissen und bezieht die besonderen Lern- und Wahrnehmungsstile von Menschen mit Autismus ein. Bei TEACCH bilden Strukturierung und Visualisierung den Rahmen einer individuellen und ganzheitlichen Förderung, bei der eine größtmögliche Selbstständigkeit, Selbstbestimmung und soziale Integration angestrebt wird (vgl. Häußler, 2016, S. 13 ff., 21 f.).

19.1.1 Methode Structured TEACCHing

Wie wichtig Strukturierung ist, lässt sich eindrücklich belegen, wenn wir das Augenmerk auf unser eigenes Tun als kompetente Teilhabende am Leben in der Gesellschaft lenken. Strukturierung und Visualisierung geben uns Sicherheit und Orientierung (bspw. Busfahrpläne), lassen uns kompetent handeln (bspw. Kochrezepte), wir können uns auf Veränderungen einstellen (bspw. Terminkalender), sind in der Lage Wichtiges von Unwichtigem zu trennen und motiviert in Angriff zu nehmen (bspw. To-do-Listen). Auch beim Lernen einer Fremdsprache ordnen wir den Input (bspw. Mind-Mapping) oder lernen über verschiedene Sinneskanäle (bspw. Sprach-Tandems). Folglich bedienen wir uns Hilfen, um neue Inhalte zu lernen, die Kindern mit einer reduzierten Affinität für Sprache erst recht zur Verfügung gestellt werden sollten (vgl. Häußler, 2016, S. 52 f.).

In der Arbeit nach dem TEACCH-Ansatz (vgl. Häußler, 2016, S. 57–70) wird zwischen der Strukturierung der Umwelt und der Strukturierung von Abläufen unterschieden. Die Struktur wird den Menschen mit Autismus wiederum durch die Visualisierung erklärt.

Die *Strukturierung der Umwelt* zielt darauf ab, dass den Kindern die *Bezeichnungen und Funktionen von Orten und Bereichen* klarwerden (▸ Kap. 28.2), z. B.:

- Beschriftung und Bebilderung von Räumen, Schränken, Schubladen, Ordnern etc.,
- Trennung von Arbeits-, Gruppen-, Freizeit-, Pflege-, Schlaf- und Essbereich durch Raumteiler, Teppiche, Vorhänge, Linie etc.,
- Einrichtung fester Plätze für bestimmte Gegenstände,
- Strukturierung von Arbeitsplätzen, z. B. Anordnung auf Tisch als Hinweis für Aufgabenstellung.

Allein die Umgebung soll Orientierung darüber geben, *wo was* stattfindet bzw. *wohin* etwas gehört und *welches Verhalten* erwartet wird.

Die *Strukturierung von Abläufen* beinhaltet folgende Elemente:

- Die *zeitliche Dauer*: Auf das Ablaufen von Zeit bzw. das Beenden einer Tätigkeit wird durch Signalwörter, Anfangs- und Endroutinen und durch akustisches Signal (z. B. Klingel), ggf. gekoppelt mit visuellen Hinweis (z. B. TimeTimer), hingewiesen.

---

[34] wissenschaftliche Grundlage, Diagnostik, Förderplanung, Methodenvielfalt etc. (vgl. Häußler, 2016, S. 28)

- *Zeitpläne* geben an, was auf das Kind zukommt (z. B. 1. draußen spielen, 2. Mittagessen, 3. Mittagsschlaf, 4. drinnen spielen).
- *Aufgabenpläne* geben an, was gemacht wird (z. B. Papa geht einkaufen, Mama kocht, Max deckt den Tisch, Marie räumt den Tisch ab).
- *Instruktionsschritte* geben Auskunft, wie etwas gemacht werden soll (z. B. 1. Wasserhahn aufdrehen, 2. Hände unter Wasserstrahl halten, 3. Hände einseifen usw.).

Es gilt, Informationen über das Auge zu bieten, um die sprachlichen Äußerungen der Bezugspersonen, *wann, was, wie* passiert, besser zu verstehen. Wenn wir Erwachsene für Kinder strukturieren, sind viele individuelle Entscheidungen zu treffen wie: *Welches Abstraktionsniveau wählen wir?* (die Darstellungsform reicht von Objekten über Miniaturen, Fotos und Piktogrammen bis zur Schrift); *Wie komplex sollen die Abläufe sein?* (der Umfang eines Plans kann von einem zwei-schrittigen Erst-Dann-Plan bis zu einem Plan über das ganze Jahr gehen); *Wie machen wir das Verstreichen von Zeit und somit den Wechsel von Tätigkeiten konkret nachvollziehbar?* (z. B. durch Wegnahme eines Gegenstandes; Abnehmen, Abdecken, Umklappen, Umdrehen einer Bildkarte; Versetzen eines Pfeiles; Abhaken eines Wortes etc.).

Nähere Informationen zur Raum- und Plangestaltung sind dem deutschen Grundlagenwerk von Anne Häußler (2016) zu entnehmen, das viele Praxisideen beinhaltet und für eine tiefergehende Auseinandersetzung unabdingbar ist. Dort wird auch beschrieben, wie sich soziale Situationen strukturieren lassen oder wie TEACCH-Arbeitsmaterialien aussehen können (Korb-Aufgaben, Tablett-Aufgaben, Schuhkarton-Aufgaben, Aufgabenmappen).

Fallvignette TEACCH

Ben kommt mit vier Jahren zu uns in das Frühförderprogramm. Er wächst zweisprachig auf, spricht bei der therapeutischen Aufnahme noch kein Wort, sein Blick und sein Interesse am sozialen Gegenüber sind flüchtig. Dem Jungen und seinem Kommunikationsniveau begegnen wir in unserer Arbeit im Sinne von TEACCH damit, dass zuerst natürliche Anfangs- und Endroutinen eingeführt werden, wie das Schuheaus- bzw. -anziehen auf dem Begrüßungs- bzw. Verabschiedungsstuhl im Therapeutenbüro. Auf den Stuhl ist ein Foto des Jungen geklettet, neben dem Stuhl befindet sich ein mit Piktogrammen[35] markierter Platz für seine Schuhe. Ben lernt die konkreten Hilfen der Therapeutin (Foto, Piktogramm, Zeigegeste auf Ort zum Abstellen, vorgemachtes Schuheausziehen) in Kombination mit einer klaren Sprache (»Jetzt Schuhe ausziehen und da hinstellen«) schnell verstehen. Zum Einstieg in die Stunde werden Lieder mit visualisierten Inhalten gesungen. Die Therapeutin kündigt die Information an, indem sie neben der sprachlichen Ankündigung ein Foto des Computers, von dem Musik abgespielt wird, zeigt. Anfangs lässt Ben das Foto schnell wieder fallen, mit der Zeit schafft er es aber, das laminierte, auf der Rückseite mit Klett versehene Foto bis zur beginnenden Tätigkeit in der Hand zu halten und dann auf einen Zeitplan zu kletten. Nach einigen Wochen nutzt Ben die Routinen bereits kommunikativ, als er das Warten auf seinen Termin verkürzt und zur offenen Tür hereinkommt. Er setzt sich eigenständig auf den Begrüßungsstuhl, erledigt die Arbeitsschritte und schiebt einen Stuhl

---

35 Beliebte Piktogramm-Sammlungen: Picture Communication Symbols™ (PCS) von Mayer-Johnson; METACOM-Symbole von Annette Kitzinger.

vor den Computer. Er blickt die Therapeutin erwartungsfreudig an, welche seinen Blickkontakt belohnt, indem sie den Moment »groß« macht und mit Emotionen und Worten besetzt. Ben lädt die Therapeutin förmlich in die Interaktion ein. Im Anschluss an das Musikhören wird ein erneuter Situationswechsel durch ein Foto eingeleitet, das einen kleinen Arbeitstisch zeigt. Auf dem Tisch wird eine Sortier-Kisten-Aufgabe bereitgestellt, die im Sinne von TEACCH die Merkmale einer klaren Aufgabenstellung und eines klaren Endes aufweist. An dieser Stelle tritt Ben häufig erneut in Kommunikation, indem er auf das Foto der Hängematte zeigt, weil er diese Aktivität bevorzugt. Die Therapeutin kann verbal und mithilfe des Zeitplans visualisieren, dass sie ihn verstanden hat und auf seine Bedürfnisse später eingehen wird, aber an ihrem Ziel (Fertigkeiten üben) mit der Erklärung »erst Aufgabe, dann Hängematte« festhält. Die Aufgabe wird bearbeitet und im Anschluss vom Tisch in eine Fertig-Kiste geräumt. Der leere Tisch ist ein eindeutig beendendes Signal und wird mit einem Foto der Hängematte verlassen. Das Schaukeln in der Hängematte hat nicht von sich aus eine zeitliche Begrenzung, sodass ein TimeTimer eingestellt wird, der das Voranschreiten der Zeit visuell und das Beenden mit einem akustischen Signal verdeutlicht. Mit dem Foto der Küche wird ein erneuter Raumwechsel initiiert, die räumliche Umgebung gibt Hinweise darauf, dass wir nun etwas verzehren können. Tischsets mit einem gekennzeichneten Platz für einen Teller und einer Tasse geben visuell Auskunft, welche Gegenstände nun benötigt werden. Ben erkennt an den bebilderten Schränken, in welcher Schranktür sich die benötigten Gegenstände und die gewünschten Lebensmittel befinden und entscheidet sich zielgerichtet für ein Getränk und einen Snack. Die Therapeutin begleitet das gemeinsame Tun stets mit Worten und stellt eine Verbindung zwischen Sprache und Gegenstand bzw. Handlung her. Da Ben kein Sättigungsgefühl besitzt, geben Snackfotos an, nach wie vielen Keksen er noch fragen kann. Auch zuhause erlebt die Mutter Ben häufig unruhig auf der Suche nach Zwischenmahlzeiten, sodass ihm auch dort Fotos verdeutlichen, wie viele Snacks ihm neben den drei Hauptmahlzeiten noch zur Verfügung stehen. Nachdem sich die Therapeutin und der Klient gestärkt haben, wird der Tisch abgeräumt und sie begeben sich zum Schuhanziehen, dem Verabschiedungsritual. Der Zeitplan dient auch in der Übergabesituation mit den Eltern als Erzählhilfe, da auf die entsprechenden Aktivitäten gezeigt wird, während die Therapeutin Erlebtes verbalisiert.

Reflexion

Die beschriebene Fallvignette zeigt, wie ein Zusammenspiel von Sprache, Routinen und visuellen Hinweisen Sicherheit bietet. Durch die bekannten Strukturen (Abläufe) und Visualisierungen (Fotos, Piktogramme) erhalten die Kinder selber die Möglichkeit, in Kommunikation zu treten und ihre Bedürfnisse mit dem Gegenüber auszuhandeln. Bestenfalls werden die Kinder schon durch die Maßnahmen von TEACCH mit dem gleichen Bildmaterial wie in der UK konfrontiert und bauen ihr Symbolverständnis aus. Die Therapeutin erlebt auch Effekte der Methode auf ihr eigenes Tun. Zum einen setzt sie durch die Strukturierung und Visualisierung nach TEACCH ihre eigene Sprache bewusster ein. Generell wird parallel zur bildlichen Darstellung gesprochen, wobei es sich als vorteilhaft erweist, kontinuierlich an der gleichen Wortwahl festzuhalten[36], aber auch verschiedene Sinneska-

---

36 Die Piktogramme sind beschriftet, sie sollten so konkret wie nötig und so allgemein wie möglich verwendet werden, ggf. Platzhalter (bspw. Überraschungspiktogramm) einführen.

näle wiederholend, ggf. auch nacheinander, zu bedienen. Zum anderen führt die Methode auch bei den Bezugspersonen dazu, sich über eigene Regeln und Erwartungen klarzuwerden und diese ggf. auch konsequent umzusetzen. Wie eingangs beschrieben, verwendet ein jeder von uns mehr oder weniger unbewusst Strukturierungshilfen. TEACCH sensibilisiert uns dafür, auch die Kinder auf diese alltäglichen natürlichen Hinweisreize hinzuweisen (bspw. Weckerklingeln beim Aufstehen, Garderobe im Eingangsbereich, Straßenmarkierungen). Folglich handelt es sich bei TEACCH um eine Methode, die davon lebt, dass sie im Alltag angewandt wird. Besonders Kinder, die gerade erst in die Sprache kommen, hilft die personenunabhängige Informationsgewinnung, die Beständigkeit von Bildern (Gedächtnisstütze) und die längere Verarbeitungszeit durch den visuellen Impuls. Somit wird das Hören entlastet, der kommunikative Austausch aber dennoch gefördert (vgl. Castañeda & Hallbauer, 2013, S. 54; vgl. Otto & Wimmer, 2010, S. 17). Verschiedene Studien (Ozonoff & Cathcart 1998; Tsang et al., 2007; vgl. Müller, 2016, S. 125) belegen positive Effekte auf die kognitiven, motorischen und lebenspraktischen Kompetenzen der Kinder, soziale und kommunikative Erfolge lassen sich hingegen schwerer nachweisen.

19.2 Unterstützte Kommunikation

Der Begriff »Unterstützte Kommunikation« ist die deutschsprachige Bezeichnung für Augmentative and Alternative Communication (AAC). Ziele von UK sind die Verbesserung der kommunikativen Ausdrucksmöglichkeiten von Menschen, die kaum bzw. nicht sprechend sind, und deren verbesserte Teilhabe am gesellschaftlichen Leben (vgl. Boenisch, 2013, S. 383). Wie die englische Bezeichnung bereits ausdrückt, geht es um »ergänzende« und »alternative« Möglichkeiten zur Verbalsprache. Die Zielgruppe von UK ist heterogen und schließt Menschen, die nicht mehr verbalsprachlich kommunizieren (z. B. nach einem Schlaganfall), genauso ein wie Menschen, die noch nicht verbalsprachlich kommunizieren (vgl. Otto & Wimmer, 2010, S. 13, 18). Somit sind die Maßnahmen auch für Kinder mit ASS bestimmt. Bei UK handelt es sich um kein abgeschlossenes Konzept (vgl. Boenisch, 2013, S. 385), weshalb die hier dargelegten Hilfen exemplarisch zu betrachten sind. Für einen ersten Überblick lassen sich die Möglichkeiten, zu kommunizieren, in drei Rubriken einteilen: körpereigene Kommunikationsformen, nicht elektronische Kommunikationshilfen und elektronische Kommunikationshilfen.

19.2.1 Körpereigene Kommunikationsformen mit einem Fokus auf Gebärden

Jeder Mensch hat neben der Lautsprache weitere körpereigene Kommunikationsformen, zu denen natürliche Körperregungen wie die Atmung und Muskelspannung, nonverbale Signale wie die Mimik, Gestik, die Körperhaltung und die Blickbewegung zählen. Die eben genannten allgemeingebräuchlichen körpereigenen Kommunikationsformen reichen bei einigen Menschen aber nicht aus, um sich verständlich zu machen. Sie werden durch kompensierende Kommunikationsformen wie vereinbarte Zeichen für Ja oder Nein, das Signalisieren von Buchstaben, Gesten und Gebärden ergänzt (vgl. Otto & Wimmer, 2010, S. 32).

Gebärden bestehen aus festgelegten Handbewegungen in Kombination mit der entsprechenden Körpersprache und der Mimik mit Mundbild. Im Sinne einer gleichzeitigen Sprachförderung werden Gebärden bei der UK immer begleitend zur Lautsprache (LBG) und entsprechend der deutschen Satzstellung angewendet. Zwei Fragen stellen sich dem Umfeld, wenn es anfängt, Gebärden einzusetzen. Zum einen: *Welches Gebärdensystem sollen wir verwenden?* Gebärden sind länderspezifisch und weisen z. T. sogar Dialekte auf. In der deutschen Gehörlosengemeinschaft wird die Deutsche Gebärdensprache (DGS) gesprochen, die eine eigene Sprache mit eigener Grammatik ist. Im Rahmen der UK können nun entweder die Gebärden der DGS verwendet werden (z. B. »Kestner Gebärdensammlung«) oder es kann auf vereinfachte Systeme für Menschen mit einer geistigen Beeinträchtigung zurückgegriffen werden (z. B. »Schau doch meine Hände an«) (vgl. Otto & Wimmer, 2010, S. 32). Ausschlaggebend für die Wahl eines Gebärdensystems ist einerseits die Frage, wie komplex das System sein muss und andererseits welches Gebärdensystem bereits in der Kita oder in der zukünftigen Schule angewendet wird.

Wer noch ganz am Anfang der UK-Förderung steht oder wer mit motorisch beeinträchtigen Kinder interagiert, sollte auch individuelle Gesten und Gebärden zulassen. Gerade Eltern lassen sich zur Mitarbeit motivieren, wenn ihnen die Sorge genommen werden kann, dass es nicht die eine alleingültige Gebärde gibt. Wichtig bleibt dann nur, dass individuelle Gesten und Gebärden stets festgehalten werden, z. B. in einem Buch über die Kommunikation des Kindes.

Die zweite Frage des Umfeldes ist: *Welche Worte sollen wir gebärden?* Hier gilt es, prägnante Worte zusätzlich zur Sprache hervorzuheben, z. B. den Handlungsträger, das Objekt und die Handlung (»Mama essen«/»Musik hören«). Der Einfachheit halber ist es zu Beginn sinnvoll, eine Gebärde für ein Begriffsfeld anzubieten und nicht in Synonyme oder Wortarten zu differenzieren. Außerdem sollten sich die Gebärden an den (Spezial-)Interessen des Kindes und dem normalen Spracherwerb orientieren und genügend Kernvokabular[37] beinhalten. Ebenso kann es sinnvoll sein, den wichtigen Personen und Orten (z. B. Spielplätzen) im Umfeld des Kindes Gebärdennamen zu geben (vgl. Wilken, 2003, S. 4–7).

Fallvignette Gebärden

Erneut wird von Ben berichtet. Wie die meisten Kinder in seinem Alter motiviert ihn besonders der als lustvoll erlebte Körperkontakt und die vestibuläre Stimulation beim Schaukeln in der Hängematte. Schrittweise werden die Anforderungen erhöht, mit denen er sich neuen Anschwung von der Therapeutin erfragen kann. Zu Beginn der therapeutischen Intervention wird der fragende Blickkontakt angebahnt, schließlich wird die Bitte-Gebärde eingeführt und derzeit lernt Ben das Satzmuster »Ich möchte bitte schaukeln« zu gebärden und zwischen den Gebärden für »ruhig schaukeln« und »wild rütteln« zu unterscheiden. Ersichtlich ist, dass Ben genau spürt, dass von ihm eine Reaktion erwartet wird, er ein Gefühl für einzelne Worte entwickelt hat und auch zunehmend die Worte durch eigene, ähnlich klingende Laute imitiert. Seine Gebärden sind noch häufig undeutlich. Ausgehend von der

---

37 Kernvokabular: Kleine Wörter machen 80 % unserer Sprache aus, bestehend aus Artikeln, Hilfsverben, Pronomen, Konjunktionen, Adverbien und Fragewörtern; im Gegensatz dazu das Randvokabular, vorrangig bestehend aus Substantiven, Verben, Adjektiven. Die Prinzipien zur Vokabular-auswahl gelten für die komplette UK (vgl. Sachse & Boenisch, 2009, S. 01.026.031).

Situation in der Hängematte wendet Ben die Bitte-Gebärde beim Rollerfahren, Musikanmachen, Türaufschließen, Trinken und Essen an.

Reflexion

Wie soeben beschrieben, erhalten die Kinder durch das Gebärden mehr Mitbestimmungsmöglichkeiten. Im Vergleich zum Zeigen ist auch eine kontextunabhängige Auswahl von Aktivitäten möglich. Beim gebärdenden Erwachsenen stellt sich zudem häufig der Effekt ein, dass wir auch selber emotionaler, bewusster und deutlicher kommunizieren und sprechen (z. B. etwas ist streng verboten) (vgl. Wilken, 2003, S. 4). Gebärdenlernen ergibt hauptsächlich in der konkreten Situation Sinn. Auch das Einbinden von Gebärden in Sing- und Sprechspiele bietet sich an. Der große Vorteil von Gebärden ist, dass sie immer zur Hand sind und kein extra Material erfordern. Dennoch ist es eine Kommunikationsform, die nicht automatisch vom Umfeld verstanden wird, sondern erlernt werden muss.

Einige Kinder mit ASS haben eine gering ausgeprägte Imitationsfähigkeit, sie haben Probleme, die Lage im Raum zu erfassen (Gebärden sind undeutlich), oder wenden Gebärden nicht eigeninitiativ an. Es wird zwar davon ausgegangen, dass Gebärden Kindern mit ASS im Sprachverstehen helfen (Gebärden sind Bilder zur Sprache) und auch den aktiven verbalen Wortschatz erweitern, es bleibt aber fraglich, wie groß der langfristige Profit für die aktive Kommunikationsfähigkeit nonverbal bleibender Kindern mit ASS ist (vgl. Rogers, 2006, und Goldstein, 2002; vgl. Müller, 2016, S. 124).

19.2.2 Körperferne, nicht elektronische Kommunikationshilfen, mit einem Fokus auf PECS

Hierunter fällt die Kommunikation mit den verschiedenen Darstellungsformen, die auch bei TEACCH Verwendung finden: reale Objekte, Miniaturen, Fotos, grafische Piktogramme, tastbare Symbole und Buchstaben. Dargestellt werden Objekte z. B. in Kisten, während Fotos und Piktogramme eher laminiert auf Kommunikationstafeln und in Kommunikationsbüchern Verwendung finden. Auf dem Hilfsmittelmarkt gibt es derzeit einige vorgefertigte Kommunikationsmappen bspw. der »Kölner Kommunikationsordner«, die »Moheco-Mappe«, das »ZAK Kommunikationsbuch« oder das »PODD-Kommunikationsbuch« (vgl. Otto & Wimmer, 2010, S. 35).

In der Autismustherapie wird häufig auf personalisierte Kommunikationsordner im Sinne von PECS (Picture Exchange Communication System) zurückgegriffen. Diese Methode wurde von Andy Bondy und Lori Frost 1985 im Rahmen des Delaware Autistic Program entwickelt (vgl. Frost & Bondy, 2011). Es versteht sich als ein kommunikativer Austausch von Bildkarten gegen Objekte oder Handlungen. Gewünschte Dinge, die sich außerhalb der Reichweite des Kindes befinden, sollen mittels Bildkarten eingefordert werden. Das Kind soll lernen, hier aktiv in Kommunikation zu gehen. Diese Methode steht häufig am Anfang einer Kommunikationsförderung, da das verhaltenstherapeutische Verfahren das Ursache-und-Wirkungsprinzip von Sprache gut verdeutlicht. Die fehlende Sprache wird durch Handlung (greifen und geben) umgesetzt. Das PECS-Programm von Bondy und Frost besteht aus sechs Trainingsphasen[38] und gewinnt zunehmend an Komplexität (vgl. Frost & Bondy, 2011; vgl. Otto & Wimmer, 2010, S. 36).

---

38 Phase 1: physischer Austausch; Phase 2: Distanz, Beharrlichkeit, Erhöhung der Spontaneität; Phase 3: einfache und erschwerte Diskriminierung, Phase 4: Satzstruktur; Phase 5: Beantwortung der Frage »Was möchtest du?«, Phase 6: Kommentieren »Ich sehe …/Ich höre …« (vgl. Frost & Bondy, 2011).

Fallvignette PECS

Als die Therapie beginnt, ist der fünfjährige Paul schon in der Lage, auf Dinge in Bilderbüchern und Zeitschriften zu zeigen. Die Therapeutin führt Elemente der Methode PECS ein, um ihm eine Möglichkeit zu geben, zwischen einem Kommentar durch Zeigen (»Guck mal, ein Eis«) und einem Wunsch durch Bildaustausch (»Ich möchte ein Eis«) zu unterscheiden. In der Therapie kommt ein selbst erstellter Ordner im Sinne von PECS zum Einsatz. Paul blättert gekonnt zwischen den grün hinterlegten Seiten hin und her, wählt als ersten Wunsch meistens einen Snack oder seine Lieblingsbeschäftigung: das Pusten von Seifenblasen. Diese Aktivität eignet sich besonders am Anfang zum Modelling[39], weil die Therapeutin durch die Bildkarte den Pustestab zurückfordern kann und ein reziproker Austausch stattfindet. Mittlerweile klettet Paul seinen Wunsch auf einen Satzstreifen mit den Bildkarten für »Ich möchte bitte …«. Die Übergabe erfolgt spontan und die Therapeutin hält inne und sucht Blickkontakt, bis sie die Äußerung verbalisiert, zusätzlich gebärdet[40] und den Wunsch erfüllt. Nicht mehr zur Verfügung stehende Bildkarten werden von grünen Seiten auf einen roten Seitenuntergrund ans Ende des Buches geklettet. Momentan wird daran gearbeitet, dass Paul den Kommunikationsordner bei wechselnden Bezugspersonen einsetzt, egal in welchem Abstand sich die Personen zu ihm befinden. Während Paul derzeit die erste bis vierte Trainingsphase durchläuft, stehen die fünfte und sechse Trainingsphase noch aus.

Reflexion

In der Fallvignette von Paul wird ein Kind vorgestellt, welches gute Voraussetzungen zum Erlernen der Methode mitbringt. Die Methode bietet sich allerdings auch für Kinder an, die sich noch auf einem basaleren Kommunikationsniveau befinden. Die Tausch-Handlung ist motorisch einfach und kann gut durch körperliche Prompts[41] initiiert werden, was der Imitationsmüdigkeit einiger Kinder mit ASS entgegenkommt. Zudem wird das Differenzieren zwischen Bildern auf den ersten beiden Trainingsstufen noch nicht vorausgesetzt. Auch wenn einige Kinder mit ASS erfahrungsgemäß für die höheren Trainingsphasen nur schwer zu motivieren sind, handelt es sich insgesamt um eine kostengünstige Möglichkeit, mit der viele Menschen mit Autismus ein erstes Wunschrepertoire lernen auszudrücken. Studien weisen positive Effekte auf die sozial-kommunikativen Fähigkeiten (Ganz & Simpsons, 2004; Lerna, Esposito, Conson & Massagli, 2012, vgl. Müller, 2016, S. 123) und evtl. auch auf die lautsprachlichen Fähigkeiten (Gordon et al., 2011, vgl. Müller, 2016, S. 123) nach. Wie bei allen nicht elektronischen Kommunikationshilfen gibt es allerdings den Nachteil, dass es eines Ko-Konstrukteurs bedarf, der die Handlung (zeigen, greifen) entschlüsselt und versprachlicht.

19.2.3 Elektronische Kommunikationshilfen, mit einem Fokus auf Kommunikationsapps

Bei den elektronischen Hilfen ist die Bandbreite groß und die Komplexität der Geräte

---

39 Die Kommunikationspartnerin agiert als Sprachvorbild und kommuniziert selber mit der Kommunikationshilfe.
40 Individuelle Entscheidung der Therapeutin, parallel zur Verbalisierung zu gebärden.
41 Der Kommunikationspartner gibt Hilfestellung, z. B. durch Handführung.

verschieden. Einfache Sprachausgabegeräte (bspw. BIGmack oder Step-by-Step)[42] können zur Kommunikationsanbahnung genutzt werden, während komplexe elektronische Kommunikationshilfen (Talker, z. T. Tablets mit Kommunikationsapp) die Verständigung mit grammatikalischen Strukturen ermöglichen. Die Hilfen können symbol- oder schriftbasiert sein und unterscheiden sich in ihren Oberflächen (dynamisch vs. statisch), in ihren Ansteuerungsmöglichkeiten (z. B. Tastatur, Augensteuerung, Kopfmaus-Tracker) und in ihrer Sprachausgabe (digitalisiert vs. synthetisch) (vgl. Otto & Wimmer, 2010, S. 39 f.). Bei Kindern mit ASS sind die iPad-basierten Apps »GoTalk NOW« und »MetaTalkDe« oder das Programm »LoGoFoXX« recht populär.

Fallvignette Kommunikationsapp

Simon steht kurz vor der Einschulung und wird bei einer UK-Beratungsstelle[43] vorgestellt, um eine passende elektronische Kommunikationshilfe für ihn zu finden. In der langjährigen autismusspezifischen Therapie hat er bereits Basiskompetenzen erworben: die soziale Referenzierung (Blickkontakt), das Herstellen von gemeinsamer Aufmerksamkeit (Zeigefunktion) und das Beachten von sozial-kommunikativen Signalen (z. B. Mimik, Gestik, Stimme) gelingen immer besser. Er hat ein gutes Sprachverständnis und kennt bereits viele Symbole. Anfangs exploriert er selber mit der ihm vermittelten Kommunikationshilfe, indem er spaßorientiert auf ihr herumdrückt und imitierend lautiert. Es ist nun Aufgabe des Umfeldes, dass er kommunikativen Input erhält. Eltern, Geschwister, Therapeuten, Erzieher – sein gesamtes Umfeld – sollten, egal ob Simon ihnen in dem Moment bewusst Aufmerksamkeit schenkt oder nicht, die Fremdsprache der Kommunikationshilfe benutzen und seinem »Getippe« stets Bedeutung beimessen. In der Praxis kann dies so aussehen, dass die Therapeutin eine Snackpause initiiert und mittels Sprachausgabe produziert »Wir gehen essen« oder »Ich habe Hunger«.

Reflexion

Die Darstellung von Simons Werdegang verdeutlicht, dass der Versorgung mit einer komplexen elektronischen Kommunikationshilfe Förderung vorhergeht und es nicht ausreicht, allein eine Hilfe bereitzustellen (»kein Wunderwerkzeug«, vgl. Castañeda & Hallbauer, 2013, S. 113). Das komplette Bezugssystem muss den Umgang mit der elektronischen Kommunikationshilfe lernen und sich angewöhnen, diese wie bei einer mehrsprachigen Erziehung mitzuverwenden. Wenn wir bedenken, dass ein Kind mit normaler Sprachentwicklung ca. 4000 Wörter täglich und somit ca. 1 500 000 Wörter im ersten Lebensjahr hört (vgl. Castañeda & Waigland, 2016, S. 1), sollten wir auch im Verwenden der elektrischen Kommunikationshilfe sehr ausdauernd sein, bevor wir aufgeben und es dem Kind nicht zutrauen, diese zu benutzen. Es ist ein künstlicher Lernprozess, der vollzogen wird und sich nicht von alleine entwickelt. Somit hängen die Auswahl eines Gerätes und der Erfolg

---

42 Taster, die entweder aufgenommene Sprachmitteilungen, Musik oder Geräusche wiedergeben oder adaptierte Spielzeuge bedienen (vgl. Onlinekataloge der Hilfsmittelvertreter).
43 Eine Liste firmenunabhängiger Beratungsstellen ist hier zu finden: Zugriff am 01.07.2018 unter http://www.gesellschaft-uk.de/index.php/service/beratungsstellen-fuer-unterstuetzte-kommunikation. UK-Beratungsstellen helfen bei der Diagnostik, Finanzierung und Beschaffung (vgl. Otto & Wimmer, 2010, S. 57).

nicht nur von den Fähigkeiten und Bedürfnissen des Kindes ab, sondern in starkem Maße auch von der Akzeptanz des Gerätes im sozialen Umfeld.

Ein großer Vorteil von Sprachausgabegeräten ist, dass sie auf die Lautsprache zurückgreifen, die alle verwenden. Die konstante Symbolanordnung auf den Sprachausgabegeräten ermöglicht das Einprägen der motorischen Bewegungsabläufe beim Tippen und das gleichbleibende Aussprechen der Wörter hat Wiedererkennungswert und lädt zur Nachahmung ein. Gerade autistische Kinder haben häufig eine Affinität für technische Geräte und benötigen dieses motivierende Mittel als »Türöffner« (Castañeda & Hallbauer, 2013, S. 113), um in die zwischenmenschliche Interaktion zu treten.

19.3 Fazit

Zusammenfassend handelt es sich bei TEACCH und UK um Methoden, die allesamt den bevorzugten visuellen Verarbeitungskanal von autistischen Kindern nutzen, um das vorhandene Kommunikationspotenzial zu entfalten und die Aufmerksamkeit erst auf die Sprache zu lenken.

Die beschriebenen Fallvignetten zeigen, dass wir uns nicht auf eine einzige Kommunikationsform begrenzen müssen bzw. sollten. Stattdessen gilt es, eine *multimodale Kommunikationsförderung* anzubieten, damit das Kind je nach Situation zwischen den Ausdrucksformen wählen kann. Es können Frustrationsmomente minimiert und herausforderndem Verhalten kann entgegengewirkt werden, indem wir nicht ausschließlich auf die Verbalsprache setzen.

Meistens ist zu Beginn noch nicht klar, ob es sich um vorübergehende Maßnahmen zur Unterstützung der Sprachentwicklung oder um dauerhafte Maßnahmen als Sprachergänzung bzw. Sprachersatz handelt. In Studien (vgl. Sachse & Boenisch, 2001, S. 145) konnte gezeigt werden, dass weder Gebärden, noch Bildkarten oder Talker die Sprachentwicklung von Kindern verzögern, sondern sich ganz im Gegenteil positiv auf die Lautsprachentwicklung auswirken können. Das Kind wird immer den für ihn leichteren, schnelleren Weg wählen, was beim Beherrschen der Lautsprache stets der verbalsprachliche Weg sein wird, der von der Gesellschaft vorgelebt wird. Bislang ist UK in der Frühförderung wenig vertreten (vgl. Hedderich, 2006, S. 12), obwohl die Prognosen für den Spracherwerb nach dem 5. Lebensjahr »eher ungünstig« (Aarons & Gittens, 2013, S. 101) sind. Somit werden mit einer späten UK-Versorgung im Laufe der Schulzeit[44] Chancen vertan. Es kommt die Frage auf, ob sich nicht auch autismusspezifische Frühförderprogramme wie das Early Start Denver Modell für die frühe Verwendung visualisierender ergänzender Kommunikationshilfen öffnen sollten (▶ Kap. 18.4).

TEACCH und UK sind Teil einer ganzheitlichen Förderung mit beziehungsorientierten Maßnahmen, dessen positive Auswirkungen durch die Erfahrungen in zahlreichen Autismus-Therapiezentren bestätigt werden.

---

44 Für die Schulen mit dem Förderschwerpunkt geistige Entwicklung wurde UK durch eine Implementierung multimodaler Kommunikationsförderung in Lehrplänen und Curricula verbindlich (vgl. Thümmel, 2011, S. 162).

Literatur

Aarons, M. & Gittens, T. (2013). *Das Handbuch des Autismus. Ein Ratgeber für Eltern und Fachleute* (4. Auflage). Weinheim und Basel: Beltz.

Boenisch, J. (2013). Unterstützte Kommunikation. In G. Theunissen, W. Kulig & K. Schirbort (Hrsg.), *Handlexikon Geistige Behinderung: Schlüsselbegriffe aus der Heil- und Sonderpädagogik, Sozialen Arbeit, Medizin, Soziologie, Soziologie und Sozialpolitik* (2. Auflage) (S. 283–286). Stuttgart: Kohlhammer.

Castañeda, C. & Hallbauer, A. (2013). *Einander verstehen lernen. Ein Praxisbuch für Menschen mit und ohne Autismus.* Kiel: Holtenauer Verlag.

Castañeda, C. & Waigland, M. (2016). Ein Weg für jeden? Modelling in der Unterstützten Kommunikation. Zugriff am 11.07.2018 unter https://www.metacom-symbole.de/downloads/ewExternalFiles/ModellingCastanWaig.pdf.

Frost, L. & Bondy, A. (2011). *Das Picture Exchange Communication System. Trainingshandbuch* (2. Auflage). Rodgau: Pyramid Educational Consults of Germany.

Häußler, A. (2016). *Der TEACCH Ansatz zur Förderung von Menschen mit Autismus. Einführung in Theorie und Praxis* (5. Auflage). Dortmund: Verlag modernes lernen Borgmann.

Hedderich, I. (2006). *Unterstützte Kommunikation in der Frühförderung. Grundlagen – Diagnostik – Beispiele.* Heilbrunn: Verlag Julius Klinkhardt.

Mesibov, G. B., Shea, V. & Schopler, E. (2004). *The TEACCH approach to autism spectrum disorders.* New York: Springer.

Müller, C. (2017). Vom Methodenstreit zum Passungsgedanken: Zur Notwendigkeit von Methodenkombinationen in der Frühtherapie von Kindern mit Autismus-Spektrum-Störungen. In B. Rittmann & W. Rickert-Bolg (Hrsg.), *Autismus-Therapie in der Praxis. Methoden, Vorgehensweisen, Falldarstellungen* (S. 117–132). Stuttgart: Kohlhammer.

Otto, K. & Wimmer, B. (2010). *Unterstützte Kommunikation. Ein Ratgeber für Eltern, Angehörige sowie Therapeuten und Pädagogen* (3. Auflage). Idstein: Schulz-Kirchner Verlag.

Rittmann, B. (2011). Das Multimodale Therapiemodell in der Autismustherapie am Beispiel des Hamburger Autismus Instituts. In Bundesverband autismus Deutschland e. V. (Hrsg.), *Inklusion von Menschen mit Autismus* (S. 245–262), Karlsruhe: Loeper.

Sachse, S. & Boenisch, J. (2001). Auswirkungen von Kommunikationshilfen auf die körpereigenen Kommunikationsfähigkeiten kaum und nichtsprechender Menschen. In J. Boenisch & C. Bünk (Hrsg.), *Forschung und Praxis der Unterstützten Kommunikation* (S. 238–247). Karlsruhe: Loeper.

Sachse, S. & Boenisch, J. (2009). Kern- und Randvokabular in der Unterstützten Kommunikation: Grundlagen und Anwendung. In Isaac – Gesellschaft für Unterstützte Kommunikation (Hrsg.), *Handbuch der Unterstützten Kommunikation* (S. 01.026.030-01.026.040). Karlsruhe: Loeper.

Thümmel, I. (2011). Kommunikationsförderung durch Unterstützte Kommunikation (UK) bei kaum- und nichtsprechenden Schülern im Förderschwerpunkt Geistige Entwicklung – Ergebnisse einer landesweiten Studie zu Bedarfen und Ressourcen an niedersächsischen Bildungseinrichtungen sowie Effekten der Förderung durch UK. *Heilpädagogische Forschung*, 3/37, 160–171.

Wilken, E. (2003). *Sprechen lernen mit GUK 2 (Gebärden-unterstützte Kommunikation)* (2. Auflage). Lauf a. d. Regnitz: Dt. Down-Syndrom-Info Center.

20 »Es kostete Kraft, aber es hat sich sehr gelohnt!« Falldarstellung über einen gemeinsamen Wachstumsprozess von Vater und Sohn in der Frühtherapie

Swantje Conev[45]

20.1	Konzeptioneller Hintergrund	184
20.2	Zeitlicher Rahmen und Setting	185
20.3	»Es kostete Kraft, aber es hat sich sehr gelohnt« – Henris Weg von der Diagnose bis zum Therapiebeginn	187
	20.3.1 Die ersten Therapieeinheiten: Beobachtungen und Beziehungsaufbau unter Einbezug von Interessen	188
	20.3.2 Ein Drehkreisel als »Eisbrecher«: über das Interesse in gemeinsame Interaktion treten	189
	20.3.3 Hängematte, Reime-Lieder und Snackpause: Transfer auf andere Situationen und Settings	192
	20.3.4 Die Elternarbeit: Entdeckung der Ressourcen und Stärkung des elterlichen Verhaltens	193
	20.3.5 Weiterentwicklung nach dem Frühförderprogramm – ein Abriss über die folgenden 8 bis 10 Monate	196
Literatur		197

20.1 Konzeptioneller Hintergrund

Die autismusspezifische Therapie des kleinen Henri und die Beratung seiner Eltern fand im Rahmen des START-Programms im Hamburger Autismus Institut statt (▶ Kap. 14). Diese Frühtherapie ist für Kinder bis ca. 6 Jahre konzipiert und als intensive Einstiegsphase für eine sich möglichst nahtlos anschließende Einzeltherapie gedacht. Es orientiert sich am Hamburger Multimodalen Modell der Autismustherapie (Rittmann, 2011), das sich aus verschiedenen Bausteinen zusammensetzt und von einer beziehungsorientierten »Säule« als Grundhaltung geprägt ist. Im Rahmen dieser Frühtherapie liegt der Fokus auf der

---

[45] Mit herzlichem Dank an Barbara Rittmann, die mich stets unterstützt hat und auch bei Henris Entwicklung wertvolle Tipps zum Frühfördererfolg beitrug, sowie an meine geschätzte Frühförder-Kollegin Carolin Schuler, die ihn mit mir gemeinsam und nun auch weiterhin in seiner Entwicklung in der Therapie begleitet hat.

Förderung der Schlüsselkompetenzen beim Kind (z. B. geteilte Aufmerksamkeit, Aufmerksamkeit und Verständnis für soziale Signale wie Mimik, Gestik, Stimme und Tonfall) sowie der Stärkung der elterlichen Kompetenzen (▶ Kap. 15). Mit dem beziehungsorientierten Ansatz und Vorgehen stellen wir Bezug zur Forschung her, die belegt, dass ein junges Kind mit Autismus umso besser lernt, je mehr es in einen emotional positiven Kontakt involviert wird (Rogers & Dawson, 2014). Diese Kontakterfahrungen werden als bedeutungsvoll im Gehirn abgespeichert. Das Frühtherapieprogramm nutzt also die besondere Plastizität des jungen, kindlichen Gehirns für gezielte Veränderungsprozesse sowie gleichzeitig das häufig sehr hohe Engagement der Eltern kurz nach Erhalt der Diagnose. Es entspricht außerdem dem hohen Bedarf junger autistischer Kinder und deren Eltern, die oft besonders hohen psychischen Belastungen ausgesetzt sind (Estes et. al., 2009) – was sich auch im folgenden Fallbeispiel noch zeigen wird.

20.2 Zeitlicher Rahmen und Setting

Konkret kommen Eltern und ihr Kind für ca. 3 bis 4 Monate durchschnittlich zu drei Therapieeinheiten in der Woche. Das Programm teilt sich auf in die intensive Begleitung der Eltern sowie in gemeinsame und parallele therapeutische Arbeit mit dem Kind. Zumeist bilden zwei Therapeuten ein Frühförder-Team. Es finden viele gemeinsame Einheiten statt, in denen ein Therapeut i. d. R. im Kontakt mit dem Kind ist und der andere für die Eltern »übersetzt«. Das bedeutet, es werden entstandene Situationen reflektiert, aufkommende Fragen beantwortet und Unsicherheiten ausgeglichen. Die Therapeuten stehen also z. B. für eine Unterstützung der Interaktion zwischen Kind und Eltern in einer Spielsituation beratend zur Seite. Sie motivieren die Eltern und das Kind für gemeinsame Interaktionsmomente und leiten diese entsprechend der therapeutischen Grundprinzipien an. So entsteht eine Verhaltensanalyse der Eltern-Kind-Interaktion. Durch entstandene Interaktionsmomente, die möglichst sofort während oder nach dem Geschehen besprochen werden, entstehen kleine Erfolgserlebnisse im Miteinander, was zu einer Erhöhung des Selbstwirksamkeitserlebens auf beiden Seiten führt. Bestenfalls entsteht ein Wechsel zwischen Interaktionsangeboten der Eltern an das Kind und umgekehrt, die jeweils vom anderen mit einem entsprechenden Verhalten »beantwortet« werden. Dabei gilt: Von allem, was gut funktioniert hat, gerne mehr ausprobieren! Wie Studien belegen, können Therapien, in denen die Eltern aktiv einbezogen wurden, sowohl die nonverbalen und die verbalen Fähigkeiten als auch die Spielfähigkeit und die Eltern-Kind-Interaktion verbessern (Rogers, Dawson & Vismara, 2016). Einzeleinheiten zwischen Therapeut und Kind sowie intensive Elterngespräche ohne das Kind runden das Programm ab. In den Elterngesprächen geht es z. B. um die Analyse von Videosequenzen, die zu Beginn, im Verlauf und zu Ende des Programms aufgezeichnet wurden. Das Erleben in der eigentlichen Situation, z. B. eine Woche später mit einem Blick auf die Videosequenz, lässt häufig noch weitere, kleinschrittige Analysen zu, die das Verständnis einzelner Situationen weiter erhöhen und die Feinfühligkeit der Eltern schulen. Der Vergleich von Videoaufzeichnungen zu einzelnen Therapiezeitpunkten führt häufig zu einer größeren Wahrnehmung der Fortschritte. Bei regelmäßigen Reflexionen der Einheiten anhand von intensiven

Besprechungen geht es häufig um den Transfer ins häusliche Umfeld und die Überprüfung der Übertragbarkeit von Lernschritten in den Alltag. Die Erfahrung zeigt, dass Eltern in dieser ersten Frühtherapiephase häufig sehr motiviert sind, Neues auszuprobieren und das Gelernte selbst anzuwenden. Ein Haus- und Kindergartenbesuch dient dann dazu, dass der Therapeut die theoretisch besprochenen Übertragungen in die Lebensumfelder noch besser einschätzen kann und im Umfeld direkt anleitet oder berät. Des Weiteren stellt es den Austausch mit anderen, mit dem Kind vertrauten Fachkräften sicher. Auch das Zusammenbringen von betroffenen Eltern in einer Elterngruppe führt zu einem Erfahrungsaustausch, der Selbsthilfeprozesse der Eltern initiiert (▶ Kap. 23). Die sich in der intensiven ersten Zeit der Frühförderung ergebenden Themen, erste Fortschritte und die Umsetzung der Vorgehensweisen zur Erreichung der Zielsetzungen werden dann in der darauffolgenden weiteren Therapiephase in Einzelförderung niederfrequenter (ca. 1-2 Einheiten pro Woche) weitergeführt.

Die Ziele des START-Programms sind:

- Eine Förderung der Schlüsselkompetenzen des Kindes (Rittmann, 2011, 2012), indem wir es motivieren, den sozial-kommunikativen Signalen seiner Bezugspersonen Bedeutung zu geben: Dazu gehören z. B. Mimik, Gestik, Stimme und Tonfall. Ein autistisches Kind verfügt meistens nicht intuitiv über diese Schlüsselkompetenzen. Sie stellen jedoch die notwendige Grundlage für weitere lebenslange Lernprozesse dar (▶ Kap. 15.2).
- Die Erhöhung der Interaktions- und Kommunikationsfähigkeit des Kindes. Hierbei wird der Fokus auf Interaktionssituationen gelegt, die vom Kind als bedeutungsvoll erlebt werden. Kinder mit Autismus verbringen häufig lieber Zeit allein, statt die Interaktion mit Mitmenschen zu suchen, gemeinsam oder in der Nähe von anderen zu spielen. Deshalb schafft man u. a. durch Einbezug der Interessen und Fähigkeiten des Kindes schöne Interaktionsmomente und tritt damit »in Konkurrenz« zur gegenständlichen Welt. Im Verlauf soll sich das Interesse z. B. an Gegenständen hin zu einem gesteigerten Interesse am menschlichen Gegenüber verändern, mit dem Interaktion und Kommunikation Spaß macht (▶ Kap. 15.2.4).
- Alltagsorientierung, die dem autistischen Kind Sicherheit und Orientierung vermittelt und den Eltern eine Entlastung im Alltag ermöglicht. Durch Methoden der Strukturierung und Visualisierung von Alltagshandlungen im Sinne des TEACCH[46]-Ansatzes erhält das Kind Vorhersehbarkeit und Mitbestimmungsmöglichkeiten. Auf diese Weise reduzieren sich autismusspezifische Ängste oder rigide Verhaltensweisen zugunsten von größerer Flexibilität und Zunahme der Fähigkeiten der Selbstregulation des Kindes (▶ Kap. 18.4, ▶ Kap. 19).
- Stärkung der elterlichen Kompetenzen, sodass die Eltern die gelernten Inhalte im häuslichen Umfeld in engem Austausch mit dem zuständigen Therapeuten fortführen können. Damit hat die Frühtherapie Modellfunktion für förderliches Elternverhalten. Somit kann durch sie eine ideale Grundlage für eine positive Entwicklung des Kindes geschaffen werden, auf der mit dem Kind weitergearbeitet wird und frühe Fortschritte erzielt werden können. Es werden dazu u. a. Videosequenzen mit der Marte-Meo-Methode (Aarts, 2011) analysiert. (▶ Kap. 21, ▶ Kap. 22).

---

46 TEACCH: Treatment and Education of Autistic and related Communication handicapped Children, Häussler, 2005: Einsatz einer Vielzahl visualisierender Materialien zur Erleichterung der Kommunikation und zur Strukturierung von Abläufen.

Im Folgenden wird ein beispielhafter Verlauf einer ca. 4-monatigen Frühförderung in unserem Institut skizziert, der nicht gänzlich alle möglichen Aspekte einer Förderung eines jungen autistischen Kindes aufzeigt, jedoch durch bestimmte Besonderheiten und detaillierte Entwicklungsbeobachtungen einen Einblick zulässt. Es werden einige Herangehensweisen mit dem Kind und den Eltern aufgezeigt sowie Ausschnitte aus einem Interview mit dem Vater des Jungen abgebildet.

20.3 »Es kostete Kraft, aber es hat sich sehr gelohnt« – Henris Weg von der Diagnose bis zum Therapiebeginn

Im Frühjahr 2017 kam der knapp drei Jahre alte Henri[47] in unser Frühförderprogramm. Wir erfuhren im Vorfeld, dass der Vater sich sehr engagiert gezeigt hatte und regelmäßig Unterlagen in unsere Verwaltungsräume brachte. Es ist nicht ungewöhnlich, dass Eltern dies persönlich tun; auch sehen wir dabei öfter die Väter unserer Therapieklienten. In Henris Fall fiel auf, dass der Vater schon bei den ersten Kontaktaufnahmen großen Austauschbedarf hatte. Beim ersten Telefonat mit unserer Verwaltungskraft bezüglich des Jungen erörterten wir, dass es aufgrund sprachlicher Barrieren der Mutter vermutlich eine intensive Elternarbeit mit dem deutschsprachigen Vater geben wird, der zu diesem Zeitpunkt zeitlich sehr flexibel war. Der Vater selbst, Herr K., hatte bei den ersten Kontakten erwähnt, dass er »alles für seinen Sohn tue«. Er sagte auch, dass ihn die Abläufe rund um die Therapieaufnahme enorme Kraft kosteten. Unsere Spezialisierung auf Autismus-Spektrum-Störungen bewirkt bei den Eltern jedoch dann das Erleben, mit ihren Fragen und Sorgen am richtigen Ort zu sein und maßgeschneiderte Hilfen zu erhalten. Dies geschieht meist nach einem längeren Weg bis zum Erhalt der Diagnose (▶ Kap. 1.2, ▶ Kap. 2).

> **Herr K., Henri ist im Verlauf der Therapie ja 3 Jahre alt geworden; wie ist es denn dazu gekommen, dass er bereits in einem so frühen Alter die Diagnose bekommen hat?**
> *Wir waren zuerst eigentlich nur bei einer normalen Untersuchung, diese regelmäßigen U-Untersuchungen im Krankenhaus. Dort hat man uns dann gesagt, dass in irgendeiner Form eine »Störung« vorliegt. Das war schon ganz schön schockierend, denn für uns war Henri ja normal, so wie er war, wir kannten ihn nicht anders ... Dann begannen die ganzen weiteren Untersuchungen. So was muss man erstmal verarbeiten.*
>
> **War es wichtig für Sie, eine Diagnose zu erhalten?**
> *Für den Verlauf der weiteren Behandlungen ja, natürlich. Im Prinzip habe ich danach alles Mögliche angeleiert. Ich bin eher froh, dass es mich wachgerüttelt hat und ich mir dann so viel Mühe gegeben habe, um das alles hinzukriegen. Das war ja ein gewaltiger Aufwand! Manchmal hatte ich das Gefühl, dass mir persönlich alles zu viel wurde. Aber letztendlich hat es sich sehr gelohnt, es hat sehr zu Henris Wohl beigetragen. Für uns ist es fast wie ein Wunder, dass er als Kleinstkind diese Therapie bekommen durfte. Zum Glück ist das alles so rechtzeitig aufgefallen.*

---

47 Name und einige Daten zur Anonymisierung geändert

> **Was war alles nötig um die Therapie zu erhalten, was haben Sie alles tun müssen?**
> *Alles! Das war schon sehr, sehr anstrengend und zwischendurch war ich kurz vorm Verzweifeln. Ich musste mich immer wieder zusammenreißen. Die ganzen Behördengänge, Krankenkassentelefonate, Anträge stellen ... und die gesamte Fahrerei. Wissen Sie, ich habe mal mehr und mal weniger noch mit eigenen Themen und Problemen zu tun, die mich selbst schon mein Leben lang begleiten ... Doch am Ende hat es mir in meiner Rolle als Vater auch Spaß gemacht und mich ein bisschen aus meinem Sumpf gezogen. Wenn ich mit Henri zur Therapie gefahren bin, habe ich meistens ein paar Meter entfernt geparkt und bin dann mit ihm zu ihnen getapert ... er wusste irgendwann, wie das alles abläuft, und hat immer auf dem Weg meine Hand genommen.*

Henri war ein relativ junges Kind in unserem Frühförderprogramm. Bei Durchsicht der uns vorliegenden Berichte fokussierten wir uns darauf, was wir gemeinsam mit den Eltern als mögliche Ziele erarbeiten würden, welche Methoden im Fokus stehen könnten und welches Material dafür passend sei. Wir wussten, dass Henri gerne Gegenstände dreht oder sie beim Drehen beobachtet; so planten wir hierfür Materialien ein. Im Aufnahmegespräch zu Beginn der Frühförderung planten wir mit den Eltern organisatorische Abläufe, inhaltliches Vorgehen, erläuterten Methoden und Modelle, schlugen Material vor und legten Ziele fest. In dem ausführlichen Erstaufnahmegespräch fließen Informationen aus verschiedenen Lebenssettings ein. Dazu gehören Informationen aus dem Zuhause, Kindergarten und anderen Therapien/Behandlungen, wobei verschiedene Entwicklungs- und Verhaltensbereiche beleuchtet werden. Dies sind z. B. die Interessen und Stärken des Kindes, Bindungs- bzw. Beziehungsverhalten, Handlungsplanung und exekutive Funktionen, emotionaler Ausdruck, Kontakt mit Gleichaltrigen, Kommunikation, Motorik und Sensorik, Ängste, Rituale u. a.

Die Eltern beschrieben, dass sie grundsätzlich zufrieden mit Henris Entwicklung seien, doch sich z. B. wünschen, mehr mit ihm gemeinsam zu machen (Erweiterung der sozial-interaktiven und kommunikativen Fähigkeiten). Da Henri kürzlich begonnen hatte, sich in missverständlichen oder für ihn frustrierenden Momenten mit den Händen an den Kopf zu schlagen oder sein Gegenüber an den Haaren zu ziehen, besprachen wir auch hierfür eine Anbahnung von Verhaltensänderung (Erhöhung der Kommunikation, Psychoedukation für verbessertes Verständnis von Verhaltensweisen, Aufzeigen/Einüben alternativer Ausdrucksmöglichkeiten). Dies soll zu besserer emotionaler Regulierung und adäquaterer Expression von Bedürfnissen führen. Da Henri im alltäglichen Leben noch eng begleitet werden musste, wünschten sich die Eltern zusätzlich kleine Fortschritte in Richtung Selbständigkeit (z. B. alleine mit dem Löffel essen, Spielsachen aufräumen, Schuhe an- und ausziehen). Für eine gelungene Integration in das Setting des Kindergartens wurde festgelegt, in Zukunft auch den Kontakt zu Gleichaltrigen zu erhöhen und zu verbessern.

20.3.1 Die ersten Therapieeinheiten: Beobachtungen und Beziehungsaufbau unter Einbezug von Interessen

Herr K. und Henri kamen zur ersten Therapieeinheit etwa eine Viertelstunde zu früh. Während meine Teamkollegin und ich die Einheit vorbereiteten, konnten wir ihn im Wartebereich hören: ein leises, sich wiederholendes, recht monotones »la, la, la« gelangte über den Flur. Bei der Begrüßung wirkte er zurückhaltend-neugierig; sein Blick haftete jedoch an der Raumdecke, den Kopf hatte er seitlich schief geneigt, vermutlich sah er uns durch peripheres Sehen[48]. Die Stirn runzelte er leicht und er kniff die Augen etwas zusammen: Suchte er visuelle Reize an den Deckenlampen? Er wiederholte »la, la, la«, als wolle er bei den Begrüßungsritualen der Erwachsenen mitreden. Der Raumwechsel ins Therapiezimmer gelang ihm problemlos, er lief dabei eng an der Wand des Flures, hielt die Hand seines Vaters, machte vorsichtige Schritte und hatte den Kopf auch hier seitlich geneigt und den Blick nach oben gerichtet. Im Therapieraum angekommen, lockte ihn ein auffällig bunt karierter Teppich als Erstes an: Er stand eine Weile an dessen Rand, drehte die Fäuste seitlich seines Körpers und beäugte das Muster von verschiedenen Seiten. Mit Zuspruch traute er sich, Schritte auf den Teppich zu tun, und er lief für einige Zeit diagonal auf den Mustern auf- und ab. Wie aus den Vorbesprechungen mit den Eltern erwartet, zeigte Henri uns seine Vorliebe für das Drehen von Gegenständen: Eine Schnur, an die eine Spielfigur als Beschwerung gebunden war, bezog er in sein Laufen über den Teppich ein. Er drehte die Schnur gekonnt, sodass die Figur Spiralen machte. Unsere ersten Versuche, uns interaktiv am Geschehen zu beteiligen, führten zu einer Abwendung von Henri; er imitierte zwar mein Drehen der Schnur, ließ sie dann aber fallen oder schleuderte sie Richtung Tür. Kurzzeitig beschäftigte er sich mit Schleich-Tieren, die er aus einer kleinen Kiste auf den Boden geschüttet hatte. Er versuchte, die Tiere auf dem Rücken liegend zu drehen – wie einen Kreisel – und warf auch diese danach Richtung Zimmertür. Unsere Beobachtungen ließen für uns erste Schlüsse auf seine Art von Beschäftigung mit Materialien zu, zeigte uns die Ausprägung seines visuellen Wahrnehmungskanals, stereotype und manieristische Verhaltensweisen sowie Interaktionsmuster und Kommunikationsversuche. Ebenso fiel auf, dass Henri auditiv leicht ablenkbar war; manchmal unterbrach er seine Handlungen, um sein Gehör Richtung Fenster zu wenden, an dem eine S-Bahn vorbeifuhr. Seine Offenheit für auditive Reize war für uns daran zu bemerken, dass er uns (zu)hörte und auch einfachen Aufforderungen nachkam (wie z. B. »Komm mit, Henri.«) Zum Abschluss der Einheit konnten wir den Vater dabei beobachten, wie er Henri seine Jacke und Schuhe anzog. Er zeigte uns ein ritualisiertes Spiel zwischen ihm und Henri: Herr K. stellte den kleinen Fuß des Jungen auf sein eigenes Knie, sprach ihn an und sagte, während er den Schuh über Henris Hacken zog und zwei Klettverschlüsse schloss: »Eeeeins, zweeeei, dreeeei – Zack!« Henri hatte zwar seine Augen auf die Deckenlampen gerichtet, doch es war deutlich zu spüren, wie vertraut diese Situation ihm schon war.

20.3.2 Ein Drehkreisel als »Eisbrecher«: über das Interesse in gemeinsame Interaktion treten

Zur Erhöhung der Interaktions- und Kommunikationsfähigkeit des Kindes wird im Startprogramm der Fokus auf vom Kind als bedeutungsvoll erlebte Interaktionssituationen gelegt. Es geht also um die »Bedeutung von Signalen« – aber was heißt in diesem Kontext »bedeutungsvoll« für Henri? Diese Einschätzung vermochten wir nur über die Beobachtungen seines Verhaltens zu vernehmen. Für ihn schien zu diesem Zeitpunkt das Drehen von Gegenständen eine besondere Bedeutung zu haben. In den ersten Therapieeinheiten mit Henri boten wir ihm hierfür einen klassischen Holzkreisel sowie einen in Mode gekommenen »Spinner« an. Beide Gegenstände platzierten wir in einer Klarsichtbox mit Klickver-

---

48 Peripheres Sehen ist eine Form visueller Wahrnehmung. Hierbei ist die Aufmerksamkeit nicht auf eine zentrale Stelle der Netzhaut gerichtet, sondern die Wahrnehmung dort gelegener Objekte oder Ereignisse erfolgt durch benachbarte oder weiter entfernte (periphere) Areale des Gesichtsfelds.

schlüssen; dies soll die Neugier für den Gegenstand sowie die Motivation zur Kontaktaufnahme erhöhen: Das Kind kann den begehrten Gegenstand sehen, muss aber noch eine »Lösung finden«, bevor es sich mit ihm beschäftigen kann. Wir konnten ihn beobachten, wie er sich beim Anblick der Gegenstände freute; er stand vor der Box, drehte die Fäuste neben seinem Körper, lächelte und sah sie mit geneigtem Kopf an. Indem er seinen Blick auf einen der Drehgegenstände richtete, wählte er zumeist den Holzkreisel aus, und ich zeigte ihm, wie sich die Box öffnen lässt. Nach Erhalt des Kreisels setzte er sich auf den Boden, mit dem Rücken zu uns, drehte ihn geschickt und führte sein Gesicht ganz nah an den drehenden Gegenstand. Manchmal lautierte er dabei; meistens beobachtete er jedoch nur. Er konnte sich lange damit beschäftigen und erste Versuche unsererseits, in sein Spiel einzusteigen, wehrte er mit einem deutlich frustrierten Laut und wegschiebender Geste ab. Auch das Beenden dieser Sequenzen durch uns war zuerst noch oft mit Frust bei Henri verbunden; er legte sich dann auf den Boden, quengelte und weinte, bis er sich durch die Anbahnung einer neuen Aktivität regulieren konnte. Ähnlich frustrierte Verhaltensweisen, die Henri beim Beenden beliebter Aktivitäten zeigte, berichteten die Eltern auch aus dem häuslichen Umfeld.

In der dritten Therapieeinheit wollten wir erreichen, dass er zusätzlich zu seiner Freude am Drehen auch unsere Interaktionsangebote nicht nur wahrnehmen, sondern auch annehmen kann. Um seine Aufmerksamkeit zu erregen, orientierten wir uns an den dafür empfohlenen Schritten aus dem ESDM (Rogers, Dawson & Vismara, 2016). Seine Aufmerksamkeit war auf den Kreisel gerichtet, das war deutlich. Ich positionierte mich dann gegenüber Henri, sodass ihm die Möglichkeit für das Erkennen meiner mimischen Signale über das Gesicht ermöglicht wurde. Indem ich die anderen Gegenstände aus seiner Sichtweite legte, schaltete ich mögliche Konkurrenz aus. Um Henris »Wohlfühlzone« zu ermitteln, blieb ich erst etwas auf Abstand und ließ ihn spielen, dann näherte ich mich langsam an und begleitete dies verbal. Da sein Blick auf den Kreisel gerichtet war, wir aber wussten, dass sein Sprachverständnis als auch seine auditive Wahrnehmung ausgeprägt war, gestaltete ich Tonfall und Stimme freundlich und auffordernd. Ich wartete ab, was Henri machte, und machte dann mit: Zuerst drehte ich den Spinner neben seinem Kreisel einige Male und bestätigte, wie toll das aussehe und wie viel Spaß das mache. Nach gelungener Annäherung fragte ich Henri, ob er mir seinen Kreisel gibt, doch er lehnte ab. Das Geben eines Gegenstandes ist Teil des sogenannten triadischen Dreiecks der gemeinsamen Aufmerksamkeit (engl. joint attention, vgl. ESDM), an der zwei Personen und ein Gegenstand beteiligt sind. Es besteht aus drei Schritten: geben, zeigen, deuten, und wir begannen den ersten Schritt zu etablieren. Zunächst wollten wir erreichen, dass Henri mir den Kreisel gibt. Ich forderte ihn immer wieder verbal und gestisch mit meiner geöffneten Hand auf; er benötigte jedoch vorab noch eine Hilfestellung (Prompt[49], vgl. Baumann & Perez, 1998). So führte ich seine Hand in meine, er gab mir den Kreisel, was ich mit großer Freude belohnte. Dann begann ich sofort ein sich anschließendes Interaktionsangebot, um seine Freude und Motivation nicht zu frustrieren. Anknüpfend an den Zählritualen beim Schuhe an- und -ausziehen, welches wir zwischen Vater und Sohn in der ersten Therapieeinheit beobachteten,

---

[49] Ein Prompt ist eine Verhaltenshilfe zum Aufbau von erwünschtem Verhalten. In der Regel ist es eine verbale oder verhaltensmäßige Hilfestellung des Therapeuten, welche die Aufmerksamkeit des Kindes auf das gewünschte Verhalten lenken soll und diesem Verhalten förderlich ist. Es hat den Lernprozess unterstützende Funktion und wird meist in Kombination mit Modelllernen eingesetzt. Oft verwendete Prompts sind beispielsweise das Vormachen des gewünschten Verhaltens, verbale Hinweise und Motivation.

bahnte ich eine soziale Routine in ähnlicher Art an: Ich sagte »eeeeins, zweeei, dreeei – Drehen!«. Die Handlung verlief schnell, freundlich, zugewandt und kontaktnah. Ich tippte Henri dabei in kitzelnder Art an. »Eeeins« – tippen auf den rechten Oberschenkel, »zweeei« – tippen den auf linken Oberschenkel, »dreeei« – kitzeln am Bauch, »Drehen!« – und ich drehte den Kreisel auf dem Boden. Henri lächelte; er schien das aufgebaute neue Spiel zu mögen. Auch hier orientierte ich mich an Empfehlungen aus dem ESDM (Rogers, Dawson & Vismara, 2016): Henri und ich fanden erst einen Rhythmus, bauten ein Repertoire auf, entwickelten die Routinen weiter und optimierten so das Energie- und Lernniveau des Jungen. Zusätzlich begann ich, in Konkurrenz zu dem beliebten Gegenstand zu treten: Wir bauten über die ersten Versuche Vertrauen zueinander auf und legten erste Grundsteine für unsere therapeutische Beziehung. Ich ging hier noch viel in »Vorleistung«, um mich mit seinem Lieblingsgegenstand interessant zu machen, um später mehr interaktive, beziehungsorientierte Momente zu schaffen (vgl. Differenzielle Beziehungstherapie, Rittmann, 2017) und begann dann, mein Handeln zu variieren und interaktive Signale von Henri abzuwarten bzw. herauszufordern. Ich wartete auf »offene Interaktionsfenster« (Rogers, Dawson & Vismara, 2016): Hierbei bot ich die Routine immer erst, sobald ein Impuls zu gemeinsamer Interaktion von Henri ausging. Ich hielt den Kreisel später anbietend nah vor mein Gesicht und schaute Henri an, der noch eine Weile brauchte, bis er mich die ersten Mal intensiver anschaute. Zuerst reagierte ich sehr zügig auf kurze Blickkontakte; später verzögerte ich meine Reaktion, um den Blickkontakt länger zu halten. Ich bemerkte, dass Henri sein Blickfeld noch erweiterte – er schaute nicht nur in meine Augen, sondern »musterte« mein Gesicht. Vor allem meine Augenbrauen und meinen Mund, deshalb betonte ich meine Mimik in diesen Bereichen noch besonders. Dann begann Henri die Interaktion zu variieren: Er machte mir ein »Lippenblubbern« vor, dass ich sofort imitierte; dabei haftete sein Blick lange auf meinem Mund, er lächelte und wiederholte seine Aufforderungen. Mit der Zeit lernte Henri, dass die Gemeinsamkeit mit mir Spaß machte, und so erweiterten sich seine Interaktionsfenster.

Nach etwa 6 Wochen in der Frühförderung bei uns und mehrfacher Wiederholung und Varianz der Routinen und Interaktionen gab es einen Schlüsselmoment, der wie ein Wendepunkt in Henris Entwicklung wirkte. Ich bot Henri diesmal Perlen an, die er gerne durch seine Hände rieseln ließ. Wir beschäftigten uns eine Weile damit, doch Henri wirkte sehr versunken. Dabei begann er einen leisen Gesang, der sich wie ein bekanntes Kinderlied (»Häschen in der Grube«) anhörte. Diesmal reagierte er nicht so sehr auf meine Interaktionsangebote und wandte sich aus der Situation ab. Er lief erst ein wenig im Raum umher, nahm sich dann eine große Murmel und setzte sich damit in die Raummitte. Er drehte die Murmel, erst einmal, noch einmal ... und sagte dann, laut und auffordernd: »Deeehn!«. Er imitierte mich dabei in Tonlage und Lautstärke, ich gesellte mich voller Freude zu ihm und verbalisierte, was ich gehört hatte, klatschte und imitierte erneut. Henri wiederholte es noch ein paar Mal, blieb mir zugewandt, also wollte er mir zeigen: »Ich hab' verstanden, wenn ich mit Dir zusammen drehen will, muss ich nur ›Drehen‹ sagen!«. Ich ließ ihn einige Male die Situation gestalten, dann hielt er einen Moment inne und ließ die Murmel länger drehen. Als er dann zur Wiederholung anlegte, imitierte er die komplette Routine, indem er sich selbst auf die Oberschenkel tippte und »Eis, Zwai, Dai, Deeehn!« ausrief. Dieser Moment war so voller Freude und Spaß, Henri hatte fast ein verschmitztes Lächeln auf den Lippen. Er variierte die Situation erneut, indem er sich wegdrehte, die Routine alleine ausführte und sich dann zu mir umwandte, als wolle er fragen: »Hast du das auch gesehen?«.

20.3.3 Hängematte, Reime-Lieder und Snackpause: Transfer auf andere Situationen und Settings

Nach diesem Schlüsselmoment gelang es immer öfter, Henri in bedeutungsvolle Interaktionen zu involvieren. Wir planten dafür auch andere Situationen, Materialien und Settings einzuführen. Nur zu schnell könnte es sonst passieren, dass Henri sich nur beim Drehen entsprechend verhält. Die Raumwechsel wurden durch einen natürlichen Übergang zwischen den Aktivitäten geübt; vom Therapieraum in den Motorikraum, von dort in die Küche zu einer kurzen Pause, von dort zurück ins Therapiezimmer. Sowohl die Wechsel als auch die Loslösung von den Eltern gelangen Henri insgesamt angemessen (zu Beginn standen Türen manchmal noch offen, dies war später nicht mehr nötig). Henri lernte auch, dass ein Time-Timer (ein Wecker, der mit einem visuellen und akustischen Signal fungiert, nach TEACCH, Häussler, 2005) die einzelnen Sequenzen beendet und damit die nächste einleitet. Das tickende Geräusch des Weckers fesselte den Jungen, sodass er oft die Ohren daranhielt und das »Ticke-ticke-ticke-tick!« verbal imitierte. Mittlerweile ist das Hilfsmittel voll etabliert und erleichtert ihm das Beenden einer Situation und den Übergang in eine andere.

Hängematten oder Schaukeln haben für viele der Kinder bei uns einen besonders großen Aufforderungscharakter. Das war auch bei Henri so. Zu Beginn lag er noch etwas steif in unserer Hängematte und wirkte, so klein wie er war, fast wie darin versunken. Die Arme hatte er ganz eng am gestreckten Körper gehalten und er machte erwartungsvoll große Augen. Typische Anzählrhythmen wie »Auf die Plätze, fertig, looos!« steigern die Erwartungskurve und bieten ganz natürlich eine kurze Verzögerung und eine soziale Aufeinander-Bezugnahme, bevor es losgeht. Diese Situation brauchte nicht viele Wiederholungen, bis Henri sich deutlich entspannte, die Arme und Hände sich lockerten und er öfter nach unseren Blicken suchte. In diesem Setting zeigte sich Henris Vater besonders initiativ und brachte eigene Ideen ein: Er rüttelte an der Hängematte und rief »Hui, ui, uuui!«, sodass sein Sohn ordentlich in ihr auf- und abplumpste. Dabei juchzte er und schien diese schöne Situation mit seinem Vater und diesem intensiven Reiz sehr zu genießen.

An einem Tag spielte ich eine CD mit Kinderliedern ab, da Henri »Häschen in der Grube« gesummt hatte; er nahm diese zwar wahr, fand es jedoch deutlich interessanter, wenn ich die Lieder sang. Dabei schaute er öfter auf meinen Mund und lächelte – diesem »Mustern« meines Gesichtes folgte eine Aufforderung seinerseits – mit dem Fuß! Er lag rücklings auf einem Kinderteppich und lauschte meinem Singsang, dabei hielt er mir seinen Fuß an den Mund. Daraus entstand eine Art Kitzel-und-Sing-Routine, die immer dann folgte, wenn er »meinen Mund« mit seinem Fuß aufforderte. Dies war nicht mehr nur eine soziale Routine (ein soziales, sich wiederholendes, freudvolles Miteinander), sondern eine sensorisch-soziale Routine (vgl. ESDM, Rogers, Dawson & Vismara 2016). Bei dieser spielt nicht der Gegenstand eine Rolle, sondern sensorische Angebote – körperliches, spielerisches Miteinander, wie z. B. Kitzelspiele (oder auch Fingerreime u. Ä.). Im weiteren Verlauf hielt ich länger inne, bis ich ihn kitzelte und sang; manchmal unterbrach ich das Lied von der CD oder meine Handlungen. Somit wurde wieder Spannung und Vorfreude aufgebaut und Henri hatte Gelegenheit, seine Aufforderung zu wiederholen oder sein Verhalten zu variieren. Wir zielten damit auf eine Erhöhung des qualitativen Blickkontaktes ab, was Henri auch gelang.

In einer Snackpause in der Küche bietet sich das gemeinsame Naschen und Trinken für bedeutungsvolle Interaktionen an. Dies ist besonders geeignet, weil es leicht auf das häusliche Umfeld übertragbar ist: Gegessen und getrunken wird jeden Tag, dies möglichst gemeinsam. So bezogen wir Henris Vater hier intensiv ein und übten, wie er mit Henri eine Kontaktaufnahme erreicht, bevor sie gemeinsam essen. In gewohnter Weise auffordernd, freundlich, motivierend boten wir ihm eine Mini-Brezel an, die er mit kleinen Bissen genüsslich mümmelte. Zu diesem Zeitpunkt konnten wir sie uns nah vor unser Gesicht und ihm anbietend hinhalten, denn er hatte schon gelernt, dass ein Blick in die Augen seines Gegenübers alles noch schöner macht: Freude, Spaß, gemeinsames Mümmeln.

Sie sind seit ca. 4 Monaten bei uns in der Frühförderung. Was denken Sie, wovon profitierte Henri?
Ich denke was ganz wichtig ist, dass er zu ihnen beiden so eine tolle Beziehung aufgebaut hat. Ohne diese, würde ich glauben, könnte man so wie jetzt gar nicht mit ihm arbeiten. Auch für seinen Tages- und Wochenrhythmus hat es ihm viel gebracht; er orientiert sich an dem Therapietermin und freut sich darauf. Ich merke, er hat schon so viel dazugelernt ... Es ist immer noch schwierig, dass er einem mal so richtig ins Gesicht guckt, aber ich merke, er versucht es öfter und ist aufmerksamer in Bezug auf meine Frau und mich.

Können Sie sagen, wie sich sein Verhalten verändert hat, z. B. wenn Sie gemeinsam etwas machen möchten?
Früher wollte er die Sachen immer so machen, wie er wollte, und jetzt, wenn ich ihm mal eine Anleitung gebe; dann hat er's nach meiner Anleitung gemacht! Und es hat ihm anscheinend auch richtig Spaß gemacht mit mir zusammen. Ich habe mittlerweile gelernt, wie wichtig das ist: Es muss ihm Spaß machen. Wenn das nicht so wäre, wäre es wie früher, und dann wäre nach wie vor vieles nicht möglich.

Es ist schön, dass Sie den Spaß so betonen – wo haben Sie gemeinsamen Spaß gehabt?
Zum Beispiel beim Schaukeln in der Hängematte. Ich habe ihn ja zum Schluss nicht einfach nur noch angeschaukelt, sondern die Hängematte mal ordentlich durchgerüttelt oder mir andere Sachen einfallen lassen. Dann hat Henri ja richtig Spaß gehabt und das hat mich weiter motiviert, wenn man ihn so lachen hört!

Mögen Sie uns von den Dosen erzählen?
Sie meinen diese Klarsichtdosen? Ja, er versucht die jetzt selber zu öffnen, weil er ja sehen kann, wenn wir was Interessantes reingelegt haben. Dann gibt er sie mir und wir öffnen sie gemeinsam. Dabei hat er mich auch schon viel öfter angeschaut. Ich denke für ihn selber ist das ein wahnsinniger Schritt nach vorne gewesen.

20.3.4 Die Elternarbeit: Entdeckung der Ressourcen und Stärkung des elterlichen Verhaltens

Die Eltern sollen intensiv in ein Programm einbezogen werden, beteiligt sein, wenn Ziele und Prioritäten festgelegt werden, und darin geschult werden, zu Hause Maßnahmen zur Förderung durchführen zu können (Rogers, Dawson & Vismara, 2016). Dazu galt es, die Eltern zuerst über unsere Ansätze und Vorgehensweisen zu informieren, sie dann konkret ins therapeutische Tun einzubeziehen und anschließend zu reflektieren: Was haben sie gesehen? Was hat die Therapeutin gemacht und warum? Haben sie es ebenfalls versucht umzusetzen, und wenn ja wie? Was könnte man noch verändern?

Herr K. nutzte die einmal wöchentlich stattfindende, reflektierte Elternberatung zuverlässig. Im Verlauf der Gespräche trug er Teile seiner eigenen Biographie vertrauensvoll an uns heran; es gab einschneidende Lebensereignisse in seiner eigenen Jugend, die ihn noch heute belasten und in seinem alltäglichen Befinden beeinträchtigen. Umso mehr war es seit Henris Geburt ein großer Wunsch geworden, sich erneut seinem eigenen Ich – nun als Vater, der sich sehr um die Entwicklung seines autistischen Sohnes bemüht – zu stellen und erlebte Ereignisse aus der eigenen Vergangenheit nicht auf den Sohn zu projizieren. Wie eine Art Wiedergutmachung, beschrieb Herr K., wuchsen seine Bemühungen, aber auch Sorgen und Ängste um Henri. Grundsätzlich fokussieren wir uns in der Elternberatung auf die Stärken und vorhandenen elterlichen Ressourcen, doch die Hintergründe in der eigenen Biographie des Vaters verdeutlichten uns in diesem Fall, dass wir sowohl seinen alltäglichen Befindlichkeiten, als auch seinen sich an die Entwicklung seines Sohnes anschließenden Wünschen, Hoffnungen und Ängsten entgegenkommen würden. So war der Anfang der väterlichen Beratung geprägt von längeren, intensiven Sitzungen des Zuhörens und Anerkennens. Herr K. erkannte, dass Trauer und Angst in der ersten Phase nach Erhalt der Diagnose »normal« sein können und dass Angst bei Eltern autistischer Kinder viel wahrscheinlicher ist als bei anderen Eltern (Rogers, Dawson & Vismara, 2016). Dies steht in Verbindung mit den vielen unbekannten Faktoren, die mit der Erziehung eines Kindes mit einer Autismus-Diagnose einhergehen.

Wir bezogen zur Sensibilisierung auf Henris autistische Verhaltensweisen sowie zum Erkennen und Schulen der Erziehungsressourcen der Eltern auf diese Verhaltensweisen eine videogestützte Beratung mit ein. Es werden Situationen zwischen Eltern und Kind per Video aufgezeichnet und anschließend gemeinsam besprochen; dabei werden die Stärken der Handelnden systematisch erkannt und hervorgehoben, aus denen langfristig eine Stärkung des elterlichen Selbstbewusstseins folgen kann. Im Vordergrund stehen dabei die Verbesserung der Kommunikation zwischen Eltern und Kind sowie die Unterstützung der Entwicklung durch bewusste Erfahrungselemente (▶ Kap. 22). In Henris Fall hatten wir verschiedene Videosequenzen gefilmt, darunter auch eine Situation, in der er die bekannte Klarsichtbox mit dem Spinner in die Hand nahm. Das Video entstand bereits zu einem etwas fortgeschrittenen Zeitpunkt, sodass schon ein Anstieg an interaktiver Kontaktaufnahme zu verzeichnen war: Es war also zu sehen, wie Henri, um dem etwas lästigen Öffnen der vier seitlichen Klickverschlüsse der Box zu entgehen, diese seinem Vater gab und ihn kurz anschaute. Herr K. nahm die Box entgegen, bedankte sich und begleitete dann verbal jedes Öffnen einer Seite mit einem »Da! Ist auf!« und hielt Henri daraufhin die offene Box mit dem ersehnten Gegenstand hin. Dabei öffnete er seine Augen weit und lächelte; er hielt die Box recht nah vor sein »angebotenes« Gesicht; so, wie wir es oft vorgemacht und erklärt hatten. Henri nahm freudig den Spinner und daraufhin die Box aus der Hand des Vaters, die er noch ordnungsgemäß zurück in die Aufräum-Kiste brachte, bevor er ins Spiel mit dem Spinner startete.

Die Ziele, die sich aus den Gesprächen mit dem Vater ergaben, wurden zusätzlich auf Karten geschrieben und ebenso, welche Ressourcen dafür schon vorhanden waren. Der Vater wollte versuchen, öfter zu benennen, was Henri tut – um ihm Aufmerksamkeit zu schenken und damit außerdem ein interaktives Angebot zu machen. Auch Henris Fähigkeit zu imitieren sollte genutzt werden; so schlug der Vater vor, er könne Fußball mit ihm spielen, da Henri das bestimmt nachmachen könnte. Grundsätzlich erwuchs in Herrn K. die Lust, Henri mehr zu zeigen, da er gesehen hatte, wie eine Gegenseitigkeit mit ihm möglich ist. Unter dem Leitsatz »mehr von dem, was gut klappt« wurden so einige Ideen entwickelt, und der Umschlag mit den Karten wurde immer dicker.

Was, würden Sie sagen, ist Ihnen als Vater mit dieser besonderen Beziehung zu Henri besonders wichtig in der Frühförderung gewesen? Sie haben zum Beispiel erzählt, dass Henri öfter Ihre Hand greift und sich sehr an Ihnen orientiert. Wie fühlt sich das für Sie an?
Ehrlich gesagt, ist das manchmal schon ganz schön komisch ... ich bin eigentlich gar nicht der Mensch, der so tiefe Beziehungen zulassen kann oder Berührungen von sich aus anbietet ... Aber Henri zeigt mir sehr viel mehr, wie viel Vertrauen er in mich dazugewonnen hat. Er weiß, da ist jemand, der hat das alles für mich ermöglicht und passt auf ihn auf. Es ist für Henri, glaube ich, ein extrem wichtiges Gefühl. Für mich selber ... ich bin da vielleicht manchmal etwas gefühlsärmer, aber es wird mehr durch ihn. Mir ist vor allem seine Weiterentwicklung wichtig, aber ich spüre natürlich auch, dass es ganz viel mit meiner eigenen macht.

Ihre Frau und Sie haben von zu Hause berichtet, was sie dort umgesetzt haben. Was haben Sie aus der Therapie dort anwenden können?
Wir haben das Anziehen der Schuhe und das Essen geübt, so wie wir das hier besprochen haben. Er ist sehr viel selbständiger mit beidem geworden. Früher war er wie »unbeteiligt«, jetzt ist es viel schöner und er macht mehr von sich aus. Er kann auch deutlich »Nein!« sagen, aber lässt sich leichter wieder in schöne Momente verwickeln. Auch im Kindergarten kann er das wohl mit dem Essen jetzt schon ganz gut. Das sind richtige kleine Erfolgsschritte für uns.

Gibt es noch andere Beispiele? Was war in der letzten Zeit z. B. besonders eindrücklich in Henris Verhalten?
Wir saßen an einem Abend im Wohnzimmer und mein älterer Sohn hat Seifenblasen für Henri gepustet. Als die auf den Boden platzten, sagte er auf einmal »Puff!«. Ich dachte erst, ich höre nicht richtig, aber er hat es dann immer wieder gesagt, laut, wenn es viele waren, und leise, wenn es nur wenige waren. Daraus ist dann wieder so ein Spiel zwischen uns geworden, was wir nun öfter mal spielen! Da merke ich dann seine Fortschritte. Das war mir früher alles gar nicht so bewusst. Der Teil der Frühförderung mit den Elterngesprächen hat mir da ganz schön die Augen für geöffnet.

Gibt es etwas, dass Ihnen in der Zukunft besondere Sorgen bereitet?
Ich hoffe, er wird von seinem Umfeld so akzeptiert, wie er ist. Vielleicht kann die Gesellschaft auch seine Stärken erkennen, so wie wir. Schule und Ausbildung ... da schließen sich viele Fragen an. Ich weiß es jetzt noch nicht, aber ich habe Hoffnung bekommen, die ich vorher so manchmal nicht hatte.

Die Eltern lernten, die Interventionstechniken in ihrem häuslichen Umfeld, quasi in ganz gewohnten und alltäglichen Momenten und bei der üblichen Versorgung ihres Sohnes anzuwenden. Es war keine spezielle »Übungszeit« dafür notwendig. Die Wahrnehmung des Vaters für solche Momente war deutlich differenzierter geworden und er nutzte nun die vorhandene Zeit mit Henri spontaner und zielgerichteter.

20.3.5 Weiterentwicklung nach dem Frühförderprogramm – ein Abriss über die folgenden 8 bis 10 Monate

Sie haben zu Anfang berichtet, die Diagnose war schon ein kleiner Schock gewesen. Wie gehen Sie mittlerweile damit um?
Ich gehe damit jetzt offener um. Letztens habe ich mich mit einer Verwandten unterhalten, die auch ein schwerbehindertes Kleinkind hat, weil ich denke, mal über das eine oder andere zu reden kann ja nicht schaden. Meiner Frau ist es öfter noch eher unangenehm, wenn sie auf Henri angesprochen wird ... sie ist noch nicht so weit wie ich und wir gehen wohl etwas unterschiedlich damit um. Das macht es für uns nicht immer leicht. Dadurch, dass ich selbst meine Probleme habe, ist manches, was Henri angeht, für mich vielleicht leichter zu verstehen. Meine Frau kommt aus einer anderen Kultur und ihre Muttersprache ist nicht Deutsch; auch das stellt uns vor so manche Herausforderungen in unserer Ehe und dem Erziehungsverhalten für Henri. Aber wir haben beide viel dazu gelernt und mit der Zeit wird das schon werden.

Henri zeigte im Behandlungszeitraum eine gesteigerte Zuwendung und Interaktionsbereitschaft. Die Aufmerksamkeitsbindung konnte schrittweise gesteigert werden; die Förderung der Fähigkeit zur gemeinsamen Aufmerksamkeit war daher ein wichtiger Bestandteil der therapeutischen Förderung und Voraussetzung für soziales Lernen. Dazu diente v. a. der Einbezug seiner Interessen, wie das Drehen des Kreisels oder anderer Gegenstände. Aber auch die sprachliche Entwicklung nahm einen raschen Verlauf: Als ich Henri und seinen Vater etwa zwei Monate nach der Frühförderung, also nach ca. einem halben Behandlungsjahr, zufällig im Fahrstuhl unseres Gebäudes traf, begrüßte ich sie freudig und Henri reagierte mit einem »Hallo«, dem sogleich ein »Tschüss« folgte, als er den Vater Richtung Ausgang begleitete. Meine positive Überraschung teilte ich meiner Frühförderkollegin, die die Einzeltherapie mit Henri weiterführt, mit – sie bestätigte mir, dass es noch weitere Fortschritte gab. So zeigte Henri zu diesem Zeitpunkt nun selbst Initiative beim Öffnen seiner Schuhe und imitierte regelmäßig verschiedene Interaktionsangebote seiner Therapeutin. Es folgte zwischen uns in den nächsten Monaten ein regelmäßiger Austausch über Henri, in dem ich erfuhr, dass er mehr und mehr einzelne Worte wiederholte (z. B. »Fertig!« oder »alle«) und Bedürfnisse klarer verbalisierte (»Nein!« oder »Weg!«). Er forderte sie zu etwas auf und initiierte damit Handlungen (»Auf!) und er folgte komplexeren Aufforderungen ihrerseits (z. B. »Hol die andere Dose!« oder »Gibst Du mir eine Brezel?«). Es wurden Henri verschiedene taktile Angebote gemacht (z. B. ein großes, gummiertes Bodenpuzzle, über das er barfuß laufen konnte) – er explorierte es mit den Füßen, steckte sie dazu in die Zwischenräume der Puzzleteile. Um die Nutzung seiner Hände anzuregen, wurde mit Fingerfarben gearbeitet. Meine Kollegin pinselte seine Hände ein, die er mit einem lauten »Patsch!« auf ein großes Bild drückte. Er schaute seine Hände dabei intensiv an und schien »nachzuspüren«. Henri lernte so zusätzlich die Grundfarben kennen und benennen. Außerdem forderte er sie auf: »Nochmal!« oder »Malen!«.

Als dieser Artikel zu entstehen begann, erfuhr ich die neusten Entwicklungen. Henri war schon so weit, dass er meiner Kollegin mitteilen konnte, was er sah, was er machen möchte, wie oder wohin er fährt. So schaute er z. B. zu seinem Bild mit den Handabdrücken, das im Therapiezimmer aufgehängt war, und sagte »Hand«. Oder er forderte sie manchmal auf »Spielen!« oder sagte zur Verabschiedung »Auto« und »Kindergarten«.

Auch die Interaktion mit dem Vater steigerte sich zusehends. So fand Henri Gefallen daran, mit der Uhr des Vaters zu spielen, und benannte dabei nicht nur diese, sondern auch Teile des Körpers seines Vaters (z. B. »Hand«). Erst kürzlich filmte ich aktuelle Therapiesequenzen von Henri, die meine Frühförderkollegin anleitete und an der auch eine Praktikantin teilnahm. Henri war angemessen im Kontakt mit gleich drei anwesenden Personen. Als seine Therapeutin ihn z. B. bat, sich an den Tisch zu setzen, forderte er die Praktikantin und mich ebenfalls dazu auf, indem er sagte »Auch!«. Es war erstaunlich zu erleben, wie Henri mittlerweile schon ca. 15-minütige Tischaufgaben mit seiner Therapeutin bearbeitete und dabei immer wieder Situationen aktiv mitgestaltete.

Literatur

Aarts, M. (2011). *Marte Meo – Ein Handbuch*. Hrsg.: Aarts Productions.

Baumann, U. & Perrez, M. (Hrsg.) (1998). *Lehrbuch Klinische Psychologie – Psychotherapie*. Bern: Huber.

Conev, S. (2017). Interne Videoaufnahmen von Therapiesequenzen und Elterninterview im Hamburger Autismus Institut.

Estes, A., Munson, J., Dawson, G., Koehler, E., Zhou, X. & Abbot, R. (2009). *Parenting stress and psychological functioning among mothers of preschool children with autism and development delay*. Autism – the International Journal for Research and Practice, 13, 375–387.

Greenspan, S. (2006). *Engaging autism*. Cambridge, MA: Da Capo Press.

Häussler, A. (2005). *Der TEACCH-Ansatz zur Förderung von Menschen mit Autismus – Einführung in Theorie und Praxis*. Dortmund: Borgmann.

Janert, S. (2000). *Autistischen Kindern Brücken bauen – Ein Elternratgeber*. München: Reinhardt.

Janetzke, H. (1993). *Stichwort Autismus*. München: Heyne.

Rittmann, B. (2011). *Das Multimodale Therapiemodell in der Autismustherapie am Beispiel des Hamburger Autismus Instituts*. In Bundesverband Autismus Deutschland e. V. (Hrsg.), *Inklusion von Menschen mit Autismus* (S. 245–262). Karlsruhe: Loeper.

Rittmann, B. (2012). Internes Konzept des Frühtherapieprogramms START am Hamburger Autismus Institut.

Rittmann, B. (2017). Die Differenzielle Beziehungstherapie in der Autismus-Therapie. In B. Rittmann & W. Rickert-Bolg (Hrsg.), *Autismus-Therapie in der Praxis – Methoden, Vorgehensweisen, Falldarstellungen*. Stuttgart: Kohlhammer.

Rogers, S. & Dawson, G. (2014). *Frühintervention für Kinder mit Autismus: Das Early Start Denver Model*. Deutsche Ausgabe herausgegeben von D. Holzinger. Göttingen: Hogrefe.

Rogers, S. J., Dawson, G. & Vismara, L. A. (2016). *Frühe Förderung für Ihr Kind mit Autismus – Das Early Start Denver Model in der Praxis*. Paderborn: Junfermann.

Teil V Eltern- und Familienorientierte Interventionen

21 Elternberatung

Barbara Rittmann

21.1	Konzeptuelle Einordnung	201
21.2	Settings der Elternberatung	202
	21.2.1 Beratung im Rahmen eines informellen Austauschs	202
	21.2.2 Geplantes Elterngespräch	203
21.3	Zentrale Themen der Elternberatung in der Autismus-Frühtherapie	203
	21.3.1 Aufklärung, Information und Psychoedukation	203
	21.3.2 Verarbeitung der Autismusdiagnose des Kindes	204
	21.3.3 Interaktionsanleitung (mit oder ohne Videodokumentation)	205
	21.3.4 Selbstfürsorge der Eltern	206
21.4	Besondere Konstellationen in der Beratung	207
	21.4.1 Eltern in Trennungssituationen und Alleinerziehende	207
	21.4.2 Eltern mit Migrationshintergrund oder Fluchterfahrung	208
Literatur		209

21.1 Konzeptuelle Einordnung

Innerhalb des Drei-Säulen-Modells der Autismustherapie, Kind – Eltern – Umfeld (▶ Kap. 13.1), ist die Unterstützung der Eltern von herausragender Bedeutung für die Frühtherapie, da in dem jungen Alter der Kinder der Einfluss der Eltern auf die Entwicklung ihrer Kinder besonders groß ist. In den bundesweiten Autismus-Therapiezentren werden unterschiedliche Formen der Unterstützung in Gruppensettings angeboten, wie Elterntrainings (▶ Kap. 23), fachliche moderierte Angehörigengruppen[50], Informationsveranstaltungen und spezielle Fortbildungen zur Elternschaft bei Autismus[51]. Die Gruppensettings nutzen einerseits den »Selbsthilfegruppeneffekt«, der treffend in dem Ausspruch zusammengefasst werden kann, »Anderen geht es genau wie uns. Wir sind nicht allein!« und in der Regel ein Gefühl der Erleichterung und des Trostempfindens ausdrückt. Auch bieten Gruppen Gelegenheiten, sich über den fachlichen Rahmen hinaus, gegenseitig zu unterstützen und ggf. einem Gefühl von Isolation entgegenzuwirken, unter dem viele Eltern von autistischen Kindern leiden. Hinzu kommt, dass Gruppenmaßnahmen in der

---

[50] Beispiel für ein Angehörigentreffen: https://autismus-institut.de/veranstaltungen/angehoerigentreffen/ Zugriff am 29.08.2018

[51] AUTPUT-Fortbildungen des Hamburger Autismus Instituts. Zugriff am 11.01.2019 unter https://autismus-institut.de/fortbildungen

Regel ressourcenschonender anzubieten sind.

Trotz der benannten Vorteile des Gruppensettings erleben Eltern die individuelle Beratung, die im Folgenden beschrieben wird, im Rahmen der Autismustherapie und insbesondere der Frühtherapie, als unverzichtbar. Die konkreten Situationen, mit denen sich die Eltern in der Erziehung ihres Kindes konfrontiert sehen, unterscheiden sich – trotz der gemeinsamen allgemeinen Erfahrung – oft sehr stark von denen, die andere Eltern autistischer Kinder erleben, und erfordern ein individuelles Eingehen. Zudem mögen sich nicht alle Eltern in einer Gruppe äußern und öffnen. Eltern mit Sprachschwierigkeiten gelingt es oft nicht ausreichend, dem schnellen Austausch in einer Gruppe zu folgen.

Wenn wir durch Elternbefragungen die therapeutischen und beraterische Arbeit unserer Autismus-Therapie-Zentren evaluieren, zeigen die Ergebnisse eine Reduktion des elterlichen Stresses und eine hohe Zufriedenheit der Eltern. In einer großangelegten Studie in Form einer Elternbefragung zum Stresserleben (ELKASS) der Technischen Universität Dortmund, an der auch die von den beiden Herausgeberinnen geleiteten Autismus-Therapiezentren teilgenommen haben, konnte bereits vier Monaten nach Therapiebeginn eine signifikant geringere Belastung der Eltern festgestellt werden. Dies betraf verschiedene Bereiche, u. a. die Belastungsquelle »Depression«, die eng mit Selbstzweifeln und Schuldgefühlen hinsichtlich der Erfüllung elterlicher Aufgaben verknüpft ist (Lange et.al., 2017). Eine weitere Untersuchung über die Wirkungsevaluation der Arbeit der Autismus-Therapiezentren, in der über 800 Patienten bzw. deren Eltern sechs Monate nach Ende der Autismus-Therapie zu ihrer Zufriedenheit mit der Maßnahme befragt wurden, ergab eine hohe Zufriedenheit sowie sehr hohe Werte bei den wichtigsten Merkmalen des Behandlungserfolges (Kontakt mit anderen, Klarkommen mit sich selbst, Weiterentwicklung von Kommunikationsmöglichkeiten, Selbststeuerung etc.) (Böttcher, 2017).

21.2 Settings der Elternberatung

Gerade in der Elternberatung im Rahmen der Frühtherapie erscheint es wichtig, offen für unterschiedlichste Settings zu sein. Je nach Alter des Kindes und Ausprägungsart des Autismus sowie der jeweiligen aktuellen Situation und dem Belastungsgrad der Eltern können unterschiedliche Rahmenbedingungen angemessen sein.

21.2.1 Beratung im Rahmen eines informellen Austauschs

Diese Elterngespräche finden häufig vor und nach der Therapieeinheit mit dem Kind statt, sind sozusagen »Wartezimmer-« oder »Tür-und-Angel«-Gespräche. Meist ist nur der Elternteil anwesend, der das Kind regelmäßig zur Therapie bringt. Vor der Therapieeinheit berichtet der Elternteil von der Zeit mit dem Kind zu Hause oder in der Kita. Wenn der Elternteil bei der Therapieeinheit nicht dabei war, erzählt der Therapeut im Anschluss dem Elternteil von dem Inhalt und dem Ergebnis der Interventionen und was davon für den Alltag des Kindes wichtig ist. Wenn der Elternteil dabei war, reflektiert man die Themen der Therapieinhalte i. d. R. noch kurz gemeinsam.

Auch wenn diese kurzen Gespräche nur wenig Möglichkeiten bieten, Inhalte zu vertiefen, sind sie von großer Bedeutung für die Psychohygiene der Eltern und die Förderung des Kindes. Für die Eltern bietet gerade das anfängliche Berichten vom Alltag mit dem Kind die Möglichkeit, Sorgen und Ängste spontan, zeitnah und niederschwellig mit einer vertrauten Person zu besprechen und sich verstanden zu fühlen. Das wird von den Eltern als ausgesprochen hilfreich erlebt. Ist ein Elternteil bei der Therapieeinheit dabei, tauscht man sich in kleinen Pausen oft sehr konkret über das Vorgehen aus, und die Eltern können bereits überlegen, wie sie das Gesehene in ihren Alltag integrieren können. Auch das gemeinsame Reflektieren der Therapieeinheit direkt danach ist wichtig, weil Eltern und Therapeut in dieser Situation kleine Erfolge konkret benennen und nächste absehbare Schritte direkt planen können.

21.2.2 Geplantes Elterngespräch

Diese klassische Elternberatungsform wird in der Regel vorher verabredet, es wird versucht beiden Elternteile die Teilnahme (zeitlich) zu ermöglichen, es dauert in der Regel 1 bis 2 Stunden und es findet in einer geschützten ruhigen Atmosphäre statt. Die Frequenz sollte sich nach dem Bedarf der Eltern richten und kann im Rahmen der Frühtherapie zwischen ein- bis zweimal wöchentlich bis alle zwei Monate differieren. Diese Beratungsform eignet sich besonders gut für Inhalte, die Ruhe und Zeit und die Anwesenheit beider Elternteile erfordern. Neben allgemeinen Themen, wie beispielsweise dem Erstkontakt, der Therapieplanung (▶ Kap. 16) oder Krisengesprächen, gibt es eine Reihe zentraler Motive in der Elternberatung im Rahmen der Autismus-Frühtherapie.

21.3 Zentrale Themen der Elternberatung in der Autismus-Frühtherapie

21.3.1 Aufklärung, Information und Psychoedukation

Kurz nach der Diagnosestellung erscheint es besonders wichtig, Eltern über die Autismus-Spektrum-Störung fachlich fundiert aufzuklären. Heutzutage haben sich zwar viele Eltern bereits mit Hilfe des Internets ansatzweise informiert, können aber in der Regel die erhaltenen bruchstückhaften Informationen nicht ausreichend einordnen. Neben einer allgemeinen Einführung ins Thema eignet sich die Elternberatung besonders dazu, weitere Fragen aufzugreifen und zu beantworten. Diese Fragen sind zu Beginn einer Behandlung besonders zahlreich und drängend.

Wenn Eltern das Gefühl haben, das Wesentliche der Diagnose verstanden zu haben, möchten sie als Nächstes wissen, was sie tun können. Hier können wir ihnen zunächst ebenfalls durch Informationen ein bedeutsames Handwerkszeug vermitteln. Beispielsweise gehört hier dazu, dass sie die spezifischen und individuellen Wahrnehmungsverarbeitungsstörungen und Förderbedarfe ihres Kindes verstehen lernen und sich – gemeinsam mit dem Therapeuten – auf die Suche nach wirksamen Einflussmöglichkeiten machen. Immer wieder wird man hier Grundsätzliches zu den Entwicklungsabfolgen der Kindesentwicklung und zur spezifischen Entwicklung eines jungen Kindes mit Autismus vermitteln. Beispielsweise warten die Eltern oft sehnsüchtig auf die Entwicklung von Verbalsprache bei ihrem Kind. Es ist hilfreich, die Eltern im Rahmen der Psychoedukation darüber aufzuklären, dass die Grundlage für Sprache das

Kommunikationsinteresse des Kindes ist, was oft noch geweckt werden muss. In der Elternberatung wird dann beispielsweise ein gemeinsames Vorgehen (für die Einzeltherapie und den Alltag) erarbeitet, das das Ziel hat, das Kind für unterschiedliche Formen der Kommunikation zu interessieren um dann langfristig auch Verbalsprache zu fördern (▶ Kap. 23.2.4).

Wichtig für Eltern in der Phase nach Erhalt der Diagnose sind auch Informationen über Hilfs- und Entlastungsmöglichkeiten, die unser Sozial- und Gesundheitssystem anbietet (Hilfe für das behinderte Kind, Hilfen zur Erziehung, Familienentlastung, Verhinderungspflege, Behindertenausweis u. a. m.).[52] (Im Anhang ▶ Nützliche Informationen und Web-Adressen.)

Insgesamt kann es beim Thema Aufklärung und Information sinnvoll sein, die erweiterte Familie miteinzubeziehen. Vor allem Großeltern können für Eltern mit einem autistischen Kind sehr unterstützend wirken, wenn sie die Beeinträchtigungen des Kindes verstehen und damit besser bei der Erziehung helfen können. Gelingt es nicht, sie »ins Boot zu holen«, erleben es die Eltern häufig als zusätzliche Belastung, dass die Großeltern ihr Erziehungsverhalten kritisieren und vom Kind ein »normales« Verhalten erwarten. Sind Geschwister vorhanden, verlangen diese oft eine besondere Beachtung, da sie – gerade in der Zeit der Diagnosestellung und den Monaten danach – weniger Aufmerksamkeit erhalten, als sie benötigen. Auch wird von ihnen in der Folge oft mehr Einsichtsfähigkeit und eine größere Selbständigkeit erwartet, als es ihr Alter und ihre Situation ermöglichen (▶ Kap. 26).

21.3.2 Verarbeitung der Autismusdiagnose des Kindes

Je nach Ausgangssituation der Eltern (Alter der Eltern, erstes und/oder einziges Kind, bereits Erfahrung mit eigenen, schon älteren Kindern etc.), der Persönlichkeiten der beiden Elternteile und der Qualität ihrer Eltern- und Paarbeziehung wird die Autismusdiagnose des Kindes unterschiedlich aufgenommen und verarbeitet. Fast alle Eltern berichten jedoch, dass sie schon lange ahnten, dass die Entwicklung ihres Kindes nicht den üblichen Regeln folgte, ihre Sorgen von Fachleuten jedoch oft nicht ernst genommen bzw. mit anderen bereits diagnostizierten Entwicklungsstörungen erklärt wurden. Das Mitteilen der Autismusdiagnose wird dann, trotz der bestehenden Ahnung, zunächst als Schock erlebt. Die Nachricht, dass ihr Kind eine nicht heilbare Behinderung hat, verändert beim Elternpaar die gesamte Lebensperspektive (▶ Kap. 11, ▶ Kap. 12). Die meist schon sehr anstrengende Babyzeit mit ihrem Kind verlängert sich in ihrer Vorstellung in eine lebenslange Hilfe- und Fürsorgepflicht. Die beabsichtigte zeitnahe Rückkehr der Mütter in ihren Beruf oder das Verfolgen beruflicher Karrierewünsche rücken – in den meisten Fällen – in weite Ferne. Insgesamt scheint diesen meist jungen Paaren ihr Leben zu einem einzigen Hindernislauf zu werden. Die Eltern benötigen Zeit zum Verstehen und Einordnen der veränderten Lebenssituation und ebenfalls zum Abschiednehmen von manchen Vorstellungen und Erwartungen. Ein verständnisvoller Therapeut, der sowohl ihr Kind gut kennt als auch sein fachliches Wissen sowie die Erfahrungen anderer Eltern in die Beratung einfließen lassen kann, ist eine große Hilfe für die Eltern. Er begleitet sie durch die verschiedenen Phasen der emotional turbulenten Auseinandersetzung mit der Annahme der Diagnose, die durch Gedanken und Gefühle gekennzeichnet ist, wie, »Ja, aber

---

52 Rechtsratgeber des Bundesverbandes *autismus* Deutschland: https://www.autismus.de/recht-und-gesellschaft/rechtsratgeber-merkblaetter.html

das kann doch nicht wahr sein«, »Warum gerade wir?«, »Wenn…, dann muss aber …« (Schuchardt, 2013).

In dieser ersten Phase der Elternberatung sollte das Thema »Ursachen der autistischen Störung« mit den Eltern in sensibler Weise angesprochen werden. Je nach kulturellem Hintergrund der Eltern wird man als Fachkraft manchmal mit überraschenden Vorstellungen konfrontiert. Eltern können der Meinung sein, ein einmaliges Trinken des Kindes (oder der werdenden Mutter) aus einer »schlechten« Wasserquelle hätte den Autismus ausgelöst oder, in einem anderen Fall, die unbeabsichtigte Anwesenheit des Kindes bei einem eskalierenden Paarkonflikt. Aber auch die wissenschaftliche Auseinandersetzung mit den Ursachen des Autismus und der damit verbundenen Erkenntnis, dass Vererbung eine wichtige Rolle spielen könnte, kann zu starken Belastungen der Eltern führen. Alle Ursachenvermutungen sind in der Regel mit der Gefahr verbunden, mit dem Thema »Schuld« assoziiert zu werden: »Habe ich Schuld? Habe ich den Autismus in die Familie getragen?« Besonders in der Beratung von Eltern mit jungen Kindern kurz nach der Diagnosestellung ist es von grundlegender Bedeutung, sensibel auf Hinweise aus dieser Richtung zu achten und sie ggf. in aufklärender und auch psychoedukativer Weise aufzunehmen und zu besprechen. Erfahrene Kliniker gehen davon aus, dass ca. 80 % der Eltern junger Kinder mit Autismus sich mit Schuldgefühlen quälen. Nicht immer werden diese Themen offen angesprochen, manchmal schwingen sie eher atmosphärisch mit. Oft ist die Diskussion über Schuld bei einem Elternpaar ein verständlicher Versuch, eine Erklärung für sein besonderes Schicksal zu finden. Häufig kann man die »Schulddiskussion« auch als Versuch der Abwehr der Trauer verstehen, die den Abschied von unbewussten Wünschen und Vorstellungen in Bezug auf das Kind begleitet (Schuchardt, 2013). Besonders relevant wird das Thema dann, wenn mit der Autismusdiagnose des Kindes auch die Autismus-(spät-)diagnose eines Elternteils einhergeht. In diesem Fall, kann die Diagnose des Kindes als Bestrafung des betroffenen Elternteils empfunden werden.

In der Elternberatung hat sich eine proaktive, fragende Haltung bewährt, die den Eltern signalisiert, dass auch schwierige Inhalte nicht tabu sind, sie aber selbst entscheiden können, was sie wann ansprechen wollen. Entsteht bei diesem Thema ein konstruktives Arbeitsbündnis, kann die involvierte Fachkraft dazu beitragen, eine sich ggf. entwickelnde, destruktive Elternpaardynamik zu verhindern.

21.3.3 Interaktionsanleitung (mit oder ohne Videodokumentation)

Eine Interaktionsanleitung hat zum Ziel, die Eltern im Umgang mit ihrem autistischen Kind in sehr konkreter Weise zu unterstützen. Sehr häufig geht es darum, den Eltern erfahrbar zu machen, dass ihr Kind eine besondere Form des Eingehens benötigt, um die entsprechenden Entwicklungsfortschritte zu machen (► Kap. 8). Die Eltern lernen, das Kind zunächst zu beobachten, sich in sein Spiel einzuklinken, ihm in seinen Spielideen zu folgen und anfangs eher zurückhaltend mit eigenen Spielideen zu sein, bevor man später dem Kind z. B. Variationen seiner Spielideen anbieten kann. Leitlinien für ein förderliches Elternverhalten im Frühförderbereich sind:

- *langsam* sein und bleiben,
- *Wiederholungen* einplanen und anbieten und
- dem Kind *Pausen* für die Verarbeitung des Erfahrenen zugestehen.

Oft steht auch ein Verweigerungsverhalten des Kindes im Mittelpunkt der elterlichen Sorge. Hier ist es wichtig, zunächst mögliche Überforderungen des Kindes zu identifizieren. Sie sind häufig im sensorischen oder emotionalen Bereich zu finden. Bei ihrer Bewältigung braucht das Kind Hilfe (▶ Kap. 18.6). Darüber hinaus ist es für Eltern wichtig zu erkennen, in welchen Konstellationen es wichtig ist, dem Kind zu folgen (in der Regel in spielerischen Situationen), und in welchen Konstellationen die Eltern die Führung übernehmen sollten und das Kind lernen muss, den Impulsen der Eltern zu folgen (in der Regel in Situationen, die lebenspraktische Anforderungen stellen, wie Anziehen, Essen etc.) (▶ Kap. 22). Eltern sind in der Regel sehr verunsichert, inwieweit sie von ihrem Kind auch Anpassungsleistungen an den familiären Alltag erwarten können (▶ Kap. 24).

Eltern autistischer Kinder können es als kränkend erleben, wenn ihr Kind sehr abwehrend auf sie reagiert. Aus vielen unbefriedigend verlaufenden kleinen Interaktionen zwischen Eltern und Kind kann eine manifeste Interaktionsstörung resultieren, in der Eltern sich von ihrem Kind abgelehnt fühlen und das Vertrauen in die eigene Selbstwirksamkeit verlieren. Um die Eltern besonders wirksam zu unterstützen, begleiten wir sie (in der Regel einen Elternteil) beispielsweise in der Spielsituation mit ihrem Kind. Dabei unterstützen wir sie vor allem hinsichtlich des bereits vorhandenen förderlichen Elternverhaltens, indem wir ihnen durch direkte Kommentare kurze Rückmeldungen geben. Ähnlich gehen wir in der Videoberatung vor (▶ Kap. 22). Eltern bringen ein »Home-Video« mit oder wir erstellen ein Video in der Einrichtung und schauen es unter den oben geschilderten Gesichtspunkten gemeinsam an. Für die Eltern ist die Perspektive eine andere, denn man ist nicht unmittelbar involviert und muss reagieren, sondern sieht sich von »außen«, beobachtet die eigene Mimik und Körpersprache und hört die eigene Stimme. Auch sieht man das eigene Kind anders, kann oft leichter die Überforderung des Kindes erkennen wie auch seine liebenswerten Eigenschaften. Das Video hat den zusätzlichen Vorteil, dass man nur bestimmte (Mikro-)Szenen aussuchen und immer wieder ansehen kann, was einen wichtigen Vertiefungseffekt hat. Um Eltern wichtige Inhalte einzuprägen, hat es sich bewährt, ausgesuchte Standbilder, die diese Inhalte visualisieren, während der Beratung stehen zu lassen (▶ Kap. 22).

21.3.4 Selbstfürsorge der Eltern

Eltern autistischer Kinder sind extremen Belastungen ausgesetzt. Deshalb sollte in jeder Elternberatung das Thema aufgegriffen werden, was die Eltern – und hier sind noch immer besonders die Mütter betroffen – für die Aufrechterhaltung des eigenen Wohlbefindens und der eigenen Gesundheit tun können. Die oben erwähnte Eltern-Stress-Befragung sagt dazu:

»Die Belastungsprofile, erfasst mit dem Eltern-Belastungs-Inventar (EBI; Tröster, 2011), zeigen, dass Eltern von Kindern mit ASS im Vergleich zur Normstichprobe zum ersten Erhebungszeitpunkt [entspricht dem Therapiebeginn, Anmerk. der Autorin] in allen vom kindlichen Verhalten ausgehenden Belastungsquellen (Ablenkbarkeit/Hyperaktivität, Stimmung, Akzeptierbarkeit, Anforderung, Anpassungsfähigkeit) und in drei Belastungsquellen, die sich aus Einschränkungen der elterlichen Funktionsfähigkeit ergeben (Soziale Isolation, Elterliche Kompetenz, Depression), erhöhte Werte aufweisen« (Lange et. al., 2017 S. 97).

Ihre außergewöhnliche Belastungssituation erfordert also eine verstärkte Aufmerksamkeit. Was kann man Eltern in dieser Situation raten? Wirksam ist in der Regel das, was die Eltern – jeder individuell für sich und das Paar gemeinsam – ganz konkret als erholsam und freudvoll erleben. Das können klassische Maßnahmen wie ein wöchentlicher Sport- oder Entspannungskurs sein (z. B. Ausdauer- oder Mannschaftssport bzw. Yoga- oder Achtsamkeitskurse), aber auch ganz persönliche Alltagsrituale, wie ein Cappuccino in Ruhe, bevor die Kinder aus der Schule zurückkommen, oder ein abendliches Wannenbad, wenn die Kinder im Bett sind. Diese kleinen Alltagsrituale sind oft einfacher umzusetzen und damit nachhaltiger in der Wirkung als aufwendig zu planende Kurse, die nach kurzer Anfangszeit nicht mehr besucht werden. Paare machen oft gute Erfahrungen mit monatlichen Exklusiv-Terminen, die für Kino- oder Restaurantbesuche genutzt werden können und bei denen die Themen der Erwachsenenwelt im Mittelpunkt stehen. Als weiterreichende Maßnahme können die Eltern auch die Verhinderungspflege (s. o.) nutzen, die es ihnen erlaubt über das Jahr verteilt ihr Kind in fachlich gut betreute Tages-, Wochenend- oder Ferienaktivitäten zu geben, um so eine längere Erholungszeit für sich genießen zu können.

Der Fokus der Beratung sollte darauf liegen, dass die Eltern lernen, sich ohne Schuldgefühle die kinderfreie Zeit zu organisieren, um sie dann auch genussvoll erleben zu können. Gerade bei jungen Kindern haben die Eltern oft Sorgen, dass andere Personen die Bedürfnisse des Kindes nicht ausreichend verstehen könnten und das Kind Schaden nimmt. Es ist unbedingt sinnvoll, die Eltern schon früh mit dem Konzept vertraut zu machen, dass sie Unterstützung brauchen und annehmen können. Auf diese Weise machen sie die Erfahrung, dass ihr Kind, auch wenn es bei anderen Betreuungspersonen nicht so spontan und umfassend verstanden wird wie bei ihnen, sich wohlfühlt und oft gerade durch die neue Herausforderung Entwicklungsfortschritte macht. Des Weiteren erleben sich die Eltern in der Regel erfrischter in der Erziehung, wenn sie zwischenzeitlich die Möglichkeit hatten, sich um sich selbst zu kümmern. So erkennen sie die direkte Verbindung zwischen dem eigenen Wohlbefinden und dem Maß an Aufmerksamkeit, Zuwendung und Zuneigung, das sie ihrem Kind entgegenbringen können.

Beim Thema Selbstfürsorge sind die Tipps, die sich Eltern gegenseitig geben können, beispielsweise in einer Selbsthilfegruppe, durch ihre besondere Authentizität sehr wirkungsvoll. In einem solchen Setting, das von mir moderiert wurde, war die Schilderung einer physisch eher kleinen und zierlichen Mutter eines schwer zu bändigenden autistischen Jungen mit Down-Syndrom für alle Anwesenden sehr bereichernd. Sie erzählte, dass ihr Sohn sie manchmal an den Rand ihrer Kräfte bringt, wenn sie mit ihm alleine unterwegs ist und er eine andere Richtung einschlagen will, als sie es möchte, und sich dadurch in Gefahr begibt. In solchen Situationen hat sie es sich angewöhnt, umstehende Menschen einfach und direkt um Hilfe zu bitten, z. B. ihren Sohn mit ihr zusammen in die U-Bahn zu heben. Noch nie sei ihr diese Hilfe ausgeschlagen worden. Das afrikanische Sprichwort: »Um ein Kind zu erziehen, bedarf es eines ganzen Dorfes« erhält hier eine ganz konkrete Bedeutung.

21.4 Besondere Konstellationen in der Beratung

21.4.1 Eltern in Trennungssituationen und Alleinerziehende

Die Belastung durch ein Kind mit Behinderung allgemein wie auch mit einem Kind mit Autismus erhöht das Trennungsrisiko der Eltern. Gründe können die Vielzahl der Sorgen und der Verlust an Leichtigkeit im Leben sein, aber auch eine verengte Konzentration auf die fordernde Elternschaft unter Vernachlässigung der Paarbeziehung. Auch die (noch) gängige Rolleneinengung der Partner auf abgegrenzte Lebenswelten – die Mutter rückt besonders nah an das Kind und kümmert sich um alle Förderungen, während sich der Vater im »Außen« um den wirtschaftlichen Bestand der Familie kümmert – kann das notwendige Verständnis der Partner untereinander behindern. Erhält man in der Elternberatung Kenntnis von einer entsprechenden Problemlage, sollte man den Eltern zu einer Paarberatung raten, die die besondere Situation dieser Eltern miteinbezieht. Sind die Eltern bereits getrennt, ist es als Berater außerordentlich wichtig, selbstverständlich auch den Elternteil zu Gesprächen miteinzuladen, bei dem das Kind nicht regelmäßig lebt. Damit macht man beiden Elternteilen ihre Bedeutung für die Entwicklung des Kindes erfahrbar.

In der Beratung Alleinerziehender wird der Berater zu einer besonders zentralen Person. Alleinerziehende mit einem autistischen Kind haben oft keine Möglichkeiten in ihrem Umfeld zum Austausch über die Vielzahl von Problemen, denen sie sich bei der Erziehung ihres Kindes gegenübersehen. Hier erscheint es wichtig, diverse kleine Beratungssituationen einzuräumen, die von dem alleinerziehenden Elternteil abgerufen werden können, z. B. die Möglichkeit zu einem kurzen Telefongespräch zwischen den wöchentlichen Therapie- bzw. Beratungsterminen oder der Anregung, alle Themen, die in Zwischenzeit aufkommen, in einer Art von Tagebuch niederzuschreiben und den Inhalt dem Berater oder Therapeuten beim nächsten Termin zu erzählen. Sehr hilfreich wird von Alleinerziehenden auch die Möglichkeit zur Teilnahme an Selbsthilfegruppen oder beispielsweise »Mütterfrühstücken« empfunden. Unabdingbar ist für diese Elterngruppe auch eine gute Information über weitere Hilfsmöglichkeiten unseres Sozialsystems (im Anhang: ▶ Nützliche Informationen und Web-Adressen).

21.4.2 Eltern mit Migrationshintergrund oder Fluchterfahrung

Die Autismusdiagnose an sich stellt bereits eine große Erschütterung im Leben von Eltern dar (s. o.). Trifft diese auf Eltern, die sich in einer allgemein unsicheren oder durch Entwurzelung geprägten Lebenssituation befinden, erweist sich die Verarbeitung als bedeutend problematischer. Sehr belastend wirken sich z. B. ein ungeklärter Aufenthaltsstatus, unzureichende Sprachkenntnisse im Deutschen oder sehr beengte Wohnverhältnisse aus. Oft ist es in der Beratung zunächst wichtig, die Eltern dahingehend zu unterstützen, diese Rahmenbedingungen zu verändern. Hierbei hat es sich als hilfreich erwiesen, örtliche Vereine oder Gruppen einzubeziehen, die nach dem Peer-to-Peer-Prinzip arbeiten, also Hilfe von Migranten für Migranten anbieten. In manchen Städten gibt es sogar entsprechende Hilfsangebote, die sich auf Eltern mit behinderten Kindern spezialisiert haben[53]. Mit dieser Unterstützung erhalten die Familien eine muttersprachliche und parteiische Hilfe bei der Durchsetzung ihrer berechtigten Interessen im Sozialsystem. Auch überwindet man leichter die Hürde der schwierigen Sprachverständigung in der Beratungssituation.

Belastend sind manchmal auch traumatische Erfahrungen, die z. B. im Heimatland oder auf der Flucht gemacht wurden. In solchen Fällen sollte man den betroffenen Eltern zu einer Traumabehandlung raten, die jedoch oft nicht zur Verfügung steht, da die Behandler nicht über entsprechende Sprachkenntnisse verfügen.

In der Kooperation mit den Peer-to-Peer-Gruppen im Bereich Migration erhält man ebenfalls Kenntnisse über bestimmte Überzeugungen, die in den Ursprungsländern der

---

53 http://tumaini-ev.de/; Zugriff am 26.12.2018

Eltern über Behinderung vorkommen. Sie stehen oft im Kontrast zu der in der westlichen Welt vorherrschenden, durch Aufklärung und Wissenschaft geprägten Haltung über Behinderung, die Behinderung nicht (mehr) als Strafe Gottes anzusehen. Einige Migranten und Flüchtlinge, vor allem, wenn sie aus sehr ländlichen Gegenden kommen, sind geprägt durch religiöse oder kulturelle Überzeugungen, die ihnen als Eltern die Schuld wegen der Behinderung ihres Kindes offen oder unterschwellig zuschreiben. Sie fühlen sich durch die Behinderung ihres Kindes bestraft. Einige traditionelle Ausprägungen der Religionen glauben, dass Kinder mit Behinderung von bösen Geistern besessen sind und man sich von ihnen fernhalten sollte. Diese Überzeugungen führen manchmal dazu, dass die Eltern ihre Kinder verstecken, sich dadurch isolieren und keine Hoffnung haben, die Entwicklung ihres Kindes durch ihr eigenes Einwirken und das des pädagogischen Umfelds positiv beeinflussen zu können. Die Einbeziehung muttersprachlicher Vermittler in die Beratung, die die entsprechenden kulturell und religiös geprägten Überzeugungen kennen, ist in solchen Fällen sehr hilfreich. Idealerweise gelingt es auf diese Weise, die religiöse Bindung der Eltern als Ressource zu verstehen, indem die Eltern z. B. dabei unterstützt werden, die Behinderung ihres Kindes als Aufgabe anzunehmen, die ihr Gott ihnen zur Bewältigung aufgegeben hat.

Literatur

Böttcher, W. (2017). Evaluation der Arbeit von Autismus-Zentren In I. Dziobek, I & M. Noterdaeme (Hrsg.), *10. Wissenschaftliche Tagung Autismus-Spektrum* 30./31.03.2017 Zugriff am 02.09.2018 unter: http://wgas-autismus.org/wp-content/uploads/2017/07/Tagungsband-WTAS-2017.pdf

Lange, S., Krawinkel, St., Oberfeld, Ch. & Tröster, H. (2017). Veränderungen der Belastungen und Ressourcen von Eltern mit Kindern mit Autismus-Spektrum-Störungen während der Förderung in Autismus-Therapie-Zentren. Erste Ergebnisse des Forschungsprojekts »Eltern von Kindern mit Autismus-Spektrum-Störungen« (ELKASS). In I. Dziobek & M. Noterdaeme (Hrsg.), *10. Wissenschaftliche Tagung Autismus-Spektrum* 30./31.03.2017. Zugriff am 02.09.2018 unter: http://wgas-autismus.org/wp-content/uploads/2017/07/Tagungsband-WTAS-2017.pdf

Schuchardt, E. (2013). *Warum gerade ich…? Leben lernen in Krisen*. Göttingen: Vandenhoeck & Ruprecht.

22 Marte Meo – ein videogestütztes Beratungsangebot

Martina Andiel-Herche und Susanne Lamaye

22.1 Den Blick auf das Kind verändern 210
    22.1.1 Die Wirkung von Marte Meo in der Autismus-Frühtherapie 211
    22.1.2 In den Alltag integrierte Unterstützung 212
    22.1.3 Resümee 212
22.2 Die Marte-Meo-Elemente in der Beratung von Familien mit autistischen
    Kindern 212
    22.2.1 Vorüberlegungen 212
    22.2.2 Wahrnehmen 213
    22.2.3 Bestätigen 213
    22.2.4 Benennen 213
    22.2.5 Der Initiative folgen 214
    22.2.6 Positives Leiten 214
    22.2.7 Fallbeispiel einer Marte-Meo-Beratung 215
Literatur 216

22.1 Den Blick auf das Kind verändern

Marte Meo bedeutet in Anlehnung an das lateinische »mars martis« sinngemäß »Etwas aus eigener Kraft erreichen«. Dies ist die Grundidee des videogestützten Beratungsangebotes zur Entwicklungsförderung in Alltagssituationen, das ab den 1970er Jahren von der niederländischen Pädagogin Maria Aarts entwickelt wurde (Berther & Loosli, 2015).

Mithilfe von Filmaufnahmen können Eltern und auch professionell Betreuenden Informationen zum Entwicklungsstand der Kinder gegeben und ihnen vermittelt werden, wie sie die Kinder bei der Ausbildung sozialer, emotionaler und kommunikativer Fähigkeiten gezielt fördern und unterstützen können. Durch das Zeigen emotional berührender Bilder können darüber hinaus liebevolle Gefühle, Zuneigung und Bindung angeregt und verstärkt werden. Insbesondere Kinder mit besonderen Bedürfnissen, die es aufgrund von Beeinträchtigungen, Behinderungen oder entwickelter Verhaltensauffälligkeiten schwer haben, ihre Ressourcen zu entdecken und ihre Fähigkeiten zu entfalten, können von dieser speziellen Form der Entwicklungsunterstützung profitieren. Durch die Aussagekraft der Bilder, ergänzt mit Informationen zu entwicklungsförderndem Verhalten, werden bei Eltern und Bezugspersonen Veränderungsprozesse angeregt. Es eröffnen sich »Einsichten«, die den Menschen ihre eigene Kraft und Kompetenz bewusst machen und sie motivieren, diese verstärkt einzusetzen.

22.1.1 Die Wirkung von Marte Meo in der Autismus-Frühtherapie

Die Klienten von autismusspezifischer Frühtherapie sind Kinder mit besonderen Bedürfnissen, die gezielt Entwicklungsunterstützung benötigen. Der auf die Ressourcen ausgerichtete Blick der Marte-Meo-Methode unterstützt Familien und Fachleute dabei, schon entwickelte Fähigkeiten zu erkennen und hinter Schwierigkeiten und Problemen noch nicht vollzogene Entwicklungsschritte zu sehen. Anknüpfend an die Ressourcen erfahren die Eltern, wie sie ihr Kind zur Erreichung des nächsten Entwicklungsschrittes positiv begleiten und fördern können.

Um aber gezielt an den Ressourcen der Kinder und auch ihrer Eltern anknüpfen zu können, ist es notwendig, diese zu erkennen und eine Idee zu haben, *was* man tun kann, um an den Ressourcen anzusetzen, *wann* und *wozu* eine Unterstützung sinnvoll ist (d. h., in welchem Moment der Interaktion kann ich unterstützen und welcher Entwicklungsschritt wird damit unterstützt).

Gerade zwischen Kindern mit Autismus, deren Interaktions- und Kommunikationsverhalten beeinträchtigt ist, und ihren Eltern bzw. weiteren Familienmitgliedern wird die Gestaltung der Beziehung qualitativ anders verlaufen. Das Weniger an Blickkontakt, das Weniger an Reaktion und sozialer Interaktion sowie der oft verminderte kommunikative Austausch im »Baby-Talk« durch eine beeinträchtigte Sprachentwicklung verunsichert die Eltern häufig und kann ihrerseits ebenfalls zu weniger Bemühungen führen, Kontakt und Interaktion herzustellen. Die erlebte Zurückweisung kann dann zum »Verstummen« der Eltern führen.

Die Unterstützung mit Marte Meo verändert den Blick von Eltern und Fachkräften auf das Kind, wenn mit Hilfe von Filmaufnahmen aus Alltagssituationen, z. B. beim Essen, Spielen oder alltäglichen Verrichtungen wie Baden oder Wickeln, Fähigkeiten entdeckt werden können, die von unserer gewohnten Wahrnehmung nicht erfasst werden. Sie können durch das wiederholte Betrachten der Videoaufnahmen die Signale des Kindes wahrnehmen und lernen, diese zu verstehen. Kurze Momente eines flüchtigen Blickkontaktes oder einer vielleicht verspäteten Reaktion des Kindes können aufgezeigt werden und bieten z. B. die Möglichkeit, das eigene Tempo dem des Kindes so anzupassen, dass eine Interaktion besser gelingen kann. Auch unterstützendes Verhalten von Bezugspersonen, das im Alltag intuitiv erfolgt, kann durch das »Vor-Augen-Führen« bewusst gemacht werden und damit auch bewusst in unterschiedlichen Situationen eingesetzt werden.

Positive Momente, die in der realen Situation nur wenige Sekunden dauern, können durch Wiederholen oder Anhalten des Films »groß gemacht« werden und führen damit zu einer veränderten Wahrnehmung der eigenen Möglichkeiten und Kompetenzen. Ausgewählte Standbilder von emotional berührenden Situationen zeigen Eltern und Betreuern ihre gute Verbindung zum Kind und fördern die Zuneigung. Die von Eltern autistischer Kinder häufig erlebte Zurückweisung oder der vermeintliche Rückzug des Kindes kann dann neu gesehen und möglicherweise als »verpasste Chancen durch unterschiedliches Tempo« neu interpretiert werden. Die dann natürlich notwendige Anpassung aneinander erhöht die Chancen, sich in der Interaktion zu »treffen«, und ermöglicht so völlig neue Begegnungen. Kleine Sequenzen gelingender Interaktion, in denen das Kind und/oder der Erwachsene sich mit ihren Fähigkeiten zeigen, stärken die Zuversicht und das Selbstvertrauen *in die eigene Kraft* und die elterlichen Kompetenzen. Es zeigt sich, dass diese positiven Bilder im Zusammenleben mit dem Kind noch lange nachwirken und eine Veränderung der Beziehungsgestaltung und der Unterstützung im Alltag ermöglichen.

22.1.2 In den Alltag integrierte Unterstützung

Am Bild orientierte konkrete und praxisnahe Empfehlungen, die von der Marte-Meo-Fachkraft zur Förderung und Unterstützung der Kinder gegeben werden, können von Eltern und professionell Betreuenden in Alltagssituationen angewendet werden. Dies ist gerade in der Zusammenarbeit mit Eltern von großem Nutzen, da sie den Alltag mit ihren Kindern leben und hier Hilfe suchen. So können sie zuhause etwas für ihre Kinder tun, ohne dass ein eigenes Fördersetting eingerichtet werden muss, und sie geben diese Unterstützung als Eltern und nicht in der Rolle der Co-Therapeuten (▶ Kap. 23.1.1).

Da Marte Meo an den natürlichen Entwicklungsprozess der Kinder und die natürlichen elterlichen Fähigkeiten anschließt, wird die Information, welche die Eltern von den Marte-Meo-Therapeuten bekommen, zu einer Unterstützungsmöglichkeit, die in den familiären Alltag passt und als konkrete Hilfe erlebt wird.

22.1.3 Resümee

Die Arbeit mit Marte Meo setzt nie an den Defiziten der Kinder oder an fehlenden elterlichen Fähigkeiten an, sondern immer an den Möglichkeiten, die schon vorhanden sind und noch erweitert werden können. Dieses Vorgehen lässt bei Eltern und professionell Betreuenden eine größtmögliche Motivation zur Mitarbeit entstehen, die sichtbare Entwicklungsfortschritte der Kinder zur Folge hat. Die Beteiligten gelangen in einen »Positiv-Kreislauf« und zu einem Verhältnis, das auf Vertrauen basiert. Die Atmosphäre, die hierbei entsteht, bietet einen optimalen Nährboden für Entwicklungsprozesse.

Die Einbeziehung konkreter Zielvorstellungen der Eltern und eine Information darüber, wie diese Ziele zu erreichen sind, bestätigt die Eltern in ihrer wichtigen Rolle für die Weiterentwicklung ihres Kindes. Durch die Arbeit mit Marte Meo in der Frühtherapie autistischer Kinder können die Eltern lernen, die Signale ihrer Kinder besser zu deuten, gelassener mit den autismusspezifischen Verhaltensweisen umzugehen und adäquat darauf zu reagieren.

22.2 Die Marte-Meo-Elemente in der Beratung von Familien mit autistischen Kindern[54]

22.2.1 Vorüberlegungen

Um Eltern oder professionell Betreuenden in unterschiedlichsten Arbeitsfeldern möglichst konkrete Hinweise geben zu können, wann Kommunikation und Interaktion gut funktionieren, hat Maria Aarts anhand vieler Videoaufnahmen gut funktionierender Familien- und Arbeitskontext-Situationen die *Marte-Meo-Elemente* herausgearbeitet. In verschiedenen Veröffentlichungen werden zum Teil unterschiedliche Basis- und Metaelemente benannt. Exemplarisch werden hier die Elemente *Wahrnehmen, Bestätigen, Benennen, der Initiative folgen und Positives Leiten* dargestellt, da sie sich gerade in der Begleitung und Beratung von Familien mit autistischen Kindern als besonders wichtig herausgestellt haben. Sie können als Gerüst gesehen werden, welches durch die weiteren Elemente wie

---

54 Susanne Lamaye hat das Kapitel 22.2 verfasst.

»sich abwechseln« oder »linking up« erweitert werden können.

22.2.2 Wahrnehmen

Schon bevor aktive Sprache vorhanden ist, kommuniziert das Kleinkind auf vielfältige Art mit seinen Bezugspersonen. Das Gleiche gilt für autistische Kinder, deren Sprachentwicklung verzögert oder gestört ist. Zu ihrem Kommunikationsrepertoire gehört unter anderem Plappern, Summen und Brummen, Schreien oder vielleicht eine Fantasiesprache. All dies nennt man in der Marte-Meo-Methode *Initiative* (Bünder, Sirringhaus-Bünder & Helfer, 2009). Für eine gelungene Interaktion und Kommunikation mit dem Kind ist es für die Eltern notwendig, diese Initiativen oder Signale des Kindes wahrzunehmen, um dann mit einer im Tempo, Rhythmus und Intensität angepassten Reaktion antworten zu können.

Des Weiteren ist es von großer Bedeutung, dass die Bezugspersonen wahrnehmen können, worauf das Kind gerade seine Aufmerksamkeit richtet, wohin es schaut oder womit es sich gerade beschäftigt, oder zu erkennen, welche Bedeutung eine bestimmte Handlung des Kindes haben könnte. Bringt es die Handtasche der Mutter, weil es etwas daraus haben möchte oder weil es vielleicht nach draußen gehen möchte?

Je mehr Eltern in der Lage sind, die Initiativen, Signale und Handlungen ihrer Kinder wahrzunehmen und richtig zu deuten, umso eher können Bedürfnisse des Kindes nach Nähe oder Ruhe, Kommunikation und Interaktion, nach Lernen und Spielen befriedigt und zu gelingenden Momenten in der Interaktion mit den Eltern werden.

22.2.3 Bestätigen

Wenn die Eltern eine Initiative oder ein Signal ihres Kindes wahrgenommen haben und daraufhin mit einer zugewandten Geste, einer verbalen Äußerung oder einem wohlwollenden Ton reagieren, wird das in der Marte-Meo-Beratung *Bestätigen* genannt. Das Kind bekommt dadurch eine positive Rückmeldung, das Signal von den Eltern »Wir haben dich gesehen, wir sind bei dir«. Die in dieser Art der Rückmeldung enthaltene Beziehungsbotschaft vermittelt dem Kind, dass sich seine Eltern für es interessieren und ihm zugewandt sind (Bünder et al., 2009). Durch das Marte-Meo-Element *Bestätigen* bekommen Eltern eine erste konkrete Möglichkeit, wie sie den Kontakt zum Kind gestalten können. Dies ist durch Spiegeln/Wiederholen der Mimik, Laute oder Worte des Kindes möglich oder z. B. durch eine kurze Bemerkung »Aha, hmmmm«.

22.2.4 Benennen

Einen sehr wichtigen Schwerpunkt in der Marte-Meo-Beratung stellt das *Benennen* der Initiativen des Kindes und auch der eigenen Handlungen dar. Neben der Sprachförderung durch das vermehrte Angebot an Worten, passend zu den Initiativen des Kindes, vereint es zusätzlich den Beziehungsaspekt und die Strukturierung von Situationen. Wenn Eltern die Initiativen ihres Kindes benennen, ist dies gleichzeitig ein Bestätigen, eine Rückmeldung »Ich habe gesehen, was du gerade tust«. Wenn in alltäglichen Abläufen die einzelnen Schritte von den Eltern benannt werden (»Jetzt ziehen wir den Pulli über den Kopf, jetzt kommt der rechte Arm und nun der Linke … Fertig!«), lernen die Kinder, sich diese Strukturen anzueignen, diese einschätzen zu können, und somit geben die Eltern dem Kind eine Möglichkeit zur Kooperation. Wenn es weiß, was als Nächstes passiert, kann es mithelfen. Des Weiteren lernt das Kind seinen Körper, seine Umwelt und auch z. B. seine Gefühle kennen. Die Eltern können durch das Benennen dem Kind vermitteln, was sie gerade bei ihm wahrnehmen (»Oh, jetzt bist du aber traurig«) und ihm somit helfen, Gefühle zu identifizieren und ihre Bedeutung zu verstehen (Bünder et al., 2009). (▶ Kap. 18.6).

> »Eltern können durch das Benennen die Initiativen ihrer Kinder bestätigen, verstärken oder korrigieren und damit das Verhalten ihrer Kinder steuern. Voraussetzung ist in jedem Fall, dass sie eine Idee davon entwickeln, was das Kind ihnen mit seinem konkreten Verhalten mitteilen möchte. Benennen die Eltern eigene elterliche Initiativen oder Absichten, dient dies gleichzeitig dazu, die Aufmerksamkeit des Kindes auf eine bestimmte Sache zu richten. Das Benennen in der Marte-Meo-Methode lässt sich daher auch als Prozess umschreiben, durch den Eltern ihrem Kind eine soziale Ordnung und Strukturen vermitteln, die ihm Orientierung und Sicherheit bieten« (Bünder et al., 2009, S. 72).

22.2.5 Der Initiative folgen

Im Spiel, aber auch bei alltäglichen Verrichtungen, immer dann, wenn es darum geht, dass das Kind mehr eigene Ideen oder mehr Selbstständigkeit entwickeln soll, können die Eltern es gut unterstützen, indem sie Freiraum zur Entwicklung und Gestaltung lassen. Das heißt, dass sie z. B. im Spiel der *Initiative des Kindes folgen*, zunächst keine eigenen Ideen in das Spiel einbringen und an das Spiel der Kinder anknüpfen (▶ Kap. 21.3.3). Erfahrungsgemäß ist dies gerade in der Begleitung von Familien mit autistischen Kindern ein wichtiges Moment, da das Spielverhalten dieser Kinder sich doch immens vom Spielverhalten nichtautistischer Kinder unterscheidet. Oft ist das stereotype Verhalten oder sich wiederholende Handlungen für die Eltern nicht als Spiel zu erkennen und so werden sie häufig dazu verleitet, dem Kind viele Vorschläge zu machen oder die Kinder anzuleiten. Doch für das Entwickeln eigener Ideen, das Anschließen an die eigene Kraft, ist es notwendig, dass sich Eltern hier auch einmal zurücknehmen und den Kindern die Möglichkeit geben, ihren eigenen Impulsen zu folgen. Wenn die Eltern den Initiativen der Kinder folgen, anknüpfen an diese Ideen und dann nach und nach kleine Veränderungen und Erweiterungen einbringen, kann sich das autistisch stereotype Spiel verändern.

22.2.6 Positives Leiten

In Momenten des freien Spiels sind die zuvor genannten Marte-Meo-Elemente handlungsleitend. Nun gibt es in dem Miteinander von Eltern und Kindern viele Situationen, in denen Eltern bestimmte Anforderungen an das Kind stellen müssen. Dies betrifft die strukturierten Situationen, bei denen klar ist, dass etwas Bestimmtes erreicht werden soll. Sei es Essen, Anziehen, Tisch abräumen, Hausaufgaben machen oder Zubettgehen. In gewisser Weise können auch Regelspiele dazugehören. Hier haben die Eltern die Aufgabe, das Miteinander zu steuern, Regeln für das Zusammenleben in der Familie zu vermitteln und das konkrete Handeln der Kinder zu entwickeln. Durch das *positive Leiten*, die Eltern sagen, wie sie etwas haben wollen und welches Verhalten sie vom Kind in dieser Situation erwarten, weiß das Kind, was es in der bestimmten Situation tun kann und wie es sich verhalten soll. Dabei erfolgt der Leitungsmoment vor der Aktion, so dass das Kind sein Verhalten steuern kann. Ein klarer Anfangsmoment (»So, jetzt kannst du den Tisch abräumen, Fritzi«), eine durch die Aktion begleitende Anleitung (»Ja, die Butter in den Kühlschrank ..., die Teller kannst du auf die Spülmaschine stellen ..., ja, prima, und die Äpfel können zurück in den Korb«) und ein deutliches Beenden durch ein Endsignal (»So, jetzt hast du alles weggeräumt, super«) helfen dem Kind, den zeitlichen Rahmen und die Struktur eines Ablaufes zu erkennen. So kann sich das Kind besser auf die einzelne Handlung konzentrieren, es lernt Wichtiges von Unwichtigem zu unterscheiden und es wird für das Kind markiert, wenn nun etwas Neues beginnen kann (Bünder et al., 2009).

Durch das *positive Leiten* werden dem Kind klare Regeln für das Zusammenleben und Grenzen seines Verhaltens aufgezeigt. Klare Spielregeln im Zusammenleben, die von den Eltern aufgestellt und eingehalten werden, bieten einen sicheren Rahmen, Orientierung und Kontinuität, innerhalb derer sich das Kind entwickeln kann (▶ Kap. 21.3.3).

22.2.7 Fallbeispiel einer Marte-Meo-Beratung

Jonathan P.* (Name geändert), 4 Jahre und 4 Monate, eine 7-jährige Schwester
Zeitraum der Marte-Meo-Beratung ca. 6 Monate
Diagnose: Frühkindlicher Autismus – High functioning
Beratung im Rahmen der Familienorientierten Frühtherapie im Autismus-Institut Langen

Jonathan und seine Familie nahmen an der Familienorientierten Frühtherapie des Autismus-Therapieinstituts Langen teil. In diesem Rahmen fand die Marte-Meo-Unterstützung statt. Insgesamt wurden sechs Videoaufnahmen gemacht und fünf Reviews geführt.

Grundlegende Problematik war, dass Jonathan sehr häufig mit Schreien und aggressivem Verhalten reagierte, wenn tägliche Handlungen wie Waschen, Schlafanzug anziehen o. Ä geschehen sollten. Des Weiteren war seine Sprachentwicklung stark verzögert. Der Wunsch der Eltern war, zunächst Entspannung in die täglichen Abläufe zu bringen, so dass Jonathan nicht mehr so häufig aggressiv reagierte. Des Weiteren wünschten sie sich eine Unterstützung der Sprachentwicklung.

Im ersten Marte-Meo-Schritt wurden Videoaufnahmen von strukturierten Situationen (Händewaschen, Zubettgehen) analysiert. Hier wurde deutlich, dass für Jonathan diese Situationen häufig nicht vorhersehbar genug waren, unangekündigt eingeleitet wurden und er so überrascht wurde von Dingen, die er nicht einschätzen konnte. Daraus resultierten seine Abwehr und sein Schreien.

Im ersten Review wurden die »Benennen-Momente«, die gut gelungen waren, gezeigt. In vielen Situationen benannte die Mutter ihre Handlungen oder das, was Jonathan tat (»Jetzt hältst du die Hände unter das Wasser, ja und jetzt die Seife, prima.«) Die Eltern waren überrascht, wie viel Gutes sie schon tun, und waren sehr motiviert, weiterzuarbeiten. Besonders die Erfahrung, nicht negatives Verhalten »vorgesetzt« zu bekommen, war für die Eltern positiv.

Des Weiteren wurde im ersten Review gezeigt, auf welchem Entwicklungsstand Jonathan sich befand, worin die Schwierigkeiten in den genannten Situationen bestand und welche Unterstützung Jonathan von den Eltern benötigt, um diese Situationen besser bewältigen zu können. Als »Hausaufgabe« bekamen die Eltern zu versuchen, das Benennen ihrer Handlungen und der Handlungen Jonathans zu intensivieren. Sie sollten Aktionen, die sie mit Jonathan ausführen wollten, rechtzeitig, evtl. mehrmals ankündigen, so dass er sich besser darauf einstellen konnte. Dabei sollten die Eltern ihre eigene Form des Benennens, ihre eigene Wortwahl finden.

Im weiteren Prozess wurden Spielsituationen, Situationen beim Backen, beim Spielen der Kinder miteinander analysiert und ausgewertet. Aufgaben wie das Benennen der Handlungen des Kindes, der eigenen Handlungen, das Aufgreifen der Initiative, das Benennen der Emotionen konnte von der Mutter gut umgesetzt werden. Auch das Verknüpfen (»linking up«) der Geschwister gelang immer besser, so dass Jonathan mehr und mehr seine Aufmerksamkeit auch auf die Spielpartner, z. B. die große Schwester, lenken konnte. Dazu bekamen die Eltern die

Aufgabe, die Kinder durch Benennen aufmerksam auf die Handlungen des anderen Kindes zu machen, so dass eine bessere Wahrnehmung des Spielpartners gewährleistet werden konnte. Ebenfalls ist dies jeweils eine Bestätigung für das Kind, auf das aufmerksam gemacht wird, und rückt somit beide Kinder (oder bei einer Gruppe mehrere) in den Fokus der Aufmerksamkeit. Beide Kinder konnten sich wahrgenommen und mit ihren Interessen gesehen fühlen und so konnte sich insgesamt das Verhältnis der Geschwister zueinander verbessern.

Zu Beginn des Prozesses arbeitete auch der Vater mit, zog sich aber nach und nach mehr zurück. Allerdings berichtete die Mutter, dass seine Anteilnahme zu Hause sehr viel größer geworden sei. Auch das Verständnis für sein autistisches Kind habe sich im Laufe des Prozesses verbessert und er konnte Verhaltensweisen, die vorher als »ungezogen« abgewertet wurden, besser verstehen.

Im gesamten Prozess war es für die Mutter sehr wichtig, konkrete Handlungsanweisungen zu bekommen, durch die sie ihr Kind unterstützen konnte. Dadurch verringerte sich ihr subjektives Empfinden der Machtlosigkeit in vielen Situationen und dies machte sie wieder handlungsfähig. Jonathans Sprache konnte sich sehr positiv entwickeln. Viele Situationen wurden durch das Benennen für ihn vorhersehbar und so konnte sich sein Verhalten ebenfalls in eine positive Richtung verändern.

Besonders wichtig war zu sehen, wie sich die Betonung der guten Momente positiv auf die eigenen Kräfte der Familien auswirkt. Deutlich wurde aber auch hier, dass ein kontinuierliches Arbeiten, »Dranbleiben«, wichtig ist, um angestoßene Prozesse weiterzubringen.

Literatur

Berther, C. & Nikolaus Loosli, T. (2015). *Die Marte Meo Methode* (1. Auflage). Bern: Hogrefe.

Bünder, P., Sirringhaus-Bünder, A. & Helfer, A. (2009). *Lehrbuch der Marte-Meo-Methode*. Göttingen: Vandenhoek & Ruprecht.

23 Elterntraining in der Frühtherapie

Susanne Lamaye

23.1	Die Eltern	218
23.2	Warum Elterntraining?	219
23.3	Die Therapeuten	219
23.4	Beispiel eines Elterntrainings als Teil der »Familienorientierten Frühtherapie« des Autismus-Therapieinstituts Langen	220
	23.4.1 Darstellung der sechs Elterngruppenstunden in Modulform	220
	Schlussbetrachtung	226
	Literatur	226
	Videos	226

Den Elterntrainings verschiedener Autismus-Therapiezentren liegen unterschiedliche Konzepte zugrunde. In der Regel werden sie im Gruppenkontext durchgeführt. Dabei können sie dem Beginn einer Frühtherapie für das Kind vorgeschaltet sein oder eine solche ergänzen und begleiten. Hat die Therapie für das Kind schon begonnen, gehört stets auch die individuelle Beratung des Elternpaares oder ggf. des alleinerziehenden Elternteils dazu (▶ Kap. 20). Dem hier dargestellten Beispiel des Autismus-Instituts Langen liegt eine entwicklungspsychologische Sichtweise auf die Autismus-Spektrum-Störungen zu Grunde. Das Elterntraining verbindet ressourcenorientierte, bindungs- und beziehungsorientierte, systemische und verhaltenspsychologische Ansätze. Finden die Gruppensitzungen begleitend zur Einzeltherapie des Kindes und zur individuellen Beratung der Eltern statt, können Informationen einfließen, die sich u. a. aus der Entwicklungsstanderhebung nach den Checklisten des Early Start Denver Modells (Rogers & Dawson, 2014) (▶ Kap. 15) ergeben. Dadurch können kleinschrittige Ziele formuliert werden, die dem Entwicklungstand des Kindes angepasst sind. Ebenfalls werden Methoden der videobasierten Entwicklungsunterstützung nach Marte Meo (Aarts, 2016) (▶ Kap. 21) einbezogen. Mit dieser Methode werden anhand von kleinen Videoausschnitten Interaktionssituationen analysiert und förderliches Entwicklungsverhalten an die Eltern zurückgemeldet (Review). Anhand der Darstellung von Mikroszenen wird den Eltern gezeigt, welche positiven Auswirkungen ihr unterstützendes Verhalten auf die Kinder hat und wo ein Entwicklungsbedarf der Kinder zu sehen ist.

Der Schwerpunkt der Gruppensitzungen liegt in der Regel auf Psychoedukation, der Vermittlung von Basiswissen über Autismus und Verhaltensbesonderheiten sowie der Vermittlung entwicklungsunterstützender Verhaltensweisen auf Seiten der Eltern. Die Eltern sollen in die Lage versetzt werden, Signale des Kindes genauer wahrzunehmen und Verhaltensweisen besser deuten zu können. Durch das bessere Verständnis lernen die Eltern gelassener mit den autismusspezifischen Besonderheiten ihres Kindes umzugehen ohne das Gefühl zu haben ständig etwas falsch zu machen oder gar Schuld an Verhaltensschwierigkeiten zu sein. Die Eltern können sich wieder als kompetent erleben, verlieren ihre Unsicherheiten im Umgang mit dem Kind und haben klare Richtlinien für ihr Erziehungsverhalten.

23.1 Die Eltern

Dabei ist es wichtig, dass Eltern hier nicht als Co-Therapeuten fungieren, sondern die im Elterntraining besprochenen und erlernten Umgangsweisen von ihnen in den normalen Alltag mit dem Kind integriert werden können. Eltern sind i. d. R. keine Fachleute und können auch durch eine intensive Schulung nicht in kurzer Zeit solche werden. Sie haben stattdessen die wichtigste Aufgabe im Leben ihres Kindes, nämlich – im Notfall – immer für ihr Kind da zu sein und diese Präsenz in ihren Alltag, mit all seinen Anforderungen integrieren zu müssen. Uns erscheint es besonders wichtig, die Eltern dafür stark zu machen und auch dazu zu befähigen, sich Bedingungen zu schaffen, die ihnen unbeschwerte Zeiten mit ihren Kindern ermöglichen, die nicht einer bestimmten Zielsetzung untergeordnet sind. Die Erfahrung zeigt, dass diese Zeiten für ein glückliches Familienleben immens wichtig sind. Durch die Integration einer förderlichen Haltung in den Alltag entsteht keine allzu große zusätzliche zeitliche Belastung, sondern Zeiten für Pflege, Essen oder Spiel, die sowieso anfallen, werden anders genutzt und können so zu einer Veränderung der Beziehung und somit häufig auch zu einer Veränderung der autismusspezifischen Verhaltensweisen führen. Durch die Integration in den normalen Alltag, ist die Chance größer, dass Eltern die im Elterntraining besprochenen Punkte auch wirklich umsetzen. Aus den ersten kleinen Erfolgen resultiert ein Erleben von Selbstwirksamkeit, dass den Eltern neuen Mut und mehr Kraft gibt, sich den Herausforderungen, die sich bei der Erziehung ihres autistischen Kindes ergeben, zu stellen und diese erfolgreich zu bewältigen.

Häufig erleben Eltern sich als machtlos den zum Teil heftigen Ausbrüchen ihrer Kinder gegenüber oder erleben sich als abgelehnt, unbeachtet und unwichtig für ihr Kind (▶ Kap. 21). Durch das entstehende neue Verständnis der Verhaltensweisen ihres Kindes und deren Ursachen sowie einer veränderten Sichtweise können Eltern häufig mehr gelingende Momente in der Interaktion herstellen und somit aktiv ihr Kind in seiner Entwicklung unterstützen. Sie werden sicherer im Umgang mit dem Kind, da sie nun eher wissen, wie sie auf bestimmte Verhaltensweisen oder Signale reagieren können und was ihre Reaktion bewirkt. Durch die konkret umsetzbaren »Handlungsanweisungen« fühlen sich die Eltern wieder kompetenter. Sie geben ihnen mehr Sicherheit und führen aus dem häufigen Kreislauf von Versagensängsten, einem Gefühl der Inkompetenz, Ablehnung und Ohnmacht.

23.2 Warum Elterntraining?

Gerade bei jungen Kindern mit Autismus setzen viele Autismus-Therapiezentren zunächst einen Schwerpunkt auf die Arbeit mit den Eltern. Naturgemäß verbringen die Eltern die meiste Zeit mit ihren Kindern und führen tägliche Routinen wie Essen, Anziehen, Baden, Wickeln, Spielen etc. mit ihnen aus. Wenn Eltern diese Phasen nutzen können, um entwicklungsunterstützende Erziehungs- und Förderelemente zu integrieren, kann sozusagen »nebenbei« vieles erreicht werden. Da die Eltern die wichtigsten Bezugspersonen sind, ist es sinnvoll, dieses Potenzial zu nutzen und den Schwierigkeiten und Herausforderungen, die im Alltag entstehen, auch dort zu begegnen. Die Eltern lernen im Elterntraining ihr Kind durch die »Autismus-Brille« zu sehen und die Reaktionen und Verhaltensweisen (z. B. Stereotypien als Strategie, mit Reizüberflutung fertigzuwerden) entsprechend zu beurteilen. Sie lernen, entspannter mit diesen Verhaltensweisen umzugehen, und so kann sich das tägliche Miteinander harmonischer gestalten. Dadurch, dass den Kindern nun mit dem Autismus angepassten Maßnahmen von Seiten der Eltern begegnet wird, entsteht bei den Kindern ein »Sich-mehr-Verstanden-Fühlen« und insgesamt eine entspanntere und der Entwicklung förderlichere Umgebung.

Zu Beginn des Elterntrainings geht es zunächst um Informationen über Autismus. Dies erscheint uns besonders wichtig und führt bei den Eltern zu manchem »Aha«-Erlebnis (▶ Kap. 24). Wenn Eltern plötzlich verstehen, dass einige Reaktionen ihres Kindes durch eine veränderte Wahrnehmung ausgelöst werden oder die Kinder aufgrund der Defizite in der Handlungsplanung eine sehr viel kleinschrittigere, evtl. visualisierte Strukturierung von Alltagshandlungen benötigen, können sie bisherige Vorstellungen von »Bockigkeit« oder Provokation aufgeben und kleine positive Schritte in der Erziehung mit ihrem Kind machen.

Da es sich bei Autismus um eine tiefgreifende Entwicklungsstörung handelt, wird auch das Elterntraining nicht dazu führen können, dass die autismusspezifischen Verhaltensweisen verschwinden. Es führt aber dazu, dass die Eltern den Autismus als Persönlichkeitsanteil ihres Kindes verstehen können, der nicht »entfernt« werden muss, sondern den es in das Leben zu integrieren gilt.

23.3 Die Therapeuten

Die die Gruppe leitenden Therapeuten sind in der Rolle der Autismus- und Fachexperten und in der Rolle der Strukturgeber- und -halter gefragt. Sie sind erfahrene Fachkräfte, kennen das Konzept, bereiten die Sitzungen vor und nach. Sie achten auf die Einhaltung der notwendigen Struktur (z. B. Inhalts- und Zeitstruktur) und unterstützen eine konstruktive Gruppendynamik bzw. greifen ein, falls die Gruppendynamik Gefahr läuft, destruktiv zu werden. Fußend auf der Konrad Lorenz zugeschriebenen Erkenntnis »Gesagt ist nicht gehört, gehört ist nicht verstanden, verstanden ist nicht einverstanden, einverstanden ist nicht getan, getan ist nicht richtig getan« integrieren wir verschiedene Methoden, um die Eltern zu erreichen: Psychoedukation zur Vermittlung von Autismuswissen, Reflexionsmöglichkeiten des Erlernten durch Kleingruppenarbeiten, Rollenspiele und Videobeispiele zur Vertiefung des Erlebens bestimmter Inhalte und Transferaufgaben zur Überprüfung des Gelernten im Alltag mit dem eigenen Kind.

Die Gruppenleiter unterstützen sich in der Gruppe gegenseitig, indem die nicht unmittelbar aktive Person auf die Zeitstruktur und die Gruppendynamik achtet, während die andere Leiterin z. B. eine Psychoedukation durchführt. Beide unterstützen bei Einzel- und Kleingruppenarbeit die jeweiligen Einheiten.

23.4 Beispiel eines Elterntrainings als Teil der »Familienorientierten Frühtherapie« des Autismus-Therapieinstituts Langen

Die »Familienorientierte Frühtherapie« ist ein Therapiekonzept für junge Kinder mit Autismus und ihre Familien. Es wurde im Autismus-Therapieinstitut Langen 2010 entwickelt und seitdem kontinuierlich umgesetzt und weiterentwickelt. Von 2011 bis 2018 wurden ca. 130 Familien mit der »Familienorientierten Frühtherapie« unterstützt.

Unser Elterntraining ist eingebettet in die Familienorientierte Frühtherapie, die verschiedene Bausteine beinhaltet. Diese ergänzen sich und werden auf die Wünsche und Bedürfnisse der Familien abgestimmt, unter Einbeziehung der begleitenden Institutionen (wie z. B. der Kita) (▶ Abb. 23.1).

23.4.1 Darstellung der sechs Elterngruppenstunden in Modulform

Eingebettet in die Struktur der »Familienorientierte Frühtherapie« sind sechs Elterngruppentreffen, die jeweils einem Thema zugeordnet sind:

- Kennenlernen,
- Informationen über Autismus,
- Besondere Wahrnehmung autistischer Kinder,
- Sprachentwicklung und Kommunikation,
- Spielentwicklung und Interaktion,
- Abschluss.

Die Elterntreffen dauern jeweils zwei Stunden und werden von zwei Therapeuten moderiert. Die Gruppen bestehen aus ca. 5 bis 8 Elternpaaren oder einzelnen Elternteilen. Meist ist es so, dass bei ca. der Hälfte der eingeladenen Eltern beide Elternteile teilnehmen können, bei der anderen Hälfte dies aber leider nicht möglich ist. Neben den thematischen Schwerpunkten wird bei jedem Treffen Zeit für den informellen Austausch zwischen den Eltern sowie für aktuelle Fragen reserviert.

Einladung

Die Familien werden ca. 8 Wochen vor Beginn der Elterngruppe schriftlich eingeladen. Im Anschreiben werden die Themen der verschiedenen Stunden benannt, und die Eltern werden aufgefordert, ein Foto jedes Familienmitgliedes mitzubringen.

23 Elterntraining in der Frühtherapie

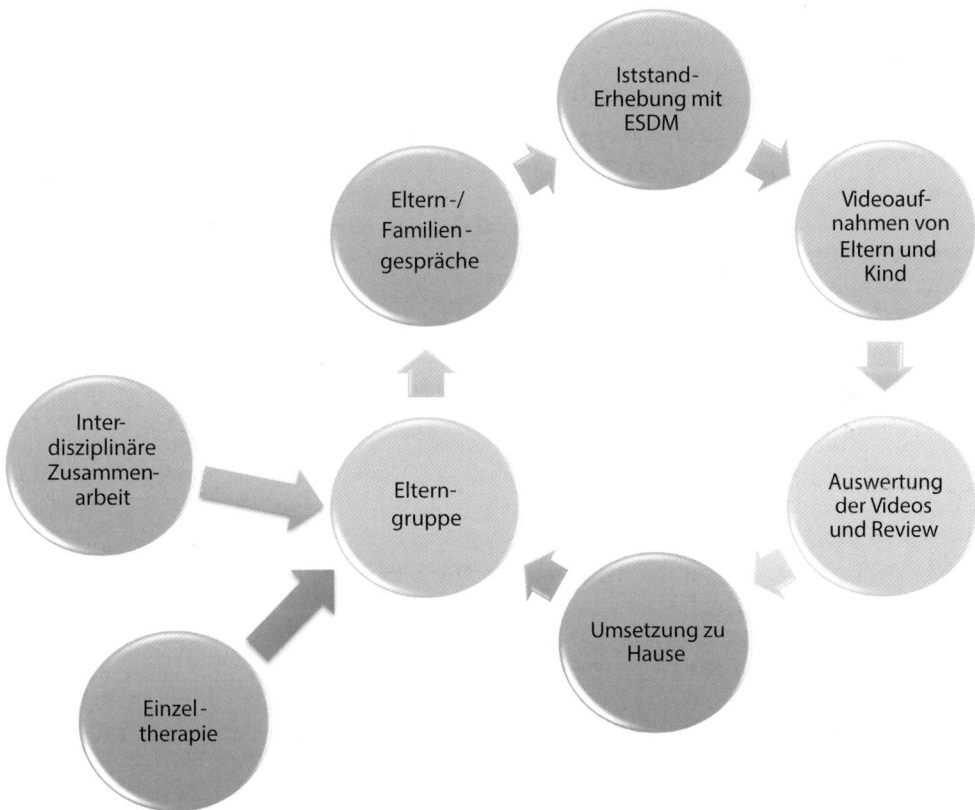

Abb. 23.1: FOFT – Familienorientierte Frühtherapie (Quelle: Susanne Lamaye, Konzept Familienorientierte Frühtherapie, Autismus-Therapieinstitut Langen, 2018)

Darüber hinaus wird kurz die Vorgehensweise in der »Familienorientierten Frühtherapie« erklärt.

1. Treffen: Kennenlernen

Das erste Treffen dient vor allem dem Kennenlernen der Familien untereinander, einem ersten Austausch und der Sammlung für Themen, die über die Schwerpunktthemen hinaus den Eltern »auf der Seele brennen«.

Nachdem sich die Therapeuten, die die Elterngruppe leiten, kurz vorgestellt haben, beginnen wir mit der ersten Aufgabe für die Familien. Dies hat sich im Verlauf als sehr positiv herausgestellt, da hierbei die Familien sehr schnell in Kontakt und einen informellen Austausch kommen. Die Situation wird aufgelockert und die Familien reflektieren, was sie als Familie ausmacht, was wichtige Themen für sie sind und was sie mit anderen Familien mit autistischen Kindern möglicherweise verbindet.

Als methodische Vorgehensweise haben wir das Erstellen eines Familienplakates gewählt, auf dem sich jede Familie vorstellt und in einer kurzen Präsentation etwas zu sich erzählt.

> **Materialien:** bunter Karton in Din A0 (einer pro Familie), Buntstifte, Filzstifte, Klebestifte, Klebesticker, Glitzerstifte, Zeitschriften (Frauen-, Auto-, Gartenzeitschriften), Kataloge
>
> **Aufgabenstellung:** Gestalten Sie ein Familienplakat mit den mitgebrachten Fotos ihrer Familienmitglieder, ergänzen sie diese mit Ausschnitten aus den Katalogen und Zeitschriften, z. B. Dingen, mit denen Ihr Kind sich gerne beschäftigt, Dingen, die für Sie als Familie wichtig sind, Hobbys oder Wünsche.
>
> **Zeit:** ca. 30 Minuten für das Erstellen der Plakate. Pro Familie ca. 10 bis 15 Minuten zum Vorstellen.

Bei der Vorstellungsrunde kommen viele Fragen und Themen zur Sprache und die anderen Familien können gut an die Erfahrungen der vorstellenden Familie anknüpfen. Jede Familie bekommt so den Raum, mit ihren Freuden, Sorgen oder besonderen Herausforderungen gehört zu werden.

2. Treffen: Informationen über Autismus

Zu Beginn jedes Treffens gibt es eine kurze Eingangsrunde, in der jede Familie von aktuellen Entwicklungen und Erfahrungen, z. B. mit der Marte-Meo-Videoberatung, berichten kann.

Für das Schwerpunktthema »Information über Autismus« wird zunächst eine Aufgabe an die Eltern gestellt.

> **Materialien:** Moderationskarten, Textmarker, Flipchartpapier, Magnetleiste oder Tesafilm zum Aufhängen.
>
> **Aufgabe:** Bitte notieren Sie auf den Moderationskarten die Verhaltensweisen, Auffälligkeiten oder Besonderheiten Ihres Kindes, die Sie mit Autismus in Verbindung bringen.
>
> **Zeit:** ca. 20 Minuten für die Elternaufgabe.

Während die Eltern an ihrer Aufgabe arbeiten, befestigen die Therapeuten vorbereitete Flipchartbögen mit den folgenden Überschriften an einer Magnetleiste, Wand o. Ä.:

- Soziale Interaktion,
- Kommunikation,
- Stereotypien und Rituale,
- Sonstiges.

Diese Überschriften entsprechen den momentan noch gültigen Diagnosekriterien für Autismus nach ICD-10.

Die Eltern werden nun gebeten, ihre Notizen vorzulesen, und die Therapeuten sortieren diese den jeweiligen Kriterien zu. Während dieses Vorgehens werden die Kriterien erläutert, Unterschiede besprochen oder Fragen geklärt.

Die Eltern erhalten so einen Einblick in die Kriterien, die für die Autismusdiagnose wichtig sind und inwieweit sich diese auf ihr Kind beziehen.

Verhaltensweisen, die nicht direkt den Diagnosekriterien zuzuordnen sind, werden unter »Sonstiges« zusammengefasst und wenn möglich anderen Bereichen wie z. B. »Wahrnehmung« oder »Motorik« zugeordnet.

3. Treffen: Besondere Wahrnehmung autistischer Kinder

Im Anschluss an die Eingangsrunde werden durch kurze Filmsequenzen und Selbsterfahrungsmomente Reizüberflutung, Reizfilterschwäche oder die Bevorzugung bestimmter Sinnesreize verdeutlicht und für die Eltern erfahrbar gemacht.

> **Materialien:** Ball, Rhythmusinstrumente wie Rassel, Trommel, Oceandrum, Papier, Stifte, Buch mit Bastelanleitung o. Ä.
>
> **Aufgabe:** Die Elterngruppe, die um den Tisch herum im Kreis sitzt, wird geteilt. Jede zweite Person (Gruppe A) erhält Papier und Stift, die anderen Personen (Gruppe B) die Instrumente und den Ball. Die Mehrheit der Teilnehmer der Gruppe B bekommt nun die Aufgabe, aufzustehen, sich den Ball zuzuwerfen und dabei jeweils den Vornamen desjenigen zu rufen, der den Ball fangen soll. Die ein bis zwei übrigen Personen dieser Gruppe machen mit den Instrumenten Geräusche.
>
> Gruppe A soll währenddessen einen Text, den ein Therapeut aus einem Buch diktiert, mit der Nicht-Schreibhand aufschreiben. Diese Gruppe versucht gleichzeitig, ihre inneren Vorgänge wahrzunehmen, wie sie diese Situation erleben und welche Gefühle in ihnen ausgelöst werden.
>
> Der Therapeut diktiert den Text in normalem Diktattempo, jedoch ohne auf die Geräuschkulisse Rücksicht zu nehmen.
>
> **Zeit:** Nach ca. 3 bis 5 Minuten werden die Gruppen gewechselt.

Nach der Übung erfolgt ein Austausch darüber, welche Gefühle oder mögliche (vielleicht unterdrückte) Verhaltensweisen ausgelöst wurden und welche Reaktionen von den eigenen Kindern bekannt sind. Die Eltern benennen oftmals Gefühle wie Frustration, Ärger, Resignation und Wut. »Am liebsten hätte ich den Stift hingeschmissen« oder »Das hat ja gar keinen Sinn, man schafft es ja sowieso nicht, da mitzukommen«, sind häufige Äußerungen der Eltern nach dieser Übung. Im folgenden Austausch wird besprochen, dass viele Reaktionen der autistischen Kinder wie Wutausbrüche, aggressive Verhaltensweisen oder Rückzug in stereotype Verhaltensweisen oftmals aus dem Erleben dieser Gefühle resultieren.

Erfahrungsgemäß ist dies ein besonders eindrücklicher Moment für die Eltern, da sie hier auf einer für sie meist neuen Ebene erfahren, wie ihre Kinder die Welt erleben. Häufig führt dies zu einer tiefen Betroffenheit, aber auch zu einem tieferen Verständnis für die Verhaltensbesonderheiten ihrer Kinder (▶ Kap. 24).

Im Folgenden werden noch 2 bis 3 kurze Hörbeispiele und Videosequenzen zu den Besonderheiten im Bereich der Wahrnehmung autistischer Kinder angehört und gezeigt (netinternetta, 2012, https://www.youtube.com/watch?v=vEg6uFMy_RQ oder Thompson, 2010, https://www.youtube.com/watch?v=plPNhooUUuc).

Als Vorbereitung für die 4. Stunde wird den Eltern eine Beobachtungsaufgabe für zu Hause gestellt. Dazu werden die *Arbeitsblätter 1 und 2* ausgeteilt. Die Eltern sollen beobachten, in welcher Form sie mit dem Kind sprechen und welche Form der Kontaktaufnahme ihr Kind in unterschiedlichen Situationen benutzt.

4. Treffen: Sprachentwicklung und Kommunikation

Im Anschluss an die Eingangsrunde bekommen die Eltern eine Kleingruppenaufgabe.

> **Material:** keins, wenn möglich verschiedene Räume.
>
> **Aufgabe:** Mit einem Gesprächspartner sollen die Teilnehmer ein kurzes Gespräch führen bzw. ihrem Gesprächspartner von einem positiven Erlebnis erzählen. Dabei sollen sie sich selbst beobachten und überlegen, welche Faktoren hilfreich und unterstützend für eine gute Gesprächsatmosphäre sind.
>
> Nach dem Gespräch überlegen sie mit ihrem Gesprächspartner gemeinsam, wel-

che Punkte für sie wichtig waren (z. B. aktives Zuhören, kurze Nachfrage, zustimmende Einwürfe wie aha, hm …

Zeit: ca. 20 Minuten.

Nach der Kleingruppenübung wird sich in der Gesamtgruppe über die Erfahrungen während der Übung ausgetauscht, die einzelnen Punkte auf einem Flipchartbogen festgehalten und eine Verbindung zur Kommunikation im Alltag/mit ihren Kindern hergestellt.

Material: Flipchart/Textmarker

Im zweiten Teil der Stunde berichten die Eltern von der Beobachtungsaufgabe. Die mitgebrachten und ausgefüllten *Arbeitsblätter 1 und 2* werden in der Gruppe besprochen.

Die durch die parallel laufende Einzelberatung der Eltern mit der Marte-Meo-Interaktionsanalyse (▶ Kap. 22) gewonnenen Erkenntnisse für unterstützendes Kommunikations- und Interaktionsverhalten (Warten — Folgen – Benennen der eigenen Handlungen und der Handlungen des Kindes) werden durch diese Aufgabe vertieft.

Zur Verdeutlichung, welche Elemente für die Entwicklung von Sprache (▶ Abb. 23.2.) eine Rolle spielen, wurde ein Pyramidenmodell aus Riesen-Lego-Steinen mit entsprechenden Symbolen oder Schriftzügen versehen. Auf diese Weise wird für die Eltern klar ersichtlich, dass Sprache nicht nur aus dem Erlernen von Wörtern besteht. In der Elterngruppe wird dieses Modell besprochen und erklärt, wie Eltern die Vorläuferfunktionen von Sprache unterstützen können, und es werden Beispiele für konkrete Situationen gegeben.

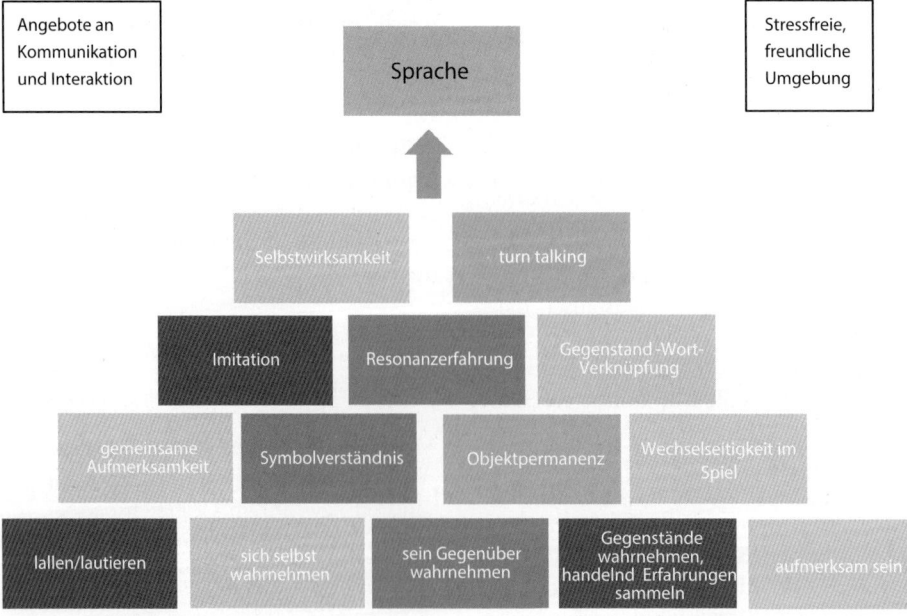

Abb. 23.2: Elemente für die Entwicklung von Sprache (eine organische Unversehrtheit vorausgesetzt; Quelle: Susanne Lamaye)

Des Weiteren wird geklärt, dass für das Erlernen der Sprache Angebote an Kommunikation und Interaktion notwendig sowie eine freundliche, stressfreie Umgebung förderlich sind (▶ Abb. 23.2).

Am Ende dieser Stunde wird das *Arbeitsblatt 3* (▶ Anhang zu Kapitel 23, ▶ Arbeitsblatt 3) ausgeteilt, mit der Bitte, es auszufüllen, indem die Eltern ihr Kind und dessen Spiel beobachten.

5. Treffen: Spiel

Zur Vorbereitung auf dieses Modul wurde den Eltern das *Arbeitsblatt 3* (▶ Anhang zu Kapitel 23, ▶ Arbeitsblatt 3) am Ende der vorherigen Stunde mitgegeben, mit dem Auftrag es auszufüllen.

Nach der üblichen Eingangsrunde bekommen die Eltern eine Rollenspielaufgabe, die zum Ziel hat, den Eltern zu verdeutlichen, wie wichtig es ist, im Spiel den Initiativen des Kindes zu folgen, seine Initiativen aufzugreifen und dort anzuknüpfen.

Material: Spielzeugautos, Playmobil oder anderes Kleinkinderspielzeug. Mehrere Räume, evtl. Schreibmaterial für Beobachterinnen.

Aufgabe: Die Eltern teilen sich in Zweier- oder Dreiergruppen auf. Ein Elternteil nimmt die Rolle des Kindes ein, ein Elternteil spielt »Eltern«, der evtl. Dritte nimmt die Rolle des Beobachters ein. Es werden zwei Durchgänge gespielt. Das »Kind« spielt jeweils in der gleichen Form, der Erwachsene spielt einmal nach Anweisung »Eltern 1« und einmal nach Anweisung »Eltern 2«. Nach jeweils ca. 5 Minuten wird gewechselt, so dass jeder jede Rolle innehatte.
Aufgabenstellung für das »Kind«: Sie möchten Ihre Autos in eine Reihe bringen oder haben eine bestimmte Idee, was Sie damit machen möchten. Das ist Ihr größter Wunsch. Versuchen Sie, sich nicht davon abbringen zu lassen!
Aufgabenstellung »Eltern 1«: Sie versuchen in das Spiel Ihres »Kindes« einzugreifen, indem Sie gegen die anderen Autos fahren, Unordnung schaffen oder Autos wegnehmen. Außerdem machen Sie immer Vorschläge, was der andere anders machen könnte.
Aufgabenstellung »Eltern 2«: Sie beschreiben mit Worten, was Ihr »Kind« tut, halten sich sehr zurück, reihen evtl. auch Autos in einer eigenen Reihe auf und folgen der Spielidee des Gegenübers.

Die Beobachterin versucht Unterschiede in den beiden Spielvariationen herauszufinden und geg. zu notieren.

Zeit: ca. 30 bis 40 Minuten.

Nach Beendigung der Aufgabe werden die Eltern befragt, welche Erfahrungen sie in der jeweiligen Rolle als »Eltern 1«, »Eltern 2« oder »Kind« gemacht haben, wie sie sich mit der jeweiligen Spielvariante gefühlt haben. Die Beobachter werden gebeten, ihre Eindrücke zu schildern.

Anschließend werden die Besonderheiten des Spiels von Kindern mit Autismus besprochen und die verschiedenen Phasen der Spielentwicklung (Funktionsspiel, Konstruktionsspiel, Symbolspiel, soziales Imitationsspiel, Rollenspiel, Fantasiespiel, Regelspiel) erklärt. Dabei wird noch einmal verdeutlicht, ob und in welcher Form die autistischen Kinder diese Phasen meist gestalten.

Anhand des *Arbeitsblattes 3* (▶ Anhang zu Kapitel 23, ▶ Arbeitsblatt 3) berichten die Eltern vom Spielverhalten ihrer Kinder.

Die *Arbeitsblätter 4 und 5* werden verteilt und anhand der dort genannten Beispiele wird besprochen, welche Bedingungen förderlich sind, damit ein autistisches Kind gut in Kontakt und Interaktion kommen kann.

6. Treffen: Abschluss

Für das letzte Treffen ist kein Thema vorbereitet. Da es meist noch sehr viele Fragen von Seiten der Eltern gibt, wird diese Stunde für die Klärung dieser Fragen, die Weitergabe von Informationen (z. B. Rechte von Menschen mit Autismus, Nachteilsausgleich, Schulbegleiter, Wohnen etc.) und den Austausch der Eltern untereinander genutzt.

Das *Arbeitsblatt 6* (▶ Anhang zu Kapitel 23, ▶ Arbeitsblatt 6) wird ausgeteilt und besprochen. Es enthält eine Zusammenfassung der besprochenen Punkte bezüglich förderlicher Umgebungs- und Kommunikations- bzw. Interaktionsbedingungen. Zum Schluss werden die Eltern gebeten einen Evaluationsbogen auszufüllen, der der Auswertung des Elterngruppentrainings dient.

Schlussbetrachtung

Seit sieben Jahren wird in dieser Form das Elterngruppentraining im Autismus-Therapieinstitut in Langen durchgeführt. Dabei wird es ständig erweitert und überarbeitet. Auch durch die speziellen Themen der Eltern bekommt jeder »Durchgang« seine individuelle Prägung. Die hier dargestellten Themen haben sich jedoch als Grundgerüst herauskristallisiert und bilden somit immer den Schwerpunkt, der jedoch individuell erweitert werden kann. Die durchweg positiven Erfahrungen und Rückmeldungen der Eltern ermuntern uns, diesen Weg weiter zu beschreiten.

Literatur

Aarts, M. (2016). *Marte Meo-Handbuch* (4. Auflage). Eindhoven (Holland): Aarts Productions Verlag.
Rogers, S. & Dawson, G. (2014). *Frühintervention für Kinder mit Autismus: Das Early Start Denver Model*. Bern: Huber.

Craig Thomson (2010). A walk in a neurotypical persons shoes. Zugriff am 4.8.2018 unter https://www.youtube.com/watch?v=plPNhooUUuc

Videos

Netinternetta (2012). Sensory overload. Zugriff am 4.8.2018 unter https://www.youtube.com/watch?v=vEg6uFMy_RQ

24 Wehret den Anfängen – Umgang mit autistischem Kontrollverhalten im Kleinkindalter

Wolfgang Rickert-Bolg

24.1	Einführung	227
24.2	Kontrollverhalten als autistische Bewältigungsstrategie	228
24.3	Die Situation der Eltern	230
24.4	Handlungsstrategien	231
	24.4.1 Verminderung der Komplexität	231
	24.4.2 Bindung aufbauen	232
	24.4.3 Hinführung zu Kooperation	233
	24.4.4 Partizipation	234
24.5	Fazit	235
	Literatur	235

24.1 Einführung

Eine immer wiederkehrende und oft sehr schwierige Problematik, die sich in der Therapie und Umfeld-Beratung von autistischen Menschen auftut, ist deren Kontrollverhalten.

> Das Problem zeigt sich in jedem Alter und bei verschiedensten Ausprägungen der Störung: Das Kleinkind mit Autismus-Verdacht, welches immer einen Wutanfall bekommt, wenn die Erwachsenen irgendetwas anders machen als gewohnt. Das Kind mit Asperger-Autismus, welches dem Therapeuten im gemeinsamen Spiel mit Puppen jedes einzelne Wort auch von dessen Figuren diktieren will. Der Jugendliche mit frühkindlichem Autismus, der jedes Mal zu schreien beginnt, wenn die anderen Familienmitglieder miteinander zu sprechen anfangen. Die erwachsene Frau mit Asperger-Autismus, die einen genauen Plan im Kopf hat, was zu tun und was zu besprechen ist, und die sich bei Abweichungen permanent bedroht fühlt und panisch wird. Oder auch der Mann mit der Diagnose atypischer Autismus, der immer dann, wenn seine Erwartungen nicht erfüllt werden, extrem aggressiv reagiert und einmal eine Betreuerin schwer verletzte, sodass die Unterbringung in einer forensischen Klinik als einzige Möglichkeit erschien. Auch Theunissen nennt in seinem Buch »Autismus verstehen« eine ganze Reihe von Beispielen für das starke Bedürfnis nach Beständigkeit, Routine und Ordnung (2016, S. 35 f.).

Schon bei kleinen Kindern ist das Familienleben oft massiv beeinträchtigt, die Eltern haben sich manchmal mit Situationen abgefunden, die jeder Unbeteiligte als unhaltbar empfinden würde. Werden die Betroffenen älter und körperlich kräftiger, ist allzu oft fast jede Steuerungsmöglichkeit dahin: Das ganze Umfeld stellt sich darauf ein, Konflikte zu vermeiden, indem immer weniger Anforderungen gestellt werden und alles oft bis ins kleinste Detail stets genauso sein muss wie immer.

Die Folgen sind einschneidend: Manche Familien verlieren immer mehr ihre Kontakte zur Außenwelt, da alle Energie für die Bewältigung dieser speziellen Anforderungen benötigt wird und auch, weil die früheren Bekannten und Freunde sich nicht auf solch »merkwürdige« Umgangsregeln einlassen wollen, wie zum Beispiel, dass in Anwesenheit des Kindes niemand lachen darf, weil das Kind sonst einen Wutanfall bekommt. In Extremfällen wird sogar die Wohn- und Lebensperspektive sehr schwierig, da selbst Spezialeinrichtungen für autistische Bewohner an ihre Grenzen kommen können.

Diese Beispiele zeigen die Notwendigkeit auf, den Gefahren einer solchen Entwicklung möglichst frühzeitig entgegenzutreten.

Der folgende Artikel will darlegen, wie die beschriebene Kontrollproblematik im Rahmen der autistischen Störung einzuordnen und zu verstehen ist und was schon in jungen Jahren getan werden kann und sollte, um spätere Schwierigkeiten, wenn möglich, zu verhindern oder zumindest einzudämmen.

24.2 Kontrollverhalten als autistische Bewältigungsstrategie

Angesichts der fatalen Bedeutung, die das Kontrollverhalten autistischer Menschen für sie selbst und für ihr Umfeld hat, verwundert, dass sie sich in der umfangreichen Literatur zu Autismus kaum wiederfindet. Meist werden die einzelnen Verhaltensweisen unter »unerwünschtes Verhalten« zusammengefasst, welchem nach gängiger Lehrmeinung am ehesten mit Löschung zu begegnen sei. Besonders die Eltern von autistischen Kindern machen aber immer wieder die Erfahrung, dass die Problematik allen ihren Versuchen, sie zu beeinflussen, hartnäckig widersteht und sie an ihre Grenzen bringt. Zudem wird an vielen Stellen beschrieben, dass autistische Menschen klare Strukturen, Regeln und Rituale brauchen und dass sie von Unvorhergesehenem massiv verunsichert werden. Peter Schmidt, selbst von Asperger-Autismus betroffen, schreibt das in seinem Buch »Der Junge vom Saturn: Wie ein autistisches Kind die Welt sieht« (Schmidt, 2015). Hier steht das Umfeld vor der schwierigen Frage, wie weit man den Betroffenen in ihrer Suche nach Gleichförmigkeit denn folgen sollte.

Es ist deshalb unumgänglich, sich näher anzuschauen, wie die Problematik zu verstehen ist, welcher Sinn sich aus einem solchen Verhalten für die Betroffenen ergibt.

Aus unserem im Autismus-Therapiezentrum Osnabrück entwickelten Störungsmodell, die autistischen Symptome als Bewältigungsstrategie für eine abweichende kognitive Informationsverarbeitung zu begreifen (Rickert-Bolg, 2017), ergibt sich folgende Sichtweise auf die hier im Fokus stehende Problematik des Kontrollverhaltens:

Eine zentrale Entwicklungsaufgabe für jedes Kind ist es, die Regeln der Welt zu erkennen. Dadurch lernt es im Laufe seines Heranwachsens immer mehr, was in welcher Situation von ihm erwartet wird, und entwickelt zugleich die Fähigkeit, sich selbst zu entscheiden, ob es diesen Erwartungen nachkommen oder sich verweigern und dann möglicherweise eigene Vorstellungen umsetzen will. Die frühe Trotzphase und im Jugendalter die Pubertät sind Entwicklungsabschnitte, in denen dieser schwierige Schritt von der Abhängigkeit zur Autonomie von besonderer Bedeutung ist.

Die autistische Störung der Informationsverarbeitung erschwert es den Betroffenen, die zugrundeliegenden Abläufe zu verstehen: Welche Ursachen hat das, was gerade passiert, was von all den Dingen, die vorher geschehen sind, hängt mit dem aktuellen Ereignis zusammen? Dadurch, dass eine Vielzahl von Details wahrgenommen und im Gedächtnis abgespeichert werden, ist es viel schwerer möglich, in den beobachteten Abläufen das Wesentliche zu erkennen und damit die Regel zu extrahieren, die sich dann auf andere Situationen übertragen ließe. So wird dann jede neue Erfahrung zu einem singulären Erlebnis.

Während der nicht autistische Sören längst begriffen hat, dass es für ihn keinen Unterschied macht, ob Papa oder Mama den Kinderwagen schiebt, sind das für den gleichaltrigen autistischen Robin zwei völlig unterschiedliche Situationen. Sören hat schon längst erfasst, dass jeder Spaziergang unterschiedlich ist – eine andere Begleitung, ein variierender Weg, unterschiedliches Wetter, unterschiedliche Geräusche, Begegnungen etc. ... – dennoch hat er aufgrund seiner vorangegangenen Erfahrungen die Erwartung, dass es irgendwann wieder nach Hause geht, es dort etwas zu essen gibt und so weiter. Diese Erwartung gibt ihm Sicherheit, und auch wenn Papa heute einmal den Kinderwagen in den Bus hebt und sie ein kleines Stück mitfahren, weil es gerade angefangen hat, in Strömen zu regnen, und sie so nicht ganz so nass werden, geht ihm diese Sicherheit nicht verloren. Robin hingegen ist schon massiv verunsichert, wenn Papa heute mal an der zweiten Kreuzung nicht wie die letzten Male rechts, sondern links abbiegt – er fängt in seinem Wagen an zu schreien und sein Vater, der ein guter Beobachter ist, merkt, da das ja regelmäßig passiert, irgendwann, wie er diese Schreierei verhindern kann: Er muss immer den gleichen Weg gehen und Variationen so weit wie möglich reduzieren.

Robin fühlt sich nur sicher, wenn alles gleich ist. Nur dann weiß er, was ihn erwartet. Und er macht nicht die Erfahrung, dass trotz Variationen immer noch die gleichen Regeln gelten, sondern lernt zugleich, dass sein Schreien, seine Verweigerung, dazu führt, dass er wieder Sicherheit bekommt – dass sich Schreien und Toben lohnt, weil Papa dann das »Richtige« macht und er selbst sich wieder wohl fühlt.

Ein Hilfsmittel auf dem Weg, die Gesetzmäßigkeiten der Welt zu erkennen, ist die Logik. Manche Erwachsene mit Asperger-Autismus bringen es hier zu wahrer Meisterschaft, das Verhalten ihrer Mitmenschen logisch zu erfassen und auf diese Weise weitgehend vorauszusehen, wie sie sich verhalten werden. Aber auch für sie ist das mit großer Anstrengung verbunden, es führt oft zu permanentem Stress in sozialen Situationen und auch sie stoßen oft an ihre Grenzen, wenn die anderen sich mal wieder widersprüchlich verhalten, unehrlich oder auch nur höflich sind.

Wenn ein autistischer Mensch alles nach seinen Regeln macht, wenn er am besten sogar seine Mitmenschen dazu bringt, seinen Regeln und Anweisungen zu folgen, dann kann ihn nichts mehr überraschen, dann hat er die Komplexität der Kompromisse ausgeschaltet. Er kennt die Regeln, weil er sie selbst geschaffen hat, und weiß deshalb, was auf ihn zukommt. Kontrolle ist also eine gute Bewältigungsstrategie, um Sicherheit in einer unübersichtlichen Welt zu gewinnen.

Die Beispiele von Betroffenen, die diese Strategie verfolgen, sind wie oben beschrieben zahlreich und vielfältig. Weitere wären etwa: Die Thermoskanne, die auch leer immer fest zugedreht sein muss, der Löffel, der immer rechts liegen und rot sein muss, der Wirsing zum Mittagessen ... Hier leiden dann oft die Bezugspersonen, die sich auf die abstrusesten Regeln einlassen, weil sie es sonst mit einer Person zu tun bekommen, die bestenfalls alles boykottiert und schlimmstenfalls aggressiv wird. In der Folge ziehen sich andere zurück, die anderen Kinder wollen nicht mehr mit dem autistischen Kind spielen, die Nachbarn machen sich rar – und die Bezugspersonen leiden mit.

24.3 Die Situation der Eltern

Eltern zu sein ist grundsätzlich selten leicht. In früheren Zeiten wurden Kinder autoritär erzogen, der Gehorsam stand im Mittelpunkt und Eltern übernahmen den Erziehungsstil von ihren eigenen Eltern und stellten ihn zumindest nicht offen infrage. Vor 50 Jahren mit der Studentenrevolte der 1968er kam diese Tradition endgültig in Verruf, nachdem schon weit vorher die fatalen Folgen einer solchen Erziehung zum »Untertan«[55] offensichtlich geworden waren. Aber dieser wünschenswerte und notwendige Wandel war auch mit einer großen Verunsicherung verbunden: Was galt und gilt noch – was sollten Kinder tun und dürfen, wieviel Partizipation ist angemessen?

Die sehr interessante Webseite kindererziehung.com[56] nennt allein neun Erziehungsstile – antiautoritär, autokratisch, autoritär, demokratisch, egalitär, flexibel, laissez-faire, negierend und permissiv – und empfiehlt Eltern den flexiblen Erziehungsstil, wo die Erziehung auf einer demokratischen Basis situationsabhängig geschieht. Doch das stellt hohe Anforderungen an Eltern, denn sie können hier nicht einem einfachen Rezept folgen, sondern müssen immer wieder von neuem die Erfordernisse des Augenblicks bewerten, sich in das Kind hineinversetzen und Entscheidungen treffen. Viele Eltern sind hier überfordert, allein schon die Auswahl der Möglichkeiten verunsichert massiv.

Mit den Besonderheiten autistischer Kinder umzugehen, ist für die Eltern meist eine ausgesprochen schwierige Aufgabe. Bei einem autistischen Kind ist der Prozess, sich selbst als kompetent zu erleben, oft noch einmal deutlich erschwert.

> »Sehr irritierbare Säuglinge, die meist viel schreien, nähren bei den Eltern eher die Selbstzweifel, ihr Kind ausreichend gut zu verstehen. Es ist oft sehr schwer, einen festen Schlaf-Wachrhythmus zu etablieren. Die besonders ruhigen und unkomplizierten Kinder können bei Eltern Zweifel auslösen, ob sie persönlich wichtig für das Kind sind.« (Eberhard, 2017, S. 159).

Eberhard schreibt im Weiteren:

> »Haben Eltern trotz aller Schwierigkeiten einen Weg gefunden, lässt das autistische Kind ihnen in ihrem Handeln oft nur einen sehr geringen Spielraum. Eltern berichteten, dass ihr Kind nur ein bestimmtes Glas Babynahrung einer bestimmten Marke mit einem bestimmten Löffel nur von einer Seite aus angereicht gegessen habe. Unschwer zu erkennen ist, dass dies Folgen für die Beziehung von Eltern zu ihrem Kind und für das Selbstbild der Eltern haben kann. Manchmal setzte sich ein solches Muster fort und die Eltern bekommen das anhaltende Gefühl, sich sehr einschränken und anpassen zu müssen, um mit ihrem Kind harmonisch zusammenleben zu können« (S. 160).

In diesem Weg, sich dem Kind anzupassen und die eigenen Bedürfnisse hinten an zu stellen, werden viele Eltern von autistischen

---

55 Das Buch »Der Untertan« von Heinrich Mann erschien bereit 1914.
56 https://www.kindererziehung.com/Paedagogik/Erziehungsstile/Richtige-Kindererziehung.php

Kindern noch bestärkt, wenn ihr Kind die Diagnose Autismus bekommt und sie überall hören oder lesen, dass Kinder mit Autismus feste Strukturen und Abläufe brauchen. Auch andere Eltern stellen sich auf ihr Kind ein – so würden wenige Eltern mit einem Kleinkind in ihrer Wohnung empfindliche Gegenstände in ein offenes Regal in Reichweite ihres Kleinkinds stellen. Sobald unser Kind zu krabbeln beginnt, räumen wir Einiges um, sichern manche Schränke und die Treppen, damit das Kind und auch unsere Einrichtung keinen Schaden nehmen. Damit verringern wir auch unseren eigenen Stress – wir vermeiden so, das Kind jede Sekunde im Blick haben zu müssen.

Auch nicht autistische Kleinkinder reagieren im Allgemeinen gut darauf, wenn ihnen nicht zu viel Input und zu viel Abwechslung zugemutet wird, wenn die Zahl der Reize und Informationen, die auf sie einprasseln, sinnvoll begrenzt und altersgemäß dosiert wird. Bei Überforderung reagieren auch sie oft quengelig und überdreht, finden dann schlecht in den Schlaf und strafen ihre Eltern so unmittelbar. Meist ist das Problem aber bald überstanden, etwas außer der Reihe und spontan zu tun, hat selten längere Nachwirkungen.

Das autistische Kind reagiert meist sehr viel heftiger und ausdauernder – ein Wutanfall dauert schon einmal Stunden, und es sind die Eltern, die zuerst erschöpft sind und nur noch wollen, dass es vorüber ist. So kommen sie dann immer wieder in eine Lage, in der ihnen nur noch das Nachgeben bleibt. Nachgeben mit dem schlechten Gefühl, versagt zu haben, wider besseres Wissen einmal mehr nicht konsequent gewesen zu sein. Und wenn das Kind bereits eine Therapie bekommt und die Therapeuten wieder einmal sagen, dass das nicht gut war und dass man unbedingt klare Grenzen setzen muss, wird dieses Gefühl nur noch verstärkt, ohne dass sich daraus neue Bewältigungsperspektiven ergeben.

24.4 Handlungsstrategien

Es ist also nachvollziehbar, wenn Eltern mit ihrem autistischen Kind in eine solche Situation geraten. Was das Kind mit seinen Kontrollverhalten sucht, ist wie oben beschrieben Sicherheit und das Gefühl der Selbstwirksamkeit. Es will also das Gefühl reduzieren, einer unverständlichen Welt hilflos ausgeliefert zu sein. Was kommt auf mich zu? Was wollen die von mir? Fragen, die das Kind so nicht stellen kann und auf die es zunächst auch keine Antwort bekommt. Es ist deshalb notwendig, ihm auf eine andere Weise Sicherheit und das Gefühl zu geben, die wirklich wichtigen Bedürfnisse selbst in der Hand zu haben.

24.4.1 Verminderung der Komplexität

Autistische Kinder zeigen uns mit ihren Stereotypien, was sie brauchen: Nämlich vorhersehbare und wiederkehrende Abläufe und damit eine Begrenzung des Inputs an neuer Information.

Um dem Kind den Halt zu geben, den es mit seiner Stereotypie sucht, können wir von unserer Seite aus Rituale und Gewohnheiten schaffen, die die Familie nicht in so hohem Maße belasten wie die stereotypen Handlungen, die das Kind von sich aus vollzieht. Dergleichen bewährt sich ja auch bei nichtbehinderten Kindern, etwa die Gute-Nacht-

Geschichte für ein leichteres Einschlafen etc. ... Zu diesen Maßnahmen, dem Kind Sicherheit zu geben, gehört auch, den Alltag nicht allzu spontan zu gestalten, sondern Aktivitäten zu planen und vorher anzukündigen, am besten sogar bildlich zu visualisieren, damit das Kind entsprechend seinem Entwicklungsstand weiß, was auf es zukommt. Mit den beispielsweise von Häußler (2008) sehr differenziert dargestellten Visualisierungsmethoden des TEACCH (Treatment and Education of Autistic and related Communication Children – Behandlung und pädagogische Förderung autistischer und in ähnlicher Weise kommunikationsbehinderter Kinder) stehen hier zahlreiche im Alltag gut anwendbare Handlungsanweisungen zur Verfügung, die über den Einsatz in der Förderung hinaus erlauben, den Alltag für die Betroffenen übersichtlicher und vorhersehbarer zu gestalten (▶ Kap. 19.1).

Darüber hinaus ist es hilfreich, das Umfeld eines autistischen Kindes möglichst einfach und überschaubar zu gestalten, die Menge der Reize, die auf das Kind einwirken, zu begrenzen: nicht zu viel Spielzeug, eine ordentliche und sinnvoll strukturierte Wohnung, nicht zu viele Menschen, denen das Kind begegnet. Donna Williams, eine erwachsene Autistin aus Großbritannien, berichtete gemeinsam mit ihrem ebenfalls autistischen Partner in einem Interview[57], dass sie sich ihren Lebensort genauso gestalten: dass alles in der Wohnung logisch geordnet und übersichtlich ist, dass sie einen Anrufbeantworter nutzen, damit sie, wenn jemand sie sprechen will, in aller Ruhe überlegen und dann wenn nötig zurückrufen können und dass sie ein Tor an der Einfahrt zum Grundstück haben, damit ihnen niemand überraschend zu nah kommen kann.

Diese Art, das Leben zu strukturieren, ist für die meisten Eltern sicherlich damit verbunden, sich einzuschränken und die eigenen Bedürfnisse zurückzustellen. Auch wenn das bei nicht autistischen Kindern ebenfalls hilfreich und teilweise erforderlich ist, geht hier die notwendige Anpassung der eigenen Lebensgewohnheiten auch hinsichtlich des Zeitraums, in dem sie erforderlich ist, deutlich über das übliche Maß hinaus.

24.4.2 Bindung aufbauen

Eine sichere Bindung ist für jedes Kind die zentrale Grundlage dafür, sich hinreichend sicher zu fühlen, um die Welt erkunden zu können (siehe Holmes, 2002). Während sich die Bindungsforscher auf Probleme konzentriert haben, die mit Eltern zu tun haben, die aus einer eigenen psychischen Problematik heraus unfähig sind, eine solche Bindung zu ihrem Kind aufzubauen, haben wir es hier aber mit Kindern zu tun, bei denen die üblichen Mechanismen des Bindungsaufbaus nicht greifen: Kinder, die die Zuwendung ihrer Eltern als unangenehm, oft sogar als Bedrohung erleben. Nimmt das Kind die Reize seiner Umgebung ganz anders wahr als seine Bezugspersonen, wird es für diese sehr schwer, angemessen zu reagieren, dem Kind zu vermitteln, dass es verstanden wird und sich aufgehoben und geschützt fühlen kann (▶ Kap. 8.5).

Hier können die Prinzipien, die Maria Aarts (u. a. Aarts, 2008) in ihrer Marte-Meo-Methode entwickelt hat, hilfreich sein: Zunächst *warten* und das Kind genau beobachten, dann seinen Impulsen *folgen*, und diese und die eigenen Impulse und Handlungen dann *benennen*. Mit der Marte-Meo-Methode werden Eltern unterstützt, Achtsamkeit zu entwickeln, nicht einfach den eigenen Ideen, was geschehen müsste zu folgen, sondern das Kind dabei mitzunehmen und ihm so zu vermitteln, dass es wahrgenommen, angenommen und unterstützt wird (▶ Kap. 22).

---

57 https://youtu.be/A2XCw0kDAmY – auch zu finden bei YouTube über: »donna williams autism«.

Dieses Vorgehen hat den großen Vorteil, dass es jedem Kind gut tut, völlig unabhängig vom Vorliegen einer Problematik oder einer Diagnose, und deshalb schon in frühester Kindheit angewandt werden kann, wenn Autismus vielleicht nur als vager Verdacht im Raume steht.

Die beiden genannten Handlungsstrategien haben das Ziel, dem Kind mehr Sicherheit zu vermitteln, das Gefühl, sein eigenes Leben und die Regeln, die in seinem Umfeld gelten, hinreichend überschauen und verstehen zu können. Auf diesem Boden wird es weniger darauf angewiesen sein, sein Umfeld aktiv zu kontrollieren.

Ein Argument, dem Kind die beschriebene Sicherheit nicht zu geben, ist oft, dass die Ereignisse des Lebens nun einmal immer wieder nicht planbar und überraschend seien und es notwendig sei, dass das Kind frühzeitig lernt, damit zurechtzukommen. Variationen ertragen zu können, ist tatsächlich ein wichtiges Ziel, es darf aber nicht als Vorwand dafür herangezogen werden, einfach nur den eigenen Bedürfnissen zu folgen. Denn Lernen funktioniert nur auf einer sicheren Basis und erst wenn diese geschaffen ist, kann sich das Kind ohne innere Höchstspannung bis zur Panik auf Neues einlassen. Die Anforderung, die Variationen an das Kind stellen, müssen entsprechend seinem Entwicklungsstand dosiert werden.

24.4.3 Hinführung zu Kooperation

Ein wichtiger Lernschritt auf dem Weg, Variation zu ertragen und mit den Mitmenschen kooperieren zu können, kann vollzogen werden, wenn das Kind auf der von uns geschaffenen sicheren Basis lernt, dass nichts Schlimmes passiert, wenn es fremdbestimmt wird, wenn seine Bedürfnisse nicht unmittelbar befriedigt werden.

Hier gibt Maria Aarts in einem Video[58] ein wunderschönes Beispiel, wie eine Mutter einem Baby, als es beim Baden anfängt zu quengeln und offensichtlich aus der Wanne heraus will, ihm, obwohl das nicht nötig ist, nicht unmittelbar folgt, sondern noch eine Weile mit dem Waschen weitermacht, um dem Kind so zu vermitteln, dass sie die Leitung hat und nicht das Kind. Maria Aarts hebt dabei mehrere Aspekte heraus, die wichtig sind, damit dieses Lernen von Frustrationstoleranz klappt: Es ist notwendig, dass die Mutter in der Situation, in der sie das Kind führt, Kontakt zu ihm anbietet, es genau beobachtet, seine Impulse wahrnimmt und auch bestätigt. Dadurch macht das Kind die Erfahrung, dass sein Bedürfnis gesehen wird und als Bedürfnis in Ordnung ist, dass das aber nicht zwangsläufig dazu führt, dass die Mutter dem auch nachkommt. Würde sie das Bedürfnis ihres Kindes einfach nur ignorieren, wäre das für das Kind eine ganz andere Botschaft, die, wie leicht vorstellbar ist, viel schwerer zu akzeptieren ist: »Deine Bedürfnisse sind mir egal, ich achte gar nicht darauf und bekomme sie gar nicht mit.«

Wichtig ist zum Zweiten, dass die der Fremdbestimmung folgende Frustration nicht zu lange dauert und nicht zu massiv ist. Das Kind darf also durch den Aufschub seines Bedürfnisses nicht überfordert werden. Hilfreich ist es, wenn wir gezielt auch Anforderungen an das Kind stellen, von denen wir wissen, dass sie dem Kind angenehm sind und seinen Wünschen weitgehend entsprechen. Damit tragen wir dazu bei, dass Fremdkontrolle leichter akzeptiert werden kann.

Maria Aarts unterscheidet zum Dritten sehr klar zwischen strukturierten und freien Situationen: Zu ersteren gehören alle Momente, in denen etwas getan werden muss: Das Baden wie im genannten Filmbeispiel, das Anziehen etc. ... Freie Situationen sind Spielsituationen, in denen das Kind »seine

---

58 https://youtu.be/ZzPEQ5Ru0iE – auch zu finden bei YouTube über: »Maria Aarts Baden«.

innere Goldmine entfalten kann« (M. Aarts im Video). Durch diese klare Unterscheidung macht das Kind die Erfahrung, nicht permanent fremdbestimmt zu sein, sondern dass seine eigenen Bedürfnisse ihren Platz haben und Phasen der Fremdkontrolle endlich sind. Das Kind lernt: »Ich bekomme nicht, was ich will, und die Welt bricht dennoch nicht zusammen.« Durch dieses frühe Erleben von Vertrauen wird es dahin geführt, die eigene Kontrolle eher aufgeben zu können und Toleranz für Frustrationen zu entwickeln.

24.4.4 Partizipation

Damit sind wir beim Thema Partizipation: Die meisten von uns würden sich wehren, wenn sie das Gefühl bekommen, im Übermaß von außen kontrolliert zu werden und gar nichts oder zu wenig selbst bestimmen zu können, wenn das Gefühl der Selbstwirksamkeit schwindet. Die Alternative zum Widerstand wäre (es), in gelernter Hilflosigkeit zu verharren und alles hinzunehmen. Letzteres wurde schon von Seligmann (2016, Erstveröffentlichung 1975) als ein wichtiger Faktor bei der Entstehung von Depressionen identifiziert.

Es ist also durchaus gesund, Kontrolle über das eigene Leben haben zu wollen und dafür aktiv zu werden (▶ Kap. 9.1), das bei Autismus auftretende Kontrollverhalten geht aber häufig bei weitem darüber hinaus.

Wenn ein autistisches Kind bereits extrem in seinem Kontrollverhalten gefangen ist und sich auf gar nichts mehr einlassen kann, was wir von ihm wollen, kann es manchmal hilfreich sein, Scheinalternativen zu stellen, die sein Gefühl, ausgeliefert zu sein, vermindern und ihm helfen, eigene Entscheidungsspielräume zu erleben.

In der Therapie hatte ich einmal mit einem Jugendlichen zu tun, der grundsätzlich jede Anforderung verweigerte und immer nur das tat, was er nicht sollte. So wurde der Weg vom Wartezimmer in den Therapieraum schon zum Kampf um die Hoheit, wer von uns denn die Kontrolle hatte. Aus dem Wissen heraus, dass in einem solchen Machtkampf letztlich niemand gewinnen kann, kam ich dann auf die Idee, ihn zu fragen: »Möchtest du lieber allein in den Therapieraum gehen oder soll ich dich an die Hand nehmen?« Dadurch wurde sein Aufmerksamkeitsfokus von der Machtfrage auf das »Wie« verlagert, er erlebte einen Entscheidungsspielraum und konnte sich auf eine der Möglichkeiten einlassen.

Damit dieser manipulative Trick nicht zum Missbrauch wird, ist eine partizipative Grundhaltung eine notwendige Voraussetzung: Soviel Fremdbestimmung wie nötig und so viel Selbstbestimmung wie möglich.

Hilfreich zur Vermeidung von Machtkämpfen ist es auch, die aktuelle Belastungsfähigkeit des Kindes im Blick zu haben. An einem Tag, an dem schon andere Dinge nicht gut gelaufen sind, wo vielleicht bereits etwas Unvorhergesehenes geschehen ist, nach einer Nacht, in der das Kind nicht gut geschlafen hat, werde ich sehr viel weniger von meinem Kind erwarten können. Und dann ist es wichtig, die weiteren Anforderungen möglichst zu reduzieren. Der Fehler, nicht genau hinzuschauen, was das Kind noch verkraften kann, und die sonst üblichen Anforderungen einfach in gleicher Weise wie an guten Tagen zu stellen, birgt die große Gefahr in sich, dass das Kind sich komplett verweigert und ich nur noch nachgeben oder mich »gewaltsam« durchsetzen kann. Ist das einmal doch passiert, ist es oft der beste Weg, die Anforderung zu vertagen und dem Kind zu sagen: »Ich merke, dass das heute nicht geht, deshalb machen wir es jetzt einmal anders.« Merken wir, dass wir das Kind grundsätzlich überfordert haben, sollten wir ihm auch das sagen. Das ist sicherlich schwieriger, aber auch dann sinnvoll, wenn wir nicht sicher sein können, dass das Kind das, was wir sagen, auch verstehen kann. Denn mit unserer Haltung und unserer Reaktion auf seine Verweigerung signalisieren wir dem Kind, dass es immer noch unsere Entscheidung als Eltern ist, die Anforderung zurückzuziehen.

Das Erleben des Kindes, einen Machtkampf gewonnen zu haben, wird damit soweit wie noch möglich reduziert.

24.5 Fazit

Eltern erleben bei ihren autistischen Kindern oft, dass an vielen Stellen ihre Intelligenz durchscheint, sie jedoch ihre Fähigkeiten ganz offensichtlich nicht nutzen können: Sie erkunden kaum die Welt, beschäftigen sich endlos und stereotyp immer wieder mit den gleichen Dingen, sind Erklärungen und Hilfestellungen kaum zugänglich, sondern werfen ein Spielzeug, dass nicht gleich so funktioniert, wie sie das wollen, durch den Raum. In dieser Situation ist es verständlich, dem Kind etwas beibringen zu wollen, die Energie darauf zu richten, dass es endlich etwas »Sinnvolles« lernt. Hier gibt es ja eine Vielzahl von Programmen zur Förderung kognitiver Prozesse, auf die man zurückgreifen kann und die Hilfe versprechen und zum Teil die Hoffnung auf umfassende Besserung nähren. Frühzeitig, intensiv und richtig angewandt sind in der Regel auch tatsächlich Erfolge zu sehen, das Kind taucht aus seinen Stereotypien auf, kommt den Wünschen und Erwartungen, die Eltern an ihr Kind haben, deutlich näher und machen wichtige Entwicklungsfortschritte.

Eine große Gefahr ist es, wenn Eltern ihre ganze Energie auf diese Art der Förderung legen und die oben beschriebenen Verhaltensprobleme nicht angehen. Werden Eltern als Cotherapeuten in die kognitive Förderung eingebunden, bleibt ihnen manchmal nicht genug Kraft, sich den Kontrollversuchen ihres Kindes entgegenzustemmen.

Die Steuerung des Verhaltens, also die eigentliche Erziehung, ist aber die zentrale Aufgabe von Eltern, die ihnen keine Therapie abnehmen kann. Es spricht nichts dagegen, offene Zeit- und Energiekapazitäten in die Förderung eines behinderten Kindes zu stecken, die Erziehung im Sinne der Hinführung des Kindes zum erfolgreichen Zusammenleben mit der Familie und darüber hinaus sollte aber niemals dafür vernachlässigt werden.

Für die beteiligten therapeutischen Fachkräfte ist es eine zentrale Aufgabe, die Eltern in der anspruchsvollen Gratwanderung zwischen fördernder Anforderung und Rücksichtnahme auf die besonderen Bedürfnisse ihres Kindes zu begleiten und zu unterstützen (▶ Kap. 21, ▶ Kap. 22, ▶ Kap. 23). Auch für sie darf sich Autismus-Therapie niemals auf die reine Förderung von Fähigkeiten beschränken.

Literatur

Aarts, M. (2008). *Marte Meo*. Ein Handbuch. Aarts Productions, Niederlande.

Döringer, I. (2014). Zur Diskussion der Wirksamkeit von Autismus-Therapien – Positionspapier der im Bundesverband Autismus Deutschland e. V. organisierten Autismus-Therapiezentren. *Autismus, 78*, 13–20.

Eberhard, O. (2017). Elternschaft von Kindern mit Autismus-Spektrums-Störung – Innere Hürden, Herausforderungen und Bewältigungsmöglichkeiten. In B. Rittmann & W. Rickert-Bolg (Hrsg.), *Autismus-Therapie in der Praxis. Methoden, Vorgehensweisen, Falldarstellungen* (S. 157–167). Stuttgart: Kohlhammer.

Häußler, A. (2008). *Der TEACCH Ansatz zur Förderung von Menschen mit Autismus. Einführung in Theorie und Praxis.* Dortmund: Verlag modernes Lernen.

Holmes, J. (2002). *John Bolby und die Bindungstheorie.* München, Basel: Ernst Reinhardt Verlag.

Rickert-Bolg, W. (2017). Autismus verstehen. Autistische Symptome als Bewältigungsstrategie für eine abweichende kognitive Informationsverarbeitung. In B. Rittmann & W. Rickert-Bolg (Hrsg.), *Autismus-Therapie in der Praxis. Methoden, Vorgehensweisen, Falldarstellungen* (S. 15–27). Kohlhammer, Stuttgart.

Schmidt, P. (2015). *Der Junge vom Saturn: Wie ein autistisches Kind die Welt sieht.* München: Goldmann Verlag.

Seligmann, M. (2015). *Erlernte Hilflosigkeit.* 5. Auflage. Weinheim, Basel: Beltz.

Theunissen, G. (2016). *Autismus verstehen – Außen und Innensichten.* Stuttgart: Kohlhammer.

25   Der Held und seine Kriegerin – Geschichte einer Mutter

Deborah Arden

Mein Sohn Sebastian war drei Jahre alt und seit einem halben Jahr im Kindergarten, als uns der Erzieher auf die Möglichkeit hinwies, er könne »Autist« sein. Nach Stellung der Diagnose (damals noch atypischer bzw. frühkindlicher Autismus, inzwischen ist er sicher als Asperger mit zusätzlichem ADHS diagnostiziert) meldeten wir Sebastian beim Autismus-Therapieinstitut Langen an. Da wir auf einen Einzeltherapieplatz einige Monate warten mussten, nahmen mein Mann und ich in der Zwischenzeit an einer Elternschulung teil.

Eltern »normaler« Kinder – ich sage bewusst nicht »gesund«, denn Autismus ist keine Krankheit, sondern begründet sich auf eine anders ausgebildete Gehirnanatomie (manche Wissenschaftler bezeichnen das Gehirn von Autisten sogar als weiter entwickelt als die Gehirne anderer Menschen) – können nicht nachvollziehen, was solch eine Diagnose für Eltern bedeutet. Mich traf es vollkommen unerwartet. Sicher, Sebastian wies schon immer Besonderheiten auf: Das Flattern seiner Arme, wenn er aufgeregt war oder etwas Interessantes entdeckte, Angewohnheiten wie das ständige An- und Ausknipsen des Lichtschalters oder das kontinuierliche Drehen an Rädern aller Art, die seltsam ordentliche Anordnung seiner Spielzeugautos … eine langsamere Sprachentwicklung und ein nicht vorhandenes Interesse an manchen Spielen, z. B. im Sandkasten (heute weiß ich, dass ihm das Gefühl des Sandes an seinen Fingern einfach unangenehm war), um nur einige zu nennen. Aber obwohl ich selbst einem Gesundheitsberuf angehöre, dachte ich mir nie etwas dabei! Für mich war mein Kind vollkommen normal, seine Besonderheiten drollig … schließlich war er ein Kleinkind, und ich sah ihn durch die rosarote liebende Brille einer Mutter.

Die Diagnose traf mich daher mit voller Härte. Mein süßer, cleverer Junge sollte eine lebenslange Behinderung haben? Das Wort »Behinderung« lehne ich persönlich übrigens generell ab, besonders, was mein Kind betrifft. Ich hasse es sogar abgrundtief. Wenn du erfährst, dass dein Kind sein Leben lang mit einer solchen Diagnose leben muss und vielleicht nie selbstständig leben kann, womöglich nie Freunde oder eine eigene Familie haben wird oder einer normalen Arbeit nachgehen kann, bricht eine ganze Welt in dir zusammen. Heute, mit fast 12 Jahren, sind Sebastians Aussichten schon wesentlich besser, es besteht die Hoffnung, dass er eines Tages ein selbstbestimmtes Leben führen kann. Und auch wenn nicht, findet er seinen eigenen Weg. Er hat mit Unterstützung von mehreren Seiten unglaublich viel gelernt. Aber kurz nach der Diagnose stürzte mich die Nachricht in eine Verzweiflung, die sich anfühlte wie ein tiefes, schwarzes Loch, aus dem es keine Rettung gibt.

Eine Mutter würde sich freudig ein Arm oder Bein abhacken lassen oder sogar sterben, wenn sie nur weiß, dass es dafür eine Heilung für ihr Kind gibt. Aber diese Hoffnung haben Eltern eines autistischen Kindes nicht. Es ist einfach anders, so wie ein Alien, das auf unserem Planeten gelandet ist und erst alles über uns lernen muss.

Manche Eltern nehmen es nach einer Weile positiv auf – so wie ich selbst – und beginnen sich zu informieren, über Ursachen, Erziehung, Therapiemöglichkeiten. Sie stellen sich auf die Hinterbeine und nehmen den Kampf auf, schwören sich, alles zu geben, damit das Kind sich gut entwickelt. Andere, so wie mein eigener Mann – meine Ehe ist inzwischen in die Brüche gegangen, sie hat dieser zusätzlichen Belastung leider nicht standgehalten – können die Andersartigkeit ihres Kindes einfach nicht akzeptieren; sie schämen sich oder suchen die »Schuld« bei sich selbst oder anderen Familienmitgliedern.

Hier noch eine wichtige Anmerkung, die mir besonders am Herzen liegt: Impfungen verursachen keinen Autismus, wie viele Naturheilkundler behaupten. Diese Tatsache wurde mittlerweile wissenschaftlich sicher nachgewiesen; bitte verweigern Sie Ihrem Kind den lebenswichtigen Impfschutz nicht. Es hat seine besondere Gehirnanatomie von Geburt an. Sie als Eltern haben absolut nichts falsch gemacht. Seien Sie auch stets kritisch bei jeglichen Angeboten oder »Therapien«, die eine komplette »Heilung« versprechen und so falsche Hoffnungen bei verzweifelten Eltern wecken. Ihr Kind ist gesund! Es ist nur anders als andere Menschen.

Was mich übrigens damals wieder aus meinem seelischen Abgrund herausgeholt hat, war ein Artikel, den ich im Internet gefunden habe, ein fiktiver Brief eines autistischen Kindes an seine Eltern. Sinngemäß stand dort:

> »Liebe Mutter, lieber Vater, ihr habt von meiner Diagnose erfahren. Jetzt trauert ihr, aber nicht um mich, sondern um das Kind, das ihr eigentlich haben wolltet. Dabei bin ich doch die ganze Zeit hier und brauche eure Liebe und Hilfe. Verschwendet eure Zeit nicht damit, um ein Kind zu weinen, das niemals existiert hat.«[59]

Wie man diesem Kind tatsächlich hilft, erfuhren wir in der Elternschulung mit Videounterstützung. Es gab wöchentliche Treffen mit anderen betroffenen Eltern, in denen zunächst ein Austausch stattfand. Anfangs waren alle etwas gehemmt, doch dann tat es unglaublich gut zu sehen, dass sich die anderen genauso fühlen wie man selbst. Die mit dem Kind durchwachten oder vor Sorgen durchweinten Nächte. Die Verzweiflung und Hilflosigkeit. Das Gefühl der Unzulänglichkeit, das schlechte Gewissen, dem Kind (vermeintlich) nicht helfen zu können, die Odyssee zu Therapeuten, Ärzten, Heilpraktikern aller Art, sogar Wunderheilern ... es gibt wohl niemanden, der das nicht alles versucht hat. Letztendlich landet man, nachdem man alle Stadien ähnlich der Trauer überwunden hat, bei einem Gefühl der Akzeptanz und der Entschlossenheit, das Beste aus der Situation zu machen.

Wichtig ist die Erkenntnis: Mein Kind ist anders als andere, und wir haben besondere Herausforderungen zu leisten. In unserer Familie muss nicht alles genauso funktionieren wie bei anderen. Wir müssen keinen Urlaub in großen Hotels buchen oder auf überfüllte Volksfeste gehen, nur um zwei Beispiele zu nennen. Auch wenn bei uns vieles nicht so »perfekt« abläuft und sich jemand darüber aufregt, was soll's?

Wir freuen uns auch über kleine Erfolge. Auch die Geschwister autistischer Kinder brauchen besondere Aufmerksamkeit und viel Liebe. Und das wichtigste Prinzip, das wir auch in der Elternschulung gelernt haben: Hole das Kind da ab, wo es steht. Überfordere es nicht. Erkläre alles in Minischritten, zeige es immer wieder, selbst die alltäglichsten Aktivitäten, und rechne mit sehr vielen Wiederholungen, bis du irgendwann einen Erfolg erkennen kannst. Doch am nächsten Tag kann die neu erlernte Tätigkeit – z. B. ein für uns zwar nicht, aber für das Kind unglaublich komplexer Vorgang wie das Händewaschen – schon wieder vergessen sein, und du fängst wieder von vorne an. Immer und immer

---

59 Rede von John Sinclair, einem autistischen Aktivisten aus den USA: https://autismus-kultur.de/autismus/eltern/trauert-nicht-um-uns.html, Zugriff am 22.08.2018
    Originaltext unter: http://www.larry-arnold.net/Autonomy/index.php/autonomy/article/view/AR1/html, Zugriff am 22.08.2018

wieder. Aber du und das Kind, ihr habt ja genug Zeit, solange du nicht aufgrund falscher Vorstellungen erwartest, es muss alles gleich schnell können wie andere Kinder.

Die zuhause aufgenommen Videos, z. B. beim Spielen mit dem Kind oder beim Essen, wurden von unserer Therapeutin – die Sebastian bis heute liebevoll und sehr engagiert betreut – analysiert und anschließend mit den Eltern besprochen. Nach meiner anfänglichen Scheu, solche Videos aufzunehmen und zu zeigen, war gerade dieses therapeutische Mittel unglaublich hilfreich. Ich sah nicht nur Sebastian, sondern auch mich selbst und meine Reaktionen auf ihn, wie lange es beispielsweise dauerte, bis meine Worte tatsächlich bei ihm »ankamen«, wenn ich ihm etwas erklärte oder ihn zu etwas aufforderte; wie sehr sich das verbesserte, wenn ich erst seine Aufmerksamkeit auf mich lenkte.

Ich erkannte das erste Mal zunächst etwas schmerzhaft, dass er wirklich etwas länger braucht – aber als ich mein Verhalten dementsprechend änderte, jeden Vorgang mit erklärenden Worten begleitete und ihm die Zeit ließ, die er zum Reagieren brauchte, verbesserten sich seine Fähigkeiten schlagartig, und man erkannte genau, wie viel glücklicher er wirkte, da ich ihn endlich dort abholte, wo er nun einmal stand. Und dies bedeutete keineswegs, dass er nicht intelligent war, ganz im Gegenteil! Er brauchte nur Geduld, Anleitung, Liebe und Verständnis, um aufzublühen und sich zu entwickeln. Egal, wie lange das dauern würde. Es waren die kleinen Erfolge, über die man sich freuen und für die man ihn loben musste, und so halte ich es bis heute.

Ein Nachmittag aus der Elternschulung ist mir ganz besonders in Erinnerung geblieben. Die Therapeutinnen brachten alle Eltern in einen kleinen engen Raum ohne Fenster und erklärten uns, dass wir jetzt eine Simulation erfahren würden, wie sich unsere Kinder jeden Tag bei ihren Sinneserfahrungen fühlten. Wir sollten dabei ziellos umherlaufen. Das Licht wurde gelöscht, plötzlich ertönte ohrenbetäubend laute, schrille Musik, unangenehm helle Lichtblitze und optische Effekte in allen Farben irritierten die Sicht. Es dauerte nur wenige Minuten, aber alle Erwachsenen nahmen diese Erfahrung als unglaublich unangenehm, die Sinne überfordernd, beängstigend und extrem stressauslösend wahr.

Bei der Nachbesprechung erkannten wir, dass es genau das war, was unsere Kinder tagtäglich ertragen mussten, und welche Bedeutung ihre seltsamen stereotypen Verhaltensweisen und Rituale hatten.

Sie waren ein Rettungsanker in all dem Chaos, der verzweifelte Versuch, sich selbst in dieser furchteinflößenden Umgebung zu beruhigen. Oder warum sie sich manchmal die Ohren zuhielten und schrien. Wirklich alle anwesenden Eltern hatten Tränen in den Augen und waren zutiefst erschüttert, für mich persönlich war es der Moment, an dem es »klick« machte und ich Sebastian zum ersten Mal wirklich verstand. Wir alle hatten diese Reizüberflutung und Panik am eigenen Leib gefühlt, wenn auch nur für wenige Momente. Unsere Kinder würden sich das ganze Leben so fühlen, zumindest bis sie lernten, gewisse Sinnenreize auszublenden und besser damit umzugehen. Sie nehmen die Welt auf diese Weise wahr, und zwar Tag für Tag.

Dies waren meine ersten Erfahrungen mit der Elterngruppe, und ich möchte sie nicht missen. Es ist ein erleichterndes Gefühl, wenn man weiß, man ist nicht alleine mit seinen Problemen, Sorgen und Ängsten, die Eltern »normaler« Kinder niemals verstehen können. Auch in der folgenden Einzel- und Gruppentherapie hat Sebastian viel gelernt, was ihm bis heute zugute kommt – er besucht eine Regelschule, mit einer Schulbegleiterin, die ihm besonders im sozialen Bereich und bei organisatorischen Aufgaben hilft, hat wenige, aber echte Freunde, die mit seinen Besonderheiten umzugehen wissen. Ja, es ist nicht einfach. Ihn allein großzuziehen ist zweifellos anstrengend, für die ganze Familie und insbesondere für mich. Auch ich musste einige

Opfer bringen. Manchmal verliere ich die Geduld und würde ihn am liebsten anschreien, warum er nicht einfach so sein kann wie die anderen Kinder. Aber auch ich als Mutter bin nicht immer perfekt. Ich habe gute und schlechte Tage, genau wie er.

Aber das Wichtigste ist, dass ich meinen Sohn inzwischen wirklich verstehe und weiß, warum er sich manchmal eben ganz anders verhält als erwartet. Und dass er sich auch verstanden fühlt. In diesen Momenten kann ich hinter ihm stehen und mit ihm darüber sprechen, ihn anleiten, wie man sich besser verhalten könnte. Ich muss ihm oft alles erklären, so wie dem gerade auf der Erde gelandeten Alien, das unsere Sprache noch nicht spricht. Und die ganze Zeit über kenne ich sein Geheimnis: Er ist unglaublich stark, intelligent und mutig, kompensiert seine andere Wahrnehmung und Emotionalität in einer Welt, die ihm ständig unverständlich und oft sogar feindlich gesonnen scheint. Manchmal wird er von Mitschülern schikaniert, oft ausgeschlossen. Er ist ein sehr einsames Kind, und mich schmerzt das mehr als ihn selbst. Trotzdem sorge ich dafür, dass er niemals alleine ist und lernt, mit anderen Menschen zurechtzukommen. Schritt für Schritt.

Niemand außer mir und unserer Familie weiß, was Sebastian tatsächlich jeden Tag leistet, obwohl er noch ein Kind ist. Für mich ist er ein ganz besonderer Mensch, ein Held und ein Kämpfer. Und solange ich auf dieser Welt bin, kämpfe ich als Kriegerin an seiner Seite und werde ihm immer den Rücken stärken.

26 Geschwister autistischer Kinder

Oliver Eberhardt[60]

26.1	Die besondere Familiendynamik für Geschwisterkinder	242
26.2	Identifikation und Differenzierung (De-Identifikation)	243
26.3	Nischentheorie	244
26.4	Solidarität und Konflikte zwischen Geschwistern	245
26.5	Herausfordernde Situationen für Eltern	247
26.6	Aufklärung über Autismus	248
26.7	Öffentlichkeit	248
26.8	Nachteilsausgleich	249
26.9	Schluss	250
	Literatur	250

Die Beziehung von Geschwistern untereinander ist in der Regel die längste Beziehung im Leben von Menschen und besitzt gerade deshalb eine besondere Bedeutung. Seit jeher weckt sie unterschiedliche Emotionen, wie Neid bei »Kain und Abel« oder Verbundenheit bei »Die Gebrüder Löwenherz«. Die Beziehung unter Geschwistern ist die erste relativ frei regulierbare Beziehung, die Kinder erfahren. Geschwister sind in der Regel nicht existenziell aufeinander angewiesen. Dies unterscheidet die Geschwisterbeziehung deutlich von der materiellen und emotional abhängigen Beziehung der Kinder zu ihren Eltern. Trotz der Unabhängigkeit entsteht unter Geschwistern meist durch das zeitlich intensive Zusammenleben und die gemeinsamen Erlebnisse eine enge Verbundenheit. Geschwister kommen aus dem gleichen sozialen, kulturellen und familiären Milieu. Für sie sind gleiche, oft alltägliche Handlungsabläufe und Gebräuche selbstverständlich. Aufgrund des gemeinsamen genetischen Erbes (ca. 50 %) teilen sich Geschwister häufig ein ähnliches äußeres Erscheinungsbild, gemeinsame Fähigkeiten und familiär zugeschriebenen Charaktereigenschaften (Hackenberg, 2008, S. 29). »Uns allen fällt Mathematik leicht, wir sind alle Sammler, wir sind alle sportlich veranlagt.« Inwieweit sich die Situation für Geschwisterkinder verändert, wenn ihr Bruder oder ihre Schwester eine Form von Autismus hat, konnte ich im Rahmen meiner Tätigkeit als Therapeut im Hamburger Autismus Institut untersuchen. Hier leitete ich mehrere Geschwistergruppen, Elternabende und Workshops zu diesem Thema und konnte in Einzeltherapien immer wieder den Blick auf diese Thematik richten.

---

60 Besonders bedanken möchte ich mich bei der Stiftung Irene, die es uns ermöglicht hat, Gruppenangebote für Geschwisterkinder durchzuführen, und Dörte Offen für die sehr konstruktive Zusammenarbeit.

26.1 Die besondere Familiendynamik für Geschwisterkinder

Kinder mit einer Autismus-Spektrum-Störung verhalten sich häufig anders als Geschwisterkinder dies von Gleichaltrigen aus der Schule oder Nachbarschaft gewohnt sind. Viele Geschwisterkinder haben ein großes Erfahrungswissen und ein intuitives Verständnis für ihren autistischen Bruder/ihre autistische Schwester entwickelt, besitzen jedoch keine Erklärung für deren Verhalten. Dinge, die für andere Kinder selbstverständlich sind, wie alleine zur Schule gehen, fallen ihrem Bruder/ihrer Schwester besonders schwer. Im Gegensatz dazu besitzen Kinder mit einer Autismus-Spektrum-Störung häufig besondere Begabungen, wie z. B. ein herausragendes Gedächtnis. Schnell geraten autistische Kinder durch ihre mangelnde Affekt- und Impulssteuerung und ihre Wahrnehmungs- und Wahrnehmungsverarbeitungsstörung in eine emotionale Notsituation. Dies setzt vor allem die Eltern unter Stress und zwingt diese zu einem unmittelbaren Handeln. In solchen Situationen wird von den Geschwisterkindern immer wieder Verständnis erwartet, damit das Familienleben nicht auseinanderbricht. Die Geschwisterkinder müssen häufig ihre Bedürfnisse von einem auf den anderen Moment zurückstellen. In vielen Familien geschieht dies öfter und fortlaufend. Geschwisterkinder erleben auf einer Erfahrungsebene, dass sie mit ihren Bedürfnissen nicht so wichtig sind, trotz Erklärungen und Begründungen bleibt bei ihnen häufig das Gefühl der Benachteiligung zurück. Diese Erlebnisse werden sehr unterschiedlich verarbeitet. Einige Kinder reagieren überwiegend mit Anpassung, um den Eltern nicht noch mehr Sorgen zu bereiten. Ein Teil der Geschwisterkinder reagiert auf ihre Situation mit einer vorwiegend depressiven Verarbeitung. Innerlich gelangen sie zu der Überzeugung, dass sie das, was sie benötigen, nie bekommen. »Viele Geschwisterkinder hungern nach Zuwendung« (Maus, 2017, S. 25). Aus Angst vor erneuter Enttäuschung stellen sie mit der Zeit vorsorglich ihre Wünsche und Bedürfnisse zurück und verlieren den Zugang, diese weiterhin zu spüren.

In einer Gruppe für Geschwisterkinder, die ich im Hamburger Autismus Institut mit meiner Kollegin Dörte Offen leitete, zeigten sich die Kinder vorrangig gehemmt. Ihre spärlichen Wünsche hatten immer einen strengen Bezug zum zeitlichen und räumlichen Rahmen der Gruppe. Die in dem Alter oft übermäßigen Wünsche und Fantasien in solchen Gruppen blieben aus.

Ein Teil der Geschwisterkinder verarbeitet den depressiven Grundkonflikt altruistisch. Sie haben gelernt: »Wenn ich helfe, bekomme ich einen Teil der Aufmerksamkeit der Eltern und werde noch dafür gelobt.«

> Der 11-jährige Rudi[61] übernahm wie selbstverständlich das Einchecken des Handgepäcks, als sein autistischer Bruder einen Wutanfall bei der Sicherheitskontrolle im Flughafen bekam.

Werden eigene Wünsche immer wieder zurückgestellt, wie dies bei ausgeprägten Helferrollen der Fall ist, kann der Zugang zu persönlichen Bedürfnissen verloren gehen. Oft leiden diese Kinder dann unter einem Gefühl der inneren Leere.

Es gibt jedoch auch Geschwisterkinder, bei denen das Gefühl der Benachteiligung bleibt. Sie zeigen den Eltern sehr deutlich, dass sie nicht mehr an die Bemühungen der Eltern glauben. Zum Schutz vor erneuter Enttäuschung sondern sie sich von den Eltern ab.

> So berichtet eine Frau mit einem autistischen Bruder von einer Situation aus ihrer

---

61 Alle Namen wurden zum Schutz der Personen geändert.

Kindheit, in der ihre Mutter vom Psychologen nach Hause kam und gezielt mit ihr etwas unternehmen wollte. Dies sei für sie so unangenehm gewesen, dass sie sich nicht darauf einlassen konnte. Auch der spätere Internatsbesuch des Bruders habe sie zwar sehr gefreut, habe aber die Beziehung zu ihren Eltern kaum verbessert.

Das autistische Kind bringt vielerlei Einschränkungen für die ganze Familie mit sich, da es nicht so flexibel auf Situationsanforderungen reagieren kann und oft nur sehr begrenzt belastbar ist. Alltägliche und die Familie stärkende Rituale, wie gemeinsame Mahlzeiten und gemeinsame Ausflüge sind dadurch teilweise nicht möglich. Besondere Ereignisse müssen lange im Voraus geplant werden. Die Eltern haben dabei immer die Belastbarkeit des autistischen Kindes im Blick, um einen psychischen Zusammenbruch zu verhindern.

Sogar bei guter Vorbereitung und Vorfreude kommt es immer wieder vor, dass das autistische Kind einen Wutanfall bekommt und der Ausflug mit der ganzen Familie nicht mehr möglich ist. Für die Geschwisterkinder hat dies vielfältige Auswirkungen. Ihr Bedürfnis, die Familie als Gemeinschaft zu erleben, kann von der Familie nicht so gelebt werden, wie sie sich dies wünschen. Gerade wenn Geschwister beim Besuch einer anderen Familie erleben, wie schön eine Gemeinschaft sein kann, entsteht bei ihnen der Wunsch, dies könne bei ihrer Familie ebenso sein. Ferner erfährt das Geschwisterkind in seiner eigenen Familie eine Ausrichtung des Familienlebens nach den Möglichkeiten des autistischen Kindes. Ihre eigenen Bedürfnisse und Möglichkeiten, etwas gemeinsam zu unternehmen, sind jedoch meist vielfältiger und es bestehen andere Vorstellungen und Wünsche, die nicht gelebt werden können.

26.2   Identifikation und Differenzierung (De-Identifikation)

Bei neurotypischen Geschwistern identifiziert sich das jüngere mit dem älteren, es möchte können, was der ältere schon kann. Zeitweise genießt das ältere Geschwisterkind die Bewunderung und leitet das jüngere Kind liebevoll an, zeitweise kippt dieser Prozess, da es sich nicht aus seiner führenden Position verdrängen lassen möchte. Auf diese Weise identifizieren sich Geschwisterkinder miteinander und lernen voneinander. In Gesprächen fragt zum Beispiel der ältere Bruder mutig nach, der jüngere Bruder schaut sich dies ab. Später versucht dieser selbst nachzufragen, so wie er dies bei seinem Bruder gesehen hat. Oft bekommt der ältere Bruder auch erst durch den jüngeren die Rolle des Beschützers und traut sich dadurch etwas zu, das er sich ohne dessen Anwesenheit nicht getraut hätte.

Bei Geschwistern mit einem autistischen Kind können diese Identifikationsprozesse anders verlaufen. Ist das autistische Kind das jüngere, orientiert es sich in der Regel nicht so stark an dem älteren Geschwisterkind. Die Ausprägung des Autismus und das Maß der Entwicklungsverzögerung korrelieren vermutlich negativ mit der Fähigkeit zur Identifikation mit dem Geschwister. Ältere Geschwister erfahren dadurch seltener, dass ihre Interessen für ihren autistischen Bruder/ihre autistische Schwester interessant sind und sie für ihre Fähigkeiten bewundert werden. Sie müssen sich zumeist stärker auf die Vorlieben der autistischen Geschwister einstellen, wenn sie in Kontakt mit ihnen kommen wollen. Im Gegensatz dazu gibt es aber auch autistische Geschwister, die sich übermäßig an ihrer Schwester/ihrem Bruder orientieren, meist so stark, dass diese/r das Gefühl hat, keinen eigenen Raum mehr zu bekommen.

> Ein autistischer Junge, den ich kennenlernte, zeigte eine besonders enge Verbindung zu seiner zwei Jahre älteren Schwester. Als er sieben war, nannte er sie »meine zweite Mutter«.

Ist das autistische Kind das ältere Geschwisterkind, so fällt es diesem häufig schwer, sich auf sein jüngeres Geschwisterkind einzustellen. Die Fähigkeit, sich in Relation zu seinem jüngeren Geschwisterkind zu sehen und deshalb nachsichtiger zu sein, ist meist nur wenig ausgeprägt. Häufig kommt in dieser Konstellation erschwerend hinzu, dass die jüngeren neurotypischen Geschwisterkinder in vielen Bereichen weiterentwickelt sind. Ihnen gelingt es in der Regel leichter, Freundschaften zu schließen, sich in Gruppen einzugliedern und zum Beispiel sportliche Erfolge zu feiern aufgrund besserer motorischer Fähigkeiten. Dies führt zu einer Geschwisterkonstellation mit teilweise vermehrtem Aushandeln und stärkeren Konflikten zwischen den Geschwisterkindern und den Eltern.

Geschwister haben einen hohen Anteil an gleichen Erbanlagen, wodurch es nicht verwunderlich ist, dass es auch bei Geschwisterkindern den einen oder anderen Charakterzug gibt, der mit Autismus assoziiert wird. Spätestens ab dem Grundschulalter gibt es bei vielen Geschwisterkindern eine innere Distanzierung von ihrem autistischen Geschwisterkind, mit Betonung ihrer Andersartigkeit. Sie wollen nicht wie ihr Geschwisterkind in die Rolle des Sorgenkindes in der Familie und des Außenseiters in der Gruppe kommen. Wenn sie ähnliche Charakterzüge bei sich erkennen, befürchten sie, in diese Position geraten zu können.

26.3 Nischentheorie

Die Ressourcen für Aufmerksamkeit und Anerkennung von Eltern sind innerhalb einer Familie begrenzt. Die Nischentheorie besagt, dass sich jeder in einem Raum seinen spezifischen Platz sucht, um überleben zu können. Wenn die eine Tochter gut im Schwimmen ist und hier in Wettkämpfen glänzt, sucht sich die Schwester ein anderes Alleinstellungsmerkmal, wie Theaterspielen, mit dem sie ihre Eltern beeindrucken kann.

Häufig sind hier Geschwister von autistischen Kindern um Abgrenzung und Betonung der Andersartigkeit bemüht.

> Besonders ausgeprägt zeigte sich diese Tendenz bei Zwillingsschwestern, von denen nur eine autistisch war. Die Eltern berichteten, wenn die eine Zwillingsschwester etwas mochte, konnten sie davon ausgehen, dass die andere dies garantiert nicht mochte. Die eine Schwester war in Sprachen und Geisteswissenschaften begabt, während der anderen Schwester Mathematik und die Naturwissenschaften lagen. Es ist nicht schwer zu erahnen, dass dieser Umstand das Zusammenleben in der Familie erschwerte.

26.4 Solidarität und Konflikte zwischen Geschwistern

Innerhalb der Familie bilden Geschwister gegenüber den regelsetzenden Eltern eine Subgruppe, die sich dann herausbildet, wenn das zweitgeborene Kind ungefähr zwei Jahre alt ist. Je kürzer der Altersabstand zwischen den Geschwistern ist, desto mehr gemeinsame Interessen und Vorlieben entwickeln sich. Die Begeisterung für Trends, wie z. B. Fußballsticker, verbindet. Einschränkungen seitens der Eltern werden unter Geschwistern oft ähnlich bewertet und die Kinder versuchen gemeinsam, gegenüber den Eltern ihre Interessen wie z. B. länger aufzubleiben durchzusetzen.

Die Solidarität unter Geschwistern mit einem autistischen Kind ist sehr unterschiedlich ausgeprägt. Für einige autistische Kinder ist die Verbindung zur Bezugsperson zu bedeutsam, sodass sie sich nicht gegen sie stellen. Andere können sich nur schwer mit ihrem Geschwisterkind identifizieren, da gemeinsame Interessen fehlen. Teilweise sind autistische Kinder durch ihre Entwicklungsverzögerung kaum oder nicht zu solidarischen Handlungen in der Lage. Das bedeutet für viele Geschwisterkinder, dass sie wenig oder keine Solidarität erfahren und beim Interessenaushandeln keine Unterstützung gegenüber den mächtigeren Eltern haben.

Konkurrenz unter Geschwistern fördert die Durchsetzungsfähigkeit und den Ideenreichtum der Kinder. In Geschwisterbeziehungen lernen Kinder, gemeinsam soziale Konflikte zu lösen, und üben den Umgang mit Über- und Unterlegenheit. Die hierdurch entstehende Spannung und die Gefühle der Enttäuschung sind für viele Kinder mit Autismus oftmals kaum aushaltbar. Deshalb haben sie entweder eine stärkere Tendenz, Konkurrenz in Bereichen zu meiden, in denen sie unterlegen sind, oder suchen sehr stark die Konkurrenz in Bereichen, in denen sie sich überlegen fühlen. Häufig finden die Kinder dann kaum vermittelnde Worte gegenüber dem Verlierer. Für Geschwisterkinder bedeutet dies oft, dass sie die Konkurrenz mit ihrem autistischen Geschwister vermeiden.

Konflikte zwischen den Geschwistern zu lösen ist häufig deutlich schwerer, da die mangelnde Affekt- und Impulssteuerung des autistischen Kindes das Finden von Kompromissen erschwert. Oft fühlen sich autistische Kinder schneller benachteiligt und es gelingt ihnen insgesamt schlechter, die Absichten der anderen zu erkennen sowie die unterschiedlichen Interessen gegeneinander abzuwägen. Dadurch fällt ihnen das Einstellen auf andere sowie verbindende Gemeinsamkeiten zu finden insgesamt eher schwer.

Autistische Kinder haben häufig kein Gefühl für das angemessene Maß von körperlicher Durchsetzungskraft. Häufig werden Familien durch starke Wutanfälle des autistischen Kindes belastet. Das autistische Kind berücksichtigt nicht die körperliche Unterlegenheit des jüngeren Geschwisterkindes, es kommt immer wieder zu körperlichen Gewaltanwendungen, wie Schlagen, Beißen und Würgen. Viele Eltern berichten, dass sie ihre Kinder nicht auch nur kurze Zeit alleine lassen können, da sie befürchten, es könnte in Konflikten zu ernsthaften Verletzungen kommen.

Bei jüngeren Kindern kommt sehr schnell das Gefühl des Neides auf, wie folgende Fallvignette zeigt:

> Da die Konflikte zwischen den Geschwistern das Familienleben sehr belasteten, entschloss ich mich den neurotypischen Bruder meines Klienten mit in die Therapie zu nehmen. Der autistische Stefan war sechs, sein jüngerer Bruder Tobias vier Jahre alt. Begeistert gingen beide zusammen in den Therapieraum, wo sofort Streit entbrannte, wer auf dem einzigen im Raum befindlichen Sitzsack sitzen dürfe. Ich musste beide körperlich auseinanderhal-

ten, da sie schon mit Schlägen und Treten aufeinander losgegangen waren. Sie nutzten jede Gelegenheit, um zu fragen wen ich von ihnen bevorzuge. Schnell hatte ich den Eindruck, das ganze Leben bestünde für die Geschwister nur aus alles entscheidenden Konkurrenzsituationen. Umso erstaunter war ich, dass bereits nach wenigen Sitzungen die Konflikte zurückgingen. Regelmäßig versicherte ich beiden, dass ich fände, sie hätten es beide verdient, dass sie die Tür aufschließen dürfen. Ferner fragte ich sie nach eigenen Vorschlägen, um zu einer Einigung zu kommen. Meinerseits schlug ich vor, zu würfeln oder eine Münze werfen. Hiermit externalisierte ich den Entscheidungsprozess. Dies wurde von beiden sehr schnell angenommen und führte zwar zunächst dazu, dass der Gewinner sich freute und der Verlierer verärgert war, die Wut jedoch nicht mehr auf mich gerichtet war. Deshalb konnten tröstende Worte besser angenommen und Ärger schneller überwunden werden. Da die Geschwister dies in der Therapiestunde ständig übten, gelang es ihnen schnell, besser mit Niederlagen umzugehen. Der autistische Bruder schlug nach einer Zeit vor, sich bei einer immer wiederkehrenden Entscheidung abzuwechseln, denn beim bisherigen Würfeln könne einer auch mehrmals das Nachsehen haben. Beiden war das Prinzip schnell klar, so dass sie schon zu Beginn der Stunde wussten, wer an der Reihe war. Nachdem die Problematik zu Hause von den Eltern als nicht mehr belastendes Thema empfunden wurde, beendete ich die Geschwisterbehandlung. Stefan kam weiter zu mir in Einzeltherapie und wollte nach ca. zwei Jahren seinen Bruder wieder mit in die Therapiestunde mitbringen. Erstaunt war ich, wie gut die beiden miteinander die Stunde gestalteten, ohne dass ein Streit aufkam.

Ein Weg, um in Konflikten Kinder zu erreichen, ist echtes Verständnis für ihre Bedürfnisse und Gefühle zu zeigen, auch wenn diese ungewöhnlich oder unangemessen sind. Aus ihrer inneren Logik sind diese absolut berechtigt. Durch das Verständnis des Erwachsenen für ihre emotionale Perspektive sinkt das Erregungsniveau der Kinder und sie können die Worte der Erwachsenen aufnehmen und bedenken. Die Runterregulierung des Erregungsniveaus ist meistens während der gesamten Konfliktlösungsphase notwendig. Die Beschreibung oder das Erfragen der unterschiedlichen Positionen hat hier einen positiven Einfluss. Nach einer Zusammenfassung ist es wichtig, die Kinder nach eigenen Lösungen zu fragen. Kinder werden durch die Beschreibung erneut zum Nachdenken angeregt. »Ich würde euch beide gerne die Tür aufschließen lassen und ihr hättet es auch beide verdient. Was schlagt ihr vor, wie sollen wir es machen, was wäre gerecht?« Jüngere und emotional labile Kinder halten die Spannung, die durch die Entscheidungssuche entsteht, schlechter aus. Sie neigen dann zu störenden Übersprungshandlungen oder Albernheit. In diesen Fällen ist es notwendig, schneller Vorschläge einzubringen. Entscheidungen zu externalisieren hat den Vorteil, dass niemand für die ungerechte Entscheidung verantwortlich gemacht und Hilfestellungen angenommen werden können. Einschränkend muss gesagt werden, dass dies nur mit Geschwistern möglich ist, die dazu kognitiv in der Lage sind.

Es gibt jedoch auch bei Geschwistern, bei denen das autistische Geschwisterkind sehr entwicklungsverzögert ist, Konflikte, die zu sehr belastenden Situationen führen können.

Der damals 11-jährige Peter mit frühkindlichem Autismus und einer deutlichen geistigen Behinderung biss immer wieder seine damals 5-jährige Schwester Mia so schwer, dass deutliche und zum Teil blutige Bissspuren zu sehen waren. Es war sehr unklar, weshalb dies geschah, teilweise schien die Ursache in überschießender Freude, teilweise in Ärger und Neid zu liegen. In seinen Übergriffen war er blitzschnell und nur schwer berechenbar. Peter bekam dadurch immer sehr schnell unmittelbar Aufmerksamkeit, hatte ansonsten jedoch Schwierigkeiten, die Aufmerksamkeit der anderen für sich und seine Bedürfnisse zu gewinnen. Glücklicherweise hatte ich eine Praktikantin, die mich in den Therapiestunden unterstützte. Sie legte ihren Fokus auf Mia, spiegelte ihr Erleben und überlegte gemeinsam mit ihr, wie sie sich verhalten könne. Ich nahm mich in der gemeinsamen Stunde Peters an, einerseits, um ihn zurückzuhalten, und andererseits, um sein emotionales Erleben zu spiegeln. Diese Strategie hatte Erfolg, durch die Unterstützung gelang es der Schwester, sich deutlicher zu wehren. Sie wurde für Situationen sensibilisiert, in denen sie die Nähe ihres Bruders meiden sollte. Ich widmete mich Peter und hielt ihn zurück, wenn er einen Übergriff auf seine Schwester beginnen wollte. Durch das nicht aversive Festhalten und das Spiegeln seiner Aufregung und albernen Überdrehtheit ging die Intensität seiner Versuche zurück. Ferner konnten die Übergriffe immer früher verhindert werden, so dass auch die Versuche weniger wurden. Peter benötigte nicht mehr das Beißen, um Aufmerksamkeit zu bekommen. Die Behandlung der Geschwister dauerte jedoch insgesamt ein Jahr, bis sich auch die Situation zu Hause so stabilisiert hatte, dass sie beendet werden konnte. Erfreulich war, dass die Situation zu Hause diesbezüglich stabil blieb.

26.5 Herausfordernde Situationen für Eltern

Für Eltern ist es ungewöhnlich herausfordernd, wenn das Kind mit Autismus den Wunsch hat, dass der Bruder/die Schwester tot sein soll, und dies auch äußert. Die Eltern, die sich mit beiden Kindern eng verbunden fühlen, erleben dies fast wie einen Angriff auf sich selbst. Eltern sind hier meistens sehr überrascht und geschockt, weil sie so etwas von ihren Kindern nicht erwarten. Manche fragen, wie es soweit kommen konnte. Autistische Kinder werden schnell aus dem emotionalen Gleichgewicht gebracht und von negativen Emotionen überschwemmt, welche negative Gedanken zur Folge haben. Häufig auch in Situationen, die nach außen kaum belastend wirken. In diesem Zustand können sie sich nicht an die guten oder zumindest erträglichen Phasen, die sie ebenfalls mit ihren Geschwistern erlebt haben, erinnern und die dazugehörigen positiven Emotionen oft nicht mehr aktivieren. Subjektiv bleiben diese Ereignisse in diesem Moment für sie unbedeutend.

In solchen Situationen ist es hilfreich, dass Eltern die Beschäftigung des Kindes mit besonders schwierigen Gefühlen anerkennen, jedoch nicht bagatellisieren. Eine Entspannung kann erreicht werden, indem die Eltern die Äußerung als Vertrauensbeweis würdigen, ohne von ihrer klaren Haltung »Gewalt wird hier in der Familie nicht toleriert« abzuweichen. Eltern müssen dem Kind verdeutlichen, dass es auch in dieser schwierigen Lage lernen muss, mit seinen Gefühlen umzugehen.

26.6 Aufklärung über Autismus

Die Auseinandersetzung mit dem Thema Autismus sollte in der Familie ein ständiger, sich am Alter und der Entwicklung orientierender, aber nicht konstant lebensbestimmender Prozess sein. Psychoedukation für jüngere Kinder ist im ersten Schritt erlebnisorientiert. Es existieren inzwischen zahlreiche Übungen im Internet und der Literatur, mit denen man Sinneseindrücke von autistischen Kindern simulieren kann. Um das Sichtfeld einzuschränken, eignen sich selbstgebastelte Brillen aus Toilettenrollen und Gummiband. Kinder, die diese Brillen tragen und damit spielen, erfahren, wie stark sich Seheinschränkungen auswirken und die Orientierung erschweren. Dadurch kann es ihnen gelingen, ein Verständnis für den steifen Gang des autistischen Geschwisterkindes und seine Schwierigkeit, sich bei Mannschaftsspielen zu orientieren, zu entwickeln. Hierüber können die Eltern mit ihren Kindern ins Gespräch kommen. Es kann einfacher besprochen werden, weshalb manche Handlungen für ihren autistischen Bruder/ihre autistische Schwester schwer sein können und warum teilweise einfache Handlungen nicht gelingen. Bücher wie »Elmar« für jüngere oder »Schattenspringer« für etwas ältere Kinder und Jugendliche sind sinnvolle Ergänzungen.

26.7 Öffentlichkeit

Viele autistische Kinder und Jugendliche fallen in der Öffentlichkeit durch ihr besonderes Verhalten, motorische Stereotypien, wiederholende Fragen oder die Art und Weise, wie sie sich bewegen und sprechen, auf. Eltern und Geschwister, die sie begleiten, geraten mit in den Blick der Passanten. Von vielen Familienmitgliedern, die ich kennengelernt habe, wurde dies als sehr unangenehm empfunden, viele hatten das Gefühl permanent von anderen irritiert beobachtet zu werden. Am schlimmsten sei entsetztes Zuschauen oder peinlich berührtes Weggucken, wenn das autistische Kind einen Wutanfall bekomme. Oft würden verletzende Kommentare und Ratschläge geäußert, dies belaste Eltern und Geschwister auf die Dauer sehr stark.

> Ein 12-jähriger Junge berichtete, er halte es nicht aus, wenn seine autistische Schwester in der U-Bahn laut vor sich hinrede und die anderen sie irritiert anschauen. Er setze sich immer in ein anderes Abteil, ein Stück entfernt von seinen Eltern und seiner Schwester.

Alles, was anders ist und in besonderem Maße von der allgemeinen Erwartung abweicht, zieht den Blick und die Aufmerksamkeit der Menschen an. Dies ist zunächst eine verbreitete und vermutlich automatische Reaktion, um das neue Unbekannte einzuschätzen. Im zweiten Schritt kommen Bewertungen, die unterschiedlich ausfallen können, wie »Die Mutter hat es mit so einem Kind aber schwer« oder »Die Mutter müsste einfach mal konsequent sein.« Oft kommen noch verletzendere Äußerungen und gut gemeinte Ratschläge hinzu, die jedoch meistens nicht als hilfreich empfunden werden.

Viele Angehörige erwarten aufgrund von unangenehmen Erfahrungen weitere unangenehme Reaktionen und generalisieren einzelne Verhaltensweisen auf das Verhalten von vielen. Häufig sind die Befürchtungen schlimmer als die eintretenden Reaktionen.

Als entlastend berichten Eltern und Geschwisterkinder von sozialen Kontakten, die sie schon zuvor in einer entspannten Situation kennengelernt haben. Diese Personen können die extremen Reaktionen des autistischen Kindes anders einordnen. Konnten solche Kontakte in ruhigen Phasen aufgebaut werden, kann in Eskalationssituationen eher ein Gefühl von Verstandenwerden entstehen. Inez Maus betont einen wichtigen Aspekt, der gerade in schwierigen Situationen vor fremden Personen immer wieder in Erinnerung gerufen werden muss. Die anderen wissen nicht, warum das Kind sich so verhält, sie wissen nicht, dass das Kind Autismus hat, und gelangen von daher leicht zu falschen Schlüssen, wie z. B. die Eltern müssen einfach mal konsequent sein (Maus, 2017, S. 36 ff.).

In solchen Situationen hilft es vielen Angehörigen, wenn sie sich vorher mögliche Reaktionen überlegt haben, um kurze und verständliche Antworten parat zu haben. Hilfreiche Aufklärungen sollten nicht mehr als notwendig vom Kind und der Familie preisgeben, jedoch auch nicht angreifen. Sie sollten dem Gegenüber kein neues Thema eröffnen, aber zeigen, dass sie die Vermutung verstanden haben, wie z. B. »Danke, ich weiß, dass ich einen besonderen Bruder habe, jedoch haben wir genügend Hilfe.« Einige Eltern berichten von positiven Erfahrungen damit, auf andere in solchen Situationen aktiv zuzugehen. Eine Mutter fragte einen Zuschauer: »Sie schauen so klug, was soll ich Ihrer Meinung nach machen, dass sich mein Kind beruhigt.« Die meisten seien daraufhin verunsichert weggegangen.

26.8 Nachteilsausgleich

Der Begriff Nachteilsausgleich wird ursprünglich im schulischen Kontext verwendet. Schüler mit einer Behinderung bekommen hier einen Nachteil, z. B. dass sie wegen feinmotorischer Probleme langsamer schreiben, durch Zusatzzeit ausgeglichen. Inez Maus sieht, dass Geschwister von autistischen Kindern unter einem Nachteil leiden, da sie nur sehr begrenzt die ungeteilte elterliche Aufmerksamkeit bekommen. Förderlich ist es deshalb, dies durch Extrazeiten auszugleichen. Ein Nachteilsausgleich ist eine verlässliche, regelmäßig stattfindende, zeitliche Zuwendung, die ein Elternteil ausschließlich mit dem Geschwisterkind verbringt (Maus, 2017, S. 90 ff.). Diese Zeit sollte nach den Bedürfnissen und den Interessen des Kindes gestaltet werden. Fällt diese durch widrige Umstände aus, wird sie dem Kind gutgeschrieben und nachgeholt. Das autistische Kind muss in der Regel in dieser Zeit von jemand anderem betreut werden, damit Störungen ausgeschlossen werden können.

Die Zeit des Nachteilsausgleiches ist wichtig, damit Geschwisterkinder erleben, auch einmal im Mittelpunkt zu stehen und lernen, dass ihre Bedürfnisse, neben den Bedürfnissen des autistischen Kindes, ebenfalls wichtig sind. Handlungen zählen hier mehr als Worte. Das Geschwisterkind muss in dieser Zeit einmal keine Rücksicht nehmen und keine Kompromisse schließen. Die Eltern können zeigen, dass sie die Bedürfnisse des Kindes verstehen und diese sie nicht überfordern. Den oft angepassten Geschwisterkindern tut es gut, einmal genauso rücksichtslos wie ihr autistischer Bruder/ihre autistische Schwester zu seinem Recht zu kommen. Die gemeinsame Zeit bietet zudem die Möglichkeit, Gemeinsamkeiten zwischen Eltern und Geschwisterkind zu entdecken und zu entwickeln (Maus, 2017, S. 90 ff.).

Bei jüngeren Kindern im Krippen- und Kindergartenalter ist es sinnvoll, kürzere Zeiteinheiten von täglich 10 Minuten zu wählen, da ihr Zeitgefühl noch nicht so gut entwickelt ist. Je älter das Geschwisterkind ist, desto besser kann es Zeiträume überschauen und sich dann z. B. auf den Samstagvormittag freuen, an dem der Vater Zeit zum Fußballspielen hat. Kinder gestalten gerne etwas, bewegen sich und dabei fällt es ihnen leichter, über das, was sie bedrückt oder erfreut, zu reden. Kinder gehen gerne ihrem Interesse nach und freuen sich, wenn Eltern Zeit finden, sich dafür zu interessieren. Es können bei älteren Kindern auch Ausflüge oder Reisen mit einem Elternteil sein. Eine gemeinsame Vor- und Nachbereitung verfestigt das Gefühl, etwas Besonderes erlebt zu haben (Maus, 2017, S. 90 ff.). Inez Maus beschreibt, wie sie präventiv einem Nachteil vorgriff: Immer, wenn sie mit ihren Kindern aus dem Haus ging, nahm sie nicht nur für den autistischen Sohn ein sicherheitsgebendes Spielzeug mit, sondern ebenfalls eins für das Geschwisterkind. Dadurch zeigte sie auf der Handlungsebene »Ich denke an beide Kinder« und verkleinerte dadurch die Sonderrolle des autistischen Kindes (Maus, 2017, S. 90 ff.).

26.9 Schluss

Wie oben dargestellt haben Geschwisterkinder vielfältige Herausforderungen zu bewältigen, die ihnen jedoch auch die Möglichkeit geben, zu wachsen. Gerade Mitgefühl, Toleranz und ein erhöhtes Verantwortungsgefühl sind Eigenschaften, die sich häufig bei Geschwistern von Kindern mit Autismus entwickeln. Ferner zeigen sie durch ihre familiäre Erfahrung eine größere Offenheit gegenüber Menschen mit Behinderung (Hackenberg, 2008, S. 91 f.). Ein positives Familienklima, bei dem alle Familienmitglieder Raum für ihre Bedürfnisse bekommen (Hackenberg, 2008, S. 101 ff) und offene Gespräche über Gefühle möglich sind, zeigte sich besonders hilfreich für eine gute Entwicklung der Geschwisterkinder.

Literatur

Hackenberg, H. (2008). *Geschwister von Menschen mit Behinderung: Entwicklung, Risiken, Chancen*. München: Reinhardt.

Maus, I. (2017). *Geschwister von Kindern mit Autismus: Ein Praxisbuch für Familienangehörige, Therapeuten und Pädagogen*. Stuttgart: Kohlhammer.

Seiffge-Krenke, I. (2009). *Psychotherapie und Entwicklungspsychologie: Beziehungen: Herausforderungen, Ressourcen, Risiken*. Heidelberg: Springer.

Sohni, H. (2011). *Geschwisterdynamik*. Gießen: Psychosozial-Verlag.

Teil VI Zusammenarbeit mit Kindergarten und Schule

27 »Wie sage ich es den Eltern?« Den Autismusverdacht in der Kita ansprechen

Barbara Rittmann

27.1	Den Autismusverdacht den Eltern gegenüber aussprechen	254
27.2	Wohin kann man die Eltern zur Autismus-Diagnostik schicken, was geschieht nach der Diagnose?	256
	Literatur	256

Unter Autismusspezialisten ist bekannt, dass die Fachkräfte in der Kita, neben den Eltern, häufig die ersten sind, die bei einem Kind den Verdacht auf Autismus äußern. Damit stellen sie wichtige Weichen für die weitere Zukunft des Kindes. Oft sind sie durch eine Autismusfortbildung für die frühen Anzeichen des Autismus sensibilisiert (▶ Kap. 1). Zudem haben sie gute Rahmenbedingungen für ihre Beobachtungen: Sie sehen das Kind in der Regel über eine lange Zeitspanne des Tages, fünf Tage die Woche, und erleben es dabei im Kontakt mit Gleichaltrigen.

Fallvignette

Der Erzieherin Frau Penz fällt auf, dass der 3-jährige Leon, der neu in der Gruppe ist und noch wenig und nicht altersgemäß spricht, bereits beim morgendlichen Ankommen im integrativen Kindergarten immer einen kräftigen Grashalm in der Hand hält, den er gerne in seinen Händen dreht und ihn dabei beobachtet. Hat er seine Jacke und seine Schuhe ausgezogen, läuft er als Erstes zu einem Brett, auf dem alle Kinder und Erzieher seiner Gruppe mit Fotos aufgeführt sind. Er kann jedem Foto den richtigen Namen der Person zuordnen und kontrolliert aufmerksam, ob ein Foto vielleicht einen traurigen Smiley trägt, was bedeutet, dass diese Person heute krank ist. Im persönlichen Kontakt scheint er die Kinder aber kaum wahrzunehmen, er begrüßt sie nicht und zeigt auch wenig Interesse an ihren Spielen. Als Nächstes läuft er ins Büro der Einrichtung und erobert blitzschnell einen kleinen Taschenrechner, in den er Zahlen nach einer für ihn wichtigen Reihenfolge eintippt. Auf dieses Ankommensritual besteht er und wird wütend, wenn sich die Bürokraft weigert, ihm den Taschenrechner zu geben.

Mit den anderen Kindern spielt Leon kaum. Aus den Augenwinkeln beobachtet er sie aber oft vom Rande des Geschehens. Das ändert sich sofort, wenn die Kinder wild toben, dann läuft Leon zu der Gruppe und mischt sich unter die anderen Kinder. Leider hat er wenig Gefühl dafür, wie stark er die anderen Kinder anfassen oder drücken darf. Oft tut er den anderen weh und das gemeinsame Spiel findet ein jähes Ende. Dann zieht sich Leon meist zurück auf eine erhöhte Plattform und scheint sich selbst vollkommen zu genügen, indem er Autos konzentriert hintereinander aufreiht. Mit den Autos spielen darf aber keiner. Beim Mittagessen braucht Leon sehr lange, da er sich bei der Soße auf seinem

Teller zunächst auf die Einzelteile konzentriert: Erbsen werden zu Erbsen, Möhrenstückchen zu Möhrenstückchen sortiert und alles wird hintereinander und vom Rest getrennt gegessen.

Leon freut sich, wenn ihn seine Mutter nachmittags abholt. Das kann man allerdings nicht an seiner Mimik erkennen, sondern daran, dass er sich bereits fünf Minuten vor der eigentlichen Zeit fertig anzieht und mit dem Gesicht zur Tür auf seine Mutter wartet. Kommt sie zur Tür rein, zieht er sie sofort Richtung Auto und fragt sie die Dinge ab, die sie üblicherweise als Nächstes gemeinsam unternehmen.

Die Erzieherin fühlt sich bei vielen von Leons Verhaltensweisen an die Symptome erinnert, die sie in der Autismusfortbildung kennengelernt hat, fragt sich aber, ob bzw. wie sie das Thema mit den Eltern von Leon ansprechen sollte.

27.1 Den Autismusverdacht den Eltern gegenüber aussprechen

Bei einem Verdacht auf eine Autismus-Spektrum-Störung ist es im Vorfeld gut, die eigenen Beobachtungen mit denen der Kolleginnen abzugleichen und ggf. auch die Leitung des Kindergartens mit einzubeziehen. Bestätigen oder verdichten sich auf diese Weise die Verdachtsmomente, ist es der richtige Zeitpunkt, die Eltern auf eine solche Vermutung anzusprechen. Die Eltern haben ein Recht, von dem Fachwissen der ausgebildeten Kräfte zu profitieren, und es wäre ethisch nicht zu verantworten, den Eltern den Verdacht vorzuenthalten. Einschränkend ist zu sagen, dass eine pädagogische Kraft im Kindergarten keine ausgebildete Autismus-Diagnostikerin ist. Deshalb kann es in einem Gespräch mit den Eltern nur um das Aussprechen des Verdachtes gehen, nicht um die Sicherheit, dass man als Fachkraft Recht mit dieser Vermutung hat (Rittmann, 2013).

Ein guter Rahmen für das Gespräch (Extratermin, Anwesenheit beider Elternteile, genügend Zeit, ein störungsfreier Raum ohne das Kind) und eine sorgfältige Vorbereitung (ggf. Absprachen bei mehreren beteiligten Fachkräften, Vorhalten von Adressen, Materialien und Medien) ist eine Grundbedingung für das Gelingen des Vorhabens. Meist ist es auch gut, den Eltern gegenüber anzukündigen, dass man sich über einige Verhaltensweisen des Kindes Sorgen macht und man sie deshalb in Ruhe sprechen möchte. Durch eine solche Ankündigung können sich die Eltern psychisch besser vorbereiten und auf das Gespräch einstimmen. Auf diese Weise reduziert man die Gefahr des Erschreckens und der Abwehr bei den Eltern. Um als Fachkraft den Eltern möglichst empathisch entgegenzutreten, kann es hilfreich sein, sich für das Gespräch eine Metapher, die dem Autor Max Frisch zugeschrieben wird, vor Augen zu führen: »Man sollte die Wahrheit dem anderen wie einen warmen Mantel hinhalten, der ihn wärmend umhüllt – und nicht wie einen nassen Waschlappen ins Gesicht schlagen.«

Insgesamt ist es sinnvoll zur Unterstützung visuelle Materialien für die Vermittlung zu nutzen (z. B. die Piktogramme des Flyers oder der Homepage von *autismus* Deutschland, s. u.). Geraten Menschen unter Stress können sie rein sprachlichen Ausführungen schlechter folgen. Handelt es sich um Eltern mit Migrationshintergrund und Problemen mit der deutschen Sprache, kann ein Sprachmittler notwendig sein (▶ Kap. 21.4.2). Hier sind bildliche Darstellungen und Informationsmaterialien in ihrer Muttersprache in der Regel unverzichtbar, die ebenfalls über *autismus* Deutschland erhältlich sind (im Anhang ▶ Nützliche Informationen und Web-Adressen).

Zu Beginn des Gesprächs selbst ist es wichtig, nicht nur die auffälligen Verhaltensweisen, sondern auch die Stärken des Kindes zu benennen. Danach sollte man sachlich und einfühlsam die eigenen Beobachtungen bzgl. des Kindes schildern und diese Beschreibungen mit den bekannten Autismussymptomen (▶ Kap. 1) in Verbindung zu bringen; dabei ist es sinnvoll, die vorbereiteten Visualisierungen zur Hand zu nehmen. Manchmal kann man bemerken, dass auch die Eltern schon einen ähnlichen Verdacht hegten, sich aber nicht trauten, ihn auszusprechen, und fast erleichtert wirken, dass das Thema offen angesprochen wird. In anderen Fällen kann man aber zunächst auf Abwehr stoßen. Hier lauert die Gefahr, schnell in emotionalisierter Weise in Argumentationsketten zu gelangen, bei denen es nur noch darum zu gehen scheint, wer Recht hat. Meist ist es gut, das Abwehrverhalten der Eltern als Erschrecken und als Angstreaktion zu interpretieren – also als ein Verhalten, auf das man in der Regel weniger mit Ärger reagieren sollte. Mit der Schilderung eines Vergleiches kann man diese Eltern oft gut erreichen: »Stellen Sie sich vor, mir würde auffallen, dass ihr Kind plötzlich übermäßig viel trinkt, größere Stimmungsschwankungen hat und oft unerklärlich müde ist. Aufgrund einer entsprechenden Fortbildung erkenne ich das als mögliche Anzeichen eines kindlichen Diabetes. Sie würden mir sicher Recht geben, wenn ich sage, dass ich es als meine Pflicht sehen sollte, Sie über meinen Verdacht in Kenntnis zu setzen, und ich bin überzeugt, dass Sie schnell einen Arzt aufsuchen würden, um den Diabetesverdacht bei ihrem Kind abklären zu lassen. Wenn er zuträfe, würden Sie froh sein zu wissen, wie beispielsweise die richtige Ernährung für Ihr Kind aussieht, damit es keine späteren körperlichen Schäden erleidet. Auch wenn Autismus eine weniger körperliche Beeinträchtigung ist, fühle ich mich bei diesem Thema genauso verantwortlich und würde mir wünschen, dass sie eine Fachpraxis aufsuchten, um auch diesen Verdacht abklären zu lassen, um ggf. eine spezifische Therapie beginnen zu können, die wichtige Weichen für die Entwicklung ihres Kindes stellt.«

Bleibt trotzdem die Abwehr bestehen bzw. reagieren die Eltern oder ein Elternteil sehr emotional, ist es in der Regel sinnvoll, an dieser Stelle nicht zu drängen. Dabei ist es gut, bei der eigenen Wahrnehmung zu bleiben und freundlich und verbindlich das Gespräch zu beenden, mit der Ankündigung in einiger Zeit noch einmal auf das Thema zurückkommen zu wollen. Vielen Menschen hilft es, nach einer für sie bedrohlichen Eröffnung eines Themas, sich einige Zeit alleine bzw. im Austausch der Eltern untereinander mit der Thematik auseinanderzusetzen und ggf. eigene Informationen einzuholen. Um hierfür Unterstützung geben zu können, ist es hilfreich, ein Blatt mit Informationsquellen und regionalen Diagnostik-Anlaufstellen bereitzuhalten, das man den Eltern auf alle Fälle mitgeben sollte. Manchmal sind die Eltern nach einigen Wochen bereit, sich bei einem erneuten Gespräch eingehender mit einer möglichen Diagnostik zu beschäftigen, oft brauchen sie Monate oder sogar Jahre (z. B. durch wiederholtes Ansprechen im Schulkontext). Als Fachkraft muss man sich klarmachen, dass man manchmal lediglich die Möglichkeit hat, ein Samenkorn zu setzen. Die Ernte einfahren werden oft andere. Mit dem Aussprechen des Verdachts hat man in jedem Fall verantwortungsvoll gehandelt, da nun die Eltern frei entscheiden können, ob bzw. wann sie der Spur weiter nachgehen wollen. Auch wenn man sich als Fachkraft ganz sicher bzgl. des Autismusverdachts fühlt, kann man eine Diagnostik des Kindes gegen den Willen der Eltern nicht erzwingen.

27.2 Wohin kann man die Eltern zur Autismus-Diagnostik schicken, was geschieht nach der Diagnose?

Als Fachkraft in der Kita kann man einen Verdacht äußern, eine Diagnostik wird dann bei einer auf Autismusdiagnostik spezialisierten Einrichtung durchgeführt. Hier empfiehlt sich als erste Anlaufstelle das regionale Autismus-Therapiezentrum. Einige dieser Zentren führen die Diagnostik selber durch. Die meisten verweisen auf Kinder- und Jugendpsychiatrische Praxen, Kliniken oder Sozialpädiatrische Zentren, mit denen eine Kooperation besteht (▶ Kap. 2). Sollte sich der Verdacht bestätigen und eine Diagnose aus dem autistischen Formenkreis gestellt werden, wird den Eltern üblicherweise eine Therapie an einem der multimodal arbeitenden Autismus-Therapiezentren empfohlen. Eine solche Therapie umfasst stets eine intensive Umfeldarbeit und unterstützt die Erzieherinnen in der Kita bei der Integration des autistischen Kindes in die Gruppe, durch Hospitation, Beratung und ggf. Fortbildung. Auch die Moderation runder Tische zur Abstimmung der notwendigen Vernetzungsmaßnahmen gehört zum Tätigkeitsfeld der Autismustherapeuten (Rittmann, 2011).

Literatur

Rittmann, B. (2011). Das Multimodale Therapiemodell in der Autismustherapie am Beispiel des Hamburger Autismus Instituts. In Bundesverband *autismus* Deutschland e. V. (Hrsg.), *Inklusion von Menschen mit Autismus* (S. 245–262). Karlsruhe: Loeper.

Rittmann, B. (2013). Eigenartig anders – Kinder mit Autismus in der Kita. *Kita aktuell, 10,* 21. JG. Kita ND, 230–232

28 Gute Rahmenbedingungen in der Kita

Lars Zacher

28.1 Gruppengröße 258
28.2 Einrichtung der (Kita-Gruppe bzw.) Kita-Räumlichkeiten und visuelle Strukturierung 259
28.3 Garderobe/An- und Umziehen in der Kita 260
28.4 Essen in der Kita 260
28.5 Tagesstruktur 261
28.6 Spielmaterial 262
28.7 Freispiel 262
28.8 Morgen-/Mittagskreis 263
28.9 Kita-Regeln 264
28.10 Personelle Rahmenbedingungen 265
28.11 Regelmäßiger interdisziplinärer Austausch und Entlastung 265
Literatur 266

Im Rahmen meiner Tätigkeit als psychologischer Begleiter autistischer Kinder in verschiedenen Kindertagesstätten im Großraum Hamburg möchte ich im Folgenden auf die Besonderheiten der integrativen Arbeit im Kita-Bereich eingehen. In Hamburg ist es möglich, im Rahmen der gutachterlichen Stellungnahmen des Jugend-Psychiatrischen Dienstes für einzelne Kinder einen Psychologen zur Förderung der Teilhabe in der Kita hinzuzuziehen. Dadurch soll ein wöchentlicher Austausch zwischen dem Erzieherteam, dem Therapeutenteam und einem Psychologen ermöglicht werden.

Meine Arbeit beginnt daher für gewöhnlich, wenn bereits ein Gutachten erstellt worden ist und zumindest eine Verdachtsdiagnose für Autismus vorliegt.

Der folgende Text soll als eine Art »Starter Guide« für Kitas fungieren, die zum ersten Mal ein autistisches Kind in ihre Gruppe aufnehmen. Als Grundlage dienen Erfahrungen aus der Praxis und weniger empirische Erkenntnisse.

Daher soll dieser Text in keinem Fall als vollständig oder komplett verstanden werden. Viel mehr möchte ich im Folgenden auf die Bereiche der Kita eingehen, die ich wiederholt als Herausforderungen für die Kitaleitung und das Erzieher- und Therapeutenteam erlebt habe.

Das Ziel soll dabei sein, für die schwierigen und herausfordernden Bereiche in der Arbeit mit autistischen Kindern zu sensibilisieren und einige Lösungswege aufzuzeigen, die in meiner bisherigen Arbeit das tägliche Miteinander vereinfacht haben und die Selbstständigkeit und die Teilhabe des autistischen Kindes in der Kita fördern konnten.

Einige Rahmenbedingungen sollten bereits vor Eingewöhnung des Kindes geprüft und ggf. angepasst werden, wie z. B. die Auswahl der passenden Gruppe anhand der Gruppengröße und der Gruppeneinrichtung.

Andere wichtige Faktoren, die eventuell ebenfalls angepasst werden müssen, wie z. B. die Vor- und Nachbereitungszeit des Erzieherteams, das Essen oder der Morgenkreis, werden hingegen erst relevant, wenn das Kind bereits zur Eingewöhnung in der Kita ist und es absehbar wird ob die Strukturen zum Wohle des Kindes angepasst werden müssen.

Selbstverständlich sollte dabei immer im Auge behalten werden, dass jegliche Veränderung der Gruppenstruktur nur notwendig wird, wenn diese tatsächlich die Selbstständigkeit des Kindes bzw. die Teilhabe des Kindes in der Gruppe fördert.

So kann es durchaus vorkommen, dass ein autistisches Kind mit einem vollkommen unauffälligen Essverhalten in die Kita kommt. Veränderungen beim Essen würden daher die Teilhabe und die Selbstständigkeit des Kindes nicht weiter fördern, sondern lediglich für einen Sonderstatus sorgen, der dem Gedanken der Teilhabe eher im Wege steht.

Ich möchte Sie, den Leser und die Leserin, daher bitten, diesen Text nicht als »Anleitung«, sondern als »Einleitung« für die Arbeit mit autistischen Kindern im Kita-Bereich zu verstehen. Alle Kinder sind individuell und variieren in ihren persönlichen Stärken und Schwächen, in ihren Bedürfnissen und Wünschen.

So kann in einem Fall ein autistisches Kind durch die Beschilderung der Räumlichkeiten mit Bildkarten sehr profitieren, während dieselbe Maßnahme für ein anderes Kind unwichtig sein kann, da seine Orientierung und seine sprachliche Entwicklung so gut ausgebildet sind, dass diese Maßnahme nicht notwendig ist.

Daher kann und will dieser Text auch nicht allseits passende Lösungen aufzeigen. Er soll vielmehr motivieren, nach individuellen Lösungen für jedes Kind zu suchen, um die Teilhabe und die Selbstständigkeit des Kindes optimal zu fördern.

28.1 Gruppengröße

Noch vor der Eingewöhnung eines autistischen Kindes in die Kita sollte bei der Auswahl einer geeigneten Gruppe nicht nur die Qualifikation der Mitarbeiter eine Rolle spielen, sondern auch die Räumlichkeiten sollten bei der Planung beachtet werden. Je größer die Räumlichkeiten, desto mehr Kinder sind für gewöhnlich auch in einer Kita-Gruppe und desto lauter und reizintensiver ist der Alltag für die einzelnen Kinder in der Gruppe. Eine kleinere Gruppe kann daher gerade für die Eingewöhnung des Kindes sehr vorteilhaft sein, da der Alltag meist ruhiger und reizarmer verläuft. Die Gruppengröße verliert jedoch an Relevanz, wenn es sich um ein offenes Kita-Konzept handelt. Die Aufnahme eines Kindes mit Autismus-Spektrum-Störung in ein offenes Kita-Konzept kann nur sehr bedingt begleitet werden, da sich eine Vielzahl an Herausforderungen nicht oder nur bedingt verändern lassen.

28.2 Einrichtung der (Kita-Gruppe bzw.) Kita-Räumlichkeiten und visuelle Strukturierung

Die Unterschiede der Reizverarbeitung autistischer Kinder zu Regelkindern sollten auch bei der räumlichen Planung einer Kita-Gruppe berücksichtigt werden. Die Ablenkbarkeit und die Über- oder Unterempfindlichkeit gegenüber bestimmten Reizen können den Kita-Alltag für ein autistisches Kind erschweren, was wiederum für die gesamte Kita-Gruppe herausfordernde Auswirkungen haben kann.

Auch hier kann es sehr hilfreich sein, eine möglichst reizarme und klar strukturierte Umgebung zu schaffen. Dies kann z. B. die Anzahl verschiedener Spielzeuge oder die Art der Aufbewahrungsmöglichkeiten einzelner Spielzeuge betreffen. Das Labeln von Spielzeugkisten z. B. durch METACOM-Karten oder Fotos kann hier eine Transparenz und Klarheit schaffen, von der meist alle Kinder in der Gruppe profitieren. Ebenfalls können einzelne Gruppenregeln bereits visuell an den Aufbewahrungsmöglichkeiten angebracht werden. So können z. B. die einzelnen Schubladen eines Schrankes so gelabelt werden, dass jedes Kind von außen den Inhalt der Schublade erkennen und gleichzeitig sehen kann, ob es sich den Inhalt selbstständig nehmen darf.

Des Weiteren kann der Einsatz von Bildkarten auch zur Verdeutlichung komplexerer Handlungsabläufe genutzt werden. Zum Beispiel das An- und Ausziehen, Essen oder der Toilettengang können in einzelne Handlungsschritte unterteilt und dadurch transparent und zugänglich gemacht werden. Der Einsatz von Bildkarten ist hierbei aufgrund der Generalisierbarkeit dem von Fotos vorzuziehen.

Bei autistischen Kindern mit Problemen der Gefahrenabschätzung für sich selbst und/oder andere kann es zudem wichtig sein, räumliche Grenzen wie z. B. Türen durch Bildkarten oder Markierungen auf dem Boden zusätzlich zu verdeutlichen.

Abb. 28.1: Das Labeln von Schubladen und Spielzeugkisten durch Karten oder Fotos kann Transparenz und Klarheit schaffen (METACOM-Symbole © Annette Kitzinger).

Abb. 28.2: Komplexere Handlungsabläufe können durch Bildkarten unterteilt und vereinfacht werden (METACOM-Symbole © Annette Kitzinger).

28.3 Garderobe/An- und Umziehen in der Kita

Das An- und Umziehen autistischer Kinder in der Garderobe wird von vielen Erziehern als problematisch beschrieben. Aufgrund der hohen Anzahl der Kinder, der Lautstärke und des komplexen Handlungsablaufes kann es in der Garderobe zu Reizüberflutung und Überforderung für Kinder aus dem Autismusbereich kommen. Je klarer und transparenter hier die Erwartungen an das Kind verbal und nonverbal kommuniziert werden können und je reizarmer die Umgebung gestaltet werden kann, desto einfacher ist es für das Kind, diese auch umzusetzen.

In der praktischen Umsetzung bedeutet dies zu prüfen, welche Gruppengröße im Garderobenbereich das Maximum darstellt, um eine entspannte Atmosphäre beim An- und Ausziehen zu schaffen. Viele Kinder profitieren zudem von Symbolen oder Bildern, mit denen die Fächer bzw. die Plätze der Kinder versehen werden. So sind die eigenen Kleidungsstücke einfacher erkennbar. Auch mit Fotos versehene Kisten, in denen z. B. die Regenhose und die Gummistiefel für den Waldausflug warten, können eine klare Struktur vorgeben.

Eine weitere Möglichkeit, das An- und Ausziehen zu erleichtern bzw. zu unterstützen, ist ein genauer Handlungsplan, der aus Bildkarten oder Fotos erstellt wird und die einzelnen Handlungsschritte des An- und Ausziehens aufzeigt. Je nach den Bedürfnissen des Kindes kann es hier notwendig sein, einen sehr kleinschrittigen Plan zu erstellen, damit dieser auch tatsächlich einen Mehrwert für das Kind darstellt.

Eine andere Möglichkeit ist das Lernen am Modell, bei dem der Erzieher zunächst das An- und Ausziehen vormacht und sich im nächsten Schritt parallel mit dem Kind an-/auszieht.

Abb. 28.3: Handlungsabfolge zum Anziehen im Winter (METACOM-Symbole © Annette Kitzinger).

28.4 Essen in der Kita

Ein wichtiges Thema bei vielen Kindern mit Autismus-Spektrum-Störungen ist die teilweise restriktive und selektive Nahrungsaufnahme. In den meisten Kitas ist dies ebenfalls ein präsentes Thema, da je nach Betreuungsgutschein bis zu drei Hauptmahlzeiten und zwei Zwischenmahlzeiten in der Kita eingenommen werden.

Zunächst sollte unbedingt sichergestellt werden, dass genügend Fachpersonal zu den Essenszeiten zur Verfügung steht, um bei Bedarf in 1:1-Begleitung das Kind beim Kennenlernen und Probieren neuer Nahrungsmittel zu unterstützen.

Das Kennenlernen und Probieren neuer Lebensmittel kann je nach Ausprägung des restriktiven Verhaltens eine sehr kleinschrittige und langwierige Arbeit sein. Oft kommen autistische Kinder mit Essen aus dem Elternhaus in die Kita und essen, wenn überhaupt, nur dieses. Eine kleinschrittige Annäherung an die Lebensmittel der Kita wäre hier zu empfehlen. Das kann z. B. wie folgt aussehen:

- Zunächst einen zweiten Teller mit Probierportionen des Kita-Essens neben den Teller mit dem mitgebrachten Essen stellen.
- Eine kleine Portion eines Lebensmittels des Kita-Essens zusammen mit dem mitgebrachten Essen auf demselben Teller anrichten.
- Das Kita-Essen berührt leicht das von zu Hause mitgebrachte Essen.
- usw.

Essenzielle Bedeutung hat in diesem Zusammenhang die enge Zusammenarbeit mit dem Küchenpersonal. Es ist sehr zu empfehlen, verschiedene Lebensmittel getrennt voneinander zu servieren bzw. auffüllbar zu machen. So wäre es z. B. ideal, bei einer Regelmahlzeit wie Lasagne zusätzlich die einzelnen Komponenten in separaten Schüsseln zu servieren, um diese auch für die Kinder mit restriktivem Essverhalten zugänglich zu machen.

Eine wichtige Rolle beim Essen in der Kita kann ebenfalls das Geschirr und Besteck darstellen. Ein engmaschiger Austausch mit den Eltern als Experten für ihr Kind ist insbesondere in diesem Fall zu empfehlen.

Bei einigen Fällen kommt es z. B. vor, dass zu Hause nur von bestimmten Tellern oder nur mit bestimmtem Besteck Nahrung zu sich genommen wird. In anderen Fällen ist es hilfreich, einen Teller einzusetzen, der die einzelnen Lebensmittel voneinander trennt.

Weitere wichtige Faktoren können Auswahl und Konstanz bei der Sitzplatzwahl sein. Je nach Konzept der Kita wird meist in der Gruppe oder in einem Restaurant gegessen.

Sollte Ihre Kita die Hauptmahlzeiten über ein Kita-Restaurant abwickeln, so wäre es von Vorteil, wenn die Kinder nicht einzeln »geschickt« werden, sondern als gesamte Gruppe zum Essen gehen. Sollte dies nicht möglich sein, kann es hilfreich sein, feste »Essenspartner« für das autistische Kind zu finden. Einigen autistischen Kindern ist es sehr wichtig »ihren« festen Platz beim Essen zu haben. Im Restaurantbetrieb ist dies nur schwer umsetzbar. Abhilfe kann hierbei der Einsatz eines »festen« Stuhls schaffen, der z. B. mit einem Foto des Kindes gekennzeichnet ist. Auch der Einsatz eines Tischsets, dass mit einem Foto und ggf. noch Symbolen für das Essen bedruckt ist, kann die Situation für alle Beteiligten entspannen.

28.5 Tagesstruktur

Eine wiederkehrende und transparente Tagesstruktur ist nicht nur für Kinder mit einer Autismus-Spektrum-Störung von Vorteil. Rituale und konstante Abläufe innerhalb der Kita vereinfachen es den Kindern, sich in der Gruppe zurechtzufinden, und geben auch zeitlich eine Orientierung.

Der Einsatz eines Tagesplans mit Bildkarten oder Fotos, der z. B. die Hauptmahlzeiten und den Morgen- oder Mittagskreis als feste Fixpunkte hat, kann den Kindern viel Sicherheit bieten. Die Aktivitäten, die zwischen diesen Fixpunkten für alle Kinder angeboten werden, können auch partizipativ mit den Kindern im Morgenkreis beschlossen und geplant werden. Natürlich kann es vorkommen, dass sich der Ablauf des geplanten Tages einmal ändert. Die Veränderungen sollten in einem kurzen Morgen- oder Mittagskreis besprochen werden und der Tagesplan entsprechend den aktuellen Veränderungen angepasst werden.

Für viele Kinder einer Kita-Gruppe stellen Übergangszeiten zwischen einzelnen Aktivitäten ein Problem dar. Der Einsatz einer Sanduhr oder eines Time Timers kann für die Kinder sehr entlastend sein und bringt zusätzlich eine Verbindlichkeit, die oft als angenehm empfunden wird.

28.6 Spielmaterial

Bei der Auswahl des Spielmaterials ist es zu empfehlen, die geistige Entwicklung des aufgenommenen Kindes zu berücksichtigen. In manchen Fällen kann es sinnvoll sein, das Spielmaterial im Elementarbereich um Spielzeuge aus dem Krippenbereich gezielt zu erweitern.

Viele positive Erfahrungen wurden zudem mit Spielangeboten gemacht, bei denen sich das autistische Kind besonders gut selber spüren und wahrnehmen kann wie z. B. in einer Bohnen- oder Kastanienwanne. Auch Spielmaterial mit Bezug auf das Alphabet oder Zahlen können von gesteigertem Interesse sein.

Um der gelegentlich auftretenden Tendenz allgemeiner Ruhelosigkeit und Sprunghaftigkeit entgegenzuwirken, kann es zudem sehr hilfreich sein, darauf zu achten, dass die angebotenen Spiele einen klar erkennbaren Anfang und ein klar erkennbares Ende haben (z. B. Puzzle mit einem Rand, farbige Perlen aus einem Glas auf verschiedene andere Gläser aufteilen, bis das Glas mit den gemischten Perlen keine mehr enthält u. Ä.).

Neben dem ausgewählten Spielzeugangebot für die Gruppe sollte ebenfalls darauf geachtet werden, dass es in den Gruppenräumen Rückzugsorte gibt. Idealerweise sind diese Orte sowohl visuell als auch auditiv reizärmer als der Rest der Gruppe und bieten den Kindern so die Möglichkeit, sich selbst zu beruhigen.

Gerade in kleinen Gruppenräumen ist die Einrichtung eines Rückzugortes nicht immer möglich. Der regelmäßige Einsatz eines Wurfzeltes in Kombination mit Kissen und Decken kann in diesem Fall als Ersatz genutzt werden.

Viele autistische Kinder, die ich begleiten durfte, wählten als eine weitere Strategie des Selbstberuhigens eine Schaukel oder Hängematte. Diese können sowohl im Innen- als auch im Außenbereich eingesetzt werden.

28.7 Freispiel

Ein wesentlicher Teil des Kita-Alltags besteht aus Zeiten für das Freispiel der Kinder. Dies kann zu einem Konflikt in der integrativen Arbeit führen, da sich eine Vielzahl von autistischen Kindern mit der unstrukturierten Zeit des Freispiels schwertut. Den meisten Erziehern ist dieser Konflikt bewusst, sie möchten jedoch nicht auf das Freispiel verzichten. Dies ist auch nicht unbedingt notwendig. Es ist durchaus möglich, das Freispiel für die Gruppe fest einzuplanen und trotzdem zeitgleich für das Wohl des autistischen Kindes zu sorgen. Zunächst ist es wichtig zu beobachten, ob das Freispiel tatsächlich eine Belastung für das Kind darstellt. Es ist sehr gut möglich, dass das Kind die Zeit des Freispiels für einzelne Kontakte mit anderen Kindern nutzt, seiner Lieblingsbeschäftigung nachgeht oder die Zeit für sich zum Rückzug aus der Gruppe nutzen möchte. In diesen Fällen besteht natürlich kein weiterer Handlungsbedarf, da die Selbstständigkeit des Kindes ja gefördert werden soll. Kommt man während der wiederholten Beobachtung jedoch zu dem Schluss, dass das Freispiel eher als Belastung für das Kind wahrgenommen wird, so kann man z. B. in dieser Zeit auf Arbeitsboxen/Arbeitskörbe zurückgreifen kann. Die Arbeitskörbe sollten vorab gemeinsam mit dem Kind befüllt und die selbstständige Arbeit mit diesen schrittweise eingeübt werden. Da es meist nicht umsetzbar ist, für das autistische Kind einen eigenen »Arbeitsplatz« in den Gruppenräumen zu schaffen, kann man, ähnlich wie beim Essen, mit einem festen Sitzplatz, einem festen Stuhl oder einem Tischset arbeiten, damit das Kind sich auf »seine Arbeit« konzentrieren kann und von den anderen Kindern während seiner »Arbeitszeit« nicht gestört wird.

Der Einsatz einer Bildkarte oder eines Fotos neben dem Arbeitsplatz kann dies für die anderen Kinder der Gruppe zusätzlich verdeutlichen und erhöht die Wahrscheinlichkeit, dass das autistische Kind ungestört seine Arbeitskörbe oder Arbeitskisten bearbeiten kann.

Abb. 28.4: Eine Auswahl an Arbeitsboxen/Arbeitskörben kann in einem separaten Schrank für einzelne Kinder zugänglich gemacht werden.

28.8 Morgen-/Mittagskreis

Der Morgen- oder Mittagskreis ist in vielen Kita-Gruppen fester Bestandteil des Tagesplans. Bei der Eingewöhnung eines autistischen Kindes kann dies zu einer Herausforderung für die Gruppe führen. Je regelmäßiger der Morgenkreis stattfindet, je kürzer die Dauer und je variierender in den Anforderungen einzelner Bereiche, desto interessanter wird der Morgenkreis für alle Beteiligten. Dennoch kann es vorkommen, dass ein autistisches Kind keinerlei Interesse am Morgenkreis zeigt.

Eine feste Platzwahl, ein fester Stuhl (am besten mit einem Foto des Kindes an der Rückenlehne markiert) oder ein festes Sitzkissen können die Gewöhnung an den Morgenkreis deutlich vereinfachen.

Bei verhaltenem Interesse des autistischen Kindes am Morgenkreis ist es empfehlenswert, ähnlich wie beim Essen, kleinschrittig vorzugehen. Zum Beispiel zunächst etwas außerhalb des Kreises mit dem autistischen Kind zu sitzen und von dort dem Morgenkreis zu folgen. Schafft es ein Kind schon länger auf seinem Stuhl oder Kissen sitzen zu bleiben, sollte sich der Abstand zum Kreis immer weiter verkleinern, bis das Kind schließlich fest in den Morgenkreis integriert ist.

Besonders zu Beginn der Eingewöhnung kann dies anstrengend und herausfordernd sein, da das autistische Kind möglicherweise immer wieder von seinem Platz aufsteht und sich für andere Reize im Raum mehr interessiert.

Das Aufstehen und Weggehen darf in diesem Fall durchaus toleriert werden. Anders als manchmal befürchtet, nehmen sich nach meiner Erfahrung die anderen Kinder daran kein Beispiel und nehmen weiter am Morgenkreis teil.

Es ist jedoch wichtig, dem Kind immer wieder das Angebot zu machen, zum Morgenkreis zurückzukommen und sich wieder auf seinen Platz setzen zu können.

28.9 Kita-Regeln

Ein meist sehr kontrovers diskutiertes Thema innerhalb der Kitas bei der Arbeit mit Integrationskindern ist das Aufstellen von Gruppenregeln. Ob man als Gruppe Regeln haben möchte, muss jedes Team für sich selbst entscheiden. Sollte sich eine Gruppe dafür entscheiden mit Gruppenregeln zu arbeiten, gibt es einige Punkte, die man beachten sollte. Zunächst ist es sehr vorteilhaft, wenn die Gruppenregeln in der Zusammenarbeit mit den Kindern entstehen und diese positiv und nicht als Verbote formuliert werden. Die Gruppenregeln können anschließend mit Hilfe von Bildkarten, Fotos oder selbst gemalten Bildern in der Gruppe gut sichtbar aufgehängt werden, sodass sich jedes Kind der Gruppe die Regeln immer wieder vor Augen führen kann.

Ein weiterer wichtiger Punkt ist die Anzahl der Regeln. Mehr als drei oder vier Regeln können die Kinder leicht überfordern und zusätzlich zu einem »Verbotscharakter« in der Gruppe führen.

Damit die Gruppenregeln einen Mehrwert für die Gruppe darstellen, ist es wichtig, die richtigen Voraussetzungen zur Einhaltung der Regeln zu schaffen. Hat eine Kita z. B. keinen Bewegungsraum, der Gruppenraum jedoch ist großflächig und kaum durch Raumtrenner, Regale, Teppiche oder Ähnliches strukturiert, wird dieser Raum die Kinder vermutlich wiederholt zum Laufen und Toben einladen – auch wenn dies einer Regel widerspricht.

Stimmen die Rahmenbedingungen mit den verfassten Regeln überein, gilt es nun die Regeln auch konsequent anzuwenden und durch Lob und Reflexion eine Regelcompliance der gesamten Gruppe zu schaffen.

Wie sind nun diese Regeln für autistische Kinder in einer Kitagruppe umsetzbar? Zunächst ist es wichtig zu prüfen, ob die Rahmenbedingungen auch für das autistische Kind in der Gruppe gegeben sind. Gegebenenfalls ist es notwendig, weitere Hilfsmittel einzusetzen, um eine Gruppenregel auch für das Kind umsetzbar werden zu lassen. Bei einem autistischen Kind mit Weglauftendenzen kann es z. B. hilfreich sein, an der Tür auf Augenhöhe ein Stoppschild zu befestigen oder aber ein etwas dickeres Seil mit rotem Klebeband auf dem Boden vor der Tür aufzubringen, um so die Wahrnehmung räumlicher Grenzen zusätzlich zu unterstützen. Gruppenregeln, die z. B. die Lautstärke in der Gruppe betreffen, können möglicherweise durch ein autistisches Kind nicht umgesetzt werden. Es ist daher zu empfehlen, gemeinsam als Team zu prüfen, welche Gruppenregeln unbedingt umgesetzt werden sollen und ob die Rahmenbedingungen dafür auch gegeben sind.

Je früher das Kind die Regeln kennenlernt und für deren Einhaltung gelobt und unterstützt wird, desto höher ist später meist auch die Regel-Compliance.

28.10 Personelle Rahmenbedingungen

Um ein Kind erfolgreich in einer neuen Kita eingewöhnen zu können, ist es nicht nur wichtig, dass die strukturellen Rahmenbedingungen erfüllt sind, auch die personellen Rahmenbedingungen sollten eine ebenso hohe Priorität genießen.

Zunächst sollte sichergestellt werden, dass alle Teammitglieder über ein ausreichendes störungsspezifisches Wissen verfügen. Zudem sollte dafür Sorge getragen werden, dass auch genügend personelle Ressourcen zur Verfügung stehen, um die Form der Begleitung durch eine Bezugsperson anbieten zu können, die das Kind benötigt. Gerade in der Bringsituation, bei Übergangssituationen wie z. B. vor dem Mittagessen oder bei komplexeren Handlungsabläufen wie dem Anziehen ist es wichtig, dass eine engmaschige Begleitung gewährleistet werden kann. Das regelmäßige Abwechseln der Gruppenerzieher stellt hierbei einen wichtigen Faktor der Entlastung dar.

Es sollte jedoch darauf geachtet werden, nicht zu viele verschiedene Personen einzusetzen, damit die Bezugspersonen auch ein verlässliches Beziehungsangebot an das Kind machen können.

28.11 Regelmäßiger interdisziplinärer Austausch und Entlastung

Um eine positive, transparente und nachvollziehbare Haltung gegenüber allen Kindern zeigen zu können, ist es wichtig, dass sich nicht nur die Erzieherteams regelmäßig austauschen, sondern dass es auch in regelmäßigen Abständen zum interdisziplinären Austausch mit Logopäden, Ergotherapeuten, Physiotherapeuten, den begleitenden Psychologen und dem Autismus-Institut in der Kita kommt. Hier gilt es entsprechende Zeiten für das Team in der Zeitplanung für die Gruppe zu berücksichtigen. Gerade im Umgang mit herausfordernden Kindern in der Kita ist ein regelmäßiger, interdisziplinärer Austausch aus mehreren Gründen zu empfehlen: Zum einen ist es wichtig, dass alle Teammitglieder über ein ausreichendes störungsspezifisches Wissen verfügen, um einzelne Verhaltensweisen besser verstehen und einsortieren zu können. So ist es möglich, mit einer professionellen Distanz die eigenen Verhaltensweisen zu reflektieren und ggf. nach neuen Ansätzen zu suchen. Zusätzlich hilft ein ressourcenorientierter Blick auf das Kind, auf seine Interessen und Stärken, um alternative Ansätze zu entwickeln, mit denen das Kind weiter in seiner Selbstständigkeit und Teilhabe unterstützt werden kann.

Zum anderen ist, gerade in schwierigen Zeiten, ein interdisziplinärer Austausch auch für die eigene Entlastung dringend zu empfehlen. So bleibt es Ihnen nicht nur über einen längeren Zeitraum möglich, dem Kind positiv und förderlich entgegenzutreten, sondern sich auch die Freude an der Arbeit mit Kindern zu erhalten.

Literatur

Häußler, A. (2015). *Der TEACCH-Ansatz zur Förderung von Menschen mit Autismus – Einführung in Theorie und Praxis.* 4. Aufl. Dortmund: Borgmann Media.

Häußler, A., Tuckermann, A. & Kiwitt, M. (2014). *Praxis TEACCH: Wenn Verhalten zur Herausforderung wird.* Dortmund: Borgmann Media.

METACOM. Symbolsystem zur Unterstützten Kommunikation. Zugriff am 02.07.2019 unter https://www.metacom-symbole.de

Rittmann, B. & Rickert-Bolg, W. (2017). Autismus-Therapie in der Praxis – Methoden, Vorgehensweisen, Falldarstellungen. Stuttgart: Kohlhammer.

29 Ein gelungener Übergang von der Kita in die Grundschule

Barbara Rittmann

29.1 Interview 269
Literatur 274

Übergänge im Kleinen wie im Großen sind für Kinder mit Autismus meist eine besondere Herausforderung. Dem Übergang von der Kindertageseinrichtung (Kita) in eine auf Schüler mit Behinderungen spezialisierte Förderschule liegt eine seit vielen Jahrzehnten bewährte Routine zugrunde. Auch können die Eltern hier in der Regel zuversichtlich sein, dass sowohl die pädagogischen Fachkräfte als auch die anderen Eltern erfahren sind, mit der Behinderung des Kindes umzugehen – schließlich ist eine Förderschule ja genau dafür konzipiert. Seit 2009 in Deutschland die UN-Behindertenrechtskonvention (UN-Behindertenrechtskonvention) mit ihrem Rechtsanspruch auf Inklusion in Kraft getreten ist und immer mehr Schulen dies auch umsetzten, müssen sich für den Übergang von der Kita in die Grundschule neue Vorgehensweisen ausbilden. Man kann zwar auf Erfahrungen mit der Integration behinderter Kinder zurückgreifen, aber die Inklusion stellt deutlich umfassendere Ansprüche an die Teilhabemöglichkeiten von Menschen mit Behinderung, so dass die Vorgehensweisen aus der Integration ergänzt und erweitert werden müssen (Herold, 2017; Lohmann, 2017). Die Eltern, die sich für eine inklusive Beschulung für ihre Kinder entscheiden, werden zum einen mit dem gesellschaftlichen Diskussionsprozess (Lehrer nicht ausreichend ausgebildet, zu wenig Personal etc.) konfrontiert. Zum anderen machen sie sich selbst oft große Sorgen, da sie sich ihre Kinder nur schwer in einem Umfeld vorstellen können, in dem – ihrer Erfahrung nach – der Anpassungs- und Leistungsdruck zunimmt. Schon die Integration in den Kindergarten verlief häufig schwierig (▶ Kap. 28), somit scheint die Sorge vor der Einschulung in eine Regelschule berechtigt. Dazu kommt, dass Eltern in der Regel der Institution Schule zunächst mit den Gefühlen begegnen, die sie aus ihrer eigenen Schulzeit abgespeichert haben, und das sind häufig nicht die besten.

Bei dem wichtigen Thema der Übergangsgestaltung für Kinder mit Autismus von der Kita zur Schule habe ich mich aus den oben genannten Gründen auf den Wechsel zur Regelgrundschule fokussiert. Die meisten der sich positiv auswirkenden Faktoren gelten jedoch in gleicher oder ähnlicher Weise auch für den Wechsel von der Kita in eine spezialisierte Förderschule.

Ich möchte hier, in der Form eines Interviews, ein beispielhaftes Vorgehen zur Gestaltung des Übergangs von der Kita zur Schule schildern, von dem ich mir wünschen würde, dass es als Inspiration für andere dienen kann und in diesem Sinne »Schule macht«. Bei der föderalen Struktur der Schullandschaft in Deutschland ist es unmöglich, allgemeine Aussagen zu machen, da die schulischen Bedingungen in jedem Bundesland etwas anders sind. So gibt es in Hamburg weiterhin unterschiedlich spezialisierte Förderschulen, obwohl die inklusive Beschulung früh eingeführt wurde und schon recht weit gediehen ist. Die Eltern haben bei der Entscheidung zwischen Förderschule und inklusiver Beschulung im Regelschulsystem Wahlfreiheit, was sich in der Praxis sehr bewährt. Trotz der unvermeidlichen regionalen Unterschiede, erscheint es mir sinnvoll, hier ein regionales Konzept zu schildern, da es viele Elemente enthält, die sich meiner Einschätzung nach auch in andere Schulstrukturen integrieren ließen. Es hat sich bzgl. der Kinder mit Autismus und ihrer Familien sehr bewährt, was umso erfreulicher ist, da es gar nicht speziell für diesen Personenkreis konzipiert wurde, aber tatsächlich viele Elemente erhält, die allgemein im Umgang mit diesem Personenkreis als hilfreich gelten.

Das geschilderte Vorgehen bezieht sich zum einen auf eine allgemeine Vorgabe der Hansestadt Hamburg (Vorstellungsverfahren der Viereinhalbjährigen) und zum anderen auf eine besondere Ausformung eines Verfahrens des Hamburger Stadtteils Lohbrügge (Bezirk Bergedorf). Dort hat sich ein besonderes Vorgehen bewährt und etabliert. Dieser Stadtteil liegt am Rande der Großstadt und weist die üblichen Besonderheiten eines Teils eines Stadtstaates mit einem erhöhten Anteil von Familien mit besonders hohen sozialen Mehrfachbelastungen auf. Mehrere Grundschulen und eine Vielzahl der Kitas arbeiten eng vernetzt und erreichen mit diesem Konzept ca. 80 % der Familien mit einem schulpflichtigen Kind.

Von Seiten der Hamburger Schulbehörde gibt es bereits ein standardisiertes Verfahren zur Erleichterung des Übergangs zwischen Kita und Schule, die »Vorstellung der Viereinhalbjährigen«. Alle Treffen und Erhebungen finden nach diesem Verfahren in der zukünftigen Grundschule statt. Eineinhalb Jahre vor der Einschulung wird zwischen Eltern, Kita und Schule eine frühzeitige Kommunikation angeregt, auch damit potenzielle Entwicklungsrückstände, zum Beispiel sprachlicher Art, festgestellt und Fördermaßnahmen (u. a. auch ein Vorschuljahr) in die Wege geleitet werden können. Den Eltern steht es dabei frei, die Fachkräfte aus der Kita von ihrer Schweigepflicht zu entbinden. Für die Überprüfung steht eine Vielzahl von standardisierten Instrumenten (Protokoll- und Fragebögen, Fördermaterialien etc.) zur Verfügung. Mit ihnen werden die Kompetenzen und die Entwicklungsrückstände im Gesamten erhoben; die Instrumente gehen nicht spezifisch auf eine mögliche autistische Behinderung ein. Die Materialien sind im Internet für alle Beteiligten zugänglich. Wichtige Erklärungen für die Eltern sind auch in zahlreichen Sprachen (Arabisch, Englisch, Farsi, Französisch, Polnisch, Russisch und Türkisch) erhältlich (BSB, 2018).

Die Fachkräfte der genannten Region haben das vorgesehene behördliche Konzept aufgrund ihrer Erfahrungen erweitert und verändert und damit den Bedingungen, wie sie diese in ihrem Berufsalltag erleben, stärker angepasst. Sie stellen den Eltern frei, ob sie das standardisierte behördliche Vorgehen bevorzugen oder die erweiterte und veränderte Form.

Das Gespräch habe ich mit Sabine Will, der stellvertretenden Schulleiterin der Grundschule Max-Eichholz-Ring, geführt. Diese Schule ist Schwerpunktschule für Schüler mit Beeinträchtigung und verfügt über eine lange Integrations- bzw. Inklusionserfahrung. Eingeflossen in das Gespräch sind auch relevante Informationen aus dem Bereich der kooperierenden Kindertagesstätten. Die Grundschule und das Hamburger Autismus Institut kooperieren in mehrfacher Hinsicht. Zum einen unterstützen wir vom Autismus Institut mit unseren spezifischen Kenntnissen eine jährliche, halbtägige Auftaktveranstaltung der Schule für die Familien, aus denen ein autistisches Kind neu eingeschult wird. Zu dieser Veranstaltung sind alle Personen eingeladen, die mit diesen Kindern im schulischen Kontext betraut sind (Eltern, Lehrer, Schulbegleiter, Therapeuten im schulischen Kontext etc.). Auf unterschiedliche Weise versuchen wir diese anzusprechen, z. B. durch Präsentationen, Videos und Fragemöglichkeiten. Im Anschluss an den formelleren Teil hat sich ein offener, lockerer Austausch mit allen Beteiligten bewährt, bei dem sich z. B. alle mit einem neuen Schüler betrauten Fachkräfte (Lehrer, Schulbegleiter, ggf. Therapeuten etc.) mit den betreffenden Eltern in informeller Weise und ohne konkreten Handlungsdruck austauschen können. Zum anderen ist eine Therapeutin unserer Einrichtung an einem Wochentag in der Schule und führt dort die Therapien für die Schulkinder mit Autismus durch. Dadurch erhält sie einen konkreten Eindruck von den Schwierigkeiten der Kinder im schulischen Kontext und ist gleichzeitig auch Ansprechpartnerin für die Lehrer und Schulbegleiter – und das auf eine sehr niederschwellige Art und Weise.

Sowohl die Schule als auch die kooperierenden Kindertagesstätten bieten ein Vorschuljahr an und kooperieren seit vielen Jahren miteinander, um den Übergang von der Kita zur Schule gut zu gestalten.

Ich habe versucht, der Verschriftlichung des Interviews soweit wie möglich den Eindruck des »Mündlichen« zu lassen. Wo verschriftlichte Konzepte etc. erwähnt werden, habe ich Literaturhinweise nachträglich eingefügt.

29.1 Interview

Wie ist Ihr besonderes Konzept der Übergangsgestaltung von der Kita zur Schule entstanden?

In unserem Stadtteil gab es schon immer eine besondere Verzahnung von Kindergarten- und Schulleitungen, Erzieherinnen, Vorschulkräften und Grundschullehrern. Trotzdem waren wir noch nicht zufrieden mit der bisherigen Gestaltung der Viereinhalbjährigen-Vorstellung, wie sie behördlicherseits vorgesehen war. In unseren Augen stand der Prüfungscharakter zu sehr im Vordergrund, sowohl für die Kinder als auch für die Eltern. Dabei waren die Ergebnisse des Vorstellungsverfahrens unbefriedigend: Einerseits haben die Kinder ihre Fähigkeiten nicht wirklich gezeigt; es wurde zum Beispiel ein Förderbedarf festgestellt, der in der Realität gar nicht bestand. Andererseits wurden Förderbedarfe nicht festgestellt, die eigentlich ganz gravierend waren. Sie wurden nicht erkannt, weil sie in dieser Momentaufnahme nicht aufgetreten sind.

Der Druck, den die Eltern in dieser Situation empfunden haben, hat sich auf die Kinder übertragen. Die Kinder kamen oft ganz »herausgeputzt« zu den Terminen und wirkten gehemmt.

Wir hatten den Eindruck, die Eltern hatten ihnen zu verstehen gegeben, dass sie zeigen sollten, was sie können. Aus dem biografischen Hintergrund der Eltern ist das gut zu verstehen, da sie wollen, dass es ihre Kinder einmal besser haben sollen, da Bildung den meisten Eltern sehr wichtig ist. Für die Situation war das jedoch ganz kontraproduktiv. Manchmal sprachen – eigentlich sprachfähige – Kinder gar nicht mehr. Der eigentlich schöne Moment »Ich komme in die Schule!« wurde zu einer tendenziell angstbesetzten Prüfungssituation.

Was haben Sie dann daran geändert?

Aus dieser Erfahrung entstand die Überlegung: Wir machen die Viereinhalbjährigen-Vorstellung an einem Ort, der den Kindern vertraut ist, nämlich im Kindergarten, im Alltag der Kinder. Erst mal als Versuchsballon im Rahmen einer Alltagsbeobachtung. Das Ganze findet zum Beispiel in einem Morgenkreis statt beim Anschauen von Bilderbüchern und in einem entspannten Gespräch miteinander. Das Wichtigste ist der Austausch mit der Erzieherin, die die Fachfrau für das Kind ist. Die Erzieherin kann die Stärken des

Kindes benennen und auch seine Entwicklung beschreiben und hat sie über die Jahre dokumentiert. Dadurch wird auch die Entwicklungsdynamik des Kindes deutlich. Dieser Austausch hat sich zu einer gegenseitigen Beratung entwickelt. Man teilt sich gegenseitig die Beobachtung mit, kommt ins Gespräch und überlegt, was könnte der nächste Schritt sein. In dieser Abstimmung zwischen den verschiedenen Fachkräften, wird der gegebenenfalls bestehende Förderbedarf deutlich und man hat eine Orientierung, was in den nächsten anderthalb Jahren vor der Einschulung passieren sollte. Hier entsteht dann auch ggf. der Impuls, Experten von außen zur Unterstützung dazu zu holen, z. B. Logopäden, Physio- oder Ergotherapeuten bzw. spezialisierte Autismustherapeuten, in Einzelfällen auch das Jugendamt. Grundlage des Ganzen ist eine sehr vertrauensvolle Zusammenarbeit der Erzieherinnen und der Kita-Leitung mit den Eltern. Zwischen Kindergarten und Schule gibt es einen gemeinsamen Konsens, wie man Eltern begegnen möchte: auf Augenhöhe, in einer partnerschaftlichen und wertschätzenden Weise. Ein Kita-Leitsatz lautet beispielsweise: Die Eltern sind Experten für ihr Kind. Dementsprechend entscheiden auch die Eltern im Rahmen der Viereinhalbjährigen-Vorstellung, wo ihr Kind sein Vorschuljahr machen soll. Sie werden dabei von Kita und Schule beraten.

Welche Informationen und Beratung erhalten Eltern mit Kindern mit besonderem Förderbedarf?
Im Gespräch bei der Viereinhalbjährigen-Vorstellung wird von der Förderkoordinatorin der Grundschule den Eltern das Verfahren erklärt. Sie erfahren, warum es notwendig ist, dass sie als Eltern einen Antrag auf sonderpädagogische Überprüfung stellen. Diese Überprüfung ist Voraussetzung für ein Gutachten, damit für die Schule ein sonderpädagogischer Förderbedarf festgestellt wird und der Schüler personelle Ressourcen, wie Sonderpädagogenstunden oder Schulbegleitung erhält. Für Eltern ist es wichtig zu wissen, dass der Integrationsplatz in der Kita nicht automatisch in einen speziellen schulischen Förderbedarf übergeht. Ein Gutachter mit Autismusschwerpunkt eines schulischen Beratungszentrums wird mit der Gutachtenerstellung beauftragt. Er stimmt sich dabei mit den Eltern und den Erziehern der Kita ab und berät sie bei auftauchenden Fragen. Oft ist es sinnvoll, ein wenig Zeit zwischen der Kenntnisnahme des Gutachtens durch die Eltern und weiteren Entscheidungen zu lassen. Die Eltern werden durch das Gutachten oft das erste Mal »schwarz auf weiß« mit den fehlenden Kompetenzen ihrer Kinder konfrontiert, was bei einigen große Ängste und Sorgen auslöst. Wir haben gute Erfahrungen damit gemacht, nach einiger Zeit die Eltern noch einmal zum Gespräch zu bitten und ihnen dabei zu helfen, das Gehörte oder Gelesene einzuordnen und daraus Handlungen abzuleiten. Hier sind es im Besonderen die Erzieherinnen in der Kita, die die Eltern unterstützen, da hier im Laufe der Jahre ein besonderes Vertrauensverhältnis entstanden ist.

Was raten Sie den Eltern hinsichtlich der Entscheidung, wo das Kind in die Vorschule gehen soll?
Die Viereinhalbjährigen-Vorstellung dient auch dazu, dass die Eltern entscheiden sollen, wo der Platz ihres Kindes im Vorschuljahr sein soll. In Hamburg gibt die besondere Möglichkeit, dass die Eltern entscheiden können, ob ihr Kind die Vorschule in der Kita oder in der Grundschule besucht. Der »Lehrplan« für die Vorschule ist in beiden Einrichtungen gleich. Unterschiede ergeben sich aber aus den Rahmenbedingungen, wie beispielsweise der Größe der Einrichtung, der Gruppengröße und dem Verhältnis Gruppengröße/Fachkräfte und einigem mehr. Hier ist es sinnvoll zu schauen, welches Konzept für welches Kind bzw. welche Familie passend ist. Auch bezüglich dieser Entscheidung bewährt sich ein gefestigtes Vertrauensverhältnis zwischen Kita-Leitung bzw. Kita-Erzieherin, besonders bzgl. Eltern mit einem Kind mit erhöhtem Förderbedarf, weil sie durch diesen ganzen Prozess mit sehr vielen Gesprächen begleitet werden. Die Kita wird als geschützter Rahmen erlebt, und der Übergang zur Schule macht vielen Eltern Angst, ganz

besonders denen mit Kindern mit erhöhten Förderbedarf.

Bei Kindern mit erhöhtem Förderbedarf, wozu ja auch die mit Autismus gehören, raten wir meist den Eltern, das Vorschuljahr an der Kita zu machen. Dort können die Heilerzieher vor Ort und die dort arbeitenden therapeutischen Kräfte die umfassende Förderung der Kita weiterführen und eine gute Schulvorbereitung durchführen. Auch wird durch das weitere Jahr in der Kita dem Kind mit Förderbedarf ein Wechsel der Institution zu diesem Zeitpunkt und insgesamt ein zweifacher Wechsel erspart. Man vermeidet für diese Kinder, dass sie zwei Jahre hintereinander einen für sie in der Regel schwierigen Übergang bewältigen müssen. Wenn die Kinder auf die Vorschule der Grundschule gingen, würde der zweifache Übergang insofern anstehen, dass die Vorschulklasse nicht geschlossen in die erste Klasse übergeht. Eltern, die zufrieden mit der Kita sind und ein vertrauensvolles Verhältnis zum dortigen Fachpersonal haben, machen in der Regel gute Erfahrungen, wenn sie ihr Kind mit Autismus die Vorschulzeit in der Kita verbringen lassen.

Manchmal raten wir bei Kindern mit Autismus aber zur Vorschule in der Schule, nämlich dann, wenn Kinder sehr lange brauchen, um sich in einer Situation zurechtzufinden. Durch das Vorschuljahr in der Schule haben sie die Möglichkeit, die neuen Räumlichkeiten kennenzulernen, das gemeinsame Mittagessen auszuprobieren und die Identitätsbildung eines Schulkindes über eine längere Zeit zu vollziehen.

Welches Kind in welcher Form der Vorschule am besten aufgehoben ist, muss jedoch stets individuell und zusammen mit den Eltern entschieden werden. Sehr häufig spielen auch sehr individuelle familiäre Bedingungen, wie räumliche Erreichbarkeit oder die Erfahrungen mit der Einrichtung bzgl. eines Geschwisterkindes, eine entscheidende Rolle. Am Ende der Vorschulzeit wechselt das Kind dann in die erste Grundschulklasse.

Wie können die Kinder und ihre Eltern denn konkret auf die Schule vorbereitet werden, vor allem diejenigen, die die Vorschule in der Kita verbringen?

Es gibt eine Vielzahl von Angeboten zum gegenseitigen Kennenlernen von Eltern, Kindern und Lehrern in der Schule, unterstützt durch die Erzieher der Kita. Wenn Kinder in der Kita-Vorschule sind, gehen die Erzieher mit den Kindern regelmäßig zur Schule, damit die Kinder die Schule in ihren Räumlichkeiten schon einmal kennen lernen, wie zum Beispiel den Besuch der 1. Klasse, ihres künftigen Klassenraums, der Mensa oder des Musikraums. Dabei lernen sie schon einmal einige typischen Schulregeln und Schulrituale kennen. Auch das Projekt »Jeki – Jedem Kind ein Instrument« (Hamburg-Bürgerthemen) lernen sie beispielsweise bei einem Besuch bei den älteren Schülern kennen. Die meisten der zukünftigen Erstklässler freuen sich darauf, an dem Projekt teilnehmen zu dürfen.

Der erste Elternabend für die Vorschulkinder findet in der Kita statt. Diese Treffen sind ein freiwilliges Angebot für die Familien, sie sind nicht verpflichtend. Dabei wird den Eltern von einem Schul- und einem Kitakollegen das Programm »Family literacy – FLY« (Will, 2014) vorgestellt, ein hochprämiertes Programm, das den UNESCO-Bildungspreis erhalten hat. Beispielsweise wird mit den Familien zusammen auf eine ganz konkrete und praktische Weise ein jeweils individuelles Bildungsprofil erarbeitet, indem jede Familie ein Fotobuch über sich und ihre familiäre Kultur- und Lerngeschichte herstellt. Für alle Beteiligten sind diese Treffen eine große Bereicherung. Die Familien lernen sich gegenseitig kennen und alle erfahren viel über den Hintergrund der Familien und die Kultur- und Lernbiografie der Eltern. Die Eltern gewinnen an Selbstbewusstsein, indem sie ihre Lernbiografie einem vertrauten größeren Kreis vorstellen können. Auch für die Lehrkräfte ist es gut, unterschiedliche Bildungshintergründe kennenzulernen und dadurch wertzuschätzen, was eine andere Kultur Bereicherndes beitragen kann. Denn die meisten Lehrkräfte haben ja selber (noch) einen klassisch deutsch Bildungshintergrund. Mit dem Verständnis für die Wertvorstellungen und Alltagsgewohnheiten der Hintergründe der Familien ist es einfacher, in späteren Konfliktsituationen verständnisvoll zu bleiben und nicht zu denken, dass die Eltern sich in einer bestimmten Weise verhalten, um die Fachkräfte zu ärgern.

Bei nachfolgenden Treffen lernen die Eltern und die Kinder die Schule in ihren verschiedenen Räumlichkeiten auf sehr spielerische Weise kennen: die Sporthalle (z. B. unter dem Thema: »Wilde Kerle in der Turnhalle«), die Bücherei, den Computerraum und anderes mehr (Maaß, 2012). Dabei können Eltern auch mit anderen Eltern oder weiteren Lehrern ins Gespräch kommen. Verschiedene Feste und Events, wie ein Sommerfest oder ein Zirkus, werden ebenfalls in der Übergangsphase zum Kennenlernen der neuen Schulumgebung genutzt.

Bei der Einschulung selbst – was sollte man aus Ihrer Erfahrung besonders bei Kindern mit Autismus beachten?
Ganz wichtig ist für sie die Möglichkeit zu erhalten, vorab die Räumlichkeiten zu erkunden, am besten mit ihren Eltern oder den vertrauten Erziehern der Kita. Sie brauchen Zeit, sich den neuen Rahmenbedingungen und den neuen Personen anzunähern. Gerade die Eingangsrituale von Schule können für autistische Kinder sehr überfordernd sein, zum Beispiel das Szenario der Einschulungsfeier. Sie treffen da auf fremde Eltern, fremde Paten, fremde Kinder und das ganze Schulpersonal – da sind ganz viele Personen dabei, die später gar keine Rolle mehr für das Kind in der Schule spielen. Alle sind zusammen in einer großen Aula, wo von »fremden« Kindern auf der Bühne ein Theaterstück für die Erstklässler aufgeführt wird.

Für autistische Kinder ist es ganz besonders wichtig, mit den Eltern genau zu besprechen, wie der Einstieg ins Schulleben gut gelingen kann. An welchen Veranstaltungen nimmt die Familie mit dem Kind wie lange in welchem Rahmen teil? Für manche Eltern sind die zentralen Rituale besonders wichtig, weil sich hier der große Schritt in die neue Lebensspanne darstellt. Wenn das so ist, muss man überlegen, wie man das umsetzen kann. Zum Beispiel einen festen Sitzplatz für das Kind reservieren und die Mutter sitzt daneben. Für ein anderes Kind kann es wichtig sein, sich bewegen zu können, das muss dann mit den Bedarfen der anderen Anwesenden abgeglichen werden, die eine feierliche Atmosphäre erwarten.

Wenn es eine Schulbegleitung gibt, geht es dann auch um das Kennenlernen der Familie mit dem autistischen Kind und dieser Schulbegleitung. Für das autistische Kind kommt dann viel zu gleichen Zeit zusammen: die neuen Räume, die neue Struktur, die neue Person etc. Besser ist es, diese verschiedenen Punkte auseinanderzuziehen und das im Vorhinein gut zu planen. Das versuchen wir z. B. mit der Auftaktveranstaltung vor der Einschulung in Kooperation mit dem Hamburger Autismus Institut.

Eltern sind sehr bereit, das alles gut vorzubereiten. Oft ist es aber gerade gegenüber den Eltern wichtig, Dinge erneut zu erklären. Für Eltern ist Einschulung eine besondere, eine Ausnahmesituation. In solchen Situationen ist man oft nicht so aufnahmefähig und die Aufregung verhindert, dass man Informationen optimal wahrnehmen kann. Auch die Erzieher wollen gut umsorgt das Kind weitergeben.

Wie hat die gemeinsame Gestaltung des Übergangs durch die Fachkräfte der Kita und der Schule Ihre Arbeit verändert?
Ein ganz praktisches Ergebnis der Zusammenarbeit ist, dass sich die Wahrscheinlichkeit für eine frühzeitige Autismusdiagnose erhöht. Der Austausch der Fachkräfte beider Einrichtungen vermittelt den Erzieherinnen die Sicherheit, die Eltern auf den Verdacht anzusprechen. Für die Einschulung ist es sehr wichtig, dass möglichst vorher die Diagnose gestellt wurde, damit die zur Verfügung stehenden Ressourcen eingesetzt werden können und wir auch auf die Unterstützung des Autismus-Instituts Zugriff haben. Wenn die Diagnose erst nach Einschulung gestellt wurde, ist die Erfahrung, dass der Schüler und die Klasse sich weitaus schwerer tun, die auftretenden Probleme zu lösen.

Eine gute Zusammenarbeit zwischen Kita und Schule, macht auch kurze Wege der Hilfestellung möglich. Gerät ein Kind in der Schule beispielsweise in eine Krise, kann manchmal das Erfahrungswissen über diesen Schüler aus der Kindergartenzeit sehr hilfreich sein. Damit kann man oft die Familie am besten unterstützen.

Auch das Verständnis für das jeweilige Arbeitsgebiet hat sich erweitert. Lehrer gehen in die Kita, um die Kinder kennen zu lernen und ein Bild von der Arbeit der Kita mit den Kindern zu erhalten. Das Gespräch der Kollegen untereinander führt dazu, dass alle eine gegenseitige Wertschätzung füreinander entwickeln. Das wird auf Leitungsebene angestoßen und auf der Ebene der Lehrer und Erzieher umgesetzt. Ganz konkret findet die Zusammenarbeit auch ihren Niederschlag, indem zum Beispiel gemeinsame Fortbildungen stattfinden.

Das klingt alles sehr gut – aber vorher nehmen Sie die zeitlichen bzw. personellen Ressourcen?
Dieses besondere Projekt braucht tatsächlich an manchen Punkten mehr Zeit – Zeit, die man eigentlich an der Stelle nicht explizit hat. Der Effekt dieser guten Anbahnung ist dann aber, dass diese Zeit später mehrfach eingespart wird. Wenn man eine gute Übergangsbegleitung macht, gibt es in der ersten Klasse deutlich weniger Probleme. Man kann Schwierigkeiten vorbauen, es gibt weniger herausfordernde Überraschungen. Der Übergang wird mit entsprechenden Maßnahmen flankiert, wir sparen viel Energie ein, und das berechtigt auch, die Energie an den Anfang zu verlagern.

Ganz konkret haben wir die Erfahrung gemacht, dass die Entwicklungsberichte aus der Kita und die Gespräche mit den Eltern eine gute Orientierung geben für die Bedarfe des Kindes. Man verliert gerade am Anfang, wo das Kind unter Umständen selbst mit dem Übergang kämpft, keine Zeit. Auch in der Kita kann man den Eltern Zuversicht vermitteln, dass sie in guten Händen sind. Es ist ganz wichtig, dass die Vertrauenspersonen der Kita den Eltern die Zuversicht vermitteln, dass in der Schule alles gut laufen wird.

Insgesamt wird von den Eltern dadurch auch die Erfahrung gemacht, dass es sich lohnt, transparent und offen eigene Probleme zu kommunizieren. Sie machen die Erfahrung, dass damit gut und verantwortungsvoll umgegangen wird, und dass es zum Wohl ihres Kindes geschieht.

Diese positiven Erfahrungen in der Zusammenarbeit – gerade auch für die Eltern – lassen zu, dass viele Themen und mögliche Probleme beim Übergang von der Kita in die Schule schnell und gut bearbeitet werden und angemessene Lösungen gefunden werden können. Wenn man dann hört, dass der Übergang für das Kind gut gelaufen ist, fühlt man sich sehr bestätigt.

Wie eingangs angedeutet, überzeugt mich das geschilderte Vorgehen der Übergangsgestaltung von der Kita zur Schule auch für Kinder mit Autismus sehr. Für mich als Autismus-Fachkraft war es faszinierend festzustellen, dass ein Konzept, dass eigentlich gar nicht speziell für Kinder mit Autismus entwickelt wurde, für diese so gut funktioniert. Es enthält sehr viele Qualitätsmerkmale, die ebenfalls in der Beratung bzgl. der Bewältigung schwieriger Übergänge für Kinder mit Autismus als grundlegend gelten, wie beispielsweise das nachhaltige Vertrautmachen mit der neuen Umgebung und den neuen Personen sowie die gute Weitergabe der relevanten Informationen über das Kind von der einen zur anderen Institution. Weiterhin liegt dem Ganzen ein zeitliches Konzept zugrunde, das sehr rechtzeitig (1½ Jahre vorher) einsetzt und damit allen Beteiligten Zeit gibt, sich der zukünftigen Situation in einem individuellen Tempo anzunähern. Diese Rahmenbedingungen tragen dazu bei, dass auch die beteiligten Einrichtungen und die dort handelnden Personen zum Besten des jeweiligen Kindes in sehr guter Weise kooperieren können.

Insgesamt bestätigt mich das geschilderte Konzept in meiner Einschätzung, dass autistische Menschen immer dann von den gegebenen Bedingungen profitieren, wenn sie auch für alle anderen sehr gute Bedingungen sind. Wie man sieht, müssen es nicht immer ganz besondere sein.

Literatur

BSB, Hamburger Behörde für Schule und Berufsbildung: Monitoring: Vorstellungsverfahren der Viereinhalbjährigen; Zugriff am 10.05.2018 unter http://www.hamburg.de/bsb/monitoring-evaluation-diagnoseverfahren/4025966/artikel-vorstellung-4-5-jaehrigen/

Hamburg-Bürgerthemen: Jeki – Jedem Kind ein Instrument; Zugriff am 31.05.2018 unter http://www.hamburg.de/jeki/

Herold, I. (2017). Hand in Hand für eine gute Beschulung – die einrichtungsübergreifende Zusammenarbeit in Zeiten der Inklusion. In B. Rittmann & W. Rickert-Bolg (Hrsg.), *Autismus-Therapie in der Praxis. Methoden, Vorgehensweisen, Falldarstellungen* (S. 189–195). Stuttgart: Kohlhammer.

Lohmann, M. (2017). Kooperation von Autismus-Therapiezentren mit Beratungsstellen der Schulen. In B. Rittmann & W. Rickert-Bolg (Hrsg.), *Autismus-Therapie in der Praxis. Methoden, Vorgehensweisen, Falldarstellungen* (S. 196–208). Stuttgart: Kohlhammer.

Maaß, K. (2012). Schuleintritt leicht gemacht – von der Kita zur Schule mit Fly. In G. Rabkin, Landesinstitut für Lehrerbildung und Schulentwicklung, Hamburg (LI) (Hrsg.), *Good practice – Beispiele aus elf Hamburger Schulen* (S. 8–13). Hamburg: Landesinstitut für Lehrerbildung und Schulentwicklung.

UN-Behindertenrechtskonvention: Übereinkommen über die Rechte von Menschen mit Behinderungen – Inklusion; Zugriff am 21.07.2018 unter https://www.behindertenrechtskonvention.info/inklusion-3693/

Will, S. (2014). Familiy Literacy im Übergang Kita-Schule – ein Beitrag zur inklusiven Schulentwicklung in Lohbrügge-Ost. In G. Rabkin, Landesinstitut für Lehrerbildung und Schulentwicklung, Hamburg (LI) (Hrsg.), *Familienorientierte Bildung im Raum Schule* (S. 120–125). Hamburg: Landesinstitut für Lehrerbildung und Schulentwicklung.

Teil VII Perspektivwechsel – Autismus aus Sicht von Menschen im Spektrum

30 »Das kann ich nicht, aber dafür kann ich ganz viel anderes« – Rückblick auf eine Kindheit mit Autismus

Christine Preißmann

30.1	Zu meiner Person	277
30.2	Auffälligkeiten beim Spielen und Kontakt zu anderen Menschen	278
30.3	Schwierigkeiten bei fehlender Struktur	280
30.4	Schwierigkeiten bei Unerwartetem und Veränderungen	281
30.5	Schwierigkeiten bei mehrdeutigen Äußerungen oder Redewendungen	282
30.6	Sensorische Besonderheiten	283
30.7	Motorische Auffälligkeiten	284
30.8	Routinen, Rituale, Spezialinteressen	284
30.9	Das Anderssein	285

30.1 Zu meiner Person

Ich bin Ärztin für Allgemeinmedizin und Psychotherapie. Im Alter von 27 Jahren habe ich die Diagnose Asperger-Syndrom erhalten und dadurch Antworten auf viele Fragen in meinem Leben gefunden. Seit über 15 Jahren arbeite ich mit einer Teilzeitstelle in einer psychiatrischen Klinik in Südhessen, wo mir der geplante und strukturierte Tagesablauf auf der Station sehr entgegenkommt.

Geboren und aufgewachsen bin ich in einer Kleinstadt in Südhessen. Bereits im Kindergarten wurde ich als zuverlässig und hilfsbereit beschrieben. Ich bin ordentlich und immer pünktlich, erledige eine begonnene Aufgabe bis zum Schluss und möchte sie auch möglichst perfekt abliefern. Man kann sich auf mich verlassen, wenn ich irgendwo zugesagt habe. Ich plane ein Vorhaben, bevor ich es in Angriff nehme, genauso wie meinen Tagesverlauf. Routineabläufe mag ich sehr gern. Ich bin gerecht und verlange auch von anderen eine gerechte Behandlung aller Menschen. Meist bin ich aufrichtig und ehrlich.

Meine Interessen sind seit frühester Kindheit Weihnachtsmärkte, Pläne aller Art und große Flughäfen. Stets lernte ich den neuen Flugplan oder das Telefonbuch unserer Stadt auswendig. Das gab mir Sicherheit und entspannte mich.

Durch meine Referate und Publikationen möchte ich die Vielfalt des Autismus bekannter machen und so zu einem besseren Verständnis für die betroffenen Menschen beitragen. Vor allem ist es mir aber ein Anliegen, mitzuhelfen, die Auffälligkeiten bereits im frühen Kindesalter richtig einzuordnen, um so möglichst früh mit einer effektiven Förderung beginnen zu können. Auch mir hätte eine frühe Diagnose unbestritten sehr geholfen.

In diesem Beitrag schildere ich daher Auffälligkeiten aus meiner frühen Kindheit, Schwierigkeiten genauso wie das, was mir leichtfiel, vor allem aber möchte ich mögliche Hilfen anregen und beschreiben, was für mich damals hilfreich gewesen wäre. Ich wünsche mir sehr, dass sich aus diesen Anregungen dann schließlich noch mehr ganz konkrete Hilfen für autistische Kinder auch im Vorschulalter entwickeln lassen.

30.2 Auffälligkeiten beim Spielen und Kontakt zu anderen Menschen

Obwohl ich zufrieden wirkte, ging ich nicht gern in den Kindergarten und verstand auch den Zweck dieser Einrichtung nicht. Beschäftigen konnte ich mich schließlich auch alleine, die anderen Kinder waren dafür nicht nötig. Trotzdem aber war der Besuch vorgesehen, und man verständigte sich darauf, dass ich vormittags hinging, nachmittags aber in der Regel zu Hause bleiben durfte.

Aber ich glaube, ich habe nie erzählt, dass es mir nicht gefiel, ich wusste nicht, dass man das tat, es war mir nicht in den Sinn gekommen. Also ertrug ich die Zeit dort. Wenn meine Eltern mich fragten, wie es gewesen war, antwortete ich ihnen stets mit einem »Gut«. Was von all den Erlebnissen und Erfahrungen zu Hause erzählt werden sollte, wusste ich nicht. Der Alltag war ausnahmslos verwirrend, wo hätte ich da anfangen sollen mit meinem Bericht?

Am liebsten spielte ich allein, ordnete meine Spielsachen lieber nach ihrer Größe, als sie so zu benutzen, wie es vorgesehen war. Andere Kinder waren da störend, weil sie meine Ordnung zerstörten.

Ruhige Beschäftigungen wie Basteln oder das Anschauen von Büchern gefielen mir, vor allem Sachbücher mochte ich sehr. Dagegen war ich motorisch ungeschickt und hasste die Bewegungsspiele im Freien oder die Kletter- und Balancierübungen, die die anderen Mädchen so liebten. Gegen Ende der Kindergartenzeit fiel ich von einem Klettergerüst im Hof des Kindergartens, erlitt dabei einen Oberschenkelbruch und konnte in den letzten drei Monaten den Kindergarten nicht mehr besuchen, was mich zunächst sehr gefreut hatte. Meine Eltern und die Erzieherinnen hatten sich dann jedoch überlegt, mir jeden Tag vormittags zwei Kinder aus meiner Gruppe zu schicken, damit mir nicht so langweilig sein würde. Ich glaube, rückblickend habe ich kaum eine ähnlich schlimme Zeit in meinem Leben gehabt wie damals. Jeden Tag saßen diese Kinder bei mir, ich wollte sie nicht haben, aber ich konnte nichts dagegen unternehmen, was mich ziemlich verzweifeln ließ. Ich wusste nicht, wie ich mit den Kindern umgehen und was ich mit ihnen tun sollte. Bei manchen von ihnen wusste ich überhaupt nicht, dass ich sie schon einmal gesehen hatte, ich kannte sie nicht. Und ich war auch ganz zufrieden mit mir selbst und langweilte mich keineswegs. Meistens spielten dann die beiden anderen Kinder ein Spiel, ich dagegen robbte davon (ich durfte nicht laufen und suchte notgedrungen nach anderen Möglichkeiten, mich schnell von den anderen entfernen zu können). Oft saß ich lange auf der Toilette, die auch später immer wieder zu meinem Zufluchtsort wurde. Manchmal krabbelte ich unter den Tisch und löste dort in meinem Rätselheft ein paar Rätsel. Darüber vergaß ich meist völlig, dass die anderen Kinder ja noch da waren. Gelegentlich brachten sie mir kleine Bücher oder ein paar selbst gemalte Bilder mit, die ich mir ansah. Aber sonst konnte ich mit den Kindern nichts anfangen und war froh, als sie irgendwann wieder weggingen.

Ging es dagegen um ein gemeinsames Spiel, das ich kannte und das nach meinen Regeln ablief, so bereitete mir das durchaus auch Freude. Mit meinen Eltern spielte ich gern immer dasselbe »Memory«-Spiel. Die Tafeln waren schon ziemlich abgegriffen, aber es durfte kein neues Spiel sein und auch nichts anderes. Für meine Eltern muss das schrecklich langweilig gewesen sein, denn ich gewann immer, weil ich ein gutes Gedächtnis habe, aber sie machten es mit, da sie wohl irgendwie merkten, dass das wichtig für mich war.

Mit »Mädchenspielzeug« wie Barbiepuppen, Pferdebüchern oder sonstiger Mädchenliteratur konnte ich dagegen nie etwas anfangen, die Modellbausätze oder Laubsägekästen meiner Brüder gefielen mir viel besser, und dass meine Umgebung das als »unweiblich« empfand, störte mich nicht. Auf Aktivität ausgerichtete, auf technischen Dingen oder Experimenten basierende Spiele waren für mich deutlich leichter als beispielsweise das »So-tun-als-ob-Spiel« mit einer Puppe. Es war mir ein völliges Rätsel, weshalb ich selbst durch eine Trinkflasche dafür sorgen sollte, dass so ein lebloses Plastikmodell nass wurde, um dann von mir trockengelegt zu werden. Das erschien mir als sinnlos und als völlige Zeitverschwendung. Viel lieber widmete ich mich meinen Interessen, den Abflugplänen des Frankfurter Flughafens oder meinen Weihnachtsmarktplänen. Aber ich beschäftigte mich damit allein und teilte meine Freude daran nicht mit anderen, auch nicht mit meinen Eltern.

Anfangs störte es mich nicht, allein zu spielen, nach und nach aber hätte ich gern auch mal mitgemacht, wenn sich die anderen Kinder miteinander beschäftigten. Schon als Kleinkind analysierte ich manchmal meine Situation. Irgendwann fiel mir auf, dass es wichtig ist, verschiedene Fähigkeiten zu besitzen, um zumindest zeitweise »dabeisein« zu können, ich selbst diese Fähigkeiten aber nicht besaß. Ich hätte jemanden gebraucht, der mir dabei geholfen hätte, mit den anderen Kindern in Kontakt zu kommen. Man hätte mir etwa die Themen erläutern müssen, mit denen sich die Gleichaltrigen beschäftigten, und ich hätte die Gründe erfahren müssen, weshalb man sich damit beschäftigen sollte. Manches, was ich eigentlich als Zeitverschwendung empfand, hätte ich vermutlich zumindest zeitweise auf mich genommen, wenn ich gewusst hätte, dass das nötig gewesen wäre, um vielleicht eine Freundin zu finden oder auch nur ab und zu integriert zu werden.

Hilfreich ist es also im Kleinkindalter, das Spiel mit Gleichaltrigen gezielt anzuleiten und die anderen Kinder auf die Beschäftigung mit dem autistischen Kind gezielt vorzubereiten, indem man ihnen beide Seiten vermittelt, die Schwierigkeiten des Betroffenen genauso wie die Ressourcen und die Gemeinsamkeiten. Immer wieder sollte man die bestehenden Stärken hervorheben und auch für die Gruppe nutzen, statt sich vorwiegend auf Unzulänglichkeiten zu konzentrieren.

Aber es war durchaus richtig und wichtig, mir auch meine eigenen Spiele und meine Interessen zu lassen, sie waren wichtig für mich (und sind es übrigens auch heute noch), weil ich sie in schwierigen Zeiten gezielt als Erholung einsetzen konnte. Die Beschäftigung mit den Lieblingsgebieten muss man aber oft zeitlich begrenzen, damit auch noch anderes gelernt werden kann und weitere Erfahrungen gemacht werden können. Das gelang meinen Eltern sehr gut – wir waren oft in der Natur unterwegs und ich habe durch diese gemeinsamen Aktivitäten vieles gelernt.

VII Perspektivwechsel

30.3 Schwierigkeiten bei fehlender Struktur

Schon immer war ein geplanter, vorhersehbarer und strukturierter Tagesablauf für mich wichtig, und umgekehrt hatte ich die größten Schwierigkeiten, wenn die Struktur fehlte.

Das wurde beispielsweise deutlich bei den Urlaubsreisen früher mit meinen Eltern. Wir waren oft in den Bergen. Ich mochte das, und ich kannte es ja auch nicht anders. Als ich älter wurde und gern mal an einen See gefahren wäre, fand man Kompromisse und wählte Gegenden mit schönen Bergseen, in denen man baden konnte. Das war in Ordnung so. Die ländliche Umgebung kam mir entgegen, ich liebte es, immer zur gleichen Zeit morgens das »Milchauto« zu beobachten, das von den Höfen die Milch abholte. Diese Routinen und die technischen Abläufe gefielen mir.

Schwierig dagegen war, dass ich auch sonst alles ganz genau planen und bestimmen wollte, um Sicherheit zu haben, wie der Tag ablaufen würde, und so weniger Angst zu verspüren. Das war meinen Eltern damals so natürlich nicht bewusst, sie wollten ihre Urlaubstage eben einfach nicht nach einem festgelegten Schema verbringen. »Wir schlafen aus und schauen dann mal, was wir machen wollen« – wie ich solche Sätze hasste! Wir brachen also irgendwann auf, unternahmen Wanderungen zu Zielen, die wir nicht kannten, und wussten nicht, wie lange wir dorthin unterwegs sein würden. Meine Mutter versuchte, mich zu beruhigen: »Wir werden wieder früh zurück sein.« – »Und vielleicht gibt es irgendwo ein Eis«, fügte mein Vater hinzu. Das war so ein Satz, der überhaupt nichts aussagte und deshalb nichts zu meiner Beruhigung beitragen konnte: Natürlich würde es wohl irgendwo ein Eis geben – aber wann, wo und welches Eis? Ach, es war alles zu schwierig … Heute weiß ich, dass ich meine freie Zeit nicht auf diese Weise verbringen kann und nicht verbringen möchte, weil ich das nicht als Erholung empfinde, sondern vielmehr in solchen Momenten noch zusätzlichen Stress empfinde.

Problematisch war aber auch die Fahrt zum Urlaubsort. Ich litt sehr, weil ich nicht wusste, wie lange es noch dauern würde, und Beteuerungen wie »Wir sind bald da« halfen mir auch nicht weiter, sondern verwirrten mich nur, wenn meine Eltern dann etwas später ankündigten, wir hätten nun »die Hälfte bald geschafft«. Quengelnde Kinder auf dem Rücksitz sind in solchen Momenten sicher für alle Eltern nervig, ein quengelndes autistisches Kind, das zudem noch Angst hat, weil ihm die Sicherheit fehlt, ist aber bestimmt noch um einiges schwieriger zu ertragen.

Irgendwann erkannten meine Eltern meine Not und stellten mir in der Folge einen Plan unserer Fahrtstrecke mittels Kopien aus dem Straßenatlas zusammen. Da ich die Zahlen lesen konnte, war es mir möglich, die einzelnen Autobahnausfahrten zu identifizieren und so mitzuverfolgen, wo wir uns gerade befanden. Das war das Beste, was man für mich tun konnte: Ich war beschäftigt, wusste, welche Strecke wir schon zurückgelegt hatten, und konnte dann zusammen mit meiner Mutter meinen Vater darauf vorbereiten, wann die Autobahn gewechselt werden musste. Navigationsgeräte waren damals ja noch nicht erfunden.

Auch wenn im Kindergarten freies Spiel verlangt wurde, war ich verloren. Standen dagegen konkrete Aktivitäten auf dem Plan, ging es mir dort ganz gut. Besonders gern mochte ich Unternehmungen, bei denen ich etwas lernen konnte, so gefielen mir sehr die Besuche bei der Feuerwehr oder dem Zahnarzt in unserer Gegend.

Hilfreich gewesen wäre für mich ein möglichst strukturierter, geplanter Tagesablauf, sowohl im Kindergarten als auch in der Freizeit. Pläne aller Art sind dafür sehr geeignet, um die Abläufe zu visualisieren. Auch im

Kindergarten wäre es möglich gewesen, die Abläufe noch besser zu strukturieren, z. B. durch Rituale, feste Plätze, kontinuierliche Bezugspersonen und Vorhersehbarkeit.

30.4 Schwierigkeiten bei Unerwartetem und Veränderungen

Besonders gelitten habe ich unter Veränderungen. Zu Hause gab es Pläne für das Miteinander, an die man sich hielt – größtenteils, und wenn nicht, dann war das eine Katastrophe, weil ich große Angst bekam und nicht wusste, was los war. Das Abendessen war also jeweils für 19 Uhr angesetzt, aber wenn meine Eltern vorher unterwegs waren und Bekannte trafen, mit denen sie sich unterhielten, konnte es auch einmal etwas später werden. Der zu Hause gebliebene Elternteil, der bei mir und meinen beiden Brüdern blieb, konnte sich dann kaum mehr retten vor Geschrei. Was wie eine Provokation ausgesehen haben mag, war in Wirklichkeit aber meine große Angst. Meine Eltern merkten das und gaben sich viel Mühe, solche Situationen zu vermeiden, aber das gelang eben nicht immer. Heute weiß ich das, aber damals kam es einfach einem Weltuntergang gleich. Ich hatte Angst, meinen Eltern könnte etwas passiert sein, und war dann zwar erleichtert, aber auch völlig erschöpft, als endlich alle zu Hause waren und am Esstisch saßen.

Auch in meiner Lieblingszeit, der Adventszeit, gab es schwierige Situationen, die für mich besonders schlimm waren, weil ich diese Wochen so gern mochte. So liebte ich es, mit meiner Mutter Plätzchen zu backen, und brauchte nicht viele Formen dafür. Vielmehr wollte ich immer nur Sterne backen, denn Enten, Herzen, Kleeblätter etc. passten ja eigentlich gar nicht so recht zu Weihnachten. Ich erinnere mich gut an mein Geschrei, als mein Bruder einmal eine »Zimtente« ausgestochen hatte. Ich konnte mich kaum beruhigen, es gehörte sich nun einmal nicht, aus dem Zimtstern-Teig eine Entenfigur auszustechen. Mein Bruder dagegen wusste gar nicht, was eigentlich los war. Heute lachen wir manchmal gemeinsam, wenn wir uns an die »Zimtente« erinnern.

Außerdem war es schwer für mich, mit etwas überrascht zu werden, auch dann, wenn dies eigentlich etwas Schönes und Positives war. Eines Tages schleppten meine Eltern einen viel größeren Tisch für unsere Weihnachtskrippe an als sonst. Sie wussten, wie gern ich die Krippe mochte, deshalb dachten sie, ein größerer Tisch wäre schöner. Ich dagegen rastete komplett aus, und es dauerte lange, bis ich mich darauf einlassen konnte, ihn zumindest einmal auszuprobieren. Dann merkte ich auch, dass es so viel schöner aussah. Aber es war und ist immer wieder sehr schlimm für mich, wenn etwas anders ist als sonst.

Auch bekam ich gern Geschenke, die ich mir gewünscht hatte, aber ich wollte eben vorher wissen, was es sein würde. In meinen ersten Lebensjahren war es deshalb sehr anstrengend an Weihnachten, wenn die Päckchen ausgepackt werden sollten. Irgendwann fand ich durch Zufall die Verstecke, wo meine Eltern die Weihnachtsgeschenke für mich und meine Brüder aufbewahrten, und lief dann jedes Jahr kurz vor Weihnachten in ihr Schlafzimmer, wenn sie gerade nicht zu Hause waren, um im Schrank nachzusehen, was ich diesmal wohl bekommen würde. Für mich war das eine große Hilfe, so konnte ich voller Vorfreude auf die Bescherung an Heiligabend warten.

Auch heute noch machen wir uns dies im Kreis der Familie zunutze, indem wir uns rechtzeitig vor dem Fest gegenseitig unsere »Wunschzettel« schicken. So kann jeder sicher sein, Geschenke zu finden, die dem anderen auch wirklich gefallen. Vor allem aber habe ich eine gewisse Sicherheit und kann mich auf das einstellen, was mich wohl erwarten wird.

Wenn man es also für das autistische Kind leichter machen will, sollte man Veränderungen, wann immer möglich, vermeiden, sie andernfalls aber zumindest frühzeitig ankündigen, den Sinn erklären und auch Fragen dazu beantworten, um dem Kind ein bisschen die Angst zu nehmen.

30.5 Schwierigkeiten bei mehrdeutigen Äußerungen oder Redewendungen

Besonders schwer war es für mich, Äußerungen und Anforderungen zu verstehen, die nicht ganz eindeutig formuliert waren. Egal, ob es sich dabei um Redewendungen handelte oder Sätze wie »Man sollte dieses oder jenes tun« – es gelang mir nicht, Anforderungen, die auf diese Weise ausgesprochen wurden, richtig zu verstehen. Das führte immer wieder zu Missverständnissen oder auch zu Reaktionen, die man für eine Provokation hielt. Ich dagegen hatte mir jeweils gar nichts Böses dabei gedacht.

Bei meinem Unfall im Kindergarten fragte man mich, ob ich meine Hose ausziehen könnte. Natürlich konnte ich das und hielt das für eine reichlich blöde Frage. Aber dass ich es auch hätte tun sollen, hatte ich nicht verstanden. So zerschnitt man mir sie leider, weil alle annahmen, meine Schmerzen wären einfach zu stark dafür.

Auf unseren Urlaubsreisen stellte meine Mutter, die die Routenplanung übernahm, immer wieder klar, wir müssten uns »da vorne links halten«. In der Regel hatte ich meinen Platz auf der Rückbank am rechten Fenster und fand es lästig und unpraktisch, mich irgendwo links festhalten zu sollen. Aber ich gab mir Mühe, weil es eben offenbar so vorgesehen war.

Und an Heiligabend fand stets »gegen 17 Uhr« die Bescherung im Familienkreis statt, wobei ich Wert legte auf die exakte Uhrzeit, meine Eltern dagegen auf das Wort »gegen«. Dadurch kam es erwartungsgemäß leider immer wieder einmal zu kleineren Auseinandersetzungen. Mein Umfeld fand mich penibel, kleinlich, pingelig oder schikanierend und provozierend, was mir wehtat. Ich wollte die anderen nur beim Wort nehmen.

Es ist also wichtig, autistischen Kindern möglichst klare und eindeutige Anweisungen zu geben, keine ironischen Äußerungen zu machen und immer gleich zu erklären, was man tatsächlich meint. Viele Missverständnisse und Fehlinterpretationen ließen sich so vermeiden.

30.6 Sensorische Besonderheiten

Auch hatte ich zahlreiche Auffälligkeiten im Hinblick auf die Sinnesreize. Vor allem das Hören und taktile Reize waren für mich problematisch, ich war dann schnell überfordert und »überreizt«. Die vielen Kinder, die im Kindergarten durcheinanderwirbelten, waren deutlich zu viel für mich. Ich hatte Glück und fand intuitiv Möglichkeiten, mir in solchen Momenten zu helfen: Sobald ich nach Hause kam, legte ich mich in meinem Zimmer auf den Boden und bedeckte mich mit dem Couchtisch, den ich umdrehte, sodass die Tischplatte auf mir lag. Der feste Druck beruhigte mich, und was für mein Umfeld skurril ausgesehen haben muss, war für mich selbst sehr hilfreich.

Für andere Körperempfindungen dagegen war ich eher weniger empfindlich, was jedoch genauso viele Schwierigkeiten mit sich brachte. So konnte ich Schmerzreaktionen meines Körpers nicht gut wahrnehmen, was mehrfach zu teils gefährlichen Erkrankungen führte. Inzwischen habe ich, auch durch meine medizinische Ausbildung, gelernt, in manchen Fällen ein bisschen sensibler zu werden für mögliche Ursachen und dann eine entsprechende Abklärung einzufordern. Wir Menschen mit Autismus brauchen, wenn wir nur wenig Schmerz empfinden, eben oft häufigere Röntgenbilder oder ähnliche Untersuchungen, beispielsweise beim Chirurgen oder auch beim Zahnarzt. Das gehört zu den Dingen, die man in Kauf nehmen (und auch den ärztlichen Kollegen mitteilen) muss.

Um ein Verhalten richtig beurteilen zu können, ist es notwendig, die Erfahrungen der Eltern einzubeziehen – sie kennen ihr Kind mit seinen Vorlieben und Abneigungen schließlich mit Abstand am besten. Dazu fällt mir die Situation im Kindergarten ein, als ich mir bei dem Sturz vom Klettergerüst den Oberschenkel brach. Ich weinte und schrie auf dem gesamten Weg mit dem Krankenwagen in die Klinik, aber nicht etwa deshalb, weil ich Schmerzen gehabt hätte. Schließlich war und bin ich nur wenig schmerzempfindlich. Aber man zerschnitt mir eben schon auf dem Weg in den Krankenwagen die Hose, die ich trug und die meine Lieblingshose war. Ich konnte mich kaum beruhigen, und natürlich halfen deshalb auch die Schmerzmedikamente, die man mir eilig gab, nicht gegen meinen Kummer. Als meine Mutter mich im Krankenhaus sah, wusste sie sofort, was los war, und ihr gelang es dann auch, mich allmählich zu beruhigen.

Andere Reaktionen meines Körpers waren aber auch für mich selbst nur schwer einzuordnen. Hunger, Durst, Müdigkeit oder Erschöpfung fühlten sich nahezu identisch an, ein Sättigungsgefühl kannte ich nicht. Daher wusste ich nie, wann es Zeit war, etwas zu essen oder zu trinken oder aber mich einfach hinzulegen. Erst im Laufe der Zeit habe ich gelernt, nach Plänen zu leben und aufgrund dieser Schwierigkeiten dann eben Nahrungs- und Flüssigkeitsaufnahme gezielt zu planen. Wenn ich weiß, dass ich nicht hungrig oder durstig sein kann, kommt eben nur noch die Erschöpfung in Frage. Dann muss ich mich einfach ausruhen. Was andere Menschen also intuitiv erkennen, musste ich mühsam lernen.

Beim Essen selbst gab es ebenfalls Auffälligkeiten. Bis heute kann ich keine breiigen Speisen essen, weil ich diese Konsistenz an meinem Gaumen nicht ertragen kann. Kartoffelpüree, Mousse au Chocolat, Apfelmus oder überreife Bananen sind also längst von meinem Speiseplan verbannt. Aber dafür muss man eben erst einmal erkennen, dass es tatsächlich sensorische Besonderheiten sind, die die Ernährungsgewohnheiten des autistischen Kindes bestimmen – nicht jedoch Provokation oder fehlende Kooperation.

30.7 Motorische Auffälligkeiten

Da ich von Beginn an motorisch ungeschickt war, gelang es mir nicht, eine geeignete Sportart für mich zu finden. Versuche mit Leichtathletik, Turnen, Schwimmen oder Judo waren deshalb erfolglos. Schließlich landete ich beim Tischtennis, das mir gefiel. Ich konnte die Schläge zwar nicht lehrbuchmäßig ausführen, weil es mir schwerfiel, die einzelnen Bewegungen aufeinander abzustimmen. Aber vielleicht war ich gerade deshalb so erfolgreich damit, weil meine Spielweise für meine Gegner einfach unberechenbar und nicht zu durchschauen war. Ein paar Jahre lang ging das gut, meine Eltern begleiteten mich ab und zu auf Turniere, und die Wettkampfatmosphäre gefiel mir: Man kam mit Gleichaltrigen über ein festgelegtes Thema für kurze Zeit in Kontakt und hatte dann wieder seine Ruhe. Das war also ziemlich perfekt für mich. Dann aber bekam unsere Mannschaft einen neuen Trainer, der großen Wert auf eine ganzheitliche sportliche Förderung legte und Zirkeltraining und viele andere Maßnahmen einführte, die mir nicht möglich waren. Ich hätte so gern nur und ausschließlich Tischtennis gespielt, das mir Spaß machte und das ich gut konnte. Man hätte mich hier durchaus fördern können. So aber musste ich auch diese Sportart schließlich aufgeben, was mir wirklich sehr leidtat.

Die motorischen Auffälligkeiten zeigten sich aber natürlich auch auf andere Weise. Nur mühsam erlernte ich das Fahrradfahren oder Schwimmen, die aufeinander abgestimmten Bewegungen forderten meine ganze Aufmerksamkeit und kosteten mich unglaublich viel Kraft. Das Zeichnen fiel mir schwer, auch konnte ich später nicht gut schnell schreiben. Wenn andere Mädchen noch Gelegenheit fanden, ihr Geschriebenes mit kleinen Gemälden zu verschönern, war ich froh, eine schnörkel- und schmucklose Schrift auf das Papier gebracht zu haben. Ohnehin war ich eher der pragmatische Typ. Ich tat, was gefordert wurde, das kostete mich genug Kraft – wozu sollte ich mich noch zusätzlich anstrengen? Das hatte schließlich niemand verlangt. Und von kleinen aufgeklebten Smileys, die die Gleichaltrigen für ihre schöne Schrift sammelten, hielt ich ohnehin nichts – das waren meine Hefte, da hatte niemand etwas hineinzukleben!

Wichtig für autistische Kinder ist insgesamt eine gezielte Einzelförderung, um Motorik und Koordination zu verbessern. Wir lernen solche Dinge meist nicht durch Imitation, können also beim Sport die Bewegungsabläufe, die von anderen vorgemacht werden, nicht einfach nachmachen.

30.8 Routinen, Rituale, Spezialinteressen

Ich mochte alles, was einem ritualisierten Ablauf folgte. Katholisch erzogen, liebte ich sehr den sonntäglichen Gottesdienst, der bis ins Kleinste vorhersehbar und strukturiert war. Später wurde ich Ministrantin, die kirchliche Zeremonie gab mir viel Halt und war vor allem in anstrengenden Zeiten eine große Hilfe für mich.

Auch zu Hause folgte der Ablauf größtenteils einer täglichen oder zumindest wöchentlichen Routine. Meine Eltern gehörten nicht zu der Sorte Mensch, die durch ihr sprunghaftes Verhalten und kurzfristige Planänderungen auffiel, wofür ich unendlich dankbar war. Auch im weiteren Leben suchte ich mir zur Unterstützung ausschließlich ruhige, strukturierte Menschen, da mir spontane (und damit für mich chaotisch erscheinende) Zeitgenossen sehr viel Stress bereiteten. Auch meine Therapeutinnen aus Psycho- und Ergotherapie helfen mir sehr durch ihre überlegte und reflektierte Art.

Die Vorgänge des menschlichen Körpers interessierten mich ebenfalls schon sehr früh, und Krankheitsberichte anderer Leute fand ich spannend. Nach meinem Sturz vom Klettergerüst überraschte ich meine Erzieherinnen mit einer trockenen Feststellung: »Ich habe mir wohl das Bein gebrochen.« Ich konnte nicht aufstehen, deshalb schien mir dies die naheliegendste Erklärung zu sein. Da ich aber objektiv offenbar nicht wirklich zu leiden schien, belächelten die Mitarbeiter diese Aussage erst einmal, bevor sie sich intensiver um mich kümmerten, als sie merkten, dass ich das Bein tatsächlich nicht belasten konnte.

Und auch mein liebstes Interesse entstand bereits in früher Kindheit: Ich liebe das Weihnachtsfest sehr. Zunächst waren es die Weihnachtsmärkte, die es mir angetan hatten, denn ich machte mir immer einen Plan, wo ich aufzeichnete, an welcher Stelle welcher Weihnachtsmarktstand zu finden war. Jedes Jahr lief ich mit meinem Plan dorthin und freute mich, wenn alles in Ordnung und jeder Stand an dem Ort war, den mein Plan und ich ihm zugedacht hatten.

Ja – und dann haben meine Eltern das wohl sehr gut gemacht und versucht, diese meine doch sehr isolierte Vorliebe zu einem ganz umfassenden Interesse für das Weihnachtsfest insgesamt auszubauen, also für die Lieder und Geschichten, Gerüche, Dekoration und Bastelarbeiten, Weihnachtsgebäck, religiöse Aspekte – und für die Menschen, die Weihnachten feiern.

Das möchte ich auch heute immer als Anregung nennen: Oft ist es möglich, aus einem eng umschriebenen Interessengebiet den Blick auf das große Ganze zu richten und die betroffenen Kinder zu motivieren, sich auch mit Neuem und vor allem mit den anderen Menschen zu beschäftigen. Aber hierfür ist die Anleitung und Begleitung nötig. Falsch ist es dagegen, die Beschäftigung mit dem Spezialinteresse völlig zu unterbinden, denn sie dient ja der Beruhigung, Entspannung und Erholung.

30.9   Das Anderssein

Vieles an mir wirkte merkwürdig, und immer wieder konnten andere Menschen mich nicht wirklich einschätzen. Von Mädchen erwartete man, dass sie sich schön kleideten, dass sie charmant und freundlich waren, weibliche Interessen zeigten und sich pflegten. Ich selbst aber mochte schon als Kind keine Röcke oder Kleider anziehen und konnte Schmuck auf meiner Haut nicht ertragen. Am liebsten laufe ich immer noch in bequemer Trainingskleidung herum, und eine Gesichtscreme ist das einzige, das ich auftrage.

Die anderen Kinder fanden mich schon früh suspekt und mieden mich. Ich selbst fühlte mich ohnehin in der Gegenwart Erwachsener wohler – sie waren berechenbarer und ruhiger, und vor allem konnte man mit ihnen über konkrete Themen sprechen.

Vieles passte also nicht, aber da man während meiner Kindheit das Asperger-Syndrom in Europa noch kaum kannte, hätte es damals auch keine richtige Diagnose für mich geben können. Das führte zu viel Unverständnis seitens meiner Umgebung, weil man mein

Verhalten einfach nicht einordnen konnte. Man bat mich dann, mich »nicht so anzustellen« oder mich »einfach mehr anzustrengen«, und Nachbarn oder Bekannte waren sich einig, dass ich doch »könnte, wenn ich nur wollte«. Diese Sätze führten aber genauso wie die Feststellung »Du bist so komisch« zu immer größerer Verzweiflung, weil man mir dadurch signalisierte, »irgendwie nicht richtig« zu sein. Eine Diagnose kann dann eine große Erleichterung darstellen, weil sie endlich die Auffälligkeiten erklärt.

Manche Aktivitäten bereiten mir auch heute noch schon im Vorfeld zu viel Angst, sodass ich sie gar nicht erst angehe. »Das kann ich nicht, das überfordert mich.« Inzwischen ist das ein Satz, der ganz selbstverständlich meine realistischen Möglichkeiten beschreibt. Im Gegensatz zu früher ist er nicht einfach so dahingesagt, sondern aus der Erfahrung heraus entstanden. Er ist durchaus frustrierend und resignierend gemeint, aber da ist nicht mehr der unglaubliche Schmerz, der diese Worte in früheren Jahren begleitete. Die Betonung ist eine andere geworden. »Das kann ich nicht, aber dafür kann ich ganz viel anderes.« So lautet meine Zusammenfassung inzwischen, und das ist gut so. Meistens jedenfalls. Manchmal tut es aber noch weh, wenn ich andere Menschen sehe, die wie zufällig zueinander finden, scheinbar spielerisch Kontakte knüpfen und das Miteinander genießen. Das würde ich mir auch für mich selbst sehr wünschen. Ich habe keine Langeweile, aber ich möchte doch nicht immer alleine sein.

Aber ich vergleiche mich nicht mehr immer und ausschließlich mit anderen Menschen. Wenn ich früher Frauen in meinem Alter traf, war ich oft frustriert. Manche von ihnen waren auf den ersten Blick attraktiv, intelligent, nett und freundlich, beruflich erfolgreich, hatten einen lieben Mann und süße Kinder, ein selbstbewusstes Auftreten und scheinbar keinerlei Probleme. Durch das Vergleichen konnte ich nur verlieren. Irgendwann merkte ich jedoch: Wenn man andere Menschen näher kennenlernt, werden sie menschlicher. Dann wird deutlich, dass jeder sein Päckchen an Schwierigkeiten zu tragen hat. Inzwischen habe ich mein Leben gefunden, ein Leben, das mir entspricht und das gut für mich ist. Und ich weiß jetzt: Manche der Menschen, die ich einst bewundert habe, führen durchaus ein völlig anderes Dasein als ich. Aber es ist eben wirklich nur anders, es ist kein besseres oder schlechteres Leben. Diese Erkenntnis macht mich im Großen und Ganzen glücklich und zufrieden. Und vor allem sehr dankbar für die Unterstützung.

Ich möchte auch durch mein eigenes Beispiel zeigen, dass vieles möglich ist, und durch eine immer frühere gute Förderung autistischer Kinder wird es künftig noch viel mehr Verbesserungen geben. Aber ich möchte doch dafür werben, auch nach einer entsprechenden Diagnose keinen Lebensentwurf auszuschließen. Vieles ist möglich, und auch die Lebensplanung autistischer Menschen muss sich in erster Linie an ihren eigenen Wünschen und Vorstellungen orientieren.

31 »Was wäre gewesen, wenn …?« – Rückblick eines Autismus-Betroffenen mit später Asperger-Diagnose

Johannes Courant

Die Ausgangsfrage lautet: Was wäre gewesen, wenn meine Asperger-Besonderheit schon in der Kindheit diagnostiziert worden wäre? Diese Frage ist bei mir, männlich, Mitte 50, besonders spannend, weil ich die Diagnose »Asperger-Autist« erst vor etwas mehr als zwei Jahren erhalten habe. Mein gesamtes Leben bis dahin war ich »seltsam«, ohne zu wissen warum.

Meine Gedanken vor und nach der Diagnose drehten sich um die Neuinterpretation bzw. die neue Bewertung vieler Ereignisse meines Lebensweges. Ich war besonders in den wichtigsten zwischenmenschlichen Beziehungen, also in der Familie, bei Partnerinnen und wichtigen Freundschaften, immer wieder in für mich unerklärliche Konfrontationen geraten und auf Ablehnung gestoßen, für die ich mich verantwortlich fühlte, denn mir war sehr wohl bewusst, dass ich mich anders verhalte als die anderen. Die daraus resultierenden Schuldgefühle hatten mein Selbstwertgefühl sehr stark beeinträchtigt.

Für viele dieser Situationen in der Phase meines Erwachsenenlebens fiel es mir in der Rückschau leicht, einen neuen Zugang zu finden. Ich konnte feststellen, dass ich aufgrund meiner Einschränkung der emotionalen Wahrnehmung vieles nicht erkennen konnte, das erwartete Verhalten nicht zu »liefern« im Stande war. Im Folgenden werde ich diese Neubetrachtung auf Erinnerungen aus meiner Kindheit anwenden.

Es lässt sich auch mit Nachfragen an meine Mutter heute nicht mehr klären, warum ich nicht in den Kindergarten gegangen war. Auch vor 1970 gab es ja bekanntlich schon Kindergärten. Ich erinnere mich daher daran, dass ich die meiste Zeit bis zum 5. Lebensjahr, bezogen auf Kontakte mit Gleichaltrigen, allein verbracht habe. Meine Schwester ist knapp 4 Jahre jünger als ich. Sie war also in dieser Phase kein Kontakt im Sinne eines Spielkameraden.

An Kontakte zu Gleichaltrigen im Umfeld erinnere ich mich nur in wenigen Details. Da meine Familie bis zu meiner Einschulung im städtischen Umfeld, direkt an einer schon damals vielbefahrenen Straße wohnte, beschränkten sich die Begegnungen auf sogenannte »Sandkastenfreundschaften«. Meine Mutter ging mit mir und später mit mir und meiner Schwester auf Spaziergänge in ein nahe gelegenes Kleingartengebiet, wo es Spielplätze gab. Dort war sie mit anderen Müttern »lose« verabredet, damit wir Kinder gemeinsam spielen konnten. In meiner Erinnerung ist es so, dass ich diese anderen Kinder, die ich regelmäßig traf, nicht wirklich gut einordnen konnte. Meine Mutter kann rückblickend immer noch beschreiben, wie die anderen Kinder »so waren«. Ich kann mich an kein Kind individuell erinnern, also weder an den Namen, das Aussehen oder bestimmte Verhaltensweisen. Präsent ist mir allerdings, dass es verschiedene Auseinandersetzungen in diesen Spielplatzsituationen gab. Es fiel mir, wie aus den Schilderungen meiner Mutter zu interpretieren war, schwer, mich mit den anderen Kindern über die zur Verfügung stehenden »Ressourcen«, also Spielgeräte, Orte, Spielpartner, zu verständigen. Ich war in meiner Welt, und wenn die anderen Kinder darin nicht funktionierten, gab es »Stress«. Da ich als Kind körperlich Spätentwickler und daher in der Regel kleiner und schwächer war als die anderen, fiel es den Erwachsenen nicht so auf, dass viele der Kabbeleien von meinem Unvermögen ausgingen, auf die Wünsche der anderen Kinder einzugehen. Die anderen Kinder konnten sich durchsetzen und damit das Problem aus ihrer Sicht lösen.

Für mich war es daher in der Erinnerung an diese Phase der Kindheit immer besonders toll, wenn ich mich mit meinen Spielsachen zu Hause allein beschäftigen konnte. Es gehört daher zu den bemerkemswertesten und von meiner Mutter häufig beschriebenen Beobachtungen meiner Kindheit, dass ich bereits als Kleinkind bei der Beschäftigung im Spiel meine Umwelt komplett »vergessen« konnte. Ich hatte kein Hungergefühl, habe mich nicht dafür interessiert, ob noch jemand im Haus ist, ob ich müde war oder zur Toilette musste. Meine Mutter berichtete mir davon, dass sie mir regelmäßig entsprechend vorbereitetes Essen an den Ort meines Spielens bringen und mir mehr oder weniger eintrichtern musste, damit ich überhaupt etwas aß. Sie erzählt bis heute voller Stolz, dass ich, wenn man mich in Ruhe spielen ließ, mir vollkommen selbst genügte, also ihr und anderen nicht mit Bedürfnissen auf die Nerven ging, Unsinn machte o. Ä.

Aus der Sicht des Erwachsenen kann ich heute sagen, dass es bei den wenigen Gelegenheiten in der frühkindlichen Phase mit Kontakten zu Gleichaltrigen draußen, also ohne Beobachtung der Eltern, gravierende Probleme gegeben hat. Ich wurde zu gefährlichen Handlungen im Sinne von Mutproben gedrängt und dann von den anderen Kindern so behandelt, dass ich zu ihrem Vergnügen in Angst und Panik geriet. Bei einer Gelegenheit wurde ich dabei zum Klettern über ein schmiedeeisernes Gartentor getrieben, was ich mir als der Kleinste in der Gruppe nicht zutraute. Als man mich überredet hatte und ich unsicher auf das Tor geklettert war, wurde es von den anderen Kindern unter großem Gejohle heftig auf und zu geschwungen, bis ich abrutschte und mir an den spitzen Zaunstäben eine Platzwunde am Kopf zuzog. Wäre dieser Sturz »ins Auge gegangen« hätte ich mein Leben lang etwas von diesem Zwischenfall gehabt. Ich kann auch mit dem heutigen Hintergrundwissen nicht beschreiben, was der jeweilige konkrete Anlass zu diesen aggressiv-feindseligen Handlungen mir gegenüber war. Wenn ich die Erfahrungen als älteres Kind und Teenager darauf übertrage, würde ich es so formulieren: Mein Anderssein wirkte auf die anderen Kinder in einer Weise einladend und provozierend, dass sie mich gewissermaßen automatisch als Opfer wählten. Einige Merkmale dieses Andersseins waren:

- kindliche Naivität: Ich nahm alles wörtlich – man konnte mich einfach vorführen,
- klein, schmächtig, ängstlich,
- schnelle Auffassungsgabe bei sachlichen Themen und Wissensfragen (neunmalklug),
- konnte mich sprachlich gut ausdrücken,
- habe die sozialen Regeln in der Gruppe oft nicht erkannt, und bin so »ins Fettnäpfchen getreten«.

Es gab auch wiederkehrende Auffälligkeiten in meinem Verhalten, an die ich mich selbst erinnern kann, die mir aber in der Phase von deren Auftreten überhaupt nicht ungewöhnlich vorkamen. Wenn meine Mutter mich ab dem Alter, in dem ich hinreichend allein laufen konnte, zu Besorgungen oder anderen Termine außer Haus mitnehmen musste, kam es regelmäßig vor, dass ich »verloren ging«. Wenn sie mich im Zuge dieser Unternehmungen einmal für ein paar Augenblicke aus den Augen gelassen hatte und gerade dann irgendetwas meine Aufmerksamkeit auf sich zog, ging ich weg, ohne mich daran zu erinnern, dass ich mit meiner Mutter bzw. meiner Familie unterwegs war. Ich blieb dann zumeist verschwunden, bis mich jemand fand. Dieses Verhalten trat in ähnlicher Weise weiter auf, als ich bereits zur Schule ging. Dort verhielt es sich so, dass ich nach Schulschluss mit Schulkameraden den Nachhauseweg antrat. Während die anderen Kinder relativ zügig nach Hause gingen, um Mittag zu essen und ihre Hausaufgaben zu machen, beschäftigte ich mich draußen an den üblichen Treffpunkten allein, bis die anderen Kinder wiederkamen. Dann spielte ich mit denen bis zum Abend, und erst, als die anderen dann selbständig nach Hause gingen oder hereingerufen wurden, machte ich mich dann auch auf den restlichen Heimweg. Meine Mutter versuchte viele Male, mir die Probleme, die sich aus diesem Verhalten ergeben, verständlich zu machen, aber letztlich hat sie mich nicht erreicht, obwohl ich, wie erwähnt, über eine sehr schnelle und kombinationssichere Auffassungsgabe verfügte. Bei den Gesprächen über mein Fehlverhalten setzte ich mich mit den sachlichen Fragen auseinander: »… aber wenn ich doch keinen Hunger habe, und nichts Großes an Hausaufgaben auf …«. Der soziale Aspekt der Rückkehr nach Hause nach Schulschluss blieb mir komplett verschlossen.

Ehe ich auf die sich aus den frühkindlichen Mustern ergebenden und mir dann viel schmerzlicher bewusst gewordenen Probleme in der Schulzeit eingehe, möchte ich beschreiben, warum mein Vater bisher überhaupt nicht erwähnt wurde, denn aus meinen Reflexionen im Zuge der »Asperger«-Diagnose als Erwachsener ging eindeutig hervor, dass ich die Veranlagung von ihm genetisch geerbt haben muss. Mein Vater war für mich in der gesamten Kindheit ein Unsicherheitsfaktor. Einerseits hielt er sich aus dem Tagesgeschehen, was die heimische Organisation und Erziehung anging, komplett heraus. Andererseits zeigte er eine auch für mich eindeutig erkennbare Präferenz in Aufmerksamkeit und Parteinahme für meine Schwester, die ich als ungerecht und dadurch als Ablehnung verstand. In der Vorschulzeit trat mein Vater in meiner Wahrnehmung bzw. deren heutiger Erinnerung praktisch überhaupt nicht in Erscheinung. Wenn ich meine Einstellung ihm gegenüber, die sich in dieser Phase der Bewusstseinsentwicklung gebildet hat, jetzt beschreibe, ist er ein unkalkulierbarer Faktor

gewesen, der durch diese Ungewissheit Ängste ausgelöst hat. Ich konnte nie einschätzen, wann er mal da war und ob mich dann sein Zorn über etwas, das meine Mutter oder Schwester ihm berichtet hatten, traf. Mein Vater verstarb bereits vor über 30 Jahren. Es gab keine Möglichkeit mehr, etwas über die sich aus der Diagnose ergebenden Fragen mit ihm selbst zu klären.

Mit dem Beginn des Schulbesuchs wurden Probleme für mich offenkundiger, weil sich die Rahmenbedingungen ausweiteten, die diese zu Tage förderten. Da war zuerst die aus meiner heutigen Sicht fatale, durch die Schule geförderte Entscheidung meiner Eltern, mich im Alter von 5 Jahren einschulen zu lassen. Ich wurde im Oktober des betreffenden Jahres 6 und schnitt bei den damaligen Eignungstests für die Schule im Frühsommer in einem Dorf im Umland, wohin wir umziehen wollten, mit fünfeinhalb so gut ab, dass man der Meinung war, ich müsse unbedingt die Schule noch in diesem Jahr besuchen. Die oben beschriebenen, auf andere Kinder wirkenden Merkmale meiner Person wurden noch deutlicher, weil die große Mehrheit meiner Mitschülerinnen und Mitschüler im gleichen Jahrgang mindestens 1, wenn nicht sogar 1,5 Jahre älter war als ich. Die eingeschränkte Betrachtung der Institution »Schule« hinsichtlich meiner intellektuellen Eignung für den Unterricht bestätigte sich. Ich kam im Unterricht hervorragend klar und sog die inhaltlichen Angebote des Unterrichts auf wie ein Schwamm. Dafür interessierten sich die »Entscheider« und waren sehr zufrieden. Mit dem »Rest des Tages« musste ich allein fertig werden.

Die Dauerthemen der Probleme in meiner Schullaufbahn würde man heute mit dem Begriff »Mobbing« zusammenfassen. Den gab es damals im deutschen Sprachgebrauch aber noch nicht. Ich zeigte im Verlauf viele Anzeichen von Überforderung, über die in meinem Elternhaus konsequent hinweggegangen wurde. Wurden einzelne Aspekte offenkundig, wurde ich zurechtgewiesen: »Nun reiß dich mal zusammen!«, »Hör' auf damit!« und »… was dir fehlt, ist Disziplin!« waren die Reaktionen auf solche Situationen. Über eine längere Zeitspanne war ich Bettnässer. Es ließ sich auch auf Nachfrage bei meiner Mutter nicht mehr rekonstruieren, in welchem Alter das gewesen war. Definitiv trat es in meiner Grundschulzeit, also vor dem 10. Lebensjahr auf. In der Folge habe ich über viele Jahre massiv an den Fingernägeln gekaut. Ich fühlte mich zunehmend unverstanden und verlor sukzessive das Vertrauen darin, von meinen Eltern Rückendeckung zu erhalten. Es gab konkrete Anlässe, die diese Erosion des Vertrauens verstetigten. Trotz der von mir erkannten und verinnerlichten Notwendigkeit, mit meinen Schwierigkeiten im Umgang mit anderen Menschen allein klarzukommen, wurden die Ereignisse gelegentlich zu drastisch. Wenn meine Eltern (konkret: meine Mutter) dann aufgefordert waren, eine Auseinandersetzung an meiner Stelle mit den Eltern anderer Kinder zu klären, konnte ich direkt mitverfolgen, dass »mein Team« *immer* klein beigegeben hat. Während die anderen Eltern sehr deutlich als Vertreter ihrer Nachkommen auftraten, unabhängig davon, wie berechtigt das objektiv war, lenkten meine Eltern ein: »Ja, wenn das so war, müssen wir wohl noch einmal mit unserem Sohn sprechen …«. Eine damit im Zusammenhang stehende Maxime meiner Kindheit lautete: »Was sollen denn die Leute (über uns) denken?«. Es war wichtiger, nicht unangenehm aufzufallen, als sich offenkundigen Missständen, die von Dritten ausgelöst wurden, zu stellen.

Ich habe jetzt auf detaillierte Schilderungen von Begebenheiten, bei denen ich im Verlauf der Schulzeit nach heutigen Maßstäben »gemobbt« wurde, verzichtet, denn die Schilderungen der Ereignisse würden verschwimmen mit einer Feststellung des erwachsenen Asperger-Betroffenen, der ich bin: Die von mir als besonders prägend wahrgenommenen Situationen haben auch Nicht-Autisten alle schon einmal in ähnlicher Form erlebt. Der Unterschied liegt darin, dass mir solche Dinge fortwährend passierten und dass ich mit den Ursachen und meinem Anteil an den Ereignissen überhaupt nicht umgehen konnte, komplett überfordert war. Ein besonders herausragendes Beispiel möchte ich trotzdem schildern, weil es viele Aspekte kumuliert darstellt.

In der 5. und 6. Klasse besuchte ich die sog. Orientierungsstufe. In diesem Unterrichtsmodell wurde in den zwei Jahrgängen der Klassenverband teilweise aufgelöst und durch ein Kurssystem ersetzt. Ich kam mit einer viel größeren Zahl an Mitschülern in engen Kontakt, als in den Klassen 1 bis 4. In dieser Phase entwickelte sich eine Kinderfreundschaft zu einem der neu hinzugekommenen Mitschüler, der im gleichen Ort wohnte. Wie zuvor beschrieben, hatte ich bereits eine »Geschichte« als auffälliger Typ, den man eher nicht zu mögen und mit dem man nichts zu tun haben sollte. Den neuen Mitschüler hat das nicht so interessiert. Er hat sich zwar schon deutlich distanzierter verhalten, wenn die »coolen« Kinder anwesend waren, aber wenn wir unter uns waren, hat er mich sehr vorbehaltlos behandelt. Ich war bei diesem Jungen zum Kindergeburtstag eingeladen.

Zwischenbemerkung: In diesem Stadium meiner Sozialisation hatte ich bereits aufgegeben, zum Kindergeburtstag einzuladen. Zum einen hatte meine Mutter für mich erkennbar signalisiert, dass sie auf die zusätzliche Arbeit, die ein solches Event bedeutet, nicht scharf war. Zum anderen hatte ich bereits bei vorherigen Versuchen erfahren müssen, dass bei einer exemplarischen Einladung an 10 Kinder 8 davon direkt absagten und von den beiden, die nicht abgesagt haben, dann ein Kind unangekündigt nicht kam. Ich empfand diese Erfahrungen als sehr beschämend und traurig und konnte mir damals nicht erklären, warum sich die anderen Kinder so verhielten. Meine Eltern haben bei der Aufklärung nicht geholfen. Sie waren ja eher froh, dass sich die Umstände für die Organisation der Geburtstagsfeier auf die Familie beschränkten.

Es war also in diesem Kontext positiv überraschend, dass ich zu diesem Geburtstag eingeladen wurde, obwohl nicht mit einer »Gegeneinladung« zu rechnen war. Bei der Feier waren viele Kinder aus der Schule und auch einige von denen, die mich besonders gerne niedermachten, anwesend. Die Feier nahm dann einen wirklich einmalig schrägen Verlauf. Nach dem gemeinsamen Kuchenessen ging die ganze Gruppe im Zimmer des Geburtstagskindes, ohne Beteiligung der Eltern, spielen. Der Jubilar hatte u. a. Kinderhandschellen geschenkt bekommen, die ausprobiert werden mussten. Ich wurde also gegen meinen Willen damit an die Füße eines Schrankes gefesselt. Einer der Gäste, der mir in besonderer Abneigung verbunden war, hatte eine lebensechte Kopie eines Chamäleons oder einer ähnlichen Echse aus Vollgummi mit zu der Feier gebracht. Aus mir bis heute nicht verständlichen Gründen hatte ich panische Angst vor diesem Spielzeug. Dieses Gummitier wurde mir daher zum Amüsement aller Anwesenden immer wieder unter die Nase gehalten und mein Heulen und Wimmern von allen Anwesenden höhnisch kommentiert. Wahrscheinlich hat diese Folter nicht sehr lange gedauert, aber mir kam die Zeit wie eine Ewigkeit vor. Als Ergänzung zu dem aktiven Quälen hat man mich dann, als meine Reaktionen langweilig wurden, eine Weile gefesselt an den Schrank im Zimmer des Gastgebers allein gelassen, um woanders weiterzufeiern. Den Erwachsenen war nichts aufgefallen. Ich habe den Vorfall niemals gegenüber irgendjemand erwähnt.

Mit dem Eintritt in die Pubertät verschoben sich die abwertenden Reaktionen auf mich von immer wieder auch physischen Erniedrigungen in Richtung meiner kindlichen Naivität, weil sich nun auch Mädchen am Mobbing beteiligten. Eine Änderung in diesen Strukturen stellte sich erst ein, als ich 17 Jahre alt war und mich bereits in der Sekundarstufe II auf das Abitur zubewegte. Mein Rückstand in der physischen und in der Persönlichkeitsentwicklung hatte sich verringert. Ich war inzwischen ein überdurchschnittlicher Sportler, der mit den anderen aus meinem Jahrgang mithalten konnte. Ich hatte durch den Wechsel in die andere Schulform »Gymnasiale Oberstufe« wieder ganz neue Kontakte, die meine Vergangenheit nicht kannten. Dadurch gelang es mir in dieser Zeit erstmals, einige längerfristige freundschaftliche Bindungen aufzubauen, so z. B. auch eine erste längere Beziehung zu einer Frau. Rückblickend bin ich mir sicher, dass ich in diesem Lebensabschnitt aus dem heftigen Wunsch heraus, einmal »richtig« dazuzugehören, die meiste Energie für das Verstehen meiner Mitmenschen aufgewendet habe. Letztlich war ich weiterhin in meiner Welt gefangen, und diesem tiefen Bedürfnis nach sozialer Anerkennung wäre auch beinahe der Schulerfolg zum Opfer gefallen.

An dieser Stelle der persönlichen Schilderung möchte ich die chronologische Beschreibung unterbrechen und noch einige, diese Abschnitte überspannenden Aspekte meiner Asperger-Persönlichkeit beschreiben.

Während meiner gesamten Kindheit und Jugend habe ich mir aktiv sehr detailreiche Lebenswirklichkeiten oder eigene Welten allein in meiner Fantasie vorgestellt. Über viele Jahre habe ich diese Geschichten Tag für Tag weitergesponnen. In der besonders stressreichen Zeit des Übergangs von der Grundschule zur weiterführenden Schule habe ich an jedem Abend vor dem Einschlafen so intensiv in diesen Geschichten gelebt, dass ich hörbar vor mich hingemurmelt habe, was meine Schwester, mit der ich zu dieser Zeit noch das Zimmer teilen musste, vom Schlafen abhielt, weshalb es wiederholt Ärger gab. In diesen eigenen Welten bekam ich Anerkennung, war (wirtschaftlich) erfolgreich und hatte Freude an den Dingen, die ich tat. Es waren keine echten Fantasiewelten, in denen unbekannte Lebewesen zu finden waren oder die Naturgesetze nicht galten, sondern sehr an der bekannten Realität angelehnte Vorstellungen, in denen ich etwas erreichen konnte, was mir im realen Leben zu dieser Zeit nicht möglich

VII Perspektivwechsel

war. Andere Menschen spielten in diesen Fantasien kaum eine Rolle, aber dafür immer (Haus-)Tiere. Ich habe mich mit dem Rückzug in mich selbst damals schon sehr wohl gefühlt, obwohl der Inhalt dort stark von dem Druck der mich umgebenden Welt ausging. Dieses Sich-selbst-Genügen war aber immer ein Teil meiner Persönlichkeit, und mit zunehmendem Alter wurde es immer wichtiger für mich.

Ich habe immer das große Bedürfnis nach dem und Lust auf das Sich-Verstehen mit anderen. Dies betraf im starken Maße auch Tiere, nicht zuletzt, weil ich Menschen als zu schwierig erlebte und so viele negative Rückmeldungen erhielt. Meine Begeisterung für Hunde wuchs in dem Zusammenhang mit meiner zunehmenden körperlichen Entwicklung immer stärker, weil ich Hunde in ihrem Wesen und ihrer Kommunikation immer sehr gut verstehen konnte. Ich wusste ja in der Zeitspanne meiner jugendlichen Entwicklung nicht, dass ich für das Erfassen eines anderen Individuums, bedingt durch Asperger, vereinfacht gesagt nur die kognitiven Fähigkeiten zur Verfügung habe. Weil ich auch bei Menschen, um sie zu verstehen, dieses »Einfühlen« durch Beobachten, Interpretieren, Vergleichen, also Anwenden der kognitiven Fähigkeiten intensiv trainierte, war ich bei Hunden einfach top, was das Verständnis und den Umgang mit ihnen anging. Für den Umgang mit Menschen hat diese Art des Einfühlens immer dann, wenn die Beziehungen persönlicher, intensiver wurden, nicht gereicht.

Ich habe über mich gelernt, dass der Begriff »Familie« für mich anders funktioniert als für praktisch jeden anderen Menschen, den ich kennengelernt habe. Für mich sind Mutter und Vater Rollen, die eine Person wahrnehmen kann oder nicht. Geschwister sind Menschen, mit denen man sich die Rollendarsteller in dem Gefüge »Familie« teilen muss, also fast immer verzichtbar, es sei denn, man entwickelt zu genau diesen Individuen, ganz unabhängig von dem Familienstatus, eine gute Beziehung. Eigene Kinder sind die schutzbedürftigen Menschen, um die man sich im Sinne der Rolle »Vater« oder »Mutter« kümmert. Ich wurde von meinen Partnerinnen in Beziehungen mehrmals intensiv mit dem Thema »eigene Kinder haben« konfrontiert. Ich habe das jahrelang in mir reifen lassen und dann erkannt, dass es für mich ganz gleichgültig ist, ob das Neugeborene oder Kleinkind, welches mir anvertraut wird, biologisch von mir abstammt oder nicht. Dies dann auch ehrlich zu äußern hat mir in den Beziehungen nicht geholfen. Inzwischen weiß ich ohne jeden Zweifel, dass ich dieses bei mir auf jeden Fall auch vorhandene Familiengefühl, also wem ich mich familiär verbunden fühle, an den realen Ereignissen und an dem Verhalten der Menschen mir gegenüber festmache, nicht an der biologischen Verwandtschaft.

Obwohl ich als Jugendlicher, also in der Phase, als ich unbedingt einmal dazugehören wollte, auf Partys gegangen bin und dort wie die anderen reichlich Alkohol getrunken habe, war mir von den ersten Erfahrungen an immer wichtig, nicht die Kontrolle zu verlieren. In den Fällen, in denen das nicht gelang, fühlte ich mich sehr ausgeliefert und miserabel. Ich war insgeheim und für mich sehr froh, dass ich Alkohol in dieser Hinsicht sehr gut vertragen konnte. Ich konnte damals nicht erklären, warum der »klare Kopf« für mich so wichtig war. Jedenfalls habe ich, obwohl ich extrem neugierig auf alle möglichen Dinge war, zu keiner Zeit Neugier auf Drogen oder irgendwelche anderen, bewusstseinsverändernden Einflüsse gehabt. Nach der Asperger-Diagnose wurde mir klar, dass dies die unterbewusste Reaktion darauf war, dass mir bei der Einschränkung oder dem Verlust der kognitiven Sinne *jede* Möglichkeit verloren geht, für mein Gegenüber eine Einschätzung, ein »Gefühl« zu entwickeln. Mit zunehmendem Alter kostet mich dieses Kompensieren der fehlenden emotionalen Wahrnehmung immer mehr Kraft. Auch dadurch bedingt, dass ich bei Alkoholgenuss schneller müde und unaufmerksam werde, hat sich mein Konsum auf annähernd null reduziert.

Zum Einstieg in die Antwort auf die Frage, was wäre nach meiner heutigen Einschätzung bei einer früheren Diagnose für mich anders gewesen, greife ich noch einmal auf eine Begebenheit in meiner Schulzeit zurück, die ich allerdings nicht selbst erlebt und von der ich erst im Alter von ca. 38 Jahren erfahren habe. Meine Mutter hat damals bei einem der wenigen Treffen im familiären Rahmen mit einer Geschichte herausgerückt, die mich fortan sehr beschäftigt hat. Als ich in der 3. oder 4. Klasse war, wurde damals von dem neu an die Schule gekommenen Klassenlehrer ein Elternabend einberufen. Auf der Tagesordnung stand dieses und jenes, und als letzten Punkt sprach dieser Lehrer an, dass in der Klasse ein psychosomatisch gestörtes Kind sei und zu besprechen wäre, wie man nun damit umgehen soll. Meine Mutter erzählte, dass sie erstaunt gewesen war und ihre Sitznachbarin gefragt hätte, von wem der Lehrer denn spricht. Die Angesprochene antwortete ohne jedes Zögern: »Na, von Eurem Sohn!«. Als ich diese Erzählung zum ersten Mal hörte, wusste ich noch nicht, dass hinter meiner Besonderheit eine Autismus-Störung, also eine anerkannte psychologische Erkrankung, steckt. Ich war daher zu diesem Zeitpunkt empört über die Anmaßung und Taktlosigkeit dieses Lehrers, von den heute erwarteten Standards des Persönlichkeits- und Datenschutzes einmal ganz abgesehen. Ich war rundherum davon überzeugt, dass er mir mit dem Lancieren dieser Pseudo-Diagnose vor der versammelten Elternschaft geschadet hatte. Obwohl ich später nie in eindeutiger Weise beschimpft wurde, war ich überzeugt, dass die Voreingenommenheit der Eltern meiner Mitschüler Mitte der 70er Jahre sicher genährt und bei Übergriffen ihrer Kinder gegen mich eher Verständnis für das Verhalten der eigenen Kinder erreicht wurde.

Weil der betreffende Lehrer, obwohl ich ihm nach diesem Schuljahr nie mehr im Unterricht begegnet bin, trotzdem an der Schule, an der ich Abitur machte, geblieben war, gab es eine Gelegenheit, ihn auf dieses Thema persönlich anzusprechen bei einem Abi-Jahrgangstreffen, bei dem er zu einem Rundgang in meine ehemalige Schule eingeladen hatte. Ich bin heute froh, dass es wegen meiner Nichtteilnahme an diesem Treffen nicht dazu gekommen ist, denn ich war in der Stimmung, ihm meine explizit negative Auffassung sehr deutlich darzulegen.

Nachdem ich inzwischen die fundierte Diagnose »Asperger-Syndrom« erhalten hatte und ich aus eigener Initiative über die Frage, warum ich das erst jetzt erfahren habe, nachdachte, wandelte sich meine Beurteilung der zuvor beschriebenen Begebenheit. Bei den Nachfragen an meine Mutter, wie sie bestimmte Ereignisse meiner Kindheit erinnert, fragte ich auch noch einmal nach diesem einen Fall. Ich wollte wissen, wie sie und mein Vater mit dieser Situation umgegangen waren. Ob sie zu Hause oder mit anderen weiter darüber diskutiert haben oder nach weiteren Details gefragt bzw. selbst recherchiert wurde. Mich hat interessiert, ob es eine Option gegeben hatte, mit der man schon damals auf die Spur von ASD oder Asperger hätte kommen können. Die Auskünfte waren leider sehr enttäuschend. Meine Eltern waren zu beschämt über das Gehörte, um darauf auch nur irgendwie zu reagieren. Nicht einmal untereinander haben sie darüber gesprochen. Man ging darüber hinweg, als sei die Äußerung nie gefallen. »... was sollen denn die Leute denken? ...«

Angesichts dieser Information entwickelte sich bei mir so etwas wie Respekt vor der Courage des damaligen Lehrers, einen psychologischen Kontext überhaupt zu erwähnen in einer Zeit, in der das ein kaum verhohlenes Stigma bedeutete: »Die psychisch Kranken findet man doch alle in der Anstalt.« Für die weitere Betrachtung werde ich den gesellschaftlichen Kontext der Vergangenheit ausblenden, denn die Zeiten haben sich im Umgang mit psychologischen Erkrankungen glücklicherweise geändert.

Bevor ich allerdings meine Gedanken zu der Frage »Was wäre gewesen, wenn ...« notiere, halte ich hier erst einmal fest, welche Auswirkungen die Diagnose mit jenseits der 50 tatsächlich auf mich hatte. Aus einer Phase großer Verunsicherung und Unruhe über eine gewisse Stagnation in meinem Leben, der Angst vor beruflichen Problemen durch Krankheit (Burnout) gelangte ich schrittweise, über verschiedene Beratungen, zuletzt zu einer anerkannten Kapazität für die Diagnose von Asperger bei Erwachsenen und über einen Kontakt aus einer laufenden Therapie wegen depressiven Episoden zu einer allgemein-psychiatrischen Ambulanz. Bei beiden Untersuchungen wurde bei mir das Asperger-Syndrom festgestellt. Weil ich im Vorfeld bereits auf den Verdacht gestoßen worden war, kam die Diagnose nicht überraschend für mich. Und obwohl ich noch nicht sehr viele Informationen dazu gesammelt und verarbeitet hatte, fühlte ich mich nicht als »Psycho«, also in irgendeiner Weise gebrandmarkt oder abgewertet. Ich hatte ganz unmittelbar nach den Diagnosen das Gefühl, dass mich diese Zuordnung ein Stück weiterbringt, hatte ich doch zuvor mit dem Kreisen um die immer gleichen Fragen sehr gehadert.

Mit dem Gewinnen weiterer Einblicke, besonders auch durch den Austausch mit anderen Betroffenen, stellte sich für mich die Diagnose immer mehr als Befreiung dar. Bis kurz vor den Besuchen bei den Fachärzten hatte ich mich noch mit Fragen der Unzulänglichkeit meiner Art beim Umgang mit Menschen, die mir etwas bedeuten, beschäftigt. Dabei ging ich wie immer bis dahin davon aus, dass ich wesentliche Verantwortung dafür trage, wenn es im zwischenmenschlichen (emotionalen) Bereich nicht klappt. Ich nahm an, dass ich zu negativ, zu ablehnend, zu kühl und gleichgültig sei und dass ich das nur ändern müsse. Ich fragte mich, warum ich das nicht hinbekomme. Durch die aus der Asperger-Diagnose resultierenden Überlegungen wurde mir klar, dass ich bestimmte Aspekte des zwischenmenschlichen Austausches einfach nicht mitbekomme, egal wie sehr ich mich anstrenge.

Für mich war das Beispiel eines Farbenblinden hilfreich, der zwar alle Aspekte der sichtbaren Umwelt erkennen kann, dem aber ein kleiner und manchmal überhaupt erst sinnstiftender Teil der Information über das Wesen der Dinge fehlt. Für mich bedeutete dieses Beispiel, dass ich in emotional verworrenen Situationen darauf angewiesen bin, dass man mir Informationen auf der Sachebene gibt, die z. B. Widersprüchlichkeiten auflösen helfen. Wenn ich entsprechende Fragen stelle oder einfach in diesem Kontext um Hilfe bitte und sie dann nicht bekomme, dann kann ich mich damit abfinden, dass ich diese Situation nicht verstehen, klären oder auflösen kann. Meine Kommunikationsweise und innere Anspannung hat sich auf der Basis dieser Einsicht sehr geändert. Mein Selbstwertgefühl ist deutlich gestiegen, denn mir wurde im Laufe der Reflexion verschiedenster Begebenheiten meiner Vergangenheit bewusst, wie unheimlich gut ich darin war und bin, zwischenmenschliche Stimmungen ohne die unmittelbare emotionale Wahrnehmung sehr genau durch Beobachten und Vergleichen einordnen zu können. Von den mir nahestehenden Menschen, die von meiner Asperger-Besonderheit wissen, höre ich immer wieder: »Dir merkt man das aber überhaupt nicht an.« Wobei es von dieser Aussage allerdings auch schon eine negative Variante gab: »Bei dir merkt man von Asperger doch normalerweise überhaupt nichts. Wenn du jetzt sagst, du kannst das ... nicht verstehen, versteckst du dich doch nur dahinter.«

Wenn ich mir nun versuche vorzustellen, was sich an meiner persönlichen Entwicklung geändert haben könnte, wenn die zuvor geschilderte Begebenheit in der Schule, bei der meine Eltern auf eine psychosomatische Störung ihres Sohnes aufmerksam gemacht wurden, zu einem anderen Verständnis meiner Besonderheit geführt hätte, halte ich folgende Punkte für nennenswert.

1. Meine Eltern haben, jeder auf seine Weise, ihre Überforderung mit den von mir gezeigten Auffälligkeiten bewiesen. Mein Vater hat sich den Anforderungen durch Abwesenheit im Dienst entzogen, und meine Mutter hat sich in der Tradition ihrer Erziehung intensiver damit beschäftigt, dass unsere Familie von außen betrachtet »normal« wirkt, als damit, mit meiner Besonderheit gut klarzukommen und mir bei der kindlichen Entwicklung und dem Verstehen meiner sozialen Umwelt vielleicht sogar zu helfen. Darüber hinaus hatte sie in ihrer Ehe ausreichend mit sich selbst zu tun. Wären meine Eltern dem Hinweis auf eine psychosomatische Erkrankung gefolgt, hätten sie sich Wissen aneignen können, welches zu anderen bzw. überhaupt zu Entscheidungen hätte führen können. Wie ich zuvor beschrieben habe, wurden viele auffällige Verhaltensweisen einfach ausgesessen. Jede Unterstützung, die mich diese massiven Schwierigkeiten einfacher hätte bewältigen lassen, hätte mir die Möglichkeit eröffnet, mich in der Persönlichkeitsentwicklung leichter zu tun. Erfolge dabei, die meinen Eltern dann vielleicht aufgefallen wären, hätten mein Selbstbewusstsein verbessert. Dies wäre nach meiner Überzeugung ein Garant dafür gewesen, dass ich bei dem Erreichen der sozialen Teilhabe wesentlich schneller vorangekommen wäre.
2. Wenn sich eventuell über einige therapeutische Irrwege in meiner Jugend oder meiner Adoleszenz die Erkenntnis eingestellt hätte, dass bei mir ein »Autismus-Problem« vorliegt, hätte ich die Chance gehabt, viel früher mit dem Verständnis der schwierigsten Aspekte dieser Besonderheit zu beginnen. Da ich auch im jugendlichen Alter gut reflektieren konnte, wäre mir nach meiner heutigen Überzeugung eher früher als später selbst aufgefallen, was eigentlich mit mir los ist. Diese Aussage ist insofern nicht einfach nur eine hypothetische Selbstüberschätzung, als dass auch heute, auf der Basis der vorliegenden wissenschaftlichen Erkenntnisse, unterm Strich für Asperger-Betroffene die Herausforderung bleibt, sich selbst helfen zu müssen. Da Asperger höchstwahrscheinlich eine vererbte Fehlbildung im Gehirn als Ursache hat, ist es nach heutigem Stand nicht therapierbar. Psychotherapien werden nur dann verordnet, wenn »Begleitsymptome« auftreten. Es gibt heute ein signifikantes Spektrum an Beratungsstellen für Betroffene und Angehörige. Vor allem aber bietet das Internet viele Informationen. IT-Experten behaupten schon lange, dass das Internet überhaupt für Autisten erfunden wurde. Der Schwerpunkt der Beratungsangebote richtet sich aber nach meiner Kenntnis an die Zielgruppe von Kindern und Jugendlichen mit Asperger-Diagnose. Aus der Sicht des erwachsenen Betroffenen macht es den Eindruck, als würde der Bedarf nach beratender Unterstützung aufhören, sobald ein »Aspi« volljährig geworden ist.

Auf den medizinischen Kontext bezogen habe ich selbst erfahren, dass die Bandbreite der Eigenschaften bzw. Einschränkungen von diagnostizierten Asperger-Betroffenen so ein breites Spektrum ausfüllt, dass eine monokausale, lineare Behandlungsweise durch z. B. Neurologen mir keinen Moment lang sinnvoll erscheint. Nur früher, als die Allgemeinheit kaum etwas über Autismus wusste, waren alle Autisten wie »Rainman«. Eine von mir sehr geschätzte, selbst Asperger-Betroffene hat die These entwickelt, dass jede Person ihre eigene Bedienungsanleitung entwickeln muss, nachdem sie oder er sich über ihre/seine Merkmale des Asperger-Syndroms klargeworden ist. Ich hätte mit dieser Entwicklung gerne 30 bis 40 Jahre früher begonnen, denn dann hätte ich mich vielleicht in vergangenen, wichtigen sozialen Situationen (selbst-)bewusster verhalten und damit positivere Ergebnisse erreichen können.

3. Für mich persönlich bedeutend ist auch die politische Dimension. Es erscheint mir schon nach der kurzen Zeit, die ich mich mit dem gesamten Spektrum der Asperger-Besonderheit beschäftige, töricht, dass man auf diese Menschen (immerhin mehr als 1 % der Bevölkerung) nicht gezielter eingeht. Ein großer Teil der Betroffenen ist hochfunktional, also mit überdurchschnittlichen intellektuellen Fähigkeiten ausgestattet. Davon ist wiederum ein großer Teil gerade in den Naturwissenschaften, also den MINT-Fächern, besonders hoch veranlagt. Es ist in meinem Verständnis volkswirtschaftlich dumm und gesellschaftlich gesehen beschämend, dass die bestehenden Strukturen für Ausbildung, Leben und Arbeiten Asperger-Betroffene viel zu häufig bei den Rahmenbedingungen überfordern. Die Betroffenen können zum weit überwiegenden Teil keinen Job längerfristig behalten und damit meist nur ein durch Transferleistungen bestimmtes, am untersten Level angesiedeltes Auskommen erreichen, weil sie die vorgegebenen Strukturen in der Arbeitswelt, was soziale Erwartungen, Reizüberflutung, Aufgabengestaltung etc. anbelangt, nicht aushalten können. In den Schulen wird inzwischen auf politischen Druck hin »Inklusionstheater« aufgeführt, d. h., alle Kinder werden in der Regel(grund)schule beschult, auch wenn sie aus unterschiedlichsten Gründen praktisch nicht in der Lage sind, an einem adäquaten Unterricht erfolgreich teilzunehmen. Kinder mit nach den Vorgaben kategorisierbaren Handicaps bekommen Förderungen oder eine Fachkraft als Schulbegleitung. Dennoch muss weiterhin eine Lehrkraft im Unterricht allein diesem enormen Spektrum an Leistungsbereitschaft und sozialer Eignung gerecht werden, was in der Praxis nicht funktioniert. Aus Niedersachen und Bremen ist mir zudem bekannt, dass bei diesem Konzept für Inklusion Asperger-Autisten weitgehend »durch den Rost fallen«, weil sie häufig weder Anspruch auf Nachteilsausgleich noch auf eine Begleitung haben, denn diese Kinder sind zumeist, wenn ein paar Rahmenbedingungen stimmen, intellektuell überdurchschnittlich leistungsfähig, und in Stresszuständen richtet sich ihre Anspannung oft nach innen. Ich hätte mir gewünscht, schon vor den zuvor genannten mindestens 30 Jahren im Thema gewesen zu sein, um dann selbst für die Interessen von (Asperger-)Autisten etwas getan haben zu können.

Anhang

Therapieraumausstattung

In der Regel wird man bei der Raumausstattung und Möblierung nur Annäherungswerte an einen Idealzustand erreichen können, da man einige Grundgegebenheiten nicht verändern kann bzw. der Raum von verschiedenen Personen genutzt wird (▶ Kap. 14.6). Nicht vermeidbare Irritationen sollten als Übungsfeld für den Alltag genutzt werden, der ja auch nicht frei von Störungen ist. Unabdingbar ist allerdings eine grundsätzliche Reizarmut, da man sonst Gefahr läuft, die Kinder ständig reglementieren zu müssen.

Wenn man einen großen Raum zur Verfügung hat, ist es sinnvoll, für verschiedene Aktivitäten unterschiedliche Raumbereiche in unten beschriebener Weise zu kennzeichnen. Stehen verschiedene kleine Räume zur Verfügung, sollte man diese den unterschiedlichen Spieltätigkeiten zuordnen und die notwendig werdenden Raumwechsel zur Einübung von Übergängen nutzen.

Raumausstattung

- Raum möglichst ruhig gelegen, keine akustische und visuelle Ablenkung (ggf. durch Schallschluckmaßnahmen und Sichtblenden oder Klebefolien kompensieren);
- möglichst reizarmer, klar gegliederter, aber nicht ungemütlicher Raum ohne offene Regale (Spielmedien nicht sichtbar)
- zur Raumaufteilung: kleine Teppiche, Regale, Raumteiler zur Abgrenzung verschiedener Spielbereiche;
- Teppichfliesen, um Orte für bestimmte Aktivitäten zu markieren (z. B. als Unterlage für die ausgezogenen Schuhe;
- Decken- bzw. Wandvorrichtung für diverse Schaukelmöglichkeiten oder Hängematte;
- Spiegel in Kindergröße, der sich abdecken lässt;
- Vorrichtung zum Anbringen von Visualisierungshilfen (Leisten oder Rahmen mit Kletthaftsystem).

Möbel

- kindgerechte Sitzmöbel, kindgerechter Tisch für Tischspielphasen; »Tripp-Trapp« (o. Ä.) für Snackpause am hohen Tisch; bequeme Sitzmöglichkeit auf Kindersitzhöhe für Therapeut; großer Sitzsack für körperorientierte bzw. »gemütliche« Aktivitäten;
- verschließbare Schränke und/oder Rollcontainer mit Schubladen und anderen Behältern zum blickdichten Verstauen von Spielgegenständen;
- gut einsehbares Regalbord außer Reichweite des Kindes zur Präsentation eines ausgewählten Spielzeugangebots, um die Kommunikation und die Zeigefähigkeit des Kindes anzuregen;
- kindgerechte Garderobe.

Nützliche allgemeine Arbeitsmaterialien

- transparente, fest verschließbare Kisten, Kisten, Dosen etc., deren Mechanismus nur vom Therapeuten zu öffnen ist;
- Uhren mit Visualisierungshilfe (Sanduhr, »Time Timer« etc.);
- Videokamera mit Stativ.

Therapiematerialien und Medien

Alle Therapiematerialien in der Autismus-Frühtherapie sind in der Regel in den unterschiedlichen Förderbereichen einsetzbar (▶ Kap. 14.6; ▶ Kap. 18). Der Übersichtlichkeit halber werden unten, neben der Aufstellung der besonders vielseitig einsetzbaren Materialien, einige Medien den zentralen Förderbereichen (▶ Kap. 18) zugeordnet, da sie hierfür besonders geeignet sind. Die bildlichen Darstellungen (Zeichnungen oder Fotos) sollten von hoher Qualität sein, damit sie die Emotionen des Kindes ansprechen. Die Materialien sind keinem besonderen Alter zugeordnet, sondern sollten individuell dem Entwicklungsalter des Kindes angemessen sein. Besonders wenn es um die Förderung der Imitationsfähigkeit geht, kann es wichtig sein, die Medien in doppelter Ausführung zur Verfügung zu haben. Zielführend ist es, die Spezialinteressen des Kindes bei der Wahl der Materialien miteinzubeziehen.

Die Aufstellungen sind nicht als »Einkaufsliste« gedacht; sie sind lediglich als Anregung zu verstehen. Grundsätzlich sind diese Medien auch für die Förderung innerhalb der Familie und in der Kita geeignet.

Vielseitig einsetzbares Spielmaterial

- Motorik: verschiedene Schaukeln, Hängematte, Bällebad, Trampolin, Hüpfkissen, Klettergerüst, Matten in unterschiedlicher Stärke, Hüpfball, Hüpfpferdchen, transparente große Rolle mit Kugeln im Inneren, Balanciermöglichkeiten, Rutsche, schiefe Ebene, große Schaumstoffbausteine;
- Seifenblasen, Seifenblasenpistole u. Ä.; Luftballons, Glitzerstäbe, bunte Spiralen;
- 4–5 Bälle im Durchmesser von 7–10 cm;
- Haustiere, Bauernhoftiere, Zootiere mit ihrem natürlichen Umfeld, wie Gatter, Ställe etc.; Gummitiere (z. B. Schleich);
- Autos (verschiedene Größen), Feuerwehrauto, Lastwagen, Spielzeugeisenbahn, Schiffe;
- Puppen und Puppenkleidung in unterschiedlichen Größen; Puppenhaus;
- Stoff-/Plüschtiere;
- Formen und Farben: Stapelbecher, Farbringpyramide, farbige Dosen zum Ineinanderstecken oder Steckwürfel; Steckspiel (nicht zu kleine Einzelteilen), Wäscheklammern in verschiedenen Farben; Domino; verschieden Lotto-Spiele: »Lottino«, »Erstes Lotto«, »Tierbaby-Lotto«, Memory, »Schattenlotto«; »Der kleine Herr Jakob«; selbst hergestellte TEACCH-Mappen;
- Konstruktion: Holzbausteine gegebenenfalls mit Buchstaben oder Bildern (unterschiedliche Formen, Farben, Größen); Duplo- bzw. Legosteine; Holzeisenbahn;
- Feinmotorik/Handlungsplanung: Auffädelspiel mit handlichen Einzelteilen; Spielperlenset;
- Musik: Kinder-Keyboard, Xylophon, Rassel, Trommel, Regenstab oder andere Musikinstrumente;
- Funktionsspielzeug: Hammerspiel, Pop-Up-Spielzeug mit mehreren Tasten und Knöpfen; Spielzeuge zum Ziehen, Schieben, Drehen; Murmeln/Murmelbahn;
- Puzzelspiele: Holzpuzzleteile ggf. mit Greifmöglichkeiten auf der Rückseite zur einfachen Handhabung; einfache Puzzle, bei denen das Bild vollständig werden muss;

- Wahrnehmung: »Fühldomino«, »Fühlmatz«, »Tactilo«, »Blinde Kuh«; Grabbelsack mit Realgegenständen mit 2- und 3-dimensionalen Formen; »Verfühlt noch mal«; »Smellory« oder Riechmemory mithilfe selbst gefüllter Filmdosen;
- Gestaltungsmaterialien: Mal- und Bastelutensilien, Stempel, Knetmasse, Sticker, Klebstoff, Kinderschere; Zaubertafel;
- Bilderbücher: Bücher mit Baby-/Kinderfotos; Pappbilderbücher mit großen Bildern und einfachen Geschichten; »Wieso-weshalb-warum«- Bücher, »Was-ist-was«-Bücher;
- Sandspielzeug: Eimer, Schaufel, Harke etc.;
- Wasserspielzeug: verschieden große Behälter, Gießkannen etc.

Spielmaterial für besondere Förderbereiche

Imitation und Spiel

- Spielzeuge, die die Fantasie anregen: Spielzeugtelefon; Spielzeugrasenmäher; Kran mit Kurbelmöglichkeit; Parkgarage; Playmobil-Figuren mit verschiedenen Umwelten etc.;
- große Puppe (mindestens 30 cm groß) inklusive Puppenkleidung (Mütze, Socken etc.) und großes Plüschtier in gleicher Größe wie die Puppe (zur Anregung von symbolischen Spielhandlungen); Babydecke und Puppenbett bzw. Schachtel als Ersatz für Puppenbett;
- Kinder- oder Puppenküche mit Zubehör: z. B. Tassen, Teller, Becher, ggf. Löffel, Plastikmesser, Plastikgabel, Knete plus Spielzeug Teigroller und Keksausstecher;
- Gegenstände zur Körperpflege: Kamm, Bürste, Spiegel; darüber hinaus auch Hut, Halskette Haargummi etc.;
- Arztkoffer, mit Stethoskop, Spatel, Spritze etc.;
- Verkleidungskiste zur Anregung, in verschiedene Berufsrollen zu schlüpfen: z. B. Feuerwehr, Müllmann, Polizist, Friseur etc.
- Andere Welten: Spielzeuge aus historischen bzw. fantastischen Welten: Dinosaurier, Ritter mit Ritterburg, Piratenschiff, Superhelden (Superman, Spiderman etc.); Lieblingscomicfiguren des Kindes;
- Decke oder Tuch, unter denen beliebte Gegenstände oder Naschereien versteckt werden können (zur Förderung der Objektpermanenz);
- großer Eimer, in den abwechselnd Bälle geworfen werden können;
- Spiele: mit »Auf-die-Plätze-los-Charakter« (z. B. »Spitz-pass-auf« etc.); Pop-Up-Figuren (mit unterschiedlichen Themen, wie Bauernhof, Haustiere etc.); Regelspiele: z. B. »Tempo, kleine Schnecke«, Angelspiel, Türmchenspiel, Bilder-Lotto, Memory, »Quips«, »Colorama«, »Obstgarten«, »Uno«, »Mix Max« etc.

Sprache und Kommunikation

- Fotos des Kindes und seiner Familie, des Haustiers, seines Spielzimmers, seines Hauses etc.;
- Gegenstände mit unterschiedlichen Eigenschaften (z. B. kurz/lang, dick/dünn, hell/dunkel, hart/weich), um Gegensätze üben zu können;
- Bildkarten oder Fotos, auf denen eine Person eine Tätigkeit ausführt (z. B. »Basic Verbs« von Speechmark)
- Bildergeschichten in Buch- oder Kartenform (z. B. »Vater und Sohn« sowie vom Schubi-Verlag oder Verlag an der Ruhr etc.)
- Spiele: Memory mit Alltagsgegenständen (z. B. »Junior Memory«), Bilder-Lotto, Geräusche erraten, Geräusche-Memory, Puzzles mit thematisch unterschiedlichen Abbildungen;
- Würfel mit Punkten, Zahlen, Symboldarstellung

Emotionen und Stressbewältigung

- Motorische Aktivitäten zur Reduktion von Unruhe und Stress (s. o. Motorik)
- »Kindermangel« (mit gepolsterten Rollen);
- Druckwesten zur Verringerung von Unruhegefühlen (Westen, die eng den Oberkörper umschließen und mit Luft gefüllt werden können);
- Beschweren des Körpers zur Verringerung von Unruhegefühlen (durch eingenähte Säckchen mit Linsen o. Ä.): schwere Decke zum Schlafen, schwere Weste, schweres Schultertuch, Schwere-Manschetten an den Knöcheln zu tragen;
- Bilderbücher und Bildergeschichten mit vielen emotionalen Situation (Freude, Angst, Wut, Traurigkeit, Ekel etc.); »Warum gähnt das Nilpferd?«; »Kunterbunt«; »Jeux De Visages«; »Gefühle sind wie Farben«; »Ein Dino zeigt Gefühle«; »Giraffimo«; »Trauerkloß und Lachgesicht«; »Mein Wut-Kritzelbuch«; »Wohin mit meiner Wut?«; »Das kleine Wutmonster«;
- Bildkarten mit Emotionen (z. B. von Schubi »Mimic« oder verschiedene Materialien vom Verlag an der Ruhr und dem Schubi-Verlag); »Feelings« von Speechmark;
- Spiele: »Grimassimix«, »Pantomime« (Haba); »Jeux De Visages«; »Gefühle sind wie Farben«; »Ein Dino zeigt Gefühle«; »Giraffimo«; »Trauerkloß und Lachgesicht«;
- Cremes und Rasierschaum zum Eincremen oder Massieren
- beruhigende Musik, Lieblingsmusik;
- Stressbälle zum Drücken;
- in eine Schnur geknüpfte kleine Materialien (z. B. Knöpfe) zur Selbstberuhigung oder Ablenkung z. B. in Wartesituationen;
- stereotype Beschäftigungen zeitlich begrenzt zulassen.

Selbständigkeit

- Dinge, die verschlossen sind (z. B. Dosen, Schraubgläser etc.)
- Alltagsgegenstände, wie Seife und Handtuch;
- Zubehör zum Tischdecken und Essen (Plastikgeschirr: Becher, Tasse, Tellerbesteck etc.); Tischsets mit Konturen z. B. für Teller, Becher, Besteck etc.;
- Popcorn für die Mikrowelle; Getränkepulver zum kalt Anrühren;
- Kleidung (z. B. Jacke mit Reißverschluss) etc.;
- Schuhe (unterschiedliche Verschlüsse);
- Visualisierungshilfen zur alltäglichen Orientierung (Fotokarten, Piktogramme etc.);
- Abläufe, die verschiedene Abfolgen mit einem Gegenstand beinhalten (z. B. malen, ausschneiden, aufkleben etc.);
- Bücher und Bilderkarten mit Bildergeschichten von Alltagssituationen (z. B. Einkaufen, Verkehr, Gefahrensituationen).

Sammlung geeigneter Fingerspielreime und Kinderlieder

Fingerspiele (z. T. zum Singen; ▶ Kap. 18.1)

- Kommt ein Mann die Treppe rauf …
- Das ist der Daumen, der schüttelt die Pflaumen …
- Das ist der dicke Onkel Klaus und schaut aus dem Fenster raus …
- Erst kommt die Schnecke und kriecht um die Ecke …
- Eine Schnecke, eine Schnecke, krabbelt rauf, krabbelt rauf …
- Hoppe, hoppe Reiter, wenn er fällt, dann schreit er …
- Mit den Füßen geht es trapp, trapp, trapp …

Kinderlieder

Aufwecken und Begrüßen

- Das Aufwecklied
- Bruder Jakob, Bruder Jakob, schläfst du noch, schläfst du noch …
- Kennenlernlied
- Hallo, hallo, schön, dass du da bist

Lieder mit Tieren

- Alle meine Entchen
- Der Kuckuck und der Esel
- Fuchs, du hast die Gans gestohlen
- Häschen in der Grube
- Hopp, hopp, hopp, Pferdchen lauf Galopp
- Kommt ein Vogel geflogen
- Vogelhochzeit
- Heile, heile Gänschen
- Auf der Mauer, auf der Lauer

Lernlieder

- 1-bis-10-Lied
- ABC-Song
- Backe, backe Kuchen
- Ein Mann, der sich Kolumbus nannt
- Fünf Finger hat die rechte Hand
- Grün, grün, grün sind alle meine Kleider

Spaßlieder allgemein

- Drei Chinesen mit dem Kontrabass
- Tri-Tra-Trullala
- Ein Loch ist im Eimer

Aufräumen

- 1, 2, 3 die Spielzeit ist vorbei
- Alle Kinder räumen auf
- Die Spielzeit ist zu Ende

Verabschieden

- Wer hat an der Uhr gedreht?
- Alle Leut, alle Leut gehen jetzt nach Haus

Zähne putzen

- Ich putze meine Zähne

- Apfel, Brot, Karotte
- Putz, putz, putz – runter mit dem Schmutz
- Alle Zähne werden geputzt
- Hei, die, das – Putzen, das macht Spaß

Schlaf-Lieder

- Der Mond ist aufgegangen
- Guten Abend, gut' Nacht
- Schlaf Kindlein schlaf

Internetquellen für Liedtexte und Musik

- http://www.kleinkind-online.de/seiten/deckblaetter/kinderlieder.htm
- https://www.heilpaedagogik-info.de/kinderlieder.html
- http://www.lieder-archiv.de/
- https://www.spiellieder.de/Spiellieder/Spiellieder.htm

Hilfen durch Visualisierung

Kindern mit Autismus hilft es bei der Orientierung, wenn ihr Alltag durch bildliche Darstellungen veranschaulicht wird (▶ Kap. 14.6; ▶ Kap. 14.7; ▶ Kap. 15.2.6; ▶ Kap. 19; ▶ Kap. 28). In Bezug auf die jungen Kinder gehen wir hier vor allem vom Einsatz von Bildkarten etc. als Orientierungshilfe und Strukturgebung aus, weniger zur Unterstützung beim Spracherwerb (vgl. die Diskussion ▶ Kap. 18.4).

Die Art der Veranschaulichung sollte sich auf das Entwicklungsniveau des Kindes beziehen. Ein sehr junges, stark entwicklungsverzögertes Kind mit frühkindlichem Autismus wird ggf. noch auf die Präsentation mit dem konkreten Gegenstand angewiesen sein (z. B. der Becher für die Snackpause), unterstützt durch die gleichzeitige Präsentation des Fotos des Gegenstands (Foto des Bechers). Weiter entwickelten Kindern genügt schon die ausschließliche Präsentation des Fotos, das für den Gegenstand steht. Kindern im Vorschulalter gibt ggf. ein Piktogramm, z. B. von METACOM[62], als abstrakteste, dabei aber auch allgemeinste Form der Darstellung ausreichend Orientierung (z. B. Piktogramm »trinken«). Je nach Umfeld sollten alle wichtigen Aktivitäten bzw. Spielgegenstände zur Visualisierung vorbereitet werden. Bei der Einführung von Visualisierungen sollte man jedoch mit einzelnen, für vom Kind als freudvoll empfundenen Inhalten begonnen werden.

Die Bildkarten sollten laminiert und auf der Rückseite mit Klettband versehen werden.

Ein Wand- oder Tischrahmen, eine aufrechtstehende Leiste oder ein Tischordner werden mit dem entsprechenden Klettgegenstück versehen, so dass Anfang und Ende, Abläufe, Reihenfolgen von Aktivitäten visualisiert werden können. In ein »Fertig-Kuvert« oder ein »Fertig-Kästchen« werden die Karten gelegt, deren Aktivitäten abgeschlossen sind. Ein Kurzzeitmesser (z. B eine Art Eieruhr mit roter Scheibe, die den Verlauf der Zeit visualisiert, »TimeTimer«, Sanduhr) unterstützt die Zeitwahrnehmung der Kinder.

Folgende Bereiche bieten sich für die Visualisierung an:

Zeitliche Orientierung

- Therapiestunde: die verschiedenen Aktivitäten innerhalb einer Therapiestunde (z. B. Begrüßung, Trampolinspringen, Spiel mit Kreisel, Snack-Pause, Fingerspiel, Verabschiedung etc.);
- Tages- und Wochenpläne in der Kita;
- häusliche Abläufe (z. B. Spielphasen, Ausflüge, Essen, Ins-Bett-Gehen etc.).

Räumliche Orientierung

- Kennzeichnung von verschiedenen Aktivitätsbereichen in der Kita (z. B. Motorik, Leseecke, Esstisch etc.);
- Kennzeichnung der Inhalte von Schränken und Schubladen von außen;
- Hilfe bei Ordnungsaufgaben im Rahmen der Selbständigkeitsentwicklung (z. B. Tisch-

---

62 Kitzinger, A. (2018). METACOM 8. Zugriff am 05.08.2018 unter www.metacom-symbole.de

set mit Konturen für Geschirr und Besteck, Teppichfliese mit Schuhkontur als Hinweis für den Platz der abgestellten Schuhe etc.).

Orientierung bei täglichen Handlungen (z. B. Körperpflege, Anziehen etc.)

- Visualisierungen der Reihenfolge
    - für die verschiedenen Teilschritte beim Zähneputzen,
    - für das Anziehen der verschiedenen Kleidungsstücke.

Nützliche Informationen und Web-Adressen

- *autismus* **Deutschland**, Bundes- und Dachverband der deutschen Autismusvereine: Flyer mit Piktogrammen, Informationsbroschüren, Liste aller regionaler Autismus-Therapie-Zentren, Autismus-News, Elternratgeber, Fortbildungen, Autismusinformationen in anderen Sprachen (auf Nachfrage). Zugriff am 25.07.2018 unter www.autismus.de
- *autismus* **Deutschland** (s. o.) Rechtsratgeber, Liste Rechtsanwälte etc. Zugriff am 11.01.2019 unter https://www.autismus.de/recht-und-gesellschaft.html
- **Autismus-Therapieinstitut Langen**: Checklisten zur Früherkennung im Rahmen der Vorsorgeuntersuchungen, Familienorientierte Frühtherapie, Elternseminare, Fortbildungen. Zugriff am 25.07.2018 unter www.autismus-langen.de
- **Hamburger Autismus Institut**: Flyer: Hochfunktionaler Autismus/Asperger-Syndrom – Früherkennung und Behandlung – Checklisten; Flyer Frühtherapie: START-Programm, Elternseminare, Fortbildungen. Insgesamt: https://autismus-institut.de/literatur-publikationen-flyer-etc/nuetzliche-informationen/ Zugriff am 25.07.2018 unter www.autismus-institut.de
- **Autismus Bremen**: diverse interessante Listen von Romanen, Kinderbüchern und Filmen mit Personen mit Autismus im Mittelpunkt u. a. m. Zugriff am 12.01.2019 unter http://www.autismus-bremen.de/informationen/
- **Autismus-Therapieambulanz Linker Niederrhein:** große Anzahl frei verfügbarer Piktogramme (»Strichmännchen«) und umfangreiche Literaturliste für Autismus und Asperger-Syndrom. Zugriff am 25.07.2018 unter http://www.autismus-online.de/downloads
- **Bundesverband für körper- und mehrfachbehinderte Menschen**: gute Rechtstipps. Zugriff am 12.01.2019 unter https://bvkm.de/
- **Bölte**, S.: M-Chat (2005). The Modified Checklist for Autism in Toddlers (deutschsprachige Version). Zugriff am 25.07.2018 unter www.mchatscreen.com/wp-content/uploads/2015/05/M-CHAT_German.pdf

Gelerntes auf den Alltag übertragen – Therapiefortschritte in der Familie und in der Kita verankern[63]

Das, was Kinder mit Autismus in der Therapie lernen, übernehmen sie nicht von selbst in den Alltag. Sie müssen es mit verschiedenen Personen aus ihrem tagtäglichen Umfeld wiederholen und es häufig üben. Dieses Üben sollte in möglichst natürlichen Situationen geschehen. Das hat den Vorteil, dass es für das Kind gleich die richtige Bedeutung erhält und es den Bezugspersonen nicht zusätzlich Zeit abfordert.

Tauschen Sie sich mit dem Therapeuten des Kindes über sinnvolle Förderziele aus und beziehen Sie weitere Bezugspersonen mit ein.

Welche Fähigkeit soll in den nächsten … Wochen besonders geübt werden (z. B. Blickkontakt, geteilte Aufmerksamkeit, Zeigefähigkeit etc.)?

....

....

Welche Situationen kann ich dafür gut nutzen? (z. B. Essens- und Spielsituationen, in denen das Kind etwas sehr gerne haben möchte)

....

Welche Personen werden sich beteiligen?

....

Wie werden Sie vorgehen, was sollten alle Personen gleich oder ähnlich machen (z. B. die für das Kind interessanten Spielzeuge so aufbewahren, dass das Kind mit seiner Bezugsperson in Kontakt treten muss, um sie zu bekommen)?

....

....

Wenn Sie alle Punkte schriftlich festhalten und dadurch dokumentieren, erhalten Sie einen guten Überblick über die Fortschritte Ihres Kindes und können die Informationen so gut an weitere Bezugspersonen weitergeben.

---

63 Arbeitsblatt angeregt durch Teufel, K., Wilker, Ch., Valerian, J. & Freitag, Ch. M. (2017). *A-Fipp-Autismusspezifische Therapie im Vorschulalter.* Heidelberg: Springer, S. 203.

Empfehlenswerte Autismus-Literatur zum Thema

- Arens-Wiebel, Ch. (2011). *Kleines Autismus-ABC. Erziehungs- und Verhaltenstipps* (Neuauflage). In verschiedenen Sprachen erhältlich. Zugriff am 25.07.2018 unter www.autismus-bremen.de/broschueren/
- Arens-Wiebel, Ch. (2013). *Geschwister-ABC. Für Brüder und Schwestern von Kindern und Jugendlichen mit Autismusoder Asperger Syndrom.* Zugriff am 25.07.2018 unter www.autismus-bremen.de/broschueren/
- Brauns, A. (2002). *Buntschatten und Fledermäuse.* Hamburg: Hoffmann und Campe
- Attwood, T. (2012). *Ein ganzes Leben mit Asperger-Syndrom.* Stuttgart: Trias Verlag
- Janert, S. (2016). *Autistischen Kindern Brücken bauen.* München: Reinhart Verlag
- Nashef, A. (2009). *Kleines Asperger-ABC. Umgangstipps für Familie und Umfeld.* Bei http://www.autismus-bremen.de/broschueren/
- Rittmann, B. & Rickert-Bolg, W. (Hrsg.) (2017). *Autismus-Therapie in der Praxis. Methoden, Vorgehensweisen, Falldarstellungen.* Stuttgart: Kohlhammer
- Rogers, S. J. & Dawson, G. (2014). *Frühintervention für Kinder mit Autismus. Das Early Start Denver Model.* Bern: Hans Huber
- Rogers, S. J., Dawson, G. & Vismara, L. A. (2016). *Frühe Förderung für Ihr Kind mit Autismus. Das Early Start Denver Model in der Praxis.* Paderborn: Junfermann
- Teufel, K., Wilker Ch., Valerian, J. & Freitag, Ch. M. (2017). *A-FFIP – Autismusspezifische Therapie im Vorschulalter.* Heidelberg: Springer
- Schlitt, S., Berndt, K. & Freitag, Ch. M. (2015). *Das Frankfurter Autismus-Elterntraining (FAUT-E): Psychoedukation, Beratung und therapeutische Unterstützung.* Stuttgart: Kohlhammer

Anhang zu Kapitel 23

Arbeitsblatt 1

Sprachentwicklung und Kommunikation

Wie spreche ich im Kontakt mit meinem Kind?

Einen Vorschlag machen oder meinem Kind vorgeben, was es als Nächstes tun soll

Fragen an mein Kind stellen

Meinem Kind sagen, dass es etwas falsch gemacht hat

Beschreiben, was mein Kind gerade tut oder wo es gerade hinschaut

Meine eigene Handlung beschreiben

Mein Kind loben oder ihm
etwas Schönes sagen

Freundliche
Spielgeräusche

Arbeitsblatt 2

Welche Elemente nutzt mein Kind zur Kommunikation?

☐	weinen	☐	schreien
☐	lautieren	☐	einzelne Worte
☐	Zwei-/Dreiwortsätze	☐	ganze Sätze
☐	Spielgeräusche (brumm, tut tut …)	☐	Fantasiesprache
☐	an der Hand ziehen	☐	anstupsen
☐		☐	
☐		☐	
☐		☐	

***Wann* und *Wie* nimmt mein Kind Kontakt mit mir auf?**

Beispiel: Wenn es etwas haben möchte	Es nimmt meine Hand und zieht mich in die Richtung

Arbeitsblatt 3

Spiel

Spielzeit:
Womit spielt ihr Kind am liebsten? Wie benutzt das Kind das Spielzeug?

1. Spielzeug

2. Spielzeug

3. Spielzeug

4. Spielzeug

Anhang

5. Spielzeug

Arbeitsblatt 4 und 5

Spiel

Welche Umgebung (äußere Faktoren) benötigen Sie und Ihr Kind, um gut in Kontakt und ins Spiel zu kommen?

Eine Spielzeit sollte ein festes Anfangsritual haben.

Eine Spielkiste oder ein Spielsack signalisieren die Spielzeit

Eine Spielzeit profitiert von einer vertrauten Umgebung mit wenig Ablenkung. Bedenken Sie, Sie und die Spielzeuge sollten das Interessanteste im Raum sein.

Eine Spielzeit profitiert von ein paar gewohnten Spielzeugen. Suchen Sie ein Spielzeug, das Ihr Kind motiviert, lieber mit Ihnen zu spielen als allein.

Anhang

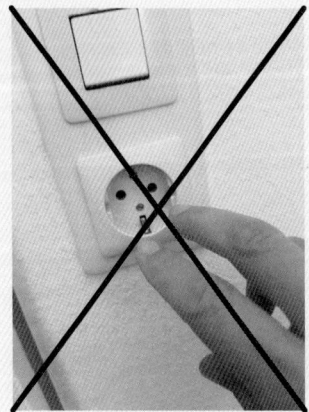

Eine Spielzeit profitiert von einer Umgebung, die gefährliches und herausforderndes Verhalten nicht fördert.

Eine Spielzeit sollte, wenn möglich, fröhlich enden.

Arbeitsblatt 6

Wie kann ich mein Kind gut unterstützen?

- Ich kann mir jeden Tag ca. 15 Minuten (wer mag auch länger) ausschließlich Zeit für mein Kind nehmen.

- Ich kann mein Kind beim Spielen *beobachten, abwarten*, dann →

- *Benennen*, was das Kind tut, damit es sich bestätigt und wahrgenommen fühlt. So lernt es eigene Ideen zu entwickeln und länger bei einer Spieltätigkeit zu bleiben.

- Ich kann meine eigenen *Handlungen benennen*, damit das Kind weiß, was als Nächstes passieren wird, damit es mir gut folgen kann und bei der »Sache« bleibt.

- Ich kann die *Gefühle*, die ich beim Kind und bei mir wahrnehme, *benennen*, damit das Kind lernt, Gefühle besser zu erkennen und einzuordnen.

- Eine *Spielkiste* oder einen *Spielsack* mit den Lieblingsbeschäftigungen des Kindes bereitstellen. Das Kind erkennt besser, was nun folgt, wenn die Spielkiste/der Spielsack hervorgeholt wird.

- Das Kind *bestätigen*, wenn etwas gelungen ist oder wenn es lange an etwas ausprobiert, immer wieder zustimmende Kommentare geben.

- Wenn ich von meinem Kind etwas möchte, *übernehme ich die Leitung*, indem ich sage, *was* ich möchte und *wie* ich etwas möchte. *Ich sage dem Kind, was es tun soll/kann* (nicht nur, was es nicht tun soll). Das Kind kann dann besser lernen, Anweisungen auszuführen. Ich begleite seine Versuche mit Worten, damit es besser weiß, was zu tun ist.

Viel Spaß und Erfolg!

Stichwortverzeichnis

A

Ablehnung 287
– durch andere Kinder 285
abweichendes Verhalten 285
ADHS 51
ADOS 2 71
affektive Verhaltensregulation 111
Akzeptanzprozess 133
Alleinerziehende 207
Alltag, familiärer 212
Alltagsbeobachtung 269
Anderssein 72, 285
Angst 26, 89, 169, 281, 286
Anpassungsleistung 130
Applied Behavior Analysis (ABA)/Verbal Behavior (VB) 148
Arbeitsbündnis 129
Asperger-Syndrom 28, 277, 285, 287, 295–296
Auffälligkeiten 169
– beim Spielen 278
– im frühen Kindesalter 277
– motorische 284
– sensorische 169
Aufklärung 248
Aufmerksamkeit 111
– geteilte 24, 92, 164
Aufmerksamkeits-Interaktions-Therapie 148
– Parallelspiel 151
Aufnahmegespräch 188
Ausprägung der Störung 131
Autismus 28
– Autismus-Spektrum 28
– frühkindlicher 28
– hochfunktionaler 28
– -risiko 75
– syndromaler 77
– -verdacht 24, 32, 34, 254
– Vorkommen 70
Autismus-Therapieinstitut Langen 307
Autonomie 99

B

Begleiterkrankungen 49
Behandlungsbeginn 156
Belohnungszentrum 106
Beziehungen 188, 292
Bildkarten 259
Bindung 89, 98, 111, 232
– desorganisiert 90
– sicher gebunden 90
– unsicher-ambivalent gebunden 90
Bindungsforschung 80
Bindungsstörung 51
Blickkontakt 121, 211
Bottom-up-Prozess 55
Bundesteilhabegesetz (BTHG) 135

C

containern 171

D

Diagnose 93, 237, 294
– frühe 25–26, 137
– späte 20, 137, 287
– stabile 28, 137
Diagnostik 256
– frühe 36
– S3-Leitlinien 27
– -verfahren 71
Differenzielle Beziehungstherapie 148, 151
– In-Vorleistung-Gehen 151
– Konkurrenz mit Gegenstandseigenschaften 151
DNA 75
Dreifachimpfung 76
Drei-Säulen-Modell der Autismus-Frühtherapie 201
– Beratung und Anleitung der Eltern 128
– Beratung und Anleitung des Umfeldes 128
– Therapie des Kindes 128

Drogen 292
Druckempfindlichkeit 80
DSM-5 28
Dunkelziffer 71

E

Early Start Denver Model (ESDM) 148
– Checklisten 149, 154
– Leistungsstufen 154
– sensorische soziale Routinen 161
Eingliederungshilfe 135
Einschulung in eine Regelschule 267
Einzelförderung 284
Eltern 86, 114–115, 120, 212, 218, 237, 247, 289
– -abend 271
– Alter 75
– Aufgaben 119
– Beziehungsbedürfnisse 114–115, 118, 122
– Einfühlungsvermögen 123
– Experten für ihr Kind 129
– -gruppe 86, 217, 221, 239
– herausfordernde Situationen 247
– -kompetenz 112, 186
– -ratgeber 307
– -schaft 115, 123
– Unterstützung 290
Elternbefragung zum Stresserleben (ELKASS) 202
Elternberatung 193, 201
– Aufklärung, Information und Psychoedukation 203
– individuelle Beratung 202
– Interaktionsanleitung 205
– Settings 202
– Verarbeitung der Autismusdiagnose 204
– Videoberatung 206
Eltern-Kind-Interaktion 185
Elterntraining, -schulung 201, 217–220, 237–239
– Konzepte 217
– mit Videounterstützung 238
Empathie 78
Entlastungsmöglichkeiten 204
Entwicklungs-
– aufgaben 109–113
– prognose 26
– psychologie 27, 140
– rückstände 268
– schritte 211
– schwierigkeiten 109
Entwicklungsbereiche
– emotionale Entwicklung 89
– Imitation 160
– nonverbale Kommunikation 164

– Selbständigkeit 167
– Spiel 160
– Stressbewältigung und emotionale Entwicklung 169
– verbale Kommunikation 165
Epigenetik 75
Epilepsie 50, 76
Erholung 279, 285
Erzieher 272–273
Erziehungsstile 230
Essen 80, 283
ethische Haltung 129
exekutive Funktionen 79
Explorationswünsche 101

F

Fallvignetten 157, 253
Familie 287, 292
Familienorientierte Frühtherapie (FOFT 220
Familiensystem 82–83
Fantasiesprache 165
Feinfühligkeit 91–93, 99
Fingerspielreime 161, 303
Floortime 147
Förderung 212, 286
– Förderbereiche 160
– Förderinhalte 142
Freispiel 262
Fremdbestimmung 100
Früherkennungszeichen 21, 23, 30, 137
– hochfunktionaler Autismus, Asperger 32
– Red flags 22
– U7–U9 31
Frühtherapie 82, 84, 217
– autismusspezifische 211
Frühtherapieeinheit
– Ablauf 142
– Ort der Aktivität 143
– typische 142
FSK 33

G

Gebärden 177
– -sprache 158
Gefühle 163–164
– groß machen 140, 161, 164
Gehirn
– Funktion 77
– Plastizität 106
– Struktur 77
– Wachstum 77
Genabschnitte 74

genetische Faktoren 73
Genom 75
Geschwister 75, 113, 241–246, 250
- Konflikte 245–246
- Nachteilsausgleich 249
- Verhaltensschwierigkeiten 133
Gesichterverarbeitung 77
geteilte Aufmerksamkeit, joint attention 24, 92, 164, 190
Grundbedürfnisse 89, 97
- Grundbedürfnismodell 97
Grundschule 268

H

Hamburger Autismus Institut 307
Handlungsplan 260
Homevideos 140

I

ICD-11 28
Identifikation 121, 243
Identitätsbildung 271
Impulssteuerung 242
- mangelnde 245
Individualität 132
Informationen, nützliche 307
Inklusion 267
Intelligenz 50
- -minderung 51
- -niveau 50
Interaktion 211
Interaktionsförderung 80
Interaktionsmuster 123
Intersubjektivität 68
Interventionen, paradoxe 158–159
In-Vorleistung-Gehen 157

J

Jugend 291, 295

K

Keimbahnmutation 75
Kinderlieder 303
Kindheit 288, 291
Kita 257–260, 262
- Kindergarten 253, 278, 282, 287
- Kindertagesstätte 269

- Regeln 264
- Rituale 261
- Spielmaterial 262
Kommunikation 294, 310, 312
Kommunikationsapp 181
Kommunikationsentwicklung 173
Kommunikationsförderung, multimodale 182
Kommunikationsverhalten 211
Kommunikationswunsch
- intrinsisch 157
- wecken 157
Kompensation 50
Konflikte 246
Konnektivität 77
Kontakt 286
- -abwehr 157
Kontextblindheit 80
Kontrollproblematik 228
Koordination 284
Körperempfindungen 283
Kostenübernahme für Autismus-Therapie 136

L

Lautsprache 166
Lebensplanung autistischer Menschen 286
Lehrer 269, 273
Leitlinien 67
Lernziele 143

M

Marte-Meo-
- Beratung 215
- Elemente 212–214
- Methode 210–214, 217
M-Chat 33
Medikamente 76
Mehrsprachigkeit 137
Migrationshintergrund 208
Misserfolgserlebnisse 105
Mobbing 289–291
Motivation 104
- intrinsische 107
Motorik 112, 284
multimodale Therapie 131, 147
Multiplex- oder familiärer Autismus 75

N

Nachhaltigkeit 129
neurotypisch 104

Nischentheorie 244
Noxen 45
Nucleus Accumbens 106

O

Objektpermanenz 58

P

Parallelspiel 161
Partizipation 68, 234
PECS 179
peripheres Sehen 189
Phänotypen 73
Piktogramme 254
Prävalenz 70
propriozeptives System 57
Provokation 281–283
Psychoedukation 156
Pubertät 291

R

Rahmenbedingungen 135
rechtliche Grundlagen 135
Refraiming 85
Regression 77
Regulation
– emotionale 89, 94
– Nähe – Distanz 89
Reizoffenheit
– Offenheit für auditive Reize 189
Reizüberflutung 84
Relationship Development Intervention (RDI)
– Co-Regulation 151
Ressourcen 83–85, 211
– der Eltern 132
– der Kinder 131
Risikogene 72
Risikokinder 22, 24, 26
Rituale 239, 284
Rötelninfektion 76
Routine 174, 280, 284
Rückwärtsverkettung 168

S

Säuglingsforschung 149
Schizophrenie 52
Schlaf-Wach-Rhythmus 111

Schlüsselkompetenzen 95, 185
– gemeinsame Aufmerksamkeit 156
Schmerzen 282–283
Schulbegleiter 269, 272
Schuld 109
– -diskussion 88, 205
– -zuweisung 109
Schule 289, 293
Schulvorbereitung 271
Schwierigkeiten 280
– bei fehlender Struktur 280
– bei mehrdeutigen Äußerungen und Redewendungen 282
– bei Unerwartetem und Veränderungen 281
Screening 32
Selbständigkeitsentwicklung 99
Selbstbestimmung 174
Selbstfürsorge 206
Selbsthilfegruppe 110
Selbstregulation 186
Selbstständigkeit 174
Selbstwert 100
Selbstwirksamkeit 99, 133
– Eltern 93
selektiver Mutismus 52
Sensitivität 71
sensorische Auffälligkeiten 26, 169, 283
Sensorische Integrationstherapie 147
sensorisch-soziale Routine 192
Settings 192
Sicherheit 277, 282
Simplex- oder Einzelfallvererbung 75
Sinnesreize 283
soziale Motivationshypothese 105
soziale Reize 104
– Sensitivität 106
soziales Lächeln 19
soziales Lernen 104
Spezialinteressen 104, 284–285
Spiegelneurone 77
Spiel mit Gleichaltrigen 279
Spielebenen
– Regelspiel 163
– Symbolspiel 163
– Übungsspiel 163
Spielmedien 142
Sport 284
Sprach- und Sprechentwicklung 59
Sprache
– ausbleibende 112
– Sprachentwicklung 173, 310
– sprachliche Probleme 282
– wenig sozial ausgerichtete 112
Sprachmittler 255
Stimme 104

Stoffwechselprozesse 78
Störung
- affektive 51
- oppositionelle 51
strukturierter Tagesablauf 280
Systemische Therapie 82, 86
- Kernkompetenzen 83–84

T

Tagesstruktur 261, 277
taktiles System 57
TEACCH 148, 174
- Bildkarten 152
- Strukturierung 152
Teilhabe 128, 258
Theory of Mind 79
Therapeut 140, 219
- Qualifikation 140
therapeutisches Figurenspiel 147
Therapie
- Aufmerksamkeits-Interaktions- 148, 151
- Beginn 137
- Dauer 139
- Frequenz 137
- -materialien 170, 300
- -medien 300
- multimodale 147
- -setting 139
- systemische 82
- Wiederaufnahme 139
Therapiefortschritte
- auf den Alltag übertragen 308
Therapieplanung
- Förderziele 154
Therapieräume 141
- Ausstattung 141, 299
- reizarm 141
Time Timer 262, 299
Top-down-Prozess 55
Trennungssituationen 207
Trias der Autismussymptomatik 80

U

Übergang von der Kita in die Grundschule 267
Übergänge 168
Umfeld 65
Umfeldarbeit
- Anleitung 133
- Austausch 133

- Beratung 133
- Runder Tisch 133
Umweltanpassung 174
Umweltfaktoren 73
Unterstützte Kommunikation 166, 177
Ursachen 72
Ursachenforschung 73

V

Valproinsäure 76
Verdachtsdiagnose 137
Verhalten
- Auffälligkeiten 288
- autismusspezifisches 84, 212, 218
- stereotypes 84
- unerwünschtes 84
Verhaltenstherapie 149
- trainingshafte 130
Verhaltensweisen, stereotype 51, 101, 239
Vermeidung 105
Vernetzung
- lokale 77
- weitreichende 77
Verstärker
- Handlungs- 150
- materielle 150
- soziale 150
- symbolische 150
Verstehensangebote 166
Verzahnung von Kita und Schule 269
vestibuläres System 56
Videoanalyse 185
Videomodelling 140
Visualisierung 174, 305
- Hilfen 141
- METACOM-Symbole 141
- Orientierung bei täglichen Handlungen 306
- Piktogramme 141
- räumliche Orientierung 305
- visuelle Strukturierung 259
- zeitliche Orientierung 305

W

Wahrnehmung 25–26
Wahrnehmungs
- -überforderungen 99
- -verarbeitungsstörungen 80
Web-Adressen 307
Wutanfälle 245

Z

Zeigefunktion 164
zentrale Kohärenz 79
– schwache 101

Ziele 186
Zugehörigkeitsgefühl 112
Zukunftsperspektive 112
Zwangsstörung 52
Zwillingsstudien 74